Schlankes Marketing für den Mittelstand

Wolfgang Vogt

Schlankes Marketing für den Mittelstand

Effizient, nachhaltig und zielgruppengerecht

 Springer Gabler

Wolfgang Vogt
Sindelfingen, Baden-Württemberg
Deutschland

ISBN 978-3-658-16731-8   ISBN 978-3-658-16732-5   (eBook)
https://doi.org/10.1007/978-3-658-16732-5

Die Deutsche Nationalbibliothek verzeichnet diese Publikation in der Deutschen Nationalbibliografie; detaillierte bibliografische Daten sind im Internet über http://dnb.d-nb.de abrufbar.

Springer Gabler

Gedruckt auf säurefreiem und chlorfrei gebleichtem Papier

Springer Gabler ist Teil von Springer Nature
Die eingetragene Gesellschaft ist Springer Fachmedien Wiesbaden GmbH
Die Anschrift der Gesellschaft ist: Abraham-Lincoln-Str. 46, 65189 Wiesbaden, Germany

Vorwort

In zunehmend gesättigten Märkten wird es immer schwieriger, Kunden und Interessenten mit Marketingmaßnahmen zu erreichen. Insbesondere kleine und mittlere Unternehmen, Gründer und Start-ups mit limitierten Ressourcen suchen einen strukturierten Weg, ihre Zielgruppen mit geringem Aufwand erfolgsversprechend zu erreichen. In der Regel suchen sie statt einer vollständigen Beschreibung aller Gebiete des Marketings, nach einer handlungsorientierten, strukturierten Vorgehensweise und nach Anregungen für die praktische Umsetzung im eigenen Unternehmen. Gleichzeitig stelle ich bei der Beratung von kleineren Marketingagenturen, die eben solche Kunden unterstützen, häufig fest, dass sie gute Design- und Umsetzungskenntnisse haben, sich aber schwer tun, Ihre Kunden und deren Zielgruppen zu verstehen, um zielgerichtete Marketinginhalte zu erstellen und Erfolg versprechende Aktivitäten durchzuführen. Um die genannten Probleme zu lösen, habe ich eine strukturierte Vorgehensweise erarbeitet, in den vergangenen Jahren in vielen Kundenprojekten eingesetzt und gemeinsam mit meinen Klienten weiterentwickelt.

Das vorliegende Buch wendet sich an Mitarbeiter kleiner und mittlerer Unternehmen, an Gründer und Start-ups sowie an Marketingagenturen. Es beschreibt diese Vorgehensweise im Detail, basierend auf theoretischen Grundlagen des Marketings, aber auch auf neuen Ansätzen wie dem Design Thinking. Viele Beispiele aus der Praxis werden Ihnen helfen, die Empfehlungen besser zu verstehen und leichter umzusetzen. Mit schlankem Marketing können Sie Ihre Zielgruppe klar definieren, besser verstehen und effektiv erreichen. Sie setzen Ihre Ressourcen nur dort ein, wo sie helfen, die Zielgruppe zu erreichen, sie von Ihren Angeboten zu überzeugen und an Ihr Unternehmen zu binden. Schritt für Schritt konzentrieren Sie sich dabei auf die Aktivitäten, die zum Erreichen der Zielgruppe wichtig sind, mit dem Ziel in wesentlichen Aktivitäten besser zu sein als Ihre Konkurrenz.

„Schlank" heißt aber nicht gleich „schnell". Seien Sie sich darüber bewusst, dass es sich immer um einen, auch mal lang andauernden Prozess handelt, der hier und da angepasst werden muss. Sie müssen hart arbeiten, immer wieder Ihre sorgfältig definierte Zielgruppe befragen und sich zahlreiche, auch unbequeme, Fragen selber stellen.

Auf Basis Ihrer Unternehmens- und Marketingziele definieren Sie zunächst präzise Ihre Zielgruppe oder Ihre Zielgruppen. Danach bemühen Sie sich, jede der Zielgruppen und ihre Ziele, Wünsche, Ängste, Hoffnungen usw. sehr gut zu verstehen. Erst dann werden sie in der Lage sein, Produkte, Dienstleistungen und Marketingaktivitäten so zu gestalten, dass die Zielgruppe sich angesprochen fühlt, sich bei Ihnen informiert und kauft. Wenn aber Mitbewerber die Zielgruppe präziser definieren, besser verstehen und damit klarer erreichen können, wird sich der Erfolg trotzdem nicht einstellen. Also gilt es zu verstehen, wer diese Mitbewerber sind und worin Sie sich von Ihnen unterscheiden. Mit diesem Verständnis können Sie Ihre Annahmen überarbeiten und Ihr Alleinstellungsmerkmal für Ihre Produkte, Dienstleistungen, Preise, Prozesse usw. erarbeiten. Damit werden Sie sich besser auf die Bedürfnisse Ihrer Zielgruppe fokussieren können als Ihre Konkurrenten. Nun stellt sich die Frage mit welchen Inhalten und Maßnahmen Sie die Zielgruppe erreichen und überzeugen. Dazu müssen Sie den Kaufprozess ihrer Zielgruppe verstehen:

- Wie läuft er ab?
- Welche Informationen sucht die Zielgruppe an welchen Stellen des Kaufprozesses?
- Wo informiert sich die Zielgruppe über das Problem, mögliche Problemlösungen, Lösungsalternativen etc.
- Wo kauft die Zielgruppe ein?

Auf dieser Grundlage können Sie an genau diesen Stellen der Customer Journey die gesuchten Informationen bereitstellen und ihre Interessenten Schritt für Schritt im Kaufprozess bis zum Kauf führen. Jetzt gilt es dem Kunden zu liefern, was er erwartet, ihn in seiner Kaufentscheidung zu bestätigen und Begeisterung zu erreichen. Das sind die Grundlage einer fruchtbaren Kundenbeziehung und die Vorrausetzung für erneute Käufe bei Ihrem Unternehmen.

Diese schlanke und kundenorientierte Vorgehensweise hilft Ihnen, Ihre Interessenten zu erreichen, zu überzeugen und an sich zu binden. Sie bildet die Grundlage dafür, Ihre Kunden so zufrieden zu stellen, dass sie Sie weiterempfehlen. Damit können Sie erfolgreicher im Marketing werden, Ihren Umsatz erhöhen und durch die ressourcensparende Vorgehensweise auch profitabler werden.

Bleibt mir noch meinen Dank auszusprechen an meine Klienten, für alles was ich von ihnen gelernt habe, an meine Frau für ihre Geduld und an meine Tochter dafür, dass sie das Manuskript sorgfältig gelesen hat und mir wertvolles Feedback gegeben hat. Beim Verlag Springer Gabler bedanke ich mich für die gute Zusammenarbeit. Ich freue mich auf Ihr Feedback, Ihre Anregungen und Ihre Praxisbeispiele.

Sindelfingen   Wolfgang Vogt
im Dezember 2017

Inhaltsverzeichnis

Warum Produkte nicht gekauft werden und was Sie besser machen können

Zusammenfassung

Das erste Kapitel legt die Grundlagen für das Buch. Hier wird erklärt, warum viele Marketingaktionen nicht zum gewünschten Ziel führen. Verschiedene Gründe, warum Produkte nicht gekauft wurden, werden analysiert, Sie erfahren, warum es wichtig ist, Marketingziele zu definieren und erhalten Anregungen für vernünftige Ziele. Mit dem Verständnis des Kaufprozesses von Konsumenten und Unternehmen werden Sie in der Lage sein, Ihre Zielgruppen dort zu erreichen, wo sie sich aufhalten. Das Vorgehensmodell Schlankes Marketing hilft Ihnen, das in der Praxis umzusetzen. Schritt für Schritt führt es von der Definition der Zielgruppe über Ihr Angebot und das Verständnis Ihrer Konkurrenten zu Ihrem Alleinstellungsmerkmal. Sie erfahren, was Ihre Zielgruppe an welcher Stelle des Kaufprozesses sucht und wie Sie diese Informationen an der richtigen Stelle liefern können.

Viele Unternehmen haben ihren Markt analysiert und sehen gute Chancen, ihr Produkt oder ihre Dienstleistung zu verkaufen. Allein der Erfolg lässt zu wünschen übrig. Sie verkaufen nicht oder nicht in der nötigen Menge, ihre Umsätze sind für einen wirtschaftlichen Erfolg nicht hoch genug. Gleichzeitig glauben sie, dass ihr Angebot gebraucht wird und das bestätigen auch ihre (wenigen) Kunden. In Marketing und Vertrieb haben Sie schon vieles verändert und neu probiert, aber der Erfolg stellt sich nicht ein. Häufig werden dabei verschiedene Marketingtaktiken getestet, also das Go-to-Market verändert, aber das Marketing nicht ganzheitlich überarbeitet. Dieses Buch stellt einen schlanken, das heißt kostengünstigen Weg vor, der die Chancen auf Erfolg deutlich erhöht.

Die Vorgehensweise wurde mit vielen kleinen und mittleren Unternehmen in der Praxis über Jahre eingesetzt und immer weiter verbessert.

© Springer Fachmedien Wiesbaden GmbH 2018
W. Vogt, *Schlankes Marketing für den Mittelstand*,
https://doi.org/10.1007/978-3-658-16732-5_1

In diesem Kapitel lernen Sie zu verstehen, warum Produkte nicht gekauft werden. Gründe dafür können sein:

- Der Kunde hat das Problem, das er hat, noch nicht vollständig verstanden.
- Ihr Produkt oder Ihre Dienstleistung löst das Kundenproblem nicht.
- Der Ansprechpartner bei Ihrem Kunden reagiert nicht.
- Der Kunde versteht nicht, was Sie anbieten.
- Der Kunde versteht den Nutzen, den ihm Ihr Angebot liefert, nicht
- Der Kunde versteht nicht, warum er bei Ihnen kaufen soll.
- Ihr Angebot ist zu teuer.
- Ihr Angebot ist zu billig.
- Sie haben den Kunden nicht zum Kauf aufgefordert.

Anschließend beschäftigen wir uns mit der erfolgsentscheidenden Definition von Marketingzielen. Denn wir sollten zunächst klare Ziele definieren und dann die Wege und Mittel identifizieren, mit denen wir diese Ziele erreichen wollen. Zudem wird der Kaufprozess von Konsumenten und von Unternehmen erklärt. Wenn Sie verstehen, wie Kunden kaufen, können Sie Ihre Marketingaktivitäten darauf ausrichten.

1.1   Warum Produkte nicht gekauft werden

▶ **Produkt** Im Folgenden wird von Produkten die Rede sein, wenn es sich um Produkte im engeren Sinn, aber auch um Software oder Dienstleistungen handelt.

In der Unternehmenspraxis kann es zahlreiche Gründe geben, warum Produkte nicht gekauft werden:

- **Der Kunde hat das Problem, das er hat, noch nicht vollständig verstanden.**
  Sie kennen das Problem des Kunden und haben eine hervorragende Lösung entwickelt. Der Kunde selbst hat aber sein Problem noch nicht oder nicht vollständig verstanden. Zum Beispiel haben Sie eine Lösung, die die Berichte, die ein Controller seinem Unternehmensleiter regelmäßig vorstellt, viel transparenter und leichter verständlich macht. Der Controller überlegt aber, ob es an ihm liegt, dass die Berichte nicht verstanden werden, oder ob sein Chef einfach zu wenig Verständnis für Controlling-Aspekte hat. Haben Sie überlegt, wie Sie dem Controller helfen können, das Problem richtig zu verstehen?
- **Ihr Produkt oder Ihre Dienstleistung löst das Kundenproblem nicht.**
  Haben Sie das Kundenproblem wirklich verstanden? Gibt es klaren Bedarf für das Angebot? Haben Sie es ohne Rücksprache mit Ihren Kunden entwickelt? Haben Sie es mit ersten Interessenten getestet?

- **Der Ansprechpartner bei Ihrem Kunden reagiert nicht.**
  Sind Sie sicher, dass Sie den richtigen Ansprechpartner identifiziert haben? Hat er oder einer seiner Mitarbeiter das Problem? Ist er für die Problemlösung verantwortlich? Ist das Problem dringend zu lösen, oder kann die Lösung noch warten? Kann er selbst entscheiden oder muss er erst seinen Chef fragen? Haben Sie ihm Argumente gegeben, um Kollegen in seinem Unternehmen, die andere Ziele haben, zu überzeugen?
- **Der Kunde versteht nicht, was Sie anbieten.**
  Dass der Kunde nicht versteht, was Sie anbieten, liegt in der Regel nicht am Kunden, sondern am Anbieter. Viele Anbieter lieben ihre Produkte und verstehen alle Funktionen im Detail. Sie denken also bei ihren Vermarktungsaktivitäten häufig vom Produkt nach außen. Der Kunde aber denkt von seinem Problem aus und sucht nach einer Lösung. Er ist also zum Beispiel ein Verkaufsleiter, der seine Umsätze erhöhen will. Dafür sucht er zum Beispiel eine Online-Lösung, die es seinen Kunden leichter macht, bei ihm zu bestellen. In welcher Programmiersprache das entwickelt wurde, ist ihm herzlich egal. Wenn Sie so mit ihm kommunizieren, werden Sie keinen Erfolg haben.
- **Der Kunde versteht den Nutzen, den ihm Ihr Angebot liefert, nicht.**
  Immer wieder beschreiben Unternehmen das Problem des Kunden und zeigen, dass sie es verstanden haben. Sie bieten eine Problemlösung an und beschreiben diese ausreichend gut. Es gelingt ihnen aber nicht, klar zu machen, welchen Wert diese Lösung für den Kunden hat und welchen konkreten Nutzen sie ihm bieten. Sie versetzen also den Kunden nicht in die Lage, die Kosten, die die Lösung verursacht, mit dem Nutzen ins Verhältnis zu setzen.
- **Der Kunde versteht nicht, warum er bei Ihnen kaufen soll.**
  Hat der Kunde jetzt sein Problem verstanden und nach möglichen Lösungen für das Problem gesucht und Ihre Lösung gefunden, wird er sich fragen, warum er bei Ihnen und nicht bei Ihrer Konkurrenz kaufen soll. Haben Sie deutlich genug herausgearbeitet, warum Ihre Lösung für sein Problem die Beste ist? Versteht er die Vorteile Ihrer Lösung und kennt er die Fragen, deren Antworten ihn überzeugen, dass die Konkurrenzlösung ihm Probleme bereiten wird?
- **Ihr Angebot ist zu teuer.**
  Haben Sie sich Gedanken über die Wirtschaftlichkeitsberechnung (Business Case) Ihres Kunden gemacht? Lohnt die Investition für ihn? Wann zahlt sich die Investition aus (Break-even)? Haben Sie gute Gründe, warum Sie teurer sind als die Konkurrenten? Sparen Sie zum Beispiel später Energiekosten, in einem Maße, die die höheren Anfangskosten weit übersteigen? Haben Sie dem Kunden das auch gut verständlich erklärt?
- **Ihr Angebot ist zu billig.**
  Nehmen wir an, Sie haben ein hochwertiges Angebot, das Sie zu sehr niedrigen Kosten herstellen können. Nehmen wir weiter an, Sie können dieses Produkt oder diese Dienstleistung auch noch viel günstiger herstellen als Ihre Konkurrenz. Ist es dann sinnvoll, es auch deutlich günstiger anzubieten als die Konkurrenten? Das kommt ganz darauf an, ob Ihre Kunden eine kostengünstige Lösung kaufen wollen. In diesem

Fall würden sie den günstigsten Anbieter, bei sonst vergleichbarem Angebot, auswählen. Wenn sie aber eine hochwertige Branchenlösung oder ein wertiges Beratungsangebot suchen, signalisieren Sie mit niedrigen Preisen, dass Sie minderwertige Qualität liefern. Das ist nicht Ihr Ziel, aber so wird es der Kunde häufig verstehen.

• **Sie haben den Kunden nicht zum Kauf aufgefordert.**
  Ihr Marketing war überzeugend, Sie haben alle möglichen Fragen Ihrer Kunden beantwortet aber der Kunde kauft trotzdem nicht. Der Kunde schätzt Sie als Spezialisten, der das Aufgabengebiet besser versteht als er selbst und fragt Sie auch regelmäßig um Rat. Haben Sie ihn zum Kauf aufgefordert? Wissen Sie, ob er sich Ihre Lösung leisten kann? Können Sie die Mengen, die er braucht, auch liefern?

Sie werden erfahren, was die Ursachen für diese Probleme sind und wie Sie diese Ursachen vermeiden können. Beginnen Sie damit, sich über die Ziele Ihrer Marketingaktivitäten klar zu werden und diese Ziele zu definieren.

1.2   Marketingziele definieren

„Wir wissen zwar nicht wohin wir wollen, aber wir werden die Ersten sein." Wenn Sie so denken, wird Ihr neuer Marketingansatz nicht erfolgreich sein. Es sollten also zunächst klare Ziele definiert und dann die Wege und Mittel identifiziert werden, mit denen diese Ziele erreicht werden können.

Der Marketingverantwortliche sollte zunächst die Ziele verstehen, die das Unternehmen oder der Teilbereich ganz generell verfolgt. Er braucht ebenfalls Klarheit über die Ziele, die für das Produkt oder die Dienstleistung verfolgt werden.

Diese werden jetzt im Detail für das zu bearbeitende Segment und für die zu planende Periode nieder geschrieben. Sie definieren also z. B. für existierende Angebote:

• Das Umsatzziel für Ihr Unternehmen.
• Die Umsatzziele für bestimmte geografische Regionen.
• Um welchen Anteil Sie den Umsatz in der nächsten Periode steigern wollen.
• Ob und um welchen Prozentsatz Sie Ihren Marktanteil erhöhen wollen.
• Ob Sie den Umsatz mit existierenden Kunden erhöhen wollen und wenn ja wie stark.
• Wie viel Umsatz von neuen Kunden kommen soll.
• Ob Sie bestimmte Nischen im Markt adressieren wollen.
• Welche Kosten Sie sich für Ihre Marketingaktivitäten leisten können bzw. wollen.

Sie definieren z. B. für neue Angebote:

• Wann Sie das Produkt an den Markt bringen wollen.
• In welchen geografischen Regionen (Märkten) Sie es anbieten wollen.
• Welche Stückzahlen Sie in definierten Perioden verkaufen wollen.

- Zu welchen Preisen Sie Ihre Lösungen anbieten.
- Über welche Vertriebskanäle Sie Ihr Angebot verkaufen wollen.
- Ob es zusätzliche Serviceangebote gibt und was diese kosten sollen (oder nicht).
- Welche Umsätze Sie mit dem Angebot wo anstreben.
- Welche Kosten Sie sich für Ihre Marketingaktivitäten leisten können bzw. wollen.

Darüber hinaus legen Sie spezifische Marketingziele fest:

- Sie wollen den Bekanntheitsgrad des Unternehmens oder des Produktes erhöhen.
- Sie wollen das Image des Unternehmens bei definierten Zielgruppen verbessern.
- Sie wollen ein neues Angebot im Markt bekannt machen.
- Sie wollen die Kundenbindung verbessern.

Ihre Marketingziele müssen eng mit den Geschäftszielen abgestimmt sein und diese unterstützen. Natürlich muss auch geklärt sein, mit welchem Marketingbudget gearbeitet wird.

Soweit es geht, sollten Sie diese Ziele quantifizieren und sicherstellen, dass sie von den betroffenen Führungskräften und Mitarbeitern verstanden und akzeptiert werden. Für jedes Ziel haben Sie Verantwortliche definiert und deren Verpflichtungen sichergestellt.

Darüber hinaus sollten qualitative Ziele definiert und kommuniziert werden.

So wollen Sie z. B. die Kundenorientierung im Unternehmen verbessern, also dafür sorgen, dass sich Mitarbeiter für Kundenanfragen verantwortlich fühlen, auch wenn sie selbst nicht zuständig sind. Es geht darum, dass jeder der im Unternehmen Kontakt zu Kunden hat versteht, dass er von Kunden lebt und es deshalb wichtig ist, Kunden und Interessenten höflich und helfend gegenüberzutreten.

1.3 Der Kaufprozess

Wenn Sie erfolgreich in Marketing und Verkauf sein wollen, sollten Sie den Kaufprozess Ihrer Kunden verstehen und beeinflussen. Sie müssen verstehen wer kauft und wie er/sie kauft, um Ihre Aktionen dabei auf unterschiedliche Entscheider bzw. Beeinflusser und deren Bedürfnisse und Verhaltensweisen anzupassen.

Im Folgenden unterscheiden wir zwischen B2C- und B2B-Märkten (Abb. 1.1).

▶ **B2C- und B2B-Märkte** In B2C-Märkten verkaufen Anbieter (Business) an Konsumenten (Consumer), also Business to (2) Consumer (C).

In B2B-Märkten verkaufen Unternehmen an Unternehmen, also Business (B) an (to = 2) Business (B). Abb. 1.1 verdeutlicht das.

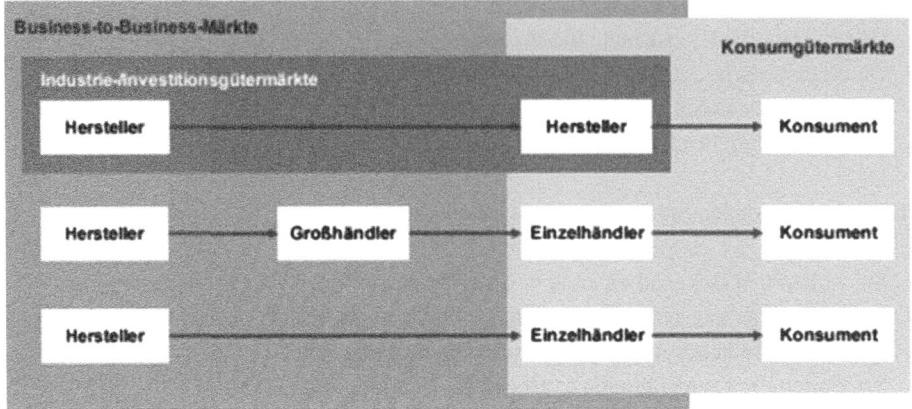

Abb. 1.1 Abgrenzung von Industriegüter-, Business-to-Business- und Konsumgütermärkten. (Foscht et al. 2015, S. 273, Springer Gabler)

1.3.1 Der B2C-Kaufprozess

Hier kauft der Verbraucher für sich, seine Familie oder seine Freunde. Im Unterschied zu B2B kauft er häufig einfach zu verstehende Produkte mit geringem Erklärungsbedarf.

Die Produkte sind in der Regel in großen Massen hergestellt und für alle interessierten Käufer gleich. Sie unterscheiden sich allenfalls durch Größe oder Farbe (z. B. bei Kleidung oder Schuhen). Der Käufer kauft sie, weil er:

- bisherige Produkte verbraucht hat, z. B. Lebensmittel, Benzin.
- aktuellen Bedarf hat, um ein Problem zu lösen.
- sich durch das Produkt von anderen unterscheiden will, um z. B. cool zu wirken.
- extern zum Kauf angeregt wurde z. B. durch Werbung.

Er kauft sie in der Regel häufiger bzw. wiederkehrend, dafür oft in kleineren Mengen. Die Käufe werden oft spontan und ohne lange Planungsphase vor dem Kauf getätigt. Bei höherwertigen Gütern, z. B. Autos, wird aber geplant und sichergestellt, dass man sich das Gut auch leisten kann.

Hier werden dann auch viele Daten und Fakten zusammengetragen und mit anderen Angeboten verglichen. Trotzdem überwiegen häufig Emotionen bei der finalen Kaufentscheidung, d. h. z. B. Produktdarbietung und Verpackung spielen eine wesentliche Rolle bei der Kaufentscheidung und viele Marketing- bzw. Verkaufskanäle kommen zum Zug. So informiert sich der Verbraucher vielleicht im Internet und kauft im Laden oder er informiert sich im Laden und sucht dann im Internet nach dem günstigsten Angebot.

Abb. 1.2 Der B2C-
Kaufprozess. (Engel et al.
1990, S. 28)

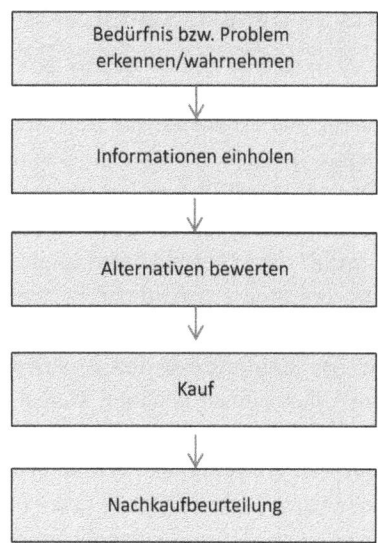

Wie läuft nun der eigentliche Kaufprozess ab? (vgl. Engel et al. 1990 und Abb. 1.2)

- Es entsteht bei uns ein Bedürfnis oder ein Problem wird erkannt.
- Wir suchen Informationen.
- Wir vergleichen Alternativen.
- Wir kaufen.
- Nach dem Kauf bewerten wir den Artikel und den Kaufprozess.

Einzelne Schritte dieses Prozesses können entfallen, z. B. bei einem Spontankauf oder beim Wiederkauf eines bekannten Artikels.

Wie ein B2C-Kaufprozess ablaufen kann

Nehmen wir an, ein Verwandter hat Geburtstag und wir brauchen ein Geschenk. Nehmen wir weiter an, wir wissen schon, was das richtige Geschenk wäre. Wir gehen also in einen Laden, der den Artikel von verschiedenen Herstellern anbietet und vergleichen Qualität und Preise. Eventuell haben wir uns auch vorher im Internet informiert und lassen uns im Laden noch verbliebene Fragen beantworten. Wir vergleichen die Alternativen und entscheiden uns für eine, die wir uns leisten können und die unseren Vorstellungen möglichst nahe kommt.

Diese kaufen wir. Zu Hause erzählen wir, was wir gekauft haben und, dass wir mit der Beratung zufrieden waren.

1.3.2   Der B2B-Kaufprozess

Hier kaufen Unternehmen von anderen Unternehmen. Die Produkte unterscheiden sich häufig von Produkten aus B2C-Märkten, müssen sich aber nicht unterscheiden. So können z. B. Autos sowohl an B2C-Kunden als auch an B2B-Kunden verkauft werden. Produkte für B2B-Kunden können technisch kompliziert sein und sind daher eher erklärungsbedürftig, als im B2C. Sie sind oft höherwertig und langlebig. Jedoch gibt es auch einfach zu verstehende Massengüter wie Bleistifte oder Schrauben. Größere B2B-Kunden erwarten ganzheitliche Beratung, d. h. Ist-Aufnahme, Problemdefinition, Beratung, Installation und Wartung.

Am Kaufprozess sind Mitarbeiter verschiedener Organisationen bzw. Abteilungen im Unternehmen beteiligt. Gedanklich zusammengefasst bilden Sie das Buying Center (Webster und Wind 1972, S. 77). Diese informelle Gruppe besteht aus Personen, die eine Kaufentscheidung treffen, aber auch vielen Personen, die diese beeinflussen. Dazu gehören z. B. Nutzer aber auch Personen, die die technische Machbarkeit einer Lösung beurteilen oder im Unternehmen die die AGBs beurteilen. Zum Buying Center können auch externe Personen, wie z. B. Berater gehören. Die Mitglieder des Buying Center verfolgen dabei Ziele die von Ihrer jeweiligen Organisation vorgegeben sind, aber auch persönliche Interessen, wie das Ziel, ihre Karriere nicht zu gefährden. Sie haben oft ein sehr gutes Wissen über Ihre Bedürfnisse und mögliche Lösungen, d. h. sie sind häufig anspruchsvoller und schwerer zu überzeugen, als B2C-Kunden.

Im B2B-Kaufprozess kauft also z. B. der Einkauf im Auftrag einer Organisation, die Bedarf für eine Problemlösung hat. Die Angebote müssen dann inhaltlich von dieser Organisation beurteilt werden, die Finanzabteilung hat ein Mitspracherecht. Bei größeren Aufträgen braucht er in Abhängigkeit der Auftragsgröße die Freigabe von einer oder mehreren Management-Ebenen.

Der Kaufprozess läuft prinzipiell in den folgenden Phasen ab (Abb. 1.3).

- Das Problem bzw. Bedürfnis wird erkannt (erhöhte Nachfrage, neue Standorte, gesetzliche Auflagen, Aktivitäten der Konkurrenz, Druck Kosten zu senken, Qualitätsmängel …).
- Das Problem muss detaillierter verstanden und beschrieben werden und ggf. die Anzahl der benötigten Teile festgelegt werden.
- Es werden mögliche Lösungen und deren Lieferquellen gesucht und grundsätzlich beurteilt.
- Wenn Sie sich entscheiden, das Problem nicht selbst intern zu lösen (Make or Buy Decision), werden Sie entscheiden, ob Sie ein Produkt ‚von der Stange' kaufen oder eine maßgeschneiderte Lösung suchen und ggf. ein Lasten- oder Pflichtenheft schreiben müssen.
- Sie werden nach Lieferquellen für die ausgewählte Lösungsalternative suchen oder auf bekannte Lieferquellen zurückgreifen.

Abb. 1.3 Der B2B-
Kaufprozess

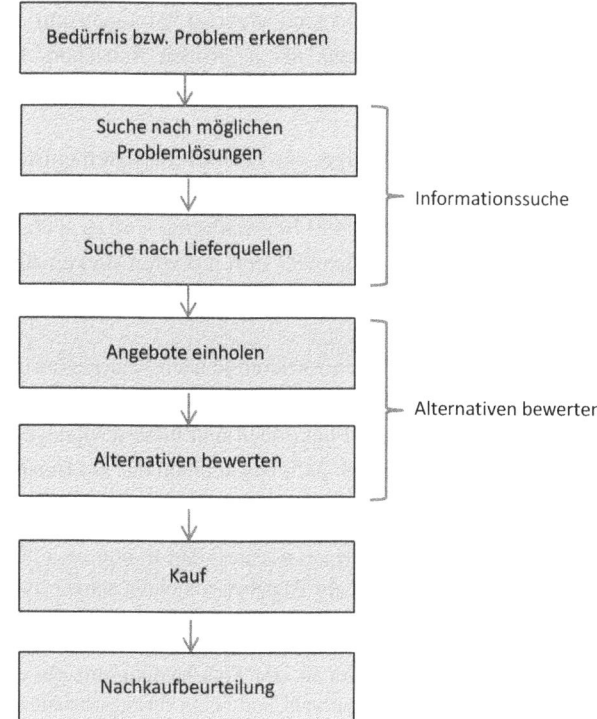

- Aus diesen Lieferquellen treffen Sie eine Vorauswahl, von denen Angebote eingeholt werden.
- Die Angebote werden mit den Anforderungen verglichen und bewertet. Eventuell wird das Problem dabei noch besser verstanden, die Ausschreibung entsprechend angepasst und die Angebote werden weiter verbessert.
- Ein engerer Kreis möglicher Lieferanten wird definiert.
- Mit diesen werden Verkaufsverhandlungen geführt, um das finale Angebot auszuwählen.
- Der Kaufvertrag wird unterschrieben.
- Nach der Lieferung wird die Qualität von Lieferung und Lieferprozess beurteilt.

Dieser Prozess ist natürlich bei geringwertigeren Gütern bzw. bei wiederholter Beschaffung des gleichen Gutes weniger komplex, d. h. es fallen Einzelschritte, wie das Einholen detaillierter Angebote weg. Bei Impulskäufen z. B. von Süßigkeiten an der Kasse, erfolgt der Kauf ohne Einholen von Informationen unmittelbar nach dem Auftreten des Wunsches. Ist das gefühlte Risiko einer Entscheidung sehr groß oder sind viele Personen am Kaufprozess beteiligt wird dieser komplexer, mehr Alternativen werden untersucht und intensiver verglichen – dementsprechend wird der Prozess länger dauern.

In kleineren Betrieben sind weniger Personen am Kaufprozess beteiligt, also Mitglieder des Buying Center, als in großen Betrieben. Eine Studie des Spiegel-Verlags (Spiegel-Verlag 1982, S. 11) ergab die folgenden Werte:

- In Betrieben mit weniger als 100 Beschäftigten entscheiden durchschnittlich drei Personen über die Beschaffung eines Investitionsgutes.
- In Betrieben mit 100–499 Beschäftigten sind es sechs bis sieben Personen.
- In Betrieben mit 500 bis 999 Beschäftigten sind es durchschnittlich elf.
- In Großbetrieben mit über 1000 Beschäftigten entscheiden 34 Personen.

Die beteiligten Funktionen variieren je nach Kaufgegenstand, Kaufwert und Prozessschritt. So können z. B. geringwertige Güter relativ einfach beschafft werden, bei höherwertigen Gütern müssen mehrere Funktionen und höhere Managementebenen mit einbezogen werden. Foscht et al. (2015, S. 285) beschreiben das am Beispiel Antriebstechnik wie folgt:

> Die Konstruktion dominiert zunächst in der Phase der Projektbeschreibung, dann bestimmt der Einkauf bis zum Vertragsabschluss den Kaufprozess. Dabei ist die Konstruktion in mittelgroßen Betrieben bis zur Angebotseinholung stärker am Entscheidungsprozess beteiligt, während bei der Lieferantenauswahl und beim Vertragsabschluss der Einkauf entscheidet. Demgegenüber ist der Einkauf in Großunternehmen schon bei der Projektbeschreibung und Bedarfsermittlung stärker in den Entscheidungsprozess eingebunden. Bei der Angebotseinholung, Lieferantenauswahl und beim Vertragsabschluss hat der Einkauf in Mittel- und Großbetrieben die Federführung (Foscht et al. 2015, S. 285).

Je nach Unternehmensgröße dauert der Kaufprozess zwischen durchschnittlich 15 Wochen (Betriebe mit weniger als 50 Beschäftigten) und 35 Wochen (Großbetriebe mit über 1000 Beschäftigten) (Spiegel-Verlag 1982, S. 11).

Wie ein B2B-Kaufprozess ablaufen kann

Nehmen wir an, Sie müssen Ihre Produktionskapazität um 1000 Stück je Stunde erhöhen. Sie wollen also verstehen, ob Sie die Kapazität bestehender Maschinen entsprechend erhöhen können. Ist dies nicht der Fall, wollen Sie herausfinden, ob es einzelne Maschinen gibt, die genau diese Kapazität oder eine etwas größere Kapazität (Puffer) haben und wie Sie diese in Ihre bisherigen Abläufe und in die Umgebung (Halle) einfügen können. Sie werden sich im Internet informieren, Kataloge wälzen und Kollegen intern und in anderen Unternehmen befragen. Nach einiger Zeit haben sich einzelne Maschinen verschiedener Anbieter als Alternativen herauskristallisiert. Diese Anbieter fordern Sie jetzt auf, Angebote abzugeben. Nachdem alle Angebote fristgerecht eingegangen sind, werden Sie diese vergleichen in Bezug auf Kapazität, Qualität, Preis, laufende Kosten etc.

Vielleicht bleiben zwei Anbieter mit vergleichbaren Angeboten übrig, mit denen Sie jetzt in Verhandlungen treten. Hier werden evtl. noch letzte Preisreduzierungen,

Liefertermin, Zahlungsbedingungen usw. verhandelt und dann der Kaufvertrag mit einem der beiden unterschrieben.

Nach einigen Wochen Lieferzeit erfolgt die Lieferung und Installation, vielleicht auch die Schulung Ihrer Mitarbeiter in der Nutzung. Einige Zeit später haben Sie Erfahrung mit der Nutzung und den laufenden Kosten gesammelt und beurteilen intern Ihre Zufriedenheit mit der Maschine und mit dem Lieferanten. Vielleicht hatten Sie auch Fragen oder Probleme und können jetzt beurteilen, wie gut Sie dabei vom Lieferanten unterstützt wurden.

Bei komplexeren Produkten oder Dienstleistungen bei denen Sie für Ihr Unternehmen maßgeschneiderte Lösungen brauchen, haben Sie vielleicht ein Pflichtenheft erstellt und dieses mit der Aufforderung Angebote abzugeben verschickt.

Dann würden Sie die Angebote verschiedener Anbieter mit dem Pflichtenheft abgleichen und den Erfüllungsgrad für die jeweiligen Gebiete definieren, bevor Sie die finalen Anbieter bestimmen.

Vielleicht finden Sie bei einzelnen Anbietern gute Teil-Lösungen, die Sie andere Anbieter mit einem insgesamt besseren Angebot bitten zu integrieren.

1.3.3   Ein Kaufprozess als Grundlage für Ihr Vorgehensmodell

Wenn Sie die beiden Kaufprozesse ansehen, sind hier einige wesentliche Prozessschritte die gleichen. Sie finden bei beiden die folgenden wesentlichen Schritte:

- Bedürfnis bzw. Problem erkennen/wahrnehmen
- Informationen einholen
- Alternativen bewerten
- Kauf
- Nach-Kauf-Beurteilung

Beim B2B-Prozess gibt es innerhalb von ‚Informationen einholen' und ‚Alternativen beurteilen' noch weitere Schritte. Diese werden wir relativ spät in unserem Vorgehensmodell nochmals genauer betrachten, aber im Moment ignorieren. Was wir auch festgestellt haben ist, dass in beiden Fällen (B2C und B2B) eine Nach-Kauf-Bewertung stattfindet. Diese ist häufig die Grundlage für eine Entscheidung wieder bei denselben Lieferanten zu kaufen. Sie ist für uns als Lieferant wichtig. Denn wenn wir eine hohe Zufriedenheit erreichen, wird die Wahrscheinlichkeit, dass der Kunde wieder bei uns kauft, deutlich höher sein. Mit dem Verständnis, dass nach dem Kauf vor dem Kauf ist, sollten wir unser Modell anpassen (Abb. 1.4).

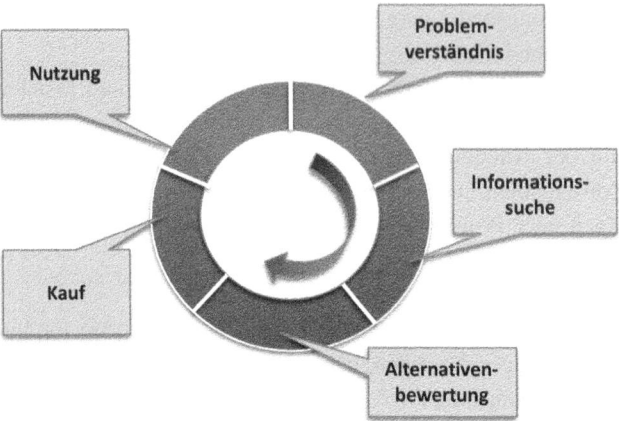

Abb. 1.4   Der Kaufprozess als wiederkehrender Prozess

1.4   Schlankes Marketing – ein Prozess, der zum Erfolg führt

Unser Ziel ist es, mit dem Verständnis über die Kaufprozesse, die Entscheider und Beeinflusser einer Kaufentscheidung, erfolgreicher zu werden. Wir wollen verstehen, welche Bedürfnisse Ihre zukünftigen Kunden haben und wie Sie diese Bedürfnisse besser befriedigen können als Ihre Konkurrenten. Schlankes Marketing führt mit vernünftigem Mitteleinsatz zum Ziel.

Der Prozess dafür ist iterativ und läuft in den folgenden Schritten ab (Abb. 1.5):

- Grundlage ist die klare Definition der anzusprechenden Zielgruppe(n). Sie sollten genau verstehen, wen Sie mit Ihrem Angebot überzeugen wollen. Je besser Sie das verstehen, umso zielgerichteter können Sie kommunizieren.
- Für diese Zielgruppen wollen Sie Bedürfnisse, Wünsche, Ängste, Sorgen und Hoffnungen verstehen.
- Mit diesem Verständnis erzeugen Sie Nutzen für die Zielgruppe. Sie adressieren Ihre Bedürfnisse und erhöhen Ihre Chance, dass die Zielgruppe bei Ihnen kauft.
- Um sich gegenüber der Konkurrenz zu positionieren, identifizieren Sie Ihre Konkurrenten, verstehen deren Angebote und den Nutzen den Sie erzeugen.
- Mit diesem Wissen können Sie Ihr Alleinstellungsmerkmal entwickeln.
- Erst jetzt denken Sie über den Weg zum Kunden nach. Sie beschäftigen sich damit, welche Information der Kunde wann und wo sucht.
- Mit diesem Verständnis bieten Sie zielführende Informationen dort an, wo sich die Zielgruppe aufhält. Der Kunde findet die Informationen mit geringem Aufwand. Er sieht, dass Sie ihn und seine Probleme und Hoffnungen verstehen. Er erkennt, dass Ihre Angebote auf seine Bedürfnisse zugeschnitten sind. Die Wahrscheinlichkeit, dass er bei Ihnen kauft, steigt signifikant.

1. **Klar Ihre Zielgruppe definieren (Wem wollen wir unser Angebot verkaufen?).**

2. **Die Bedürfnisse der Zielgruppe verstehen.**

3. **Ihr Angebot entwickeln, d.h. Nutzen für die Zielgruppe generieren.**

4. **Definieren mit wem Sie konkurrieren.**

5. **Verstehen welchen Nutzen diese Konkurrenten der Zielgruppe bieten.**

6. **Ihr Alleinstellungsmerkmal erarbeiten.**

7. **Verstehen wann und wo die Zielgruppe welche Informationen sucht.**

8. **Die Zielgruppe mit den gewünschten Informationen dort ansprechen, wo sie sich aufhält.**

ITERATIV   9. **Die gewonnenen Kunden an Ihr Unternehmen binden.**

Abb. 1.5   Schlankes Marketing – ein Prozess, der zum Erfolg führt

- Die durch den beschriebenen Prozess gewonnenen Kunden halten und pflegen Sie. Das ist „schlanker", als neue Kunden zu gewinnen.

Der Prozess läuft iterativ ab, d. h. Sie lernen ggf. bei späteren Stufen, dass Annahmen, die Sie in früheren Stufen getroffen haben nicht oder nicht vollständig richtig sind. Also merken Sie z. B. bei der Erarbeitung Ihrer Nutzenaussagen, dass diese für einen Teil Ihrer Zielgruppe nicht stimmen und müssen die Definition der Zielgruppe so verändern, dass die Zielgruppe kleiner wird. Oder Sie stellen bei der Erarbeitung Ihres Alleinstellungsmerkmals gegenüber einem Konkurrenten fest, dass Sie dieses Merkmal auch bei anderen Zielgruppen erfolgreich einsetzen könnten. Oder aber, dass Ihre Konkurrenz so gut ist, dass Sie kein Alleinstellungsmerkmal erreichen und dass Sie zurück zum von Ihnen gebotenen Nutzen müssen, um diesen deutlich zu verbessern. Durch diesen iterativen Prozess wird Ihr Resultat dann deutlich besser und Ihre Chance bei Ihrer Zielgruppe zu gewinnen, steigt. Außerdem vermeiden Sie, dass Sie Produktdetails entwickeln, die Ihre Zielgruppe nicht benötigt oder Marketingaufwende für Gruppen betreiben, die nicht bei Ihnen kaufen werden.

1.5   Design Thinking als Vorgehensmodell

Unter Design Thinking wird eine spezielle Herangehensweise zur Bearbeitung komplexer Problemstellungen verstanden. Das zugrundeliegende Vorgehen orientiert sich an der Arbeit von Designern und Architekten. Design Thinking ist dabei zugleich eine Methode, ein Set an Prinzipien, eine spezielle Denkhaltung und ein Prozess mit einer Vielzahl von unterstützenden Tools. Wesentliches Kennzeichen ist die fokussierte Anwenderorientierung (Springer Gabler Wirtschaftslexikon 2017).

Mit dem Design-Thinking-Prozess, der iterativ ist und verschiedene Phasen durchläuft, lösen Sie also Probleme und haben dabei konstant Ihren Kunden im Blick. Genau das wollen wir mit auch mit schlankem Marketing tun und dabei vereinzelt Werkzeuge und Vorgehensweisen des Design Thinking zielgerichtet einsetzen.

Viele der Werkzeuge, wie z. B. das Brainstorming werden Sie aus der Vergangenheit kennen. Weitere werden Sie in den nächsten Kapiteln kennenlernen. Zum Beispiel die Definition, das Verständnis und die Beschreibung typischer fiktiver Teilnehmer Ihrer Zielgruppe in Form von Personas. Oder die Empathy Map, durch die Sie Ihre Zielgruppe besser verstehen werden.

Wichtig im Design Thinking ist außerdem die Arbeit in heterogenen Teams. Sie sollten also mit möglichst unterschiedlichen Stakeholdern ein Problem lösen bzw. am Produkt arbeiten – sowohl intern als auch extern. In diesen Teams haben Sie also die Spezialisten für das entsprechende Gebiet, aber z. B. auch Personen mit ähnlichen Problemen aus einer anderen Branche, die dieses Problem vielleicht ganz anders gelöst haben. Sie sollten auch Teilnehmer aus anderen Abteilungen hinzunehmen, die das Problem nur aus der Ferne kennen. Denken Sie auch daran, dass Sie nicht nur erfahrene Kollegen oder Kunden in die Gesprächsrunden einladen, sondern auch junge Kollegen, die unbeeindruckt von Erfahrungen auf Ihr Problem schauen können. Durch alle diese Maßnahmen zum Bilden eines multidisziplinären Teams erreichen Sie, dass dort das Thema mit vielen verschiedenen Perspektiven ganz neu bearbeitet und beurteilt wird und Sie dadurch zu ganz anderen Antworten kommen, an die Sie bisher nie gedacht haben. Wenn Sie die Diskussionen dann noch statt in einem Besprechungsraum, in dem die Teilnehmer um einen Tisch sitzen, an einem Flipchart oder Whiteboard gemeinsam bearbeiten, werden Sie eine offenere Atmosphäre schaffen, bei denen sich kein Teilnehmer ‚hinter der Tischplatte verschanzen' kann. Es hilft auch Probleme schneller zu lösen und stundenlange Besprechungen, die nur nach Kompromissen suchen, zu vermeiden. Und es hilft geliebte Positionen aufzugeben und viel offener und kreativer zu diskutieren.

Wie ebenfalls im Design Thinking sollten Sie immer iterativ vorgehen: Entwickeln Sie Lösungsansätze, diskutieren Sie diese intern im Team, holen Sie sich Feedback Ihrer Kunden ein und verändern Sie Ihre initialen Ideen. Das diskutieren Sie wieder intern und mit Ihren Kunden und holen sich wieder Feedback ein. Auf dem Weg entwickeln Sie evtl. Prototypen, die Sie mit Ihren Kunden testen, dabei lernen, weiter verbessern und wieder testen. Ein Prototyp kann dabei z. B. Ihre geplantes Angebot aber auch Ihr Entwurf einer Webseite sein. Diesen Prozess wiederholen Sie so lange, bis Ihre Kunden zufrieden sind. Dadurch entwickeln Sie nicht etwas, was Ihre Kunden nicht brauchen, oder wofür sie nicht bezahlen würden.

Suchen Sie immer optimistisch und neugierig nach neuen Fragestellungen und Lösungsansätzen, auch das ist Teil der Design-Thinking-Methode. Seien Sie bereit, Fehler zu begehen. Das ist grundlegender Bestandteil des Innovationsprozesses. Reden Sie häufig mit Ihrer Zielgruppe, um Feedback zu erhalten. Das führt dazu, dass sie viele kleine Fehler früh im Prozess erkennen und beheben können, und dazu, dass ihr Team sehr schnell lernt. Es hat außerdem den Vorteil, dass Sie sehr nahe an den Bedürfnissen

Ihrer Kunden bleiben und keine Funktionen entwickeln, die ihr Kunde nicht braucht und für die er deshalb auch nicht zahlen würde (vgl. Uebernickel et al. 2015, S. 18–19).

Die Design-Thinking-Methode wird uns als wichtige Grundlage des schlanken Marketings in den nächsten Kapiteln immer wieder begleiten. Im Kap. 4 verwenden Sie die Methode, um für Ihre Kunden Nutzen zu erzeugen. Im Kap. 5, um bei diesen Nutzenelementen besser zu sein als Ihre Konkurrenten und im Kap. 7 begeben Sie sich mit Ihren Kunden auf eine Reise, vom Erkennen des Problems bis zu seiner Kaufentscheidung für Ihr Angebot. Dort nutzen Sie die Methode des Customer Journey Mapping aus dem Design Thinking. Design Thinking wird heute bei vielen Unternehmen weltweit eingesetzt und in der Literatur sehr ausführlich behandelt. Das Buch „Design Thinking", Handbuch von Uebernickel et al. ist dabei sehr praxisorientiert und stellt neben der Methode viele Werkzeuge und Handlungsanweisungen vor. Bei Organisationen wie dem Hasso Plattner Institut werden Design Thinker ausgebildet (https://hpi.de/school-of-design-thinking.html).

Zusammenfassung

Viele, vor allem kleinere Unternehmen, sind heute nicht erfolgreich in ihren Marketingbemühungen, denn:

- Der Kunde hat das Problem nicht vollständig verstanden.
- Ihr Produkt oder Ihre Dienstleistung löst das Kundenproblem nicht.
- Der Ansprechpartner bei Ihrem Kunden reagiert nicht.
- Der Kunde versteht nicht, was Sie anbieten.
- Der Kunde versteht den Nutzen, den ihm Ihr Angebot liefert, nicht.
- Der Kunde versteht nicht, warum er bei Ihnen kaufen soll.
- Ihr Angebot ist zu teuer.
- Ihr Angebot ist zu billig.
- Sie haben den Kunden nicht zum Kauf aufgefordert.

Sie müssen also in Ihren Marketingaktivitäten zielgerichteter und kundenorientierter werden. Das beginnt mit der klaren Definition Ihrer Ziele für die Vermarktung an existierende Kunden und für die Neukundenakquise.

Sie müssen klar definieren, wer Ihre Zielgruppe ist, wem Sie also Ihr Angebot verkaufen wollen. Sie beschäftigen sich dann mit den Wünschen, Ängsten, Sorgen und Hoffnungen Ihrer Zielgruppe oder Ihrer Zielgruppen. Sie verstehen, wie Sie diese so lösen, dass Ihrer Zielgruppe ein Mehrwert entsteht. Sie untersuchen, wer Ihre Konkurrenten sind und erarbeiten, wie Sie sich von ihnen unterscheiden können. Sie verstehen, wie Ihre Zielkunden, seien es Konsumenten oder andere Unternehmen, kaufen. Mit dem Verständnis des Kaufprozesses von der Problemstellung des Kunden bis zur Nach-Kauf-Beurteilung können Sie dann relevante Informationen dort anbieten, wo Ihre Zielgruppe sich informiert und legen eine wichtige Grundlage für Ihren wirtschaftlichen Erfolg.

Wenn Sie dann Ihre Kunden gewonnen haben, gilt es diese zu begeistern und an sich zu binden und damit die Grundlage für den Wiederkauf zu legen.

Der Ansatz Schlankes Marketing erlaubt durch die Kenntnis des Kaufprozess sowie der Entscheider und Beeinflusser in diesem Prozess, mit vernünftigem Mitteleinsatz erfolgreicher zu werden.

Schlankes Marketing ist ein iterativer Prozess, der in den folgenden Kapiteln im Detail erläutert wird.

Die Design-Thinking-Methode dient dabei als wichtige Grundlage und wird uns in den nächsten Kapiteln immer wieder begleiten.

Literatur

Engel, J.F., R.D. Blackwell, und P.W. Miniard. 1990. *Consumer behaviour*, 28. Orlando: Dryden.

Foscht, T., B. Swoboda, und H. Schramm-Klein. 2015. *Käuferverhalten, Grundlagen-Perspektiven-Anwendungen*, 273, 284, 285. Wiesbaden: Springer Gabler.

Spiegel-Verlag, Hrsg. 1982. *Der Entscheidungsprozess bei Investitionsgütern, Beschaffung, Entscheidungskompetenzen, Informationsverhalten*, 11 f. Hamburg: Spiegel.

Springer Gabler Wirtschaftslexikon. 2017. http://wirtschaftslexikon.gabler.de/Definition/design-thinking.html.

Uebernickel, F., W. Brenner, B. Pukall, T. Naef, und B. Schindlholzer. 2015. *Design Thinking: Das Handbuch*, 16, 18, 19, 22, 24, 25, 30, 129, 146–191. Frankfurt: Frankfurter Societäts-Medien GmbH.

Webster, F., und Y. Wind. 1972. *Organizational buying behaviour (Foundations of marketing)*, 77 ff. Englewood Cliffs: Prentice Hall.

Die Zielgruppe definieren

2

Zusammenfassung

Wenn Sie im Marketing erfolgreich sein wollen, müssen Sie verstehen, wer Ihr Angebot kaufen soll und wer diese zukünftigen Käufer beeinflusst. Diese Zielgruppen und Ihre Bedürfnisse müssen im Mittelpunkt Ihrer Bemühungen stehen und nicht Ihr Produkt. Die Zielgruppe will verstehen, warum Sie Ihr Angebot kaufen soll. Sie will verstehen, welche Vorteile oder welchen Nutzen sie aus Ihrem Angebot ziehen kann und warum dieser Mehrwert bei Ihnen größer ist, als bei Ihrer Konkurrenz. Sie müssen verstehen, wer Ihr Produkt kauft und wer diese Entscheidung beeinflusst. Diese Personen sind dann das Ziel Ihrer Entwicklungs- und Ihrer Marketingaktivitäten. In diesem Kapitel beschäftigen wir uns damit, wie Sie Ihre Zielgruppen für B2C (Endverbraucher) und für B2B (Unternehmen) identifizieren und beschreiben. Das bildet die Grundlage aller weiteren Aktivitäten.

Immer noch denken Unternehmen über die Entwicklung oder Weiterentwicklung Ihrer Produkte nach, ohne an ihre möglichen Käufer zu denken. Die Käufer werden aber ein Produkt nur kaufen, wenn sie emotional und faktenbasierend denken, dass sie das Angebot benötigen, um ein Problem zu lösen oder ihren Status zu verbessern. Wenn Sie also im Marketing und damit auch im Verkauf erfolgreich sein wollen, müssen Sie zunächst verstehen, wem Sie etwas verkaufen wollen. Denn letztendlich entscheidet diese Person, ob sie etwas kauft und bei wem sie es kauft. Sie müssen verstehen, was diese Person umtreibt, warum und wie sie kauft und welche Kriterien sie anlegt, um zu entscheiden, bei wem Sie kauft. Wenn Sie das besser verstehen als Ihre Konkurrenz haben Sie große Chancen, dass Sie bei Ihnen und nicht bei der Konkurrenz einkauft. Ihre Chancen zu gewinnen werden weiter steigen, wenn Sie sich intensiv mit Ihrem zukünftigen Käufer

© Springer Fachmedien Wiesbaden GmbH 2018
W. Vogt, *Schlankes Marketing für den Mittelstand*,
https://doi.org/10.1007/978-3-658-16732-5_2

(Ihrer Zielgruppe) beschäftigen, als wenn Sie die gleiche Zeit spendieren, ein weiteres Produkt-Feature zu entwickeln. Nur in wenigen Fällen werden Sie in der Lage sein, ein Angebot nur für einen Kunden maßgeschneidert zu erstellen. Am ehesten wenn Sie auf der Business-to-Consumer-Seite ein kleines Unternehmen haben, das Einzelstücke auf Kundenwunsch herstellt oder auf der Business-to-Business-Seite, wenn Sie z. B. im Maschinen- und Anlagenbau kundenspezifische Lösungen im Kundenauftrag herstellen, oder im B2C- und B2B-Umfeld, wenn Sie als Dienstleister kundenspezifische Lösungen erstellen. Aber auch auf diesen Gebieten müssen Sie sich bei Ihrer Strategie-Entwicklung und Planung zuerst der Käufergruppe nähern und grundlegende Entscheidungen treffen, bevor Sie den ersten Einzelkunden bedienen können. Für alle anderen Gebiete gilt das sowieso. Es gilt also Käufergruppen auszuwählen und zu verstehen. In der Marketingtheorie wird hier von Marktsegmenten und von Zielgruppen gesprochen. In diesem Handbuch werden wir den Begriff Zielgruppen als Synonym für Marktsegmente verwenden. Wir werden zunächst in sich homogene Zielgruppen definieren und gegenüber anderen Zielgruppen priorisieren. Danach geht es darum, Sie noch sorgfältiger zu definieren und sie schließlich sehr gut zu verstehen (Kap. 3). Das dient als Grundlage für die Entwicklung von Nutzen für die Zielgruppe und die weiteren Marketingaktivitäten. Mit einer klaren Zielgruppenauswahl am Beginn können Sie dann alle Aktivitäten auf diese Zielgruppe(n) fokussieren und werden damit eine größere Chance haben, die Zielgruppe zu erreichen und mit zielgruppenspezifischen Informationen anzusprechen und zu überzeugen. Damit sollten Sie schneller mehr Umsatz zu geringeren Kosten erzielen.

Wie können Sie also feststellen, auf wen Sie sich fokussieren sollen?
In aller Regel ist es deutlich zu aufwendig sich auf eine einzelne Person mit Namen und Adresse zu konzentrieren, sondern Sie sollten Personen mit dem gleichen Profil ansprechen, also z. B. alle Ladenbesitzer in einer bestimmten Branche.

Wenn ich also von Zielgruppen rede, geht es darum, Gruppen von Personen mit gleichen Interessen, Rollen, Kaufabsichten usw. zu identifizieren, die Sie mit Marketingaktivitäten ansprechen wollen. Das ist natürlich nur eine Annäherung. Jeder Kunde ist speziell in seinem Verhalten, seinen Wünschen, Ängsten und Sorgen. Aber Sie werden schon sehr viel über Ihre möglichen Kunden lernen, wenn Sie sie in Gruppen einteilen. Diese Gruppen können Sie dann mit gezielten Marketingaktionen ansprechen und von Ihrem Angebot überzeugen. Die ausgewählten Zielgruppen sollten zu Ihnen, Ihrem Angebot und Ihren Stärken passen. Vermeiden Sie Zielgruppen in Branchen anzusprechen, von denen Sie keine Ahnung haben. Vermeiden Sie auch, Ihre Angebote in Fachgebieten zu verkaufen, die Sie nur oberflächlich kennen. Überlegen Sie, wer Ihr Traumkunde ist und wie Sie diesen beschreiben können.

2.1 Zielgruppendefinition B2C

Wir wollen also verstehen, wer als Konsument kauft oder Kaufentscheidungen initiiert bzw. beeinflusst.

2.1.1 Vorgehensweise

Wir beginnen mit einem einfachen Profil

Folgende Fragen sollten Sie sich zur Profilerstellung stellen:

1. Wollen Sie existierende Kunden ansprechen oder neue gewinnen?
2. Gibt es bei Ihren existierenden Kunden Verhaltens- bzw. Kaufmuster, die Sie auf alle möglichen Käufer übertragen könnten?
3. Können Sie Erstkäufer von Wiederholungskäufern unterscheiden?
4. Was zeichnet Käufer aus, die beim zweiten Kauf das höherwertige Produkt kaufen?
5. Geografisch: Wollen wir Personen im Großraum Stuttgart, in Baden-Württemberg, in Deutschland, in Europa oder in bestimmten Ländern oder Geografien außerhalb Europas ansprechen?
6. Wer beeinflusst die Entscheidung oder wer trifft sie? Sind die Einflussnehmer Familienmitglieder, Freunde, Kollegen?
7. Geht es um Männer oder Frauen? Oder beide?
8. Wie alt sind sie? Lassen sie sich in Altersspannen klassifizieren, z. B. 25–35 Jahre alt?
9. Sind diese ledig, in einer Beziehung, verheiratet, geschieden oder verwitwet? Haben sie Kinder?
10. Wie groß ist der Haushalt, handelt es sich z. B. um Ein-Personen-Haushalte?
11. Welche Schulbildung bzw. Ausbildung hat die Zielgruppe? Haben sie eine handwerkliche Ausbildung oder haben sie ein Betriebswirtschaftliches Studium absolviert?
12. Wann wollen Sie das Angebot nutzen? Gibt es z. B. Gruppen, die Ihr Angebot nur abends oder nur am Wochenende nutzen würden? Ist die Zielgruppe auf die Schulferien angewiesen?

Warum ist das wichtig für Sie?

Sie werden verstehen, dass ein 25-jähriger Mann andere Prioritäten, Wünsche, Ziele und Entscheidungskriterien hat als eine 80-jährige Frau. Sie müssen also verstehen, wen Sie erreichen wollen, was dieser Zielgruppe wichtig ist, womit und wo Sie sie mit Ihren Marketinginhalten erreichen können.

Der erste Schritt auf diesem Weg ist die Zielgruppen-Definition. Dabei reicht es in der Regel nicht, nur ein Kriterium auszuwählen, sondern es geht um die Kombination verschiedener Kriterien. Häufig werden Geografie, Geschlecht und Alter noch nicht reichen, um eine Zielgruppe zu definieren. Denken Sie an zwei 40-jährige Männer in Deutschland. Werden beide den gleichen Beruf, die gleichen Hobbys und die gleichen Interessen in Bezug auf Urlaubsreisen haben? Vermutlich nein, d. h., Sie werden in der Regel noch andere Daten und Informationen benötigen.

Was sonst könnte Sie noch interessieren?
Wir machen die Zielgruppenanalyse, weil wir Unterschiede im Verhalten der Zielgruppen, die Auswirkungen auf Ihre Kaufprozesse haben, identifizieren wollen. Je besser Sie Ihre Zielgruppen verstehen, umso besser können Sie in Ihren Marketingaktivitäten darauf eingehen. Was also können Sie über Ihre Zielgruppen herausfinden?

- Wo stehen sie im Leben? Wollen Sie demnächst heiraten? Sind es junge Eltern oder beginnen ihre Kinder demnächst das Studium?
- Wie sieht es mit dem Einkommen aus? Sind sie Geringverdiener, haben sie ein mittleres Einkommen oder gehören sie zu den Topverdienern?
- Was treiben sie in ihrer Freizeit? Sind sie z. B. Mitglied in einem Fußballverein?
- Welches Verhalten legen sie an den Tag?
- Welche Werte und Einstellungen haben sie?
- Welche Konsumgewohnheiten haben sie und wie häufig werden Sie einkaufen?
- Werden Sie ein gelegentlicher Nutzer unseres Produktes sein? Oder ein regelmäßiger Nutzer der Wert auf ausgezeichnete Qualität legt?
- Suchen sie Bequemlichkeit, Komfort oder Luxus?
- Suchen sie Schnäppchen oder Rabatte?
- Suchen sie Status oder wollen sie ihr Image verbessern?

Dies sind nur Beispiele. Die Auflistung kann natürlich nicht vollständig sein. Sie sollten die Auswahlkriterien für Ihre Zielgruppe in Abhängigkeit von Ihrem Angebot und den von Ihnen bearbeiteten Märkten überprüfen und ggf. erweitern.

Es gibt verschiedene strukturierte Ansätze, Zielgruppen nach ihrem Lebensstil zu definieren. Eine davon sind die Milieu-Studien von Sinus Sociovison. Sie stellen verschiedene Milieus dar, die sich nach Ausprägung der sozialen Schicht (Unterschicht vs. obere Mittelschicht) und der Grundorientierung (Tradition vs. Neuorientierung) formieren. Zur Bildung der Sinus-Milieus werden in 18 Ländern länderspezifische Segmente erstellt. In Deutschland haben sich zehn Segmente herauskristallisiert (Abb. 2.1).

Gibt es nur eine Zielgruppe?
Wenn Sie ein Produkt mit nur einer klar definierbaren Käufergruppe haben – vielleicht ja. Wenn Sie aber ein Produkt verkaufen wollen, das vielleicht von jungen Männern einer bestimmten Altersgruppe und von sehr viel älteren Männern gekauft werden soll, dann brauchen Sie zwei Zielgruppen, mit denen Sie die nächsten Schritte des Schlanken Marketing angehen.

Versuchen Sie, sich auf einige wenige Zielgruppen zu konzentrieren, die die wichtigsten für ihren Verkaufserfolg zu sein scheinen.

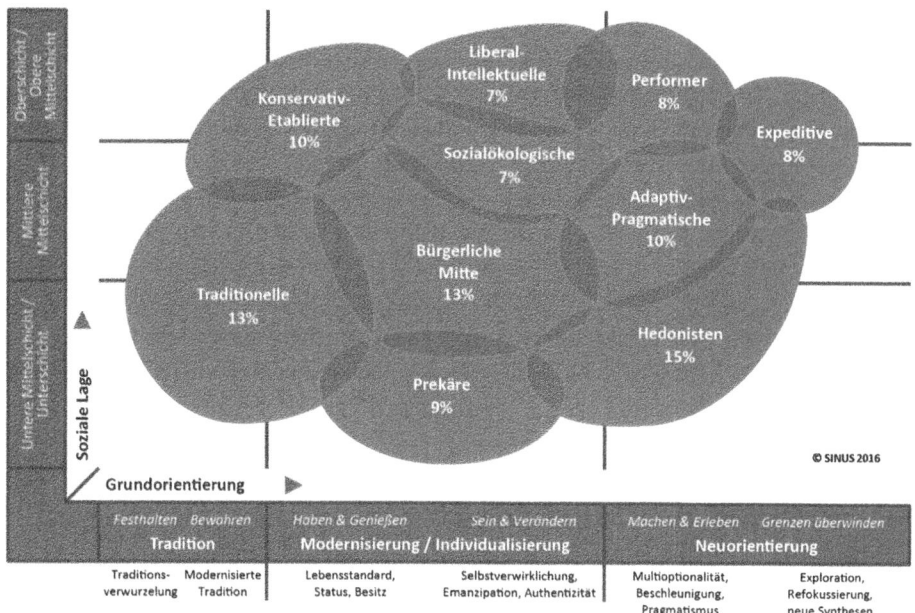

Abb. 2.1 Sinus-Milieus in Deutschland 2016. (Sinus-Institut, http://www.sinus-institut.de/sinus-loesungen/sinus-milieus-deutschland/)

2.1.2 Beispiele

Beispiel 1: Ein Lederwarengeschäft

Hier ergibt die Analyse der Erfahrungen des Besitzers und der Verkäuferinnen, dass es drei wesentliche Zielgruppen gibt, die für den Großteil des Umsatzes relevant sind:

- Eltern in Begleitung der Großeltern und des Kindes kaufen den ersten Schulranzen.
- Mitte-30-Jährige können sich nach einigen Jahren im Beruf leisten, wertige Aktentaschen oder Büro-Rucksäcke zu kaufen.
- Ehepaare ab Mitte 50, die ohne Kinder auf größere Reisen gehen, kaufen sich hochwertiges, stabiles Gepäck.

Alle drei Gruppen sind sehr unterschiedlich in ihren Wünschen, Ängsten, Sorgen und Hoffnungen. Die Orientierung auf die drei Zielgruppen wird dem Lederwarenhändler nicht nur helfen, besseres Marketing zu betreiben, sondern auch effektiver einzukaufen.

Beispiel 2: Ein Architekt

Hier wurden zwei Zielgruppen definiert, die sich deutlich unterscheiden. Beide sind zwischen Mitte 30 und Mitte 40 Jahre alt und haben eine Familie gegründet. Beide wollen ein Haus mithilfe von Architekten planen und bauen.

Die eine Gruppe hat studiert, arbeitet in einem Großunternehmen und lebt in der Großstadt. Die Ehepartner wollen Karriere machen und arbeiten durchschnittlich 10 h am Tag. D. h. sie haben wenig Freizeit und wollen diese möglichst sinnvoll einsetzen. Deshalb wollen Sie mit Ihren Architekten möglichst effektiv kommunizieren und überlassen dem Architekten viel Detailarbeit. Dafür sind sie bereit auch zu zahlen.

Die zweite Gruppe sind Handwerker und Facharbeiter, die in einem Dorf oder einer Kleinstadt leben und dort z. B. über die Mitgliedschaft bei der Feuerwehr gut vernetzt sind. Sie haben mehr Zeit, verstehen mehr Details am Bau und werden bei der Umsetzung Hilfe aus der Verwandtschaft, dem Freundeskreis und dem Verein bekommen. Sie werden mehr Zeit mit dem Architekten verbringen und über wesentlich mehr Details reden wollen. Für Architekten ist es also wichtig, beide Zielgruppen zu verstehen und unterschiedlich zu behandeln.

2.2   Zielgruppendefinition B2B

Wie bei der B2C-Zielgruppendefinition, wollen Sie auch hier verstehen, wer am Kaufprozess beteiligt ist. Im Unternehmen sind das in aller Regel mehrere Personen in unterschiedlichen Abteilungen, z. B. der Leiter der Abteilung, die Bedarf hat und der Einkauf. Diese fasst man unter dem Begriff Buying Center zusammen (s. Abschn. 2.5).

▶ **Buying Center** Das Buying Center umfasst alle Funktionen und Personen, die am Kaufprozess beteiligt sind. Dazu gehören sowohl Entscheider als auch Personen, die Entscheidungen beeinflussen, wie z. B. Nutzer. Die Personen sind in der Regel Mitarbeiter des Unternehmens. Es können aber auch Außenstehende, wie z. B. Business Consultants sein.

2.2.1   Vorgehensweise

Hier ist es wichtiger, präzise in der Definition zu sein, als eine möglichst große Zielgruppe (Anzahl Unternehmen) zu haben.

Wir beginnen mit der Auswahl der Unternehmen, die Sie adressieren wollen
1. Wollen Sie existierende Kunden ansprechen oder neue Kunden gewinnen?
2. Wollen Sie Kunden der Konkurrenz direkt ansprechen oder meiden?
3. Gibt es bei Ihren existierenden Kunden Verhaltens- bzw. Kaufmuster, die Sie auf alle möglichen Käufer übertragen können?
4. Geografisch: Wollen Sie Unternehmen im Großraum Stuttgart, in Baden-Württemberg, in Deutschland, in Europa oder in bestimmten Ländern oder Geografien außerhalb Europas ansprechen?
5. Nach Branche: In welchen Branchen werden Sie Ihr Angebot erfolgreich verkaufen können? Wo waren Sie bisher besonders erfolgreich? Welche Branche wird besonderes

Interesse an der Nutzung Ihres neuen Produktes oder Ihrer neuen Technologie haben? Welche Branche hat beispielsweise einen besonders hohen Anteil an Verkäufern und würde deshalb hohen Nutzen durch Ihr CRM-System erreichen? Lassen sich Sub-Branchen identifizieren?

6. Bedient Ihre mögliche Marketingzielgruppe wiederum Endverbraucher oder Unternehmen in bestimmten Branchen?

7. Ist die Unternehmenssituation ‚stark wachsend‘, ‚gerade fusioniert‘, ‚in der Krise‘ oder durch einen Generationswechsel geprägt?

8. Wie ist das Produkt- oder Dienstleistungssortiment?

9. Welche Technologie nutzt das Unternehmen bzw. noch nicht (wenn Sie z. B. die nächste Version verkaufen wollen)?

10. Nach Dauer des Entscheidungsprozesses: Gibt es Unternehmen, Institutionen oder Branchen in denen die Entscheidungsprozesse deutlich schneller ablaufen, als in anderen?

11. Nach Größe der Unternehmen: Zunächst sollten Sie entscheiden, wie Sie Größe definieren: Ist es die Anzahl Mitarbeiter oder der Umsatz? An die Daten über die Anzahl Mitarbeiter kommen Sie wahrscheinlich leichter, als an die Umsatzinformation. Danach definieren Sie die Größe als Mindestgröße und Maximalgröße, also z. B. von 500–5000 Mitarbeiter. Sie beantworten die folgenden Fragen:
   – Wie groß müssen die Ziel-Unternehmen sein, damit ihr Marketing- und Vertriebsaufwand sich lohnt?
   – Wie klein müssen die Unternehmen sein, damit Sie leicht Zugang zu den Entscheidern erhalten bzw. überhaupt als Lieferant eine Chance haben, gelistet zu werden?

12. Kaufen die Unternehmen zentral ein oder müssen Sie jede einzelne Niederlassung separat ansprechen?

13. Eventuell nach Mindestanforderungen in Abhängigkeit zu Ihrem Angebot: Muss Ihr Kunde z. B. mindestens 500 Nutzer haben, damit Ihr Angebot Sinn macht? Muss er einen bestimmten Software-Level installiert haben, damit Ihre Anwendungen läuft, z. B. Windows 10?

In der Regel reicht es nicht, nur ein Kriterium auszuwählen, sondern es geht um die Kombination verschiedener Kriterien. Vielleicht reichen Ihnen am Anfang schon Geografie, Branche und Größe der Unternehmen.

Solange sich die Zielgruppen in ihren Bedürfnissen und in ihrem Verhalten nicht unterschiedlich verhalten, können Sie verschiedene Zielgruppen zu einer Zielgruppe zusammenfassen, also z. B. Automobilzulieferer und Maschinen- und Anlagenbauer mit 500–5000 Mitarbeitern. Sollten sich die Zielgruppen deutlich unterscheiden, brauchen Sie mehrere Zielgruppen.

Wenn Sie jetzt mehrere Marktsegmente oder Zielgruppen definiert haben, stellt sich die Frage, ob Sie alle adressieren wollen, oder ob Sie nur eine Zielgruppe bzw. einige wenige Segmente auswählen.

2.2.2 Beispiele

Beispiel 1: Prozessberatung
Der Anbieter verkauft Beratungsdienstleistungen zur Verbesserung von Verwaltungs-prozessen in Unternehmen. Das Unternehmen sitzt im Großraum Stuttgart und hat 30 Mitarbeiter. Es konzentriert sich bei der Zielgruppe auf Baden-Württemberg und auf mittelständische Unternehmen mit 100–5000 Mitarbeitern. Der Anbieter sucht Unter-nehmen, die in der Fertigung schon effektive Prozesse etabliert haben und deshalb für Verbesserung der Prozesse in der Verwaltung offen sein sollten. Das erwartet er bei Automobilzulieferern und bei Maschinen- und Anlagenbauern. Bei Zielunternehmen der gewählten Größenklasse erwartet er, dass im unteren Bereich der Geschäftsführer und bei den größeren Unternehmen der Leiter Verwaltung der richtige Ansprechpartner bzw. Entscheider ist.

Beispiel 2: Softwarehaus
Das Softwarehaus bietet die Konzeption und Implementierung von Produktionsautoma-tisierungslösungen an. Es will sich auf Unternehmen in Süddeutschland mit 500–4000 Mitarbeitern konzentrieren. Nach einer Marktanalyse wählt es Unternehmen in den Branchen Baumaschinen- und Landmaschinenhersteller aus. Dort besteht großes Inter-esse an der Automatisierung der Produktionsprozesse bei bisher geringer Automatisie-rung. Bei der Größenordnung der Unternehmen sind der Geschäftsführer bzw. der Leiter der Produktion die richtigen Ansprechpartner.

2.3 Wie Sie die Zielgruppe erfolgreich definieren

Bei der Zielgruppendefinition geht es nicht nur darum diese theoretisch sauber darzustel-len, sondern sie so zu definieren, dass sie in der Praxis damit arbeiten können. Wenn Sie also eine erste Definition Ihrer ausgewählten Zielgruppen haben, sollten Sie Folgendes tun:

1. Prüfen Sie, ob Sie diese Muster bei Ihren bisherigen Kunden vorfinden. Passt das Muster auch bei Ihren wichtigsten Kunden, also z. B. bei den wenigen Kunden, die den größten Teil Ihres Umsatzes generieren?
2. Befragen Sie Ihre Kunden um das Profil der Kunden festzustellen. Woher kommen sie geografisch? Aus welcher Branche? Welche Position haben sie inne? Wie alt sind sie, sind sie verheiratet, haben sie Kinder…?
3. Testen Sie die Zielgruppendefinition mit Ihren Vertriebsmitarbeitern. Klären Sie, ob diese Kollegen Interessenten und Kunden so auswählen könnten und, ob sie denken, die Zielgruppe ist wichtig als Einflussnehmer und wichtig als Käufer. Glauben die Kollegen diese Zielgruppen mit unterschiedlichen Aussagen ansprechen zu können?
4. Überprüfen Sie die Zielgruppendefinition unauffällig mit typischen Vertretern der Zielgruppe, z. B. innerhalb Ihrer bisherigen Kunden oder auf einer Messe.

5. Klären Sie, ob Sie die Zielgruppe später operativ erreichen können, also ob Sie z. B. die Adressen beschaffen können oder wissen, wo sich die Zielgruppe häufig aufhält und ob Sie sie dort ansprechen können bzw. dürfen.

6. Überprüfen Sie, ob zwei verschiedene Zielgruppen auch zwei verschiedene Kaufabsichten, unterschiedliches Kaufverhalten, unterschiedliches Entscheidungsverhalten etc. an den Tag legen.

7. Stellen Sie sicher, dass sich zwei Zielgruppen so stark unterscheiden, dass sich der Aufwand, sie unterschiedlich zu behandeln, lohnt.

8. Versuchen Sie nicht, eine möglichst große Zielgruppe zu definieren, nur damit Sie keine eventuell möglichen Käufer verpassen. Es ist viel wichtiger, die Zielgruppe präzise zu definieren und zu verstehen. Je besser sie definiert ist und je genauer Sie sie verstehen, umso eher werden Sie sie erfolgreich erreichen. Sie müssen nicht 100 % der möglichen Käufer erreichen. Es reicht, genau die 20 % zu erreichen, die 80 % Ihres möglichen Umsatzes bringen. Alle anderen zu erreichen wäre viel zu teuer.

2.4 Wie Sie Zielgruppen priorisieren, um sich zu fokussieren

Wenn Sie jetzt verschiedene mögliche Zielgruppen definiert haben, stellt sich die Frage, ob Sie alle Zielgruppen bearbeiten wollen und können. Hier geht es darum mit Ihren gegebenen Ressourcen den besten Verkaufserfolg zu erreichen. Alle Zielgruppen zu bedienen oder nicht zwischen Zielgruppen zu unterscheiden ist hoch gefährlich. Sie sollten also verschiedene Zielgruppen vergleichen und priorisieren. Dabei geht es darum zu verstehen, welche Zielgruppen größere Umsatzchancen als andere bieten und wie leicht oder schwer es ist, diese Zielgruppen zu erreichen. Die folgende Vorgehensweise ist von der McKinsey-Portfolioanalyse, die McKinsey gemeinsam mit General Electric entwickelt hat, inspiriert. Während dort die Marktattraktivität mit der Wettbewerbsstärke in Beziehung gesetzt wird, unterstellen wir hier, dass wir den Wettbewerb so früh im Prozess noch nicht kennen. Wir betrachten also die Marktattraktivität verschiedener Zielgruppen und den erwarteten Aufwand, diese zu erreichen. Wenn Sie, speziell für ganz neue Angebote oder Zielgruppen, eine einfache Näherung suchen, um die Umsatzchancen zu verstehen, versuchen Sie die Marktchancen (Market Opportunities) abzuschätzen. Wie groß ist jedes Marktsegment und wie stark wächst es? Wie wird es sich in Zukunft entwickeln? Welche Trends zeichnen sich ab? Wie stark ist das Marktsegment schon gesättigt und wie viele Konkurrenten gibt es? Gibt es Gesetze oder Vorschriften, die das Marktsegment positiv oder negativ beeinflussen? Wo finden Sie Informationen, die Ihnen helfen, alle Fragen zu beantworten? Können Sie z. B. auf Daten des Statistischen Bundesamtes, der Industrie- und Handelskammern, Veröffentlichungen von Interessen- oder Fachverbänden zurückgreifen oder müssen Sie selbst Branchenbeobachter oder Technologie-Experten befragen?

Beginnen wir mit der Größe. Hier könnten Sie z. B. im B2C vergleichen, wie viele 15–25-Jährige und wie viele Deutsche zwischen 25 und 45 Jahren es gibt. Sie können dann darüber nachdenken, wie attraktiv Ihr Produkt für die jeweilige Zielgruppe ist, also wie groß Ihre relative Chance ist, in jeder der Gruppen Ihr Angebot zu verkaufen. Schließlich sollten Sie überlegen, wie schwer es sein wird, die jeweilige Zielgruppe mit Marketingmaßnahmen zu erreichen. Das Beispiel in Abb. 2.2 soll das grob skizzieren. Hier wäre Zielgruppe 1 zu wählen, weil die Zielgruppe attraktiver ist und der Aufwand sie zu erreichen, geringer. Sie sollten also versuchen so viele Daten wie möglich zu bekommen, werden aber auch einfach einige Annahmen treffen müssen. Die Daten für die Anzahl Einwohner je Zielgruppe kommen vom z. B. Statistischen Bundesamt. Für die Attraktivität ihrer Produkte für die jeweilige Zielgruppe nutzen Sie Daten aus einer Kundenbefragung, für den erwarteten relativen Marketingaufwand, um die Zielgruppe zu erreichen, Erfahrungswerte der Marketingabteilung. Da Sie ja nicht qualitative und quantitative Faktoren einfach zusammenzählen können, hat es sich bewährt diese grob in hoch, mittel, niedrig oder gut, mittel, schlecht einzuteilen und ihnen jeweils Werte zuzuordnen. Also für hoch z. B. 5 Punkte, für Mittel 3 Punkte und für Niedrig 1 Punkt. Dann stellt sich noch die Frage, ob die Anzahl Kunden wichtiger ist als die Attraktivität unsere Produktes oder der Aufwand den wir betreiben müssen, um die Zielgruppe zu erreichen. Hier sollten Sie im Team entscheiden, was Sie für wichtiger halten, um die Zielgruppen zu priorisieren. Diese Wichtigkeit nehmen Sie dann als Multiplikator, mit dem Sie den Erreichungsgrad des jeweiligen Kriteriums multiplizieren. Sollten Sie Marketingmanager sein, ist es entscheidend, diese Multiplikatoren mit dem Produkt-Management und dem Vertrieb abzustimmen, da die Auswahl der richtigen Zielgruppe entscheidend für Ihren wirtschaftlichen Erfolg ist.

Jetzt stellt sich noch die Frage, ob es sinnvoller ist, die Größe eines Marktsegmentes als Grundlage für die Priorisierung und Segmentauswahl zu nutzen oder das Marktwachstum in diesem Segment. Im Endeffekt geht es darum, das Marktpotenzial zu erfassen. Wenn Sie also z. B. ein großes Marktsegment definiert haben, dieses aber schon gesättigt ist, ist dieses natürlich weniger attraktiv als ein großer Markt, der ganz neu

Abb. 2.2 Marktattraktivität und erwarteter Aufwand, verschiedene Zielgruppen zu erreichen

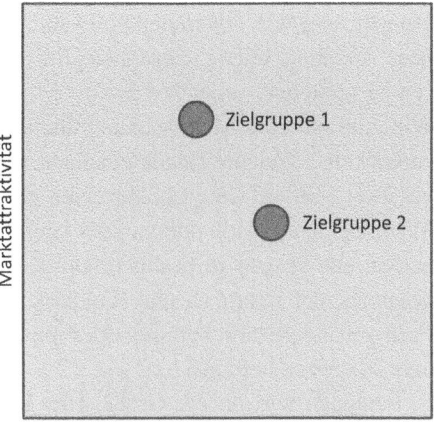

erschlossen werden kann. Dort aber stellt sich die Frage, welche Kosten entstehen, wenn man einen neuen Markt erschließen will. Auch hier wird die Beurteilung von Ihrer Situation abhängen und davon, wie Sie sich im Markt gegenüber Ihren Konkurrenten positioniert haben oder positionieren können.

Wenn Sie so früh im Prozess schon Zugang zu detaillierteren Informationen haben, können Sie die Analyse auch im Sinne der McKinsey-Portfolioanalyse als Marktattraktivitäts-Wettbewerbsvorteils-Matrix durchführen. Bei den Inhalten der beiden Dimensionen ist sie relativ offen. Hier geht es vielmehr darum, aus einer Sammlung vieler verschiedener Kriterien einen möglichst kompletten Blick auf die beiden Felder zu erhalten. Diese Informationen könnten Sie also z. B. zusammentragen:

Marktattraktivität
- Marktgröße, z. B. wie viele mögliche Kunden gibt es und wie viel durchschnittlicher Umsatz je Kunde kann erzielt werden?
- Marktwachstum in % oder in €
- Anzahl der Konkurrenten und deren Marktanteile
- Profitpotenzial
- Marktumfeld (politisch, ökonomisch, sozial, technologisch, ökologisch, rechtlich)
- Markteintrittsbarrieren

Wettbewerbsposition
- Ihr Marktanteil
- Wert und Qualität der Angebote
- Qualifikation der Mitarbeiter
- Potenzial, einen Konkurrenzvorteil zu erreichen
- Innovationspotenzial
- Markenstärke/Reputation
- Lieferfähigkeiten
- Finanzielle Stabilität

Diese Methode ist sehr aufwendig und zeitintensiv. Sie sollten also vor Beginn gut verstehen, ob Sie an die Daten kommen und diese auf einem vergleichbaren Stand zusammentragen können. Nachdem Sie dann qualitative (z. B. hohe Qualifikation der Mitarbeiter im Vergleich zur Konkurrenz) und quantitative Informationen (€, %) haben, stehen Sie vor der oben beschriebenen Aufgabe, die Daten so zu standardisieren, dass Sie mit Ihnen weiterarbeiten können. Es gilt also, die Resultate in z. B. drei Gruppen einzuteilen (gut, mittel, schlecht oder hoch, mittel, niedrig oder ähnliches). Danach geht es darum die verschiedenen Kriterien (z. B. Marktgröße und Marktwachstum) in Ihrer relativen Bedeutung für Ihr Unternehmen zu gewichten. Dies ist der wichtigste Schritt im beschriebenen Prozess, da Sie über die relative Wichtigkeit eines Kriteriums das Gesamtergebnis stark beeinflussen können. D. h. hier ist viel Raum für Manipulation bzw., wenn Sie später die Resultate präsentieren, viel Raum für Argwohn oder Diskussion. Deshalb sollten Sie sich mit Ihren Kollegen in Marketing, Vertrieb und Produktmanagement abstimmen, bevor Sie mit der Arbeit beginnen. Sie sollten alle Beteiligten bitten, Kriterien für die Analyse mit zu definieren und zu helfen, die Information zu beschaffen. Ganz wesentlich ist es, sich mit diesen Kollegen auf die Gewichtungsfaktoren zu einigen, da diese das Ergebnis ganz entscheidend beeinflussen. Abb. 2.3 zeigt eine Beispielmatrix.

Beachten Sie auch den Aufwand, den Sie haben, um eine Zielgruppe zu erreichen. Zielgruppen, zu denen Sie schon Beziehungen haben, sind deutlich kostengünstiger zu erreichen, als Gruppen, zu denen Sie keinerlei Kontakt haben. Überlegen Sie bei der Auswahl der Zielgruppe, die Sie zuerst ansprechen wollen, ob es Gruppen oder Untergruppen gibt, an denen sich andere Gruppen orientieren. Wenn sie also zuerst die Stars einer Branche mit vertretbarem Aufwand überzeigen können, werden Sie die anderen Käufer später leichter gewinnen.

Mithilfe dieser Methoden haben Sie jetzt eine oder mehrere Zielgruppen ausgewählt, für die sich die weitere Arbeit aus jetziger Sicht lohnt. Versuchen Sie zu definieren, wie viel Prozent des zu adressierenden Marktes Sie mit den ausgewählten Zielgruppen wohl abdecken werden. Wenn Sie in die Nähe von 80 % kommen, ist das völlig ausreichend. Hier ist Fokus viel wichtiger, als jeden möglichen Käufer zu erreichen. Vielleicht stellen Sie aber bei der Bearbeitung der Zielgruppen fest, dass eine der Zielgruppen nicht attraktiv für Sie ist oder schon so stark vom Wettbewerb besetzt ist, dass es sich nicht lohnt, sie zu bedienen. Eventuell sehen Sie sogar, dass keine der ausgewählten Zielgruppen attraktiv genug ist. Das heißt vielleicht, dass Ihre Geschäftsidee nicht tragfähig ist. Auch dann hat sich der Aufwand zur Auswahl und Priorisierung gelohnt, weil Sie jetzt nicht weiter in ein Geschäft investieren, in dem Sie nicht erfolgreich sein werden.

Abb. 2.3 Marktattraktivitäts-Wettbewerbsstärke-Matrix (McKinsey- oder GE-Matrix)

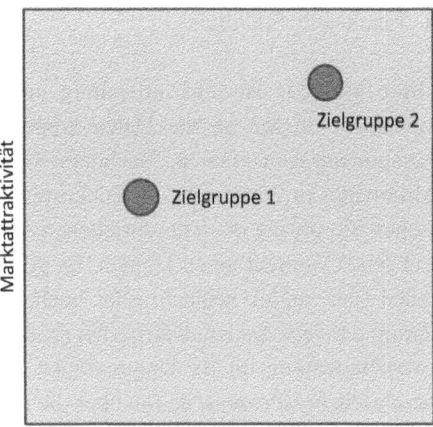

2.5   Wer entscheidet bei B2B-Kunden und wer beeinflusst diese Entscheidungen?

Wir haben für B2B-Zielgruppen bisher die Unternehmen ausgewählt. Um mit unseren Marketingmaßnahmen erfolgreich zu sein, müssen wir uns aber in diesen Unternehmen an das Buying Center wenden, also an die Organisation und Personen, die die Kaufentscheidung beeinflussen bzw. treffen. Dazu gilt es, die folgenden Fragen zu beantworten:

1. Welcher Unternehmensbereich hat das Problem, das wir lösen wollen?
2. Welche Abteilung in diesem Bereich hat das Problem?
3. Welche Person in dieser Abteilung ist unser erster Ansprechpartner? Ist es der Leiter der Abteilung?
4. Welche anderen Mitglieder des Buying Center gehören zu den wichtigsten Personen, die wir zu Beginn des Vermarktungsprozesses ansprechen müssen? Ist es z. B. der Einkauf, über den in vielen Unternehmen alle Kommunikation mit Lieferanten laufen muss?
5. Wer spielt im weiteren Ablauf eine wichtige Rolle und wann passiert das?

Wen also gilt es in Unternehmen zu kennen? (vgl. Webster und Wind 1972, S. 78 ff.).

- den Initiator eines Kaufprozesses
- den Entscheider
- den Käufer
- den Nutzer
- den Beeinflusser
- den Gatekeeper

Sie sollten diese Rollen verstehen. Im Einzelfall können verschiedene Rollen von der gleichen Person wahrgenommen werden.

- Der Initiator weist z. B. auf ein neues entstandenes Problem hin (unsere Nachfrage ist gestiegen, wir müssen mehr produzieren, aber unsere Kapazität reicht nicht aus).
- Der Entscheider ist die Managementebene, die am Ende über die große Investition einer bestimmten Größenordnung im Unternehmen entscheiden darf.
- Der Käufer ist vielleicht die Einkaufsabteilung.
- Der Nutzer muss später in der Lage sein, die neue Maschine zu bedienen. Eventuell gibt es verschiedene Nutzertypen, z. B. den gelegentlichen Nutzer oder den Intensivnutzer, die unterschiedliche Bedürfnisse haben und denen wir eventuell andere Lösungen oder Informationen bieten müssen. Der Nutzer ist vielleicht mit der gegenwärtigen Lösung zufrieden, weil er versteht, wie er die Maschine bedienen muss und was er zu tun hat, wenn es ein Problem gibt.
- Der Produktionsleiter muss die Maschine in den Produktionsprozess integrieren und wird deshalb die Entscheidung beeinflussen (Beeinflusser).

- Der Beeinflusser kann die Graue Eminenz im Unternehmen sein, ohne den keine Entscheidung getroffen wird. Er kann aber auch ein Kollege des Entscheiders in einem anderen Unternehmen, aber in gleichwertiger Position sein.
- Der Gatekeeper ist die Person, die den Zugang zu den Entscheidern oder Beeinflussern kontrolliert, also z. B. die Sekretärin, die wir überzeugen müssen, wenn wir einen Termin mit dem Entscheider vereinbaren wollen.

Nicht alle Rollen wirken im Kaufprozess, der ja auch mal länger dauern kann, zur gleichen Zeit. In verschiedenen Branchen sind bestimmte Funktionen zu unterschiedlichen Zeiten am Kaufprozess beteiligt (Abb. 2.4).

Solange sich Ihre Zielgruppen in ihren Bedürfnissen und in ihrem Informations- und Kaufverhalten nicht unterscheiden, können Sie verschiedene Zielgruppen zu einer Zielgruppe zusammenfassen und damit schlanker agieren. Es ist wichtig, dass Sie sich bei der Definition verschiedener Zielgruppen nicht verzetteln. Sie müssen später in der Lage sein, die Zielgruppen mit Marketingmaßnahmen anzusprechen.

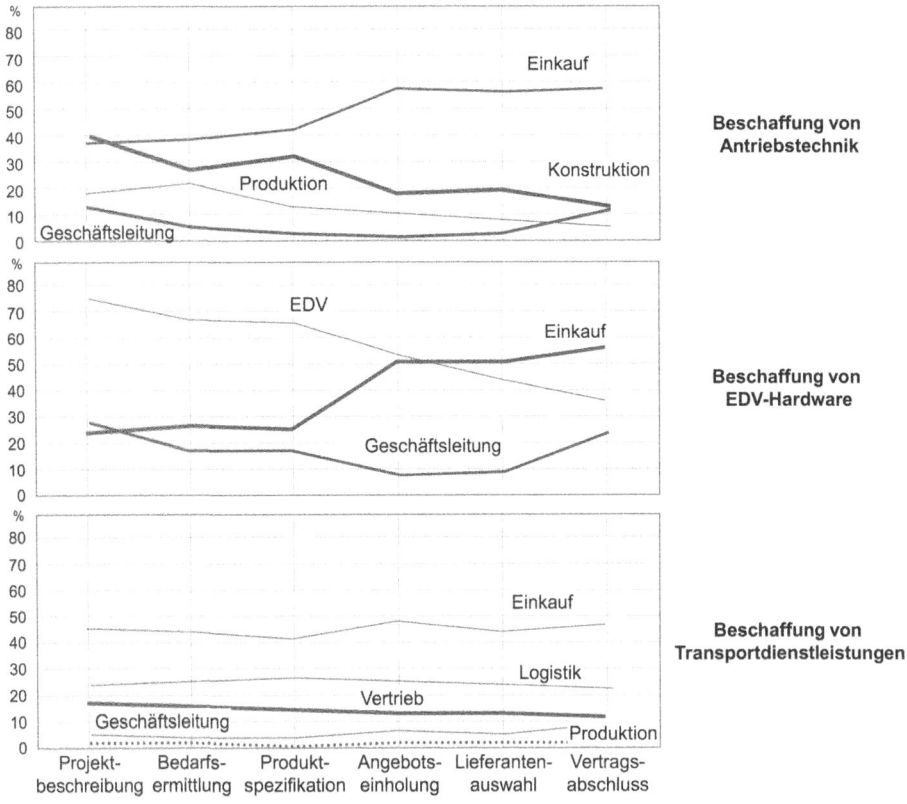

Abb. 2.4 Buying-Center-Beteiligte in verschiedenen Phasen und Branchen. (O. V. 1997, S. 20; Backhaus und Voeth 2010, S. 93; Vahlen und Beschaffung aktuell)

Es kann aber auch vorkommen, dass es innerhalb einer Zielgruppe deutliche Unterschiede im Verhalten zweier Sub-Zielgruppen gibt. So kann die Rolle des Chief Information Officer (CIO), d. h. dem höchsten IT-Entscheider in Unternehmen von CIOs mit einem betriebswirtschaftlichen Hintergrund (z. B. ehemaliger Controller), ganz anders definiert und ausgefüllt werden als von einem IT-Fachmann. Hier sollten Sie also zwei Zielgruppen definieren und im weiteren Prozess besser verstehen.

Wie bei der vorherigen Stufe des Prozesses, den Zielunternehmen, sollten Sie auch bei den Zielgruppen im Unternehmen eine Priorisierung vornehmen. Sie werden es sich nicht leisten können, alle Funktionen und Personen mit einem vernünftigen Aufwand zu erreichen. Sie sollten also für jeden Teilnehmer am Kaufprozess herausfinden, ob er einen entscheidenden Anteil am Ausgang des Prozesses hat. Wenn Sie z. B. an Ehepaare verkaufen, sollten Sie sich fragen, ob die Frau oder der Mann den Kaufprozess auslöst, wer die Informationen einholt, wer entscheidet und wer am Ende den Kauf tätigt. Das hilft Ihnen später bei der Entwicklung Ihrer Marketingmaßnahmen. Sie werden wahrscheinlich eine Frau und ihre Bedürfnisse anders adressieren müssen als einen Mann.

Eine Persona definieren
Sowohl für B2C als auch für B2B haben wir jetzt Zielgruppen ausgewählt. Damit Sie bei den nächsten Schritten noch erfolgreicher werden, hilft es, sich die Zielgruppen nicht nur als Gruppen mit in etwa gleichen Auswahlkriterien und Verhaltensweise zu erarbeiten, sondern Sie uns als konkrete Personen vorzustellen. Personen treffen im B2C und im B2B die Entscheidungen. Sie treffen die Entscheidungen nur vordergründig faktenbasiert, häufig aber emotional. Das können Sie sich im B2C-Umfeld gut vorstellen, es trifft aber auch im B2B-Umfeld zu. Im B2B-Umfeld sind die Risiken für den Entscheider persönlich häufig größer, da es um größere Beträge und um länger wirkende Entscheidungen geht. Es gilt also Personen, ihre Bedürfnisse und ihre Motivation gut zu verstehen, um Marketinginhalte besser auf die Zielgruppe abstimmen und Angebote gezielter und damit erfolgreicher verkaufen zu können. Für Marketingzwecke wäre es jedoch in der Regel zu aufwendig, einzelne Personen anzusprechen. Deshalb geht es darum, einen Mittelweg zwischen relativ grob definierten Zielgruppen und sehr fein definierten einzelnen Personen zu finden und besser zu verstehen. Dieses intensivere Verständnis der Zielgruppe hilft Ihnen, Ihre Zielgruppe gezielter mit den richtigen Inhalten anzusprechen und in dieser Kommunikation erfolgreicher zu sein. Sie können Reaktionen der Zielgruppe, egal ob positiv oder negativ, besser vorhersehen und entsprechend proaktiv arbeiten.

▶ **Persona** Personas sind fiktive Personen, die eine Zielgruppe gut repräsentieren. Sie sind nicht die Kunden, die Sie gerne hätten, sondern die Kunden, die es wirklich gibt, also die, die Ihre Zielgruppe gut repräsentiert. Diese fiktiven Charaktere informieren sich über ein Produkt, kaufen es oder nutzen es in ähnlicher Art und Weise (vgl. Lidwell et al. 2010).

Diese Personas werden so beschrieben, dass Sie und Ihr Marketingteam sich diese Person mit ihren Rahmenbedingungen, ihrer Herkunft, ihrem Bildungsgrad, ihren Interessen, ihren Ziele, ihrer Motivation und ihren Erwartungen sehr gut vorstellen können. Später werden Sie in Ihrem Team nur noch den Namen der Persona verwenden und jeder weiß, von welcher Zielgruppe Sie sprechen und kann sich diese gut vorstellen. Statt also zu sagen, die Person ist männlich, zwischen 65 und 75 Jahre alt und wohnt in Süddeutschland, beschreiben Sie Herrn Willi Waldhof, der 69 Jahre alt ist und seit 30 Jahren mit seiner Frau in Stuttgart in einer Eigentumswohnung wohnt. Herr Waldhof hat zwei Kinder, die jedoch nicht mehr im Haushalt von Herrn Waldhof wohnen. Neben der staatlichen Rente bezieht er eine Betriebsrente. Auch seine Frau bezieht Rente, sodass sich das Ehepaar mehrere Reisen im Jahr erlauben kann. Die beiden gehen etwa zwei Mal je Monat in ein Restaurant essen und besuchen im Winterhalbjahr etwa alle sechs Wochen die Oper.

Je mehr Details Ihnen zu Ihrer Persona einfallen, umso besser. Eventuell suchen Sie auch ein Foto, das diese fiktive Person gut repräsentiert. Wenn Sie Lebensmittel verkaufen wollen, beschreiben Sie vielleicht, was Ihre Persona gerne isst und trinkt und in welchen Umgebungen sie sich aufhält. Wenn Sie eine App entwickeln, ist vielleicht wichtig zu beschreiben, welches Smartphone die Persona nutzt, um herauszuarbeiten, ob sie immer die neueste Technologie nutzt, oder gerne noch das vorletzte Modell einsetzt. Wenn Sie Angebote für die Freizeit haben, sollten Sie definieren, was die Freizeitinteressen Ihrer Persona sind und diese dokumentieren. Versuchen Sie, das Kaufverhalten Ihrer Persona zu beschreiben, also ob sie zu spontanen Käufen neigt oder sich erst sehr gründlich informiert, ob sie Marken bevorzugt oder No-Name-Produkte kauft, ob sie Abenteuer sucht oder ob ihr Sicherheit sehr wichtig ist etc. Vielleicht wollen Sie auch beschreiben, in welchem Verein Ihre Persona Mitglied ist, welche Webseiten sie besucht, welche Apps sie nutzt, welche Zeitschriften sie liest oder welche Fernsehsendungen sie liebt. Eventuell hilft die Definition von Hobbys der Zielgruppe, diese besser zu charakterisieren. So werden Sie wahrscheinlich eine andere Vorstellung von einem Golfspieler als von einem Fußballspieler haben. Die Definition der Hobbys Ihrer Zielgruppe kann Ihnen später bei der Auswahl von Marketingmaßnahmen, wie Veranstaltungen helfen. Wenn Sie die Charaktereigenschaften Ihrer Persona beschreiben, hilft das Ihnen später die Kommunikation so zu gestalten, dass die Zielgruppe sich verstanden fühlt. Das ist eine wesentliche Grundlage um Vertrauen in Sie und Ihr Angebot aufzubauen.

Die Persona zu verstehen hilft Ihnen nicht nur, wenn Sie an Endkunden verkaufen wollen, sondern auch, wenn Sie im B2B-Geschäft unterwegs sind. Hier beschreiben Sie zunächst die Position, die Ihre Persona einnimmt, also z. B. Leiter der Fertigung. Dann beschreiben Sie Alter und Geschlecht, Familienstand und einige persönliche Interessen, wie eben bei B2Cc beschrieben. Dann aber beschäftigen Sie sich detaillierter mit seiner Funktion im Unternehmen, mit seinen Umgebungsbedingungen und mit seinem Informationsverhalten. Sie beschreiben also seine beruflichen Ziele, die Ziele seiner Vorgesetzten und seines Unternehmens in wenigen Worten. Wie informiert er sich. Fragt er bei Kollegen nach, geht er auf Veranstaltungen, erwartet er, dass ihn mögliche Lieferanten ansprechen oder sucht er aktiv nach Informationen? Nehmen Sie sich Zeit, eine oder mehrere Personas zu entwickeln und zu dokumentieren. Je besser Sie sie verstehen, umso besser können Sie Angebote formulieren und Ihren Nutzen an die Persona kommunizieren.

Wenn Sie die Persona mit Ihrem Team entwickelt haben, sollten Sie sie mithilfe einer Zielgruppenbefragung validieren und schärfen. In Kap. 3 werden wir uns noch stärker mit den Wünschen, Ängsten und Sorgen Ihrer Persona auseinandersetzen.

Beispiel: Ein Immobilienmakler

Der Makler in einer deutschen Großstadt verkauft Immobilien erfolgreich. Beim Kauf von Immobilen tut er sich schwer.

Eine Analyse der bisherigen Erfahrungen zeigt, dass Häuser bei drei wesentlichen Ereignissen verkauft werden:

* Großmutter ist verstorben, die Kinder oder Enkel wollen das Haus veräußern.
* Ein Ehepaar lässt sich scheiden, keiner der Partner kann das Haus alleine unterhalten.
* Ein Ehepaar ist so alt geworden, dass sie lieber in einer Etagenwohnung leben wollen, statt in ihrem Haus mit großem Garten.

Die Aufgabe ist es jetzt, diese drei Zielgruppen für den Makler so zu beschreiben, dass das Marketing- und Verkaufsteam sich die Zielgruppen sehr gut vorstellen kann und in der Lage ist, für jede der Zielgruppen Marketingmaterial so aufzubereiten, dass Sie die Zielgruppe erreichen und erfolgsversprechend ansprechen können.

Als erstes wird hier beispielhaft eine der Zielgruppen in Form einer Persona definiert, die so alt geworden ist, dass sie statt im Haus in einer Etagenwohnung leben will:

Erich Schneider wohnt in Sindelfingen und ist 70 Jahre alt ist. Er ist verheiratet, die Kinder sind selbst auch verheiratet und wohnen in anderen Städten. Herr Schneider geht jede Woche drei Mal in ein örtliches Fitnesscenter. Er bezieht neben der Staatsrente noch eine Betriebsrente und ist finanziell recht gut gestellt. Er wohnt seit 35 Jahren in einem Einfamilienhaus mit großem Garten. Da die Gartenarbeit schon etwas beschwerlich ist, und er und seine Frau, wenn sie in Urlaub sind, immer nach Helfern suchen müssen, die die Gartenarbeit übernehmen, trägt er Veränderungsgedanken in sich. Er würde gerne das Haus verkaufen und eine Eigentumswohnung anschaffen, die auch für die Zukunft vorbereitet ist. Er denkt an etwa 100 m^2 in ruhiger Lage und hätte gern einen Aufzug, der die Tiefgarage mit der Wohnung verbindet. Seine Frau wünscht sich Geschäfte für den täglichen Bedarf in der Nähe.

Hier lohnt es sich vielleicht für den Immobilienmakler, sich über Wohngebiete zu informieren, die vor 35 Jahren bebaut wurden, da hier mit großer Wahrscheinlichkeit viele Erich Schneiders wohnen, die man mit Marketingmaßnahmen relativ leicht erreichen könnte.

Wie kommen Sie an diese Informationen? Zunächst versuchen Sie mit Ihrem Team und dem Vertrieb aus der Zielgruppendefinition zur ersten Stufe einer Persona vorzudringen. Dabei beschreiben Sie so viel wie möglich über die Zielgruppe, die es im Markt gibt. Sie überlegen, wer Ihr Angebot am ehesten braucht und woran Sie das festmachen können. Schließlich sollten Sie dann Ihre Annahmen mit Mitgliedern der Zielgruppe testen, um sie weiter zu verfeinern.

Zusammenfassung

Wenn Sie erfolgreich sein wollen, müssen Sie verstehen, wer Ihr Angebot kaufen soll und wer diese zukünftigen Käufer beeinflusst. Das sind im B2C-Umfeld einzelne Personen, im B2B-Umfeld sind es Mitglieder im Buying Center von ausgewählten Unternehmen. Die Zielgruppe wird verstehen wollen, warum Sie ein Angebot kaufen soll. Sie will verstehen, welche Vorteile oder welchen Nutzen sie aus Ihrem Angebot ziehen kann und warum dieser Mehrwert bei Ihnen größer ist, als bei Ihrer Konkurrenz. Sie müssen verstehen, wer Ihr Produkt kaufen könnte und wer dessen Entscheidungen beeinflusst. Diese Personen sind dann das Ziel Ihrer Entwicklungs- und Ihrer Marketingaktivitäten. Nachdem es in den meisten Fällen zu aufwendig wäre jede der Personen einzeln und individuell anzusprechen, definieren Sie Gruppen von möglichen Käufern mit gleichen oder ähnlichen Interessen. Das sind Ihre Zielgruppen. Wenn Sie mehrere Gruppen identifiziert haben priorisieren Sie diese, damit sie Aufwände nur dort investieren, wo sich die Investition lohnt. Um Ihre ausgewählten Zielgruppen besser zu verstehen, definieren Sie zunächst eine fiktive Person, die sie gut repräsentiert, die Persona. Sie gilt es so zu definieren, dass Sie sie erreichen und mit unterschiedlichen Angeboten, Maßnahmen und Inhalten ansprechen können. Die Definition und das Verständnis der Zielgruppe bildet die wichtigste Grundlage für alle weiteren Aktivitäten. Von der Zielgruppe ausgehend können Sie deren Wünsche, Ängste, Sorgen und Hoffnungen verstehen. Sie werden besser verstehen, wie Sie sich bei einer ausgewählten Zielgruppe von Ihrer Konkurrenz unterscheiden können. Sie können sie zielgerichteter ansprechen.

Literatur

Backhaus, K., und M. Voeth. 2010. *Industriegütermarketing,* 9. Aufl, 93. München: Vahlen.

Lidwell, W., K. Holden, und J. Butler. 2010. *Universal principles of design,* 182. Beverly, MA: Rockport Publishers.

O. V. 1997. Proportionale Beteiligung verschiedener Unternehmensbereiche an Beschaffungsentscheidungen. *Beschaffung aktuell* 25:20–23.

Sinus Milieus in Deutschland. 2016. http://www.sinus-institut.de/sinus-loesungen/sinus-milieus-deutschland/.

Webster, F., und Y. Wind. 1972. *Organizational buying behaviour.* Foundations of Marketing, 78. Englewood Cliffs: Prentice Hall.

Die Zielgruppe verstehen

3

Zusammenfassung

Nachdem Sie die Zielgruppe definiert haben, also wissen, welche typischen Personen Sie ansprechen und bei B2B-Kunden auch in welchen Funktionen sie tätig sind, geht es nun darum, diese Zielgruppe im Detail zu verstehen. Es geht darum, ihre Probleme, Ängste, Sorgen und Hoffnungen zu verstehen. Sie wollen wissen, welche Verbesserungen sie suchen und welchen Nutzen sie von Ihnen erwarten. Sie interessieren sich für die Motivation und Emotionen Ihrer Zielgruppe.

Wenn Sie Ihre Angebote erfolgreich verkaufen wollen, müssen Sie Ihre Zielgruppe genau verstehen. Erst dann werden Sie in der Lage sein, die Zielgruppe bei Ihren Problemen, Ängsten, Sorgen usw. abzuholen und ihr zu verdeutlichen, dass Ihr Unternehmen genau die richtige Lösung hat.

Durch Ihre bisherige Arbeit haben Sie die Zielgruppe oder die Zielgruppen definiert. Im B2B-Umfeld wissen Sie nicht nur welche Unternehmensarten Sie ansprechen wollen, sondern auch in welchen Funktionen oder Abteilungen ihre Nutzer, Beeinflusser und Entscheider sitzen. Sowohl für B2C als auch für B2B haben Sie Ihre Zielgruppen als Personas noch viel deutlicher dargestellt. Nun geht es darum zu verstehen, was diesen Zielgruppen wichtig ist, was sie bewegt und was Ihre Wünsche, Ängste, Sorgen und Hoffnungen sind. Damit können Sie ergründen, welche Verbesserungen sie suchen und welchen Nutzen sie von Ihnen erwarten. Erst, wenn Sie das verstanden haben, können Sie die richtigen Lösungen entwickeln, um die Zielgruppen effektiv anzusprechen und haben eine Chance, dass die Zielgruppen diese Lösungen bei Ihnen kaufen.

© Springer Fachmedien Wiesbaden GmbH 2018
W. Vogt, *Schlankes Marketing für den Mittelstand*,
https://doi.org/10.1007/978-3-658-16732-5_3

3.1   Vorgehensweise

Häufig nehmen wir an, dass unser Angebot das Wichtigste ist, was unsere Zielgruppe braucht. Aus Sicht der Zielgruppe sieht die Situation aber oft anders aus. Sie sollten deren Aufgaben, Ziele, Wünsche, Ängste und Sorgen verstehen. Dann wissen Sie, was ihr wichtig ist und finden vielleicht eine Beziehung Ihres Angebotes zu einer Priorität oder einer Zielsetzung der Zielgruppe. In einem ersten Schritt sollten Sie das mit Ihrem Team selbst überlegen. Sie können diese Überlegungen mit Desk Research überprüfen, also nach Analysen suchen, die Ihre Erkenntnisse unterstützen oder widerlegen. Danach ist es sehr wichtig, Vertreter der Zielgruppe zu befragen, damit Sie sicher sind, dass Sie die richtigen Annahmen für Ihr weiteres Vorgehen treffen. Beschreiben Sie die Aufgaben, die Ihre Zielgruppe im Alltagsleben und bei Ihrer Arbeit erledigen möchte. Beschäftigen Sie sich mit den schlechten Ergebnissen, Problemen, Risiken und Hindernissen, die mit den Kundenaufgaben im Zusammenhang stehen. Und beschreiben Sie die Resultate, die Kunden erzielen wollen, oder die konkreten Vorteile, nach denen sie suchen (vgl. Osterwalder et al. 2015, S. 9).

Welche funktionalen Aufgaben müssen Ihre Kunden erledigen, um spezielle Aufträge zu erfüllen oder Probleme zu lösen? Was erlaubt Ihren Kunden gut dazustehen und Macht und Status zu gewinnen? Was führt dazu, dass Ihre Zielgruppe sich gut und sicher fühlt? Wo unterstützen Ihre Kunden andere z. B. beim Kauf von Wert, bei der Schaffung von Wert und beim Übertragen von Wert? In welchem Kontext finden diese Kundenaufgaben statt und wie wichtig sind sie im Vergleich zu anderen Aufgaben? Wie definieren Ihre Kunden „zu aufwendig"? Was verursacht bei ihnen ein schlechtes Gefühl, inwiefern genügen die aktuellen Wertangebote Ihren Kunden nicht? Welches sind ihre Hauptschwierigkeiten und Herausforderungen? Welche negativen sozialen Konsequenzen fürchten oder erleben Ihre Kunden? Welche finanziellen, sozialen oder technischen Risiken scheuen sie? Was lässt sie nachts nicht schlafen? Welche Fehler machen sie häufig? Was hält Ihre Zielgruppe davon ab, bei Ihnen zu kaufen? Was können Ihre Kunden gewinnen? Welche Einsparungen würden sie glücklich machen? Was würde die Aufgaben oder das Leben der Kunden erleichtern? Welche positiven gesellschaftlichen Konsequenzen wünschen sich Ihre Kunden? Wonach suchen sie am meisten, wovon träumen sie und wonach streben sie? (vgl. Osterwalder et al. 2015, S. 12–17).

3.1.1   B2C

Sie haben Ihre Zielgruppe definiert und wissen schon relativ viel über Ihre Persona oder Personas. Jetzt gilt es zu verstehen, was die Persona bewegt. Wenn Sie also z. B. ein Angebot für die Freizeit der Zielgruppe haben, sollten Sie verstehen, was die Zielgruppe von Ihrer Freizeit erwartet, was ihre Prioritäten für Freizeitbeschäftigungen sind usw. Je besser Sie verstehen, was Ihre Zielgruppe bewegt und was sie sucht, umso eher können Sie Ihre Zielgruppe überzeugen, dass Sie Ihre Sorgen und Hoffnungen kennen, dass Sie eine Antwort auf Ihre Probleme haben, dass sie bei Ihnen Sicherheit finden oder dass Sie eine Angebot haben, mit dem sie Ansehen bei Ihren Freunden gewinnen. Je besser Sie Ihre Zielgruppe verstehen, umso genauer können Sie Ihr Angebot auf die Bedürfnisse Ihrer Zielgruppe ausrichten und umso besser können Sie Ihre Marketingkommunikation gestalten. Im Einzelnen könnten Sie z. B. folgende Fragen stellen:

Welche Probleme, Ängste, Sorgen hat sie?
1. Was sind ihre Ziele?
2. Was sind ihre größten Probleme?
3. Was sind ihre Sorgen?
4. Was sind ihre Ängste?
5. Was sind ihre Bedürfnisse?
6. Was sind ihre Hoffnungen?
7. Was sind ihre Vorlieben?
8. Was sind ihre Abneigungen?
9. Welche Vorurteile hegen sie?

Welche Verbesserungen sucht sie?
1. Was frustriert oder stört sie am gegenwärtigen Zustand?
2. Welche Fehler macht sie?
3. Wo muss sie Kompromisse eingehen?
4. Hat sie ein Problem bei der Installation, der Nutzung oder der Wartung des gegenwärtigen Produktes?
5. Was könnte ihr Leben leichter machen?
6. Wovon träumt sie?
7. Was würde ihr Image verbessern?
8. Welches Einkaufserlebnis erwartet sie?

Welchen Nutzen würde sie sich von den Verbesserungen versprechen?
1. Sucht sie Kostenvorteile?
2. Sucht sie Zeitvorteile?
3. Will sie Engpässe beseitigen?
4. Will sie mehr Komfort?
5. Was führt zu Begeisterung?
6. Was führt zu Statusgewinn?

Welche Motivationen hat sie?
1. Was sind ihre Grundbedürfnisse, z. B. Sicherheit?
2. Was will sie persönlich erreichen (Anerkennung, Status)?
3. Wie will sie wahrgenommen werden (Image)?
4. Was führt dazu, dass sie sich besser fühlt?
5. Welche Änderungen Ihrer Umgebung und welche Trends führen zu welchen neuen Bedürfnissen?

Welche Risiken scheuen Sie? (vgl. Osterwalder et al. 2015, S. 15)

1. Finanzielle Risiken?
2. Soziale Risiken?
3. Technische Risiken?
4. Befürchtungen, dass etwas schief gehen könnte?

Welche Emotionen treiben sie?

Gerade bei B2C-Kunden sind Emotionen ein wichtiger Beweggrund etwas zu verändern oder z. B. etwas zu kaufen. Wir sollten also auch die emotionale Ebene unserer Kunden gut verstehen. Die Empathy Map (vgl. Brown et al. 2010, S. 65–67) ist dazu ein guter Weg. Wenn es also um die Situation geht, in dem Ihre Persona sich mit dem Thema beschäftigt, zu dem ihr Angebot gehört, sollten Sie die vier wichtigsten Fragen stellen:

1. Was denkt und fühlt die Zielgruppe?
2. Was sieht die Zielgruppe?
3. Was hört die Zielgruppe?
4. Was sagt und tut die Zielgruppe?

Diese Fragen gilt es für und mit Ihrer Zielgruppe zu beantworten. Auch hier können Sie das zunächst mit Ihrem Team entwickeln und dann mit der Zielgruppe testen. Befragen Sie die Zielgruppe nach einzelnen Aspekten, oder senden Sie eine E-Mail an Ihre existierenden Kunden und fragen, was sie z. B. über Ihr gegenwärtiges Angebot denkt, sieht, hört und sagt. Sie werden im positiven Fall Zitate bekommen, die Sie bei anderen Kunden oder Interessenten verwenden können und das in Kundensprache! Wenn Sie die vier Aspekte für eine Persona zusammenstellen, werden Sie feststellen, dass sich manche Aussagen widersprechen. Das sollte Sie nicht stören, da sie sich in der Realität auch widersprechen können. So wird z. B. eine alleinerziehende Mutter denken, dass sie die vielen Herausforderungen kaum bewältigen kann, gleichzeitig aber stolz sein, dass sie so viel schon geschafft hat. Vielleicht hört sie von ihren Freundinnen, dass Ihr Angebot teuer ist, aber denkt, dass das Preis-Leistungsverhältnis stimmt. Verlassen Sie sich nicht auf Ihr Bauchgefühl, sondern testen Sie Ihre Annahmen zunächst mit Ihren Kollegen intern. Danach testen, korrigieren oder erweitern Sie Ihre Definition mit Ihrer Zielgruppe. Befragen Sie die Zielgruppe was sie zum Thema denkt, fühlt, sieht, hört, sagt und tut. Fragen Sie sie nach Ihren wichtigsten Prioritäten, Ihren Wünschen, Ängsten, Sorgen und Hoffnungen. Klären Sie mit der Zielgruppe, was deren Freunde denken, um etwas objektivere Aussagen zu bekommen, als wenn die Zielgruppe im Interview versucht gut dazustehen. Stellen Sie nicht nur geschlossene Fragen, sondern auch möglichst viele offene Fragen, damit Ihnen keine wichtigen Aspekte entgehen. Fragen Sie auch, was der Zielgruppe besonders gefallen hat und was ihr besonders missfallen hat. Analysieren Sie auch Aussagen Ihrer Zielgruppen, in dem Sie in sozialen Medien lesen, worüber sich Ihre Zielgruppe austauscht und was ihr gefällt bzw. was sie liked oder kommentiert. Legen Sie Ihrer Zielgruppe alle von Ihnen gefunden Aufgaben, Probleme,

Ängste, Sorgen, Hoffnungen etc. und die von Ihnen abgeleitete Erwartungshaltung vor und lassen Sie alle Aspekte gewichten, sodass Sie die wichtigsten Bedürfnisse und Erwartungen gut verstehen, bevor Sie sich Gedanken darüber machen, wie Sie die Situation Ihrer Zielgruppe verbessern können.

3.1.2   B2B

Sie haben Ihre Zielgruppe, also Unternehmen und Ansprechpartner definiert und wissen schon relativ viel über Ihre Persona. Jetzt gilt es zu verstehen, was die Persona oder Personas bewegt. Je genauer Sie das wissen, umso leichter können Sie darauf eingehen und Angebote zur Verbesserung der Situation vorlegen. Je besser Sie es verstehen, umso eher können Sie Ihre Zielgruppe überzeugen, dass Sie eine Lösung haben, die ihr hilft ihre Ziele zu erreichen, ihre Probleme zu lösen, ihre Situation zu verbessern oder besser dazustehen als ihre internen oder externen Konkurrenten. Je genauer Sie es wissen, umso gezielter können Sie Ihr Angebot gestalten und umso fokussierter können Sie Ihre Marketingkommunikation gestalten.

Welche Umgebungsbedingungen hat sie?
1. Wie entwickelt sich der Markt in dem sich die Zielunternehmen befinden?
2. Wie viele Anbieter gibt es und wie stark ist die Konkurrenz zwischen den Anbietern?
3. Welche wesentlichen Trends gibt es?
4. Welche neuen oder verbesserten Technologien werden den Markt bzw. die Branche verändern?
5. Wie ändern sich die Anforderungen der Kunden Ihrer Zielgruppe?

Welche Aufgaben und Ziele hat sie?
1. Was sind die wichtigsten Aufgaben unserer Zielgruppe?
2. Welche Ziele hat die Zielgruppe für das laufende Jahr?
3. Welche strategischen Ansätze verfolgt sie?
4. Welche Prioritäten hat sie?
5. Wofür wird sie bezahlt?
6. Woran wird ihr Erfolg gemessen?

Welche Probleme, Ängste, Sorgen hat sie?
1. Was sind ihre größten Probleme?
2. Was sind ihre Herausforderungen?
3. Was sind ihre Sorgen?
4. Was sind ihre Ängste?
5. Was sind ihre Bedürfnisse?
6. Was sind ihre Hoffnungen?

Welche Verbesserungen sucht sie?

1. Welche Kapazitätsengpässe gibt es bei der bisherigen Lösung?
2. Wo muss sie Kompromisse eingehen?
3. Welche Funktionen fehlen bei der bisherigen Lösung?
4. Welche Klagen der heutigen Nutzer gibt es?
5. Welche Fehler passieren häufig?
6. Müssen Ihre Kunden oder Nutzer Opfer bringen?
7. Gibt es Probleme mit den gegenwärtigen Prozessen?
8. Gibt es Prozesse und Kompetenzen, die nicht zum Kerngeschäft gehören und evtl. extern erledigt werden könnten?
9. Welche Anforderungen hat sie, erwartet sie z. B. schnelle Lieferfähigkeit bei Nachfragespitzen?
10. Braucht sie Service rund um die Uhr und an Wochenenden?
11. Was würde ihr Image verbessern?

Welchen Nutzen würde sie sich von den Verbesserungen versprechen?

1. Sucht sie Kostenvorteile?
2. Sucht sie Zeitvorteile?
3. Will sie die Effizienz oder Effektivität erhöhen?
4. Will sie Engpässe beseitigen?
5. Will sie mehr Komfort?
6. Sucht sie Prestige?
7. Was führt zu Begeisterung?
8. Was führt zu Statusgewinn?

Welche Regeln muss sie beachten?

1. Gibt es gesetzliche Regeln?
2. Gibt es Normen?
3. Gibt es interne Vorschriften?

Welche Motivationen hat sie?

1. Was sind ihre Grundbedürfnisse, z. B. Sicherheit?
2. Was will sie persönlich erreichen (Karriere, Status)?
3. Wie will sie wahrgenommen werden (Image nach innen und außen)?
4. Was führt dazu, dass sie sich besser fühlt?

Welche Emotionen treiben sie?

Bedenken Sie, dass auch bei B2B-Zielgruppen Emotionen eine nicht unwesentliche Rolle spielen. Auch hier kaufen Menschen von Menschen. Oft geht es um sehr viel Geld bzw. um ein großes finanzielles Risiko. D. h. neben den Fakten zählen natürlich Emotionen. Eventuell werden emotionale Entscheidungen auch mit Fakten begründet. Wir sollten also auch hier die emotionale Ebene unserer Kunden gut verstehen. Die Empathy Map (vgl. Brown et al. 2010) ist dazu ein guter Weg. Wenn es also um das Thema geht, zu dem ihr Angebot gehört, sollten Sie die vier wichtigsten Fragen stellen:

1. Was denkt und fühlt die Zielgruppe?
2. Was sieht die Zielgruppe?
3. Was hört die Zielgruppe?
4. Was sagt und tut die Zielgruppe?

Auch hier sollten Sie zunächst mit Ihrem Team brainstormen, um ein noch besseres Gefühl für Ihre Persona zu entwickeln. Je besser Sie sich die Persona vorstellen können, umso leichter fällt es Ihnen, für diese Persona das passende Angebot und seine Vermarktung zu planen. Sie sollten Ihre Annahmen aber unbedingt mit der Zielgruppe (Bestandskunden und potenzielle Neukunden) testen. Das können Sie für einzelne Aspekte in Gesprächen mit Ihren Kunden tun. Sie können aber auch einen Fragenkatalog an Ihre Kunden verschicken oder auf einer Messe eine Befragung der Zielgruppe durchführen. Zögern Sie nicht – Ihre Kunden werden es begrüßen, dass Sie sie für so wichtig halten, dass Sie an ihrer Meinung interessiert sind und, dass sie sich ständig weiter entwickeln wollen, um noch besser zu werden. Wenn Sie in den einzelnen Aspekten sich scheinbar widersprechende Aussagen bekommen, ist das völlig normal, weil auch Ihre Zielgruppen konkurrierende Ziele haben können. Analysieren Sie die Social-Media-Profile von typischen Mitgliedern Ihrer Zielgruppe, um besser zu verstehen, was Sie suchen und was sie bieten. Das was Sie bieten ist vielleicht das, worauf sie stolz sind, d. h. es kennzeichnet auch, was ihr wichtig ist. Worüber tauschen sich die Social-Media-Gruppen aus, in denen Ihre Zielgruppe Mitglied ist? Gibt das Hinweise auf Themen, die der Zielgruppe wichtig sind? Bitten Sie Vertreter Ihrer Zielgruppe die von Ihnen gefunden Aufgaben, Probleme, Ängste, Sorgen etc. und die von Ihnen daraus abgeleitete Erwartungshaltung zu gewichten und zu priorisieren, sodass Sie deren Bedürfnisse und Erwartungen gut verstehen, bevor Sie beginnen sich damit zu beschäftigen, wie Sie der Zielgruppe Nutzen generieren können. Stellen Sie sicher, dass alle Anforderungen konkret formuliert sind, sodass Sie später in der Lage sind, konkrete Lösungen zu erarbeiten.

3.1.3 B2B oder B2C wählen, wenn B2B der Mittler zu B2C ist

Nehmen wir an, Sie haben ein neues Produkt entwickelt, das für Endkunden gedacht ist. Nehmen wir weiter an, dass diese Zielgruppe sehr groß ist, in vielen Städten und Gemeinden verteilt wohnt und, dass Sie keinen Zugang zu diesen Endkunden haben. In diesem Fall könnte es aber so sein, dass es in diesen Städten eine Gruppe von Unternehmen (Händler und Distributoren) gibt, die sehr guten Zugang zu Ihren möglichen Endkunden hat. Sie sollten dann überlegen, ob Sie beide Zielgruppen (B2B und B2C) auswählen, verstehen lernen und bei beiden Marketing betreiben wollen. Ihre B2B-Zielgruppe wären dann diese Händler oder Distributoren, Ihre B2C-Zielgruppe natürlich die

Endverbraucher/Endkunden. Da die B2C-Zielgruppe besonders groß und lokal schwer erreichbar ist, könnten Sie überlegen, die Zielgruppe online zu erreichen und auf die B2B-Zielgruppe als Mittler ganz zu verzichten. Das würde aber heißen, dass Sie sich erst über einen längeren Zeitraum eine Reputation aufbauen, dafür sorgen müssten, dass Ihr Angebot bekannt wird und, dass es relativ lange dauert, bis Sie signifikante Umsätze erzielen können. Oder Sie fragen sich, ob sie sich selbst nicht auf den Aufwand in Marketing und Vertrieb, um die Zielgruppe der Endkunden zu erreichen, sparen und sich nur auf B2B fokussieren. Vielleicht verkaufen Sie Ihre Produktidee an ein einzelnes Unternehmen in der B2B-Gruppe. Vielleicht nutzen Sie die B2B-Zielgruppe als Händler- oder Distributoren und erwarten, dass dort auch Marketing und Vertrieb stattfindet. Vielleicht ist Ihre Aufgabe die Werbung für das Produkt zu übernehmen und über Ihre Mittler zu informieren. Das können nur Sie für Ihre individuelle Marktsituation definieren.

3.1.4   Die Zielgruppe befragen

Für die weitere Vorgehensweise ist es sehr wichtig, dass Sie die Zielgruppe wirklich gut verstehen. Wir sind noch sehr früh in unserem Prozess, d. h. dass Annahmen die wir jetzt treffen, die Grundlage für alle weiteren Schritte legen. Wenn wir hier also falsch liegen, treiben wir viel Aufwand, ohne zum gewünschten Ziel zu gelangen. Sie haben jetzt schon Antworten von Ihrem Team und haben diese mit einzelnen Teilnehmern der Zielgruppe getestet. Jetzt gilt es, mit einer statistisch relevanten Menge von Mitgliedern der Zielgruppe sicherzustellen, dass Ihre Informationen und Erkenntnisse zutreffend sind. Gleichzeitig können Sie noch versuchen, weitere Details innerhalb der priorisierten Elemente zu verstehen. Befragen Sie also Ihre Zielgruppe oder lassen Sie sie befragen. Vielleicht haben Sie ja schon Beziehungen zu Mitgliedern der Zielgruppe, die diese gut repräsentieren oder haben Kollegen, die Ihnen Zugang verschaffen können. Der Vorteil einer direkten Befragung liegt darin, dass sie die Antworten, auch in ihren Nuancen, selbst hören. Der Nachteil liegt eventuell darin, dass die befragte Zielgruppe weiß, wer sie befragt und entsprechend gefärbte Antworten geben könnte.

Der wesentliche Nachteil persönlicher Befragungen liegt immer darin, dass Sie nur eine relativ kleine Menge von Teilnehmern erreichen und diese vielleicht nicht repräsentativ für die Zielgruppe sind. Sie sollten also überlegen, ob Sie eine Online-Befragung von sehr vielen Angeschriebenen durchführen wollen. Oder ob Sie eine Kombination aus einer Online-Befragung und persönlichen Interviews nutzen, um Ihre Zielgruppe besser zu verstehen. Für die Online-Umfrage beschäftigen Sie sich zunächst damit, eine große Anzahl Adressen von Zielgruppen-Mitgliedern zu bekommen, die Sie befragen dürfen. Rechnen Sie damit, dass nur 5 % der Angeschriebenen teilnimmt. Suchen Sie also, wenn nötig, nach anderen Unternehmen oder Institutionen, denen die Zielgruppe Vertrauen entgegenbringt und die auch an Ihren Ergebnissen interessiert sind und deshalb Adressen zur Verfügung stellen. Sollten diese gerne mitarbeiten wollen, zögern aber, Ihnen die Adressen zur Verfügung zu stellen, weil ihnen diese z. B. aus Konkurrenzgründen zu wertvoll sind, suchen sie einen Dritten, der alle Adressen vertraulich konsolidiert, doppelte Adressen löscht und dann die Umfrage technisch durchführt. Stellen Sie sicher, dass die Adressen Ihre Zielgruppe sehr gut widerspiegeln. Schreiben Sie die Angeschriebenen mit Namen an, z. B. Sehr geehrter Herr XYZ. Das wird die Rücklaufquote gegenüber einer Massenbefragung deutlich erhöhen. Überzeugen Sie die Angeschriebenen im Anschreiben, dass die Umfrage in seinem Interesse ist, die Ergebnisse anonym behandelt werden und nicht der Akquise oder dem Verkauf dienen. Bieten Sie an, die Resultate der Befragung allen Teilnehmern zur Verfügung zu stellen. Überlegen Sie, was Sie sonst tun können, um die Befürchtungen zu beseitigen und die Beteiligung zu erhöhen. Vielleicht hilft es auch einen attraktiven Preis auszuloben, der unter den Teilnehmern verlost wird. Beschäftigen Sie sich intensiv mit dem Fragenkatalog. Beginnen Sie mit einigen demografischen Fragen z. B. in B2C nach dem Wohnort der Befragten, dem Alter etc. und in B2B nach der Branche, der Unternehmensgröße und der Position. Strukturieren Sie Ihre Frage vom generellen zum spezifischen. Verlieren Sie Ihr Ziel, mehr über die Zielgruppe zu erfahren, nicht aus dem Auge. Fragen Sie, wie ein Laie fragen würde und unterstellen Sie nicht, dass die Zielgruppe bestimmte Begriffe oder schon vorhandene Lösungen kennt. Fragen Sie nach ihren Wünschen, Ängsten, Sorgen und Hoffnungen. Suchen Sie nach Fakten und nicht nach Meinungen. Versuchen Sie auch, die Gründe und Motivationen für einzelne Bedürfnisse zu erkunden. Also z. B. warum eine bestimmte Funktion wichtig ist oder warum ein bestimmtes Problem so bedeutend ist bzw. zu welchen Auswirkungen es führt. Vermeiden Sie so lange es irgend geht ihre Lösung vorzustellen und nach Feedback zu fragen. Sie sollten verstehen, dass es oft einfacher für die Zielgruppe ist, Ihnen höfliche Antworten zu geben, als Ihnen zu sagen, dass das, was sie anbieten, nicht gebraucht wird oder nicht wirklich hilft. Bevor Sie eine Umfrage an eine große Gruppe schicken, sollten Sie die Fragen unbedingt mit einigen Teilnehmern der Zielgruppe individuell testen, sonst werden Sie erst an den Antworten feststellen, welche Fragen Sie missverständlich oder ungenau formuliert haben. Wenn Sie den Fragenkatalog dann verteilt haben, fassen Sie eine Woche nach Versand bei denjenigen schriftlich nach, die sie nicht beantwortet haben. Wenn Sie es sich leisten können und wollen, rufen Sie nach einer weiteren Woche an und bitten die Umfrage zu beantworten. So erhöhen Sie die Anzahl der Antworten.

Wenn Sie die Befragung beendet haben, sollten Sie die Antworten konsolidieren und Ihre vorherige Priorisierung überprüfen. Jetzt sind durch die Antworten vielleicht neue Fragen entstanden, die Sie dann einigen Repräsentanten der Zielgruppe stellen wollen. Auch hier geht es darum, Fakten zu verstehen und Motivationen zu ergründen. Vermeiden Sie auch hier zu viele geschlossene Fragen und stellen Sie offene Fragen, damit Sie Gebiete finden, über die Sie selbst noch nicht nachgedacht haben. Reden Sie nicht zu viel, sondern hören Sie zu. Sie wollen hier lernen und nicht verkaufen. Fragen Sie auch, ob Sie diese Personen wieder ansprechen können, wenn Sie einen Prototyp haben und diesen testen wollen. Haben Sie keine Angst vor einem Nein auf diese Frage. Viele Ansprechpartner werden empfinden, dass sie Ihnen wichtig sind und gerne mitgestalten. Vielleicht hilft es Ihnen auch, Ihre Zielgruppe bei der Ausführung von Tätigkeiten, die mit Ihrem geplanten Angebot zu tun haben, zu beobachten. Bei B2C können Sie z. B. in einen Laden gehen und Kunden beim Einkauf beobachten. Bei B2B könnten Sie z. B. einige Zeit in der Produktion Ihres Kunden verbringen und seine Mitarbeiter beim Bedienen einer Maschine beobachten um zu sehen, wie viel Zeit für das Rüsten der Maschine oder für das Beseitigen von Störungen verbracht wird. Beschäftigen Sie sich hierbei mit den Fakten, aber auch mit den Emotionen, die Sie sehen, hören oder fühlen. Stellen Sie dann die Liste Ihrer Eindrücke zusammen, gruppieren sie und ziehen Sie Schlüsse für die Probleme und Ihre Ursachen bzw. die Ziele und Hoffnungen der Beobachteten.

Beispiel B2C-Befragung: Ein Wellness-Angebot für 25- bis 35-jährige Männer
Hier sind die Fragen, die verschiedenen Gruppen mit Vertretern der Zielgruppe jeweils gestellt wurden. Die Gruppen wurden zu unterschiedlichen Zeitpunkten getrennt befragt.

1. Was machen Sie in Ihrer Freizeit?
2. Wie wichtig ist Wellness auf einer Skala von 1–10, wobei 10 sehr wichtig ist?
3. Was machen Sie zum Thema Wellness in Ihrer Freizeit?
4. Was würden Sie gerne in Ihrer Freizeit zum Thema Wellness tun?
5. Wie wichtig sind Ihnen die folgenden Komponenten auf einer Skala von 1–10
   - Schwimmbad
   - Sauna
   - Massage
   - Entertainment
   - Essen und Trinken
6. Gibt es andere Elemente, die Ihnen wichtig sind?
7. Wie oft würden Sie das Angebot annehmen?
8. Was würden Sie für ein Angebot, das ihren Bedürfnissen nahekommt, bezahlen?

Beispiel B2B-Befragung: Kundenbedürfnisse für Produktionsautomatisierung verstehen
Hier wurde zuerst eine Analyse verschiedener frei verfügbarer Tools zum Thema Produktionsautomatisierung im Bereich Industrie 4.0 vorgenommen, danach wurden Experten befragt, um die theoretischen Kenntnisse zu überprüfen. Fragen waren z. B.:

1. In welche Branche bzw. Branchen haben Sie Einblick?
2. Sehen Sie in diesen Branchen Bedarf für Produktionsautomatisierung (gering, mittel, hoch)?
3. Warum sehen Sie Bedarf?
4. Wie wird sich der Bedarf verändern?
5. Gibt es den Bedarf in Unternehmen aller Größenordnungen oder nur in Unternehmen einer bestimmten Größenordnungsklasse?

6. Welche Funktion ist in diesen Unternehmen verantwortlich für Produktionsautomatisierung bzw. Industrie 4.0?
7. Was sind die Wünsche, Ängste und Sorgen dieser Funktion(en)?
8. Welche Zielsetzungen verfolgen die Unternehmen in der Produktionsautomatisierung?

Diese Erkenntnisse wurden konsolidiert und im Anschluss mit typischen Vertretern der Zielgruppe geprüft. Danach gab es ein gutes Verständnis der Bedürfnisse und Motivationen. In einer Online-Umfrage mit einer großen Gruppe von Zielgruppenmitgliedern wurden die Ergebnisse getestet und weiter verbessert.

3.2 Nichtkunden finden und verstehen

Bisher haben wir uns bemüht, Marktsegmente für existierende und neue Produkte zu definieren und die Bedürfnisse dieser Zielgruppen zu verstehen. Wenn Sie aber existierende Produkte haben, lohnt es sich oft zu analysieren, warum Nichtkunden nicht kaufen und welche Gemeinsamkeiten es bei dem gibt, was ihnen wichtig ist. Damit können Sie über die vorhandene Nachfrage hinausgreifen (W. Chan Kim et al. 2005, S. 93).

Dabei gibt es drei Kategorien von Nichtkunden (Chan Kim und Mauborgne 2005, S. 95):

- Erste Kategorie: *baldige* Nichtkunden, die am Rande Ihres Marktes stehen und darauf warten, abzuwandern.
- Zweite Kategorie: *sich verweigernde* Nichtkunden, die sich bewusst gegen Ihren Markt entschieden haben.
- Dritte Kategorie: *unentdeckte* Nichtkunden, die in weit von Ihrem Markt entfernten Märkten sind.

Alle drei Kategorien bilden ein großes Reservoir noch unerschlossener Nachfrage, das Sie nutzen können, wenn Sie sie finden und Ihre Bedürfnisse befriedigen.

Die *baldigen* Nichtkunden nutzen die gegenwärtigen Angebote Ihres Marktes nur minimal, solange sie nichts Besseres gefunden haben. Sobald sie eine bessere Alternative entdecken, werden sie anspringen.

Die *sich verweigernden* Nichtkunden – Menschen, die die gegenwärtigen Angebote des Marktes unannehmbar oder unerschwinglich finden und sie daher nicht nutzen oder sich das Produkt gar nicht leisten können. Sie befriedigen ihre Bedürfnisse entweder auf andere Weise oder gar nicht.

Die dritte Kategorie der Nichtkunden ist am weitesten von den existierenden Kunden einer Branche entfernt. Gewöhnlich wurden die *unentdeckten* Nichtkunden bisher von keinem Unternehmen in der Branche als potenzielle Kunden oder gar als Zielgruppe betrachtet; man ging nämlich stets davon aus, dass ihre Bedürfnisse und die damit verbundenen Ertragsmöglichkeiten zu anderen Märkten gehörten (W. Chan Kim et al. 2005, S. 96–104).

Sie sollten zunächst intern versuchen zu verstehen, warum Nichtkunden ihr derzeitiges Angebot nicht kaufen. Fragen Sie sich und Ihr Team einfach, was Kunden vom Kauf Ihres Angebotes abhalten könnte. Überlegen Sie, ob es unterhalb des Preisniveaus Ihres gegenwärtigen Angebots Bedarf für ein Einstiegsprodukt gibt. Überlegen Sie, ob Ihr Produkt zu schwer zu finden, zu installieren oder zu nutzen ist. Untersuchen Sie Ihre Reklamationen und deren Ursachen. Analysieren Sie, welche Kunden Sie in den letzten Jahren verloren haben und untersuchen Sie, ob es Abhängigkeiten zur Kundenzufriedenheit gab. Versuchen Sie zu verstehen, ob es Vorurteile gegen Ihr jetziges Angebot gibt. Wagen Sie, einen breiteren Blick auf Ihren Markt zu werfen. Gibt es benachbarte Märkte, die Sie heute nicht bedienen, aber bedienen könnten? Wenn Sie das Ergebnis der verschiedenen Analysen konsolidiert haben und evtl. sogar Muster von Bedürfnissen erkennen, sollten Sie Ihre Annahmen dann mit der neuen Zielgruppe oder den neuen Zielgruppen testen. Danach können Sie entscheiden, welche der drei Nichtkunden-Segmente Sie adressieren oder ob Sie alle drei Segmente bedienen wollen. Eventuell stellen Sie auch fest, dass Sie schon definierte Zielgruppen leicht verändern müssen. Die neu definierten Zielgruppen priorisieren Sie dann, wie in Abschn. 2.4 beschrieben und führen den Prozess von dort aus weiter, indem Sie eine entsprechende Persona oder Personas definieren und deren Bedürfnisse genauer verstehen.

3.3   Das Ergebnis konsolidieren und priorisieren

Die Liste der möglichen Fragen und Ansätze ist relativ lang. Trotzdem kann Sie nur Anregungen für Ihre Zielgruppe und deren Bedürfnisse, Ängste, Sorgen, Motivation usw. geben. D. h. Sie werden einige Fragen nicht benötigen und andere hinzufügen müssen.

Wenn Sie alle Fragen beantwortet haben, sollten Sie die Ergebnisse priorisieren und konsolidieren, sodass Sie ein Bild erhalten, das Sie und Ihr Team sich gut einprägen können. Sortieren Sie also die Aufgaben nach Ihrer Wichtigkeit, die Probleme nach Ihrer Schwere und die erhofften Vorteile danach, ob sie unverzichtbar oder nice to have sind (vgl. Osterwalder et al. 2015, S. 21).

Vielleicht haben Sie jetzt festgestellt, dass Ihr Angebot die Bedürfnisse nicht wirklich löst und müssen Ihr Angebot verändern. Eventuell müssen Sie auch die Definition der Zielgruppe verengen, erweitern oder präzisieren.

In jedem Fall haben Sie jetzt eine gute Grundlage für die spätere Arbeit an Ihren Marketinginhalten (Abb. 3.1).

Abb. 3.1   Die Zielgruppe
verstehen

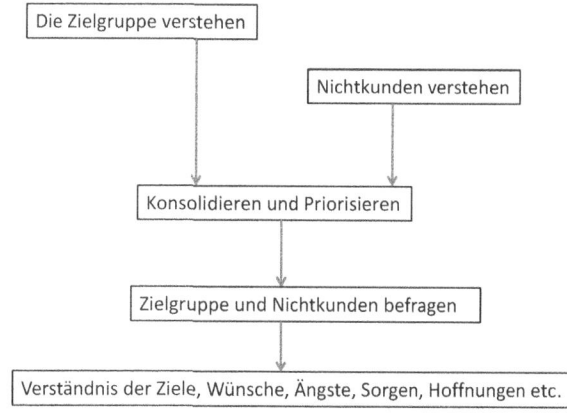

3.4   Zielgruppen definieren und verstehen am Beispiel

Am Beispiel eines professionellen Luftreinigers werden wir die bisherigen Schritte zusammenfassen und verdeutlichen. Es geht um ein elektrisch betriebenes Gerät für etwa 400 €, das die Luft in mittelgroßen Räumen sehr gut reinigt (auch von Bakterien) und desinfiziert. Wir gehen davon aus, dass wir das Produkt an Geschäftskunden verkaufen wollen (B2B). In einem ersten Schritt haben wir in einem Brainstorming eine längere Liste möglicher Zielgruppen ohne viel Nachdenken aufgelistet. Dazu gehören:

- Kindergärten
- Kongresszentren
- Krankenhäuser
- Lebensmittelherstellung
- Niedergelassene Ärzte
- Tierärzte
- Tierhaltung

In einem nächsten Schritt überlegen wir, welchen der Zielgruppen wir wahrscheinlich große Vorteile liefern könnten und, wo die Bedürfnisse eventuell breiter sind, als das, was unser Luftreiniger leisten kann. Wir wählen z. B. Tierhaltung ab, da nur ein kleiner Teil der Krankheiten durch die Luft übertragen werden. Wir wählen Kongresscenter ab, weil deren Kunden ein Kongresszentrum gegenüber anderen Kongresszentren nicht bevorzugen werden, weil dort die Luft reiner ist. Wir entscheiden uns zwei Zielgruppen genauer zu untersuchen:

- Krankenhäuser
- Niedergelassene Ärzte

Für diese besorgen wir uns erste Daten über die Marktgrößen. Unsere Quelle: https://www.destatis.de/DE/ZahlenFakten/GesellschaftStaat/Gesundheit/Krankenhaeuser/Tabellen/KrankenhaeuserJahreVeraenderung.html.

Wir finden etwa 2000 Krankenhäuser und 449.000 Ärzte. Diese müssen wir weiter qualifizieren. Bei den Krankenhäusern entscheiden wir uns nach einiger Diskussion dafür, uns auf privat geführte Krankenhäuser zu fokussieren. Das sind dann etwa nur noch 700 Krankenhäuser. Natürlich werden wir unser Gerät dort nicht für alle Zimmer verkaufen können. Wahrscheinlicher ist es, dass wir nur auf Intensivstationen, Kleinstkindstationen und HNO-Stationen erfolgreich sein können. Wir nehmen fürs erste an, dass es diese Stationen nur in 80 % der privat geführten Krankenhäuser gibt. Unsere Zielgruppe ist dabei auf etwa 560 Krankenhäuser geschrumpft. Wir nehmen uns vor, später zu analysieren, welche privaten Unternehmen über eine große Anzahl Kliniken mit dieser Ausprägung verfügen, um ggf. dort mit der Marktbearbeitung zu beginnen.

Parallel haben wir uns mit der Ärztelandschaft beschäftigt (Quelle: Bundesärztekammer, http://www.bundesaerztekammer.de/ueber-uns/aerztestatistik/aerztestatistik-2016/).

Wir finden etwa 122.000 niedergelassene Ärzte in Deutschland. Auch hier müssen wir weiter qualifizieren, da das Gerät bei bestimmten Berufsgruppen, wie Psychotherapeuten, Radiologen oder Orthopäden wenig sinnvoll ist. Wir kommen auf eine Größenordnung von etwa 100.000 niedergelassenen Ärzten. Wenn wir versuchen, unsere Geschäftschancen grob abzuschätzen, glauben wir, dass wir an einer Durchschnittsklinik 10 Geräte verkaufen können, wir also in Summe eine Marktchance von $560 \times 10 = 5600$ Geräten sehen. Bei den Ärzten denken wir an durchschnittlich 2 Geräte je Praxis (Warteraum und Arztzimmer). Das wären dann 100.000×2 Geräte als Marktchance, also 200.000 Geräte. Wir kalkulieren ganz grob, welchen Prozentsatz wir jeweils realistisch erreichen können und kommen auf 560 Geräte in Kliniken und 2000 Geräten bei Ärzten, bei deutlich höheren Marketingaufwendungen, um die Zielgruppe niedergelassene Ärzte zu erreichen. Wir müssten jeden Arzt einzeln ansprechen um ihm durchschnittlich zwei Geräte zu verkaufen. Nach einiger Diskussion wählen wir Ärzte als Zielgruppe ab. Weil wir in den Kliniken mehrere Zielgruppen (Buying Center) haben, wollen wir das zuerst verstehen. Wir finden heraus, dass wir drei Zielgruppen in den Kliniken haben, den Chefarzt bzw. Ärztlichen Direktor, den Verwaltungsleiter und den Hygienebeauftragten. Wir beschäftigen uns also mit den Bedürfnissen, Ängsten, Sorgen und Prioritäten der drei Zielgruppen. Wir erstellen für jeden eine Empathy Map. Nun versuchen wir, eine Verbindung zwischen unserem Angebot und deren Prioritäten, Wünschen, Ängsten, Sorgen und Hoffnungen herzustellen. Damit werden wir uns generell im nächsten Kapitel beschäftigen.

Zusammenfassung

Nachdem Sie die Zielgruppe(n) definiert haben, geht es jetzt darum, sie besser zu verstehen. Das können Sie intern mit Ihrem Team erarbeiten. Sie sollten es aber unbedingt mit typischen Vertretern Ihrer Zielgruppen überprüfen.

Zu den wichtigsten Fragen gehören im B2C-Umfeld:

- Welche Probleme, Ängste, Sorgen hat sie?
- Welche Verbesserungen sucht sie?

- Welchen Nutzen würde sie sich von den Verbesserungen versprechen?
- Welche Motivationen hat sie?
- Welche Emotionen treiben sie?

Im B2B-Umfeld ist die Liste der Fragen etwas länger und umfasst die folgenden Fragen:

- Welche Umgebungsbedingungen Ihrer Zielgruppe ändern sich wie?
- Welche Aufgaben und Ziele hat sie?
- Welche Probleme, Ängste, Sorgen hat sie?
- Welche Verbesserungen sucht sie?
- Welchen Nutzen würde sie sich von den Verbesserungen versprechen?
- Welche Regeln muss sie beachten?
- Welche Motivationen hat sie?
- Welche Emotionen treiben sie?

Nachdem Sie intern die Fragen beantwortet haben, konsolidieren und priorisieren Sie diese. Danach befragen Sie die Zielgruppe mit Fokus auf Ihre Bedürfnisse und vermeiden sie, konkret nach Ihrem Produkt zu fragen. Unser Ziel ist es ja, die Zielgruppe zu verstehen, um sie später effektiv ansprechen zu können. Mit diesem guten Verständnis der Wünsche, Ängste, Sorgen, Hoffnungen und Prioritäten überprüfen Sie Ihre Erkenntnisse mit einer größeren Anzahl Zielgruppenteilnehmer. Wenn Sie die Befragung beendet haben, sollten Sie die Antworten erneut konsolidieren und Ihre Priorisierung überprüfen.

Literatur

Brown, S., D. Gray, und J. Macanufo. 2010. *Gamestorming: A playbook for innovators, rulebreakers and changemakers,* 65–67. Sebastopol: O'Reilly.

Bundesärztekammer. *Ärztestatistik 2016: Die Schere zwischen Behandlungsbedarf und Behandlungskapazitäten öffnet sich.* http://www.bundesaerztekammer.de/ueber-uns/aerztestatistik/aerztestatistik-2016/. Zugegriffen: Okt. 2017.

Kim, W. C., und R. Mauborgne. 2005. *Der Blaue Ozean als Strategie,* 93, 95–104. München: Hanser.

Osterwalder, A., Y. Pigneur, G. Bernarda, und A. Smith. 2015. *Value proposition design,* 9, 12–17, 21. Frankfurt: Campus.

Statistisches Bundesamt. *Bevölkerung nach Altersgruppen, Familienstand und Religionszugehörigkeit.* https://www.destatis.de/DE/ZahlenFakten/GesellschaftStaat/Bevoelkerung/Bevoelkerungsstand/Tabellen/AltersgruppenFamilienstandZensus.html;jsessionid=84CAFC222CA88770275FBB66C0CF4371.cae3. Zugegriffen: 16. Febr. 2017 (12.00 Uhr).

Nutzen für die Zielgruppe erzeugen

4

Zusammenfassung

Nachdem Sie verstanden haben, wer Ihre Zielgruppe ist und was sie bewegt, geht es jetzt darum sicherzustellen, dass Ihr Angebot die Bedürfnisse der Zielgruppe befriedigt. Auch hier sollten Sie vom Kunden aus denken, also von außen nach innen und nicht von Ihrem Angebot hin zum Kunden. Das Vorgehen unterscheidet sich nicht wesentlich, ob Sie schon ein Angebot haben, das Sie überprüfen, schärfen und besser kommunizieren wollen oder, ob es sich um die Entwicklung einer neuen Lösung handelt. Als Struktur für die Entwicklung unserer Antworten verwenden wir den Marketing-Mix in Form der 7Ps (Product, Price, Place, Promotion, Personell, Physical Facilities, Process). Design Thinking hilft Ihnen dabei, immer wieder mit Ihrer Zielgruppe zu testen, ob Sie auf dem richtigen Weg sind und dabei ganz nah an den Bedürfnissen der Zielgruppe zu bleiben.

In den vorherigen Kapiteln haben wir die Zielgruppe definiert und präzisiert und wir haben versucht ihre Ziele, ihre Aufgaben, ihre Probleme und Ängste und die Verbesserungen, die sie sich versprechen, zu verstehen. Mit diesem Verständnis sollen Sie jetzt auf allen Gebieten, die für die Zufriedenheit Ihrer Kunden wichtig sind, Nutzen, also Mehrwert erzeugen. Das umfasst Ihr Angebot, die Preise, die Mitarbeiter, die die Leistungen erbringen, Ihre Abläufe, die Vermarktung und mehr. Dabei geht es sowohl um neue Angebote, als auch um die Verbesserung bestehender Angebote. Wenn Sie Ihrer Zielgruppe klar machen können, warum Ihr Angebot ihnen Nutzen und Mehrwert bringen, wird Sie klarer verstehen, warum sie bei Ihnen kaufen soll. Sie sollten ihr nicht vorstellen, was Ihr Produkt kann und die Bestandteile erläutern, auf die Sie stolz sind. Wenn Sie gut verstehen wollen, ob das, was Sie gerade für Ihre Zielgruppe planen, ihr einen Nutzen bringt, sollten Sie aus der Perspektive der Zielgruppe denken und Ihre Ideen

© Springer Fachmedien Wiesbaden GmbH 2018
W. Vogt, *Schlankes Marketing für den Mittelstand,*
https://doi.org/10.1007/978-3-658-16732-5_4

regelmäßig mit Ihrer Zielgruppe testen. Der Prozess, den wir dabei verwenden kombiniert Tätigkeiten, die Sie intern im Unternehmen durchführen können, mit regelmäßigen Feedbackrunden mit Ihrer Zielgruppe. Es ist wichtig, dass Sie den gesamten Prozess für jede Zielgruppe separat durchlaufen. Erst am Ende können Sie feststellen, ob Sie verschiedene Nutzen schaffende Aktivitäten ganz oder teilweise für verschiedene Zielgruppen verwenden können.

4.1 Design-Thinking-Methode: Immer erst den Kunden fokussieren

An dieser Stelle sollten Sie noch mal an die Design-Thinking-Methode zurückdenken: Es geht weder beim schlanken Marketing noch beim Design Thinking darum, dass Kunden Ihnen Ihre Meinung bestätigen. Das wäre sehr gefährlich und könnte zu hohen Ausgaben und geringem Umsatz führen. Es geht vielmehr darum, ganz offen zu sein für das, was Ihre Zielgruppe braucht und was sie will. Das heißt, Sie sollten nichts voraussetzen oder annehmen. Wenn Sie also z. B. einen Prozess digitalisieren wollen, fragen Sie zunächst nicht, wie Sie ihn digitalisieren sollen, sondern ob die Zielgruppe der Meinung ist, dass man ihn digitalisieren kann. Versuchen Sie zunächst die Kundenbedürfnisse so detailliert wie möglich zu verstehen. Bitten Sie Ihre Zielgruppe, Ihnen Beispiele für Situationen zu geben, in denen das Problem auftaucht. Bitten Sie um Beschreibungen, die deutlich machen, wann das Problem größer wird oder wann es weniger bedeutend wird. Fragen Sie Ihre Zielgruppe, ob Sie sie einmal bei der Arbeit begleiten und beobachten dürfen, um das Vorgehen, die Abläufe und die Probleme besser verstehen zu lernen. Versuchen Sie zu verstehen, was die Beteiligten ärgert und wo sie sich wohlfühlen. Vergleichen Sie gemeinsam mit der Zielgruppe zwei ähnlich gelagerte Prozesse, um zu lernen, warum ein Prozess besser als der andere funktioniert. Vergleichen Sie zwei ähnliche Angebote, um zu verstehen, warum eines als besser als das andere wahrgenommen wird. Versuchen Sie eine negative Diskussion über Probleme in eine Beschreibung der Wünsche zu drehen, um die Bedürfnisse besser zu verstehen. Befragen Sie mehrere unterschiedliche Mitglieder der Zielgruppe, um ein möglichst komplettes Bild der Probleme und der Bedürfnisse zu bekommen. Dokumentieren und konsolidieren Sie Ihre Erkenntnisse und befragen Sie Ihre Zielgruppe, ob sie mit den konsolidierten Erkenntnissen einig ist. Versuchen Sie nicht nur die Probleme Ihrer Zielgruppe zu verstehen, sondern auch die Ursachen. Vielleicht können Sie helfen, Ursachen zu beseitigen.

Nutzen Sie die Methode der 5 Whys, die auch innerhalb von Design Thinking oft angewendet wird. Hier wird bis zu fünf Mal warum (engl. why) gefragt, um den wirklichen Ursprung eines Problems zu finden (vgl. Uebernickel et al. 2015, S. 129). Bleiben Sie also zunächst länger bei der Analyse und Konsolidierung der Probleme und Problemursachen, der Ängste, Sorgen und Bedürfnisse, bevor Sie über mögliche Lösungen nachdenken. Konzentrieren Sie sich auf die wichtigsten Gebiete und versuchen sie nicht alle kleinen Probleme Ihrer Zielgruppe zu verstehen. Versuchen Sie zu verstehen, was

Ihre Zielgruppe erreichen will und an welchen Stellen Sie helfen können. Wenn Sie erste Ideen haben, dann sagen Sie Ihren Kunden und Interessenten, dass das erste Ideen sind. Die Befragten werden schätzen, dass sie so früh nach Ihrer Meinung gefragt werden und Ihnen helfen, innovative Lösungen zu entwickeln und Ihre Ideen zu verbessern. Wenn Sie schon etwas weiter sind, nutzen Sie lieber eine Bleistiftzeichnung als eine mehrfarbig gedruckte Version Ihres ersten Prototyps. Ihre Kunden werden unterstellen, dass sie noch etwas ändern können und Ihnen viel wertvolleres Feedback geben, als wenn sie den Eindruck haben, das wäre schon sehr weit entwickelt. Nutzen Sie die Chance, sich von Ihren Kunden bei der Entwicklung einer Lösung für ihre Probleme helfen zu lassen. Ihre Zielgruppe versteht die eigenen Probleme und Ihre Ursache besser als Sie und kann besser beurteilen, welche Lösung später auch umsetzbar ist. Fragen Sie Ihre Zielgruppe hier auch direkt nach den Hindernissen oder Problemen, die sie bei der Umsetzung erwartet und diskutieren Sie, was Sie tun können, um diese zu vermeiden oder zu beseitigen. Wenn Sie über mehrere Alternativen für Produkte, Prozesse oder Inhalte nachdenken, testen Sie mehrere Ideen oder Prototypen mit Ihrer Zielgruppe. Sie gewinnen dann mehr Sicherheit darüber, mit welcher Alternative Sie weitermachen sollten. Verzweifeln Sie in den ersten Schritten nicht daran, dass das Ihnen zu schwammig erscheint, um damit weiter zu arbeiten. Je mehr Sie die Kunden und Ihre Probleme verstehen, umso klarer werden Ihre Fragen werden. Damit werden auch Ihre Definitionen mit jedem Schritt fester und klarer. Am Ende erhalten Sie etwas, was Ihren Kunden wirklich gefällt und das keine Funktionen hat, für die Ihre Zielgruppe nicht zahlen würde. Gleichzeitig haben Sie in dem Prozess erreicht, dass die befragten Kunden den Eindruck haben, dass sie und Ihre Probleme, Wünsche, Ängste und Sorgen Ihnen wichtig sind und, dass Sie sie verstehen und eine Lösung erarbeiten, die ihnen wirklich hilft. Damit haben Sie Vertrauen aufgebaut und die Grundlage gelegt, dass diese Personen Ihre ersten Kunden und vielleicht auch Ihre ersten Referenzkunden werden. Auch bei Ihrem Marketingmaterial werden Sie Inhalte haben, die bei Ihren Kunden Vertrauen schaffen und ihnen die Antworten geben, die sie suchen. Sogar Ihre Veranstaltungen können Sie mit dieser Methode erfolgreicher entwickeln und durchführen. Ideen aus dem Value Proposition Design (Osterwalder et al. 2015), werden hierbei auch berücksichtigt. Anregungen zum Kundenprofil wurden im Abschn. 3.1 beschrieben. Abschn. 4.2 beschreibt, wie Ihre Produkte und Dienstleistungen Probleme für den Kunden lösen und Gewinne für den Kunden erzeugen.

4.2   Kundennutzen im gesamten Marketing-Mix erzeugen

Um dem Kunden Nutzen zu erzeugen, sollten Sie alles, was Sie für den Kunden tun oder tun könnten aus Sicht Ihrer Zielgruppe analysieren, Ideen generieren und sorgfältig auswählen, wie Sie Zufriedenheit erzeugen können. Diese Ideen setzen Sie dann in erste Prototypen um und testen Sie mit Ihrer Zielgruppe. Das Feedback verarbeiten Sie in neuen, verbesserten Prototypen und testen es erneut mit Ihrer Zielgruppe, so lange bis Sie zu einer Lösung kommen, die Ihrer Zielgruppe sehr gut gefällt und die Sie zu vernünftigen Kosten zur Verfügung stellen können. Beachten Sie dabei, dass nicht alle Kundenbedürfnisse für den Kunden die gleiche Wichtigkeit haben und verbessern Sie vor Allem dort, wo der Kunde wichtige oder dringende Bedürfnisse hat. Überlegen Sie auch, ob der Kunde willens wäre, für eine Leistung zu bezahlen und welche Leistungen er kostenlos erwartet. Berücksichtigen Sie seine Erfahrungen und Erwartungen. In diesem Kapitel finden Sie viele Anregungen, was die Kundenbedürfnisse sein könnten. Sie sollten aber auch verstehen, was Ihre Zielgruppe NICHT will, um dieses zu vermeiden.

▶ **Marketing-Mix** Die Gesamtheit aller Marketinginstrumente wird als Marketing-Mix bezeichnet. Der klassische Marketing-Mix umfasst üblicherweise vier Elemente:

- Produkt- bzw. Leistungsmix (Product)
- Kontrahierungsmix (Price)
- Distributionsmix (Place)
- Kommunikationsmix (Promotion)

Aufgrund der speziellen Charakteristika von Dienstleistungen wird in der Literatur teilweise die Auffassung vertreten, dass die Aufteilung der Komplexität von Services nicht gerecht wird. Daher wurde das Modell von Magrath (1986) um drei weitere Instrumente ergänzt:

- Personalpolitik (Personell)
- Ausstattungspolitik (Physical Facilities)
- Prozesspolitik (Process)

In der Literatur haben sich dafür die Begriffe 4P und 7P durchgesetzt. Mit jedem der Elemente ist es möglich, Kundenwert zu schaffen und damit Wettbewerbsvorteile aufzubauen. Da viele Produkte heute um Dienstleistungen vor, während und nach dem Kauf ergänzt werden, und weil die Prozesspolitik sich auch auf einen Kunden eines Produktes auswirken kann, werden wir uns im Folgenden mit allen 7Ps beschäftigen. Die Definitionen der 7Ps erfolgen aus Unternehmenssicht, also von innen (Anbieter) nach außen (Kunde). Sie beschreiben, welche konkreten Maßnahmen ein Unternehmen ergreifen kann, um seine Ziele umzusetzen. Für die weitere Vorgehensweise werden wir zunächst überprüfen, ob wir sie auch aus Kundensicht so verwenden können, oder neu definieren müssen (Abb. 4.1):

1. Produkt – hier wird der Kunde das gesamte Angebot erwarten. Das können reine Produkte sein, es kann sich um reine Dienstleistungen handeln oder Produkte in Kombination mit Dienstleistungen, die vor, während oder nach dem Kauf erbracht werden.
2. Preis und Kontrahierung – aus Kundensicht ist das nur ein Element der Kosten, die mit dem Kauf zusammenhängen. Er wird, vor allem in einen B2B-Umfeld, alle Kosten, die er über den Nutzungszeitraum zu tragen hat, in Betracht ziehen. Sie sollten sich also hier mit den Kosten des Kunden auseinandersetzen. In den nächsten Schritten beschäftigen wir uns daher mit Preis/Kontrahierung/Kosten.

Abb. 4.1 Die 7P des
Marketing-Mix aus
Kundensicht

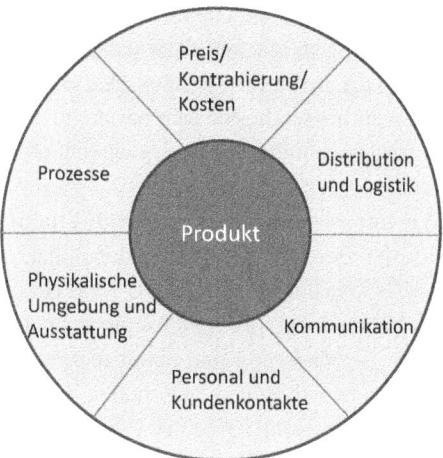

3. Distribution und Logistik – aus Kundensicht geht es um alle Möglichkeiten, wie er das Produkt erwerben und nutzen kann. Das kann im Laden sein, im Internet, bei Vertriebspartnern etc. Es schließt die Logistik mit ein, also den Weg des Angebotes zum Kunden.

4. Kommunikation – hier geht es aus Kundensicht um alles, was Sie mit ihm kommunizieren. Das ist nicht nur Promotion, sondern schließt auch z. B. Produktdokumentation mit ein.

5. Personal – hier geht es um alle persönlichen Kontakte, die der Kunde mit dem Anbieterunternehmen hat und um deren Fähigkeiten und Kompetenzen.

6. Physikalische Umgebung und Ausstattung – hier geht es um das Erscheinungsbild des Unternehmens, z. B. des Ladengeschäftes, die Umgebungsbedingungen, das Corporate-Design und die Usability des Online-Auftrittes.

7. Prozess – hier geht es um den Prozess der Leistungserbringung, also z. B. um die Geschwindigkeit in der dem Kunden unsere Dienstleistung zur Verfügung steht, um die Wartezeiten, die ihn ggf. stören usw.

Die Prozessschritte Problemverständnis, Bedürfnisfindung, Ideengenerierung, Prototyping und Testen (vgl. Uebernickel et al. 2015, S. 25) werden wir für jedes der 7P in den nächsten Kapiteln durchlaufen.

4.2.1 Produkt

Hier geht es sowohl um die Produktweiterentwicklung als auch um die Produktneuentwicklung. Als Produkt werden hier sowohl ein Produkt, eine Produktfamilie, eine alleinstehende Dienstleistung, als auch Dienstleistungen, die ein Produkt begleiten, verstanden.

Verschaffen Sie sich also ein Bild, was der Kunde von Ihrem Produkt erwartet, und überlegen Sie, wie Sie dazu passenden Kundennutzen erzeugen, bzw. bei existierenden Produkten verbessern können. Als Basis verwenden Sie die Erkenntnisse über die Kundenbedürfnisse, die Sie sich basierend auf Kap. 3 erarbeitet haben. Ihr Ziel ist es, für Ihre Zielgruppe ein Produkt zu entwickeln und zu bauen, das diese begeistert.

Wie unterscheidet sich die Produktpolitik von Konsum- und Businessmärkten?
Bei der Betrachtung verschiedener Faktoren werden deutliche Unterschiede zwischen B2C- (Konsumgüter) und B2B-Marketing deutlich (Abb. 4.2).

Während bei Investitionsgütern weitgehend technische Bedingungen und Erfordernisse das Marketing und damit die Produkteigenschaften beeinflussen, sind es bei Konsumgütern neben den materiellen Eigenschaften auch symbolische Eigenschaften wie Verpackungsform, Farbe der Verpackung, Aufdruck auf der Verpackung, der Produktname usw., die integrale Bestandteile der Produktpolitik sein müssen (Weis 2015, S. 301).

Was will sie erreichen?
- Kostenvorteile?
- Zeitvorteile?
- Effizienz oder Effektivität?

Faktor	Konsumgütermarketing	B2B-Marketing
Bedeutung des Produkts im Marketing-Mix	Wichtig, kann aber in vielen Fällen durch Preis und Werbung in den Hintergrund treten.	Sehr wichtig. Oft wichtiger als jedes andere Instrument des Marketing-Mix.
Nachfrage	Produkt soll eine bestimmte Nachfrage befriedigen; Nachfrage kann relativ leicht über Werbung beeinflusst werden.	Abgeleitete Nachfrage; geringerer Einfluss der Nachfrage auf Änderungen des Marketing-Mix.
Käufer/Benutzer des Produkts	Oft dieselbe Person oder zumindest im engen Zusammenhang (Familie).	Oft weder dieselbe Person noch in derselben Abteilung.
Spezifikationen der Produkte	Kaum	Produkte müssen oft genaue Spezifikationen der Kunden erfüllen.
Produktlebenszyklus	Oft kurz (durch Mode, Saison, wechselndes Konsumentenverhalten).	Oft länger, insbesondere für traditionelle Industrieprodukte; kürzer im High-Tech-Bereich.
Produktunterstützung, Service	Nur bei besonders hochwertigen Konsumgütern (Autos, „weiße" Ware).	Oft von entscheidender Bedeutung für die Kundenzufriedenheit und damit für langandauernde Geschäftsbeziehungen.
Verpackung	Sehr wichtig	Nur für Transportzwecke.
Ästhetische Faktoren wie Farbe oder Form	Oft entscheidend für den Erfolg des Produkts.	Geringe Bedeutung.
Flop-Rate	Oft sehr hoch, 80-90%.	Eher gering, 30-40%.
Bedeutung der Marktforschung	Oft entscheidend für die Produktentwicklung.	Meist kein dominierender Faktor bei der Neuproduktentwicklung.

Abb. 4.2 Faktoren der Produktunterschiede in B2C und B2B. (Godefroid P. und Pförtsch W. A. 2008, S. 146, Ludwigshafen, Kiehl Verlag)

- Komfort?
- Sicherheit bzw. Risikoreduzierung?

Was erwartet Ihre Zielgruppe?

- Bedürfnisbefriedigung (versteht und löst ihre Probleme, hat mehr Vorteile, als bisherige Produkte)
- Funktionalität (hat ausreichend viele Funktionen)
- Innovationen (technisch, funktionell, kaufmännisch)
- Zukunftsfähige Lösungen
- Leistungsfähigkeit
- Skalierbarkeit
- Benutzerfreundlichkeit
- Integration des Produktes in die existierende Umgebung
- Qualität, z. B. Haltbarkeit und Zuverlässigkeit
- Umweltverträglichkeit
- Verfügbarkeit des Produktes (Lieferfähigkeit) und der Funktionalität (Nutzbarkeit)
- Ein breites Angebot
- Klare Positionierung gegenüber anderen Produkten
- Upgrade-Fähigkeiten oder Downgrade-Fähigkeiten
- Einhaltung von Gesetzen, Normen und Vorschriften
- Termin- und Budgettreue
- Flexibilität und Agilität
- Verpackung (in B2C-Märkten sehr wichtig, bei B2B-Produkten dient sie meist nur der Transportsicherung)
- Leichtes Auspacken und schnelle Benutzung
- Es funktioniert auf Anhieb
- Gut strukturierte und verständliche Bedienungsanleitung
- Service, um das Produkt zu konfigurieren, installieren bzw. zu nutzen
- Zubehör
- Design (hier als Formgebung) – ist nicht nur in B2C-Märkten ein Thema
- Andere Ästhetische Faktoren wie Farbe, Geräusche z. B. beim Schließen der Tür eines Gerätes
- Emotionalen Nutzen z. B. reduziertes Risiko, Sicherheit, Bequemlichkeit, Imagegewinn, Statusgewinn

Was können Sie Ihrer Zielgruppe bieten?

Stellen Sie sich fortlaufend immer wieder folgende Fragen:

Wie viele neue Produkte wollen Sie anbieten? Welche existierenden Produkte wollen Sie weiterentwickeln? Sind es Gebrauchsgüter oder Verbrauchsgüter? Wie schnell werden die Produkte verbraucht werden? Wie lange werden die Produkte genutzt, bevor nach Ersatz gesucht wird? Können und wollen Sie die Produkte so bauen, dass sie über die durchschnittliche geplante Nutzung halten? Welchen emotionalen Nutzen erwartet die

Zielgruppe? Welches Design ist sinnvoll? Welcher Name ist noch nicht verwendet und führt zu emotionalem Nutzen und zur Wiedererkennung? Welche Form in welcher Verpackung mit welcher Farbe sollten Sie liefern? Welche Größen des Produktes und welche Verpackungseinheiten sollten Sie anbieten? Wollen Sie Maschinen und Anlagen für die Produktion herstellen? Welche Funktionen existierender Produkte wollen Sie verbessern, damit Ihre Kunden zum bewährten Nutzen einen zusätzlichen bekommen? Wie kommen Sie zu Produktideen? Können Sie das intern diskutieren und Kreativitätstechniken einsetzen? Können Sie Ihre Zielgruppe(n) nach Ihren Bedürfnissen befragen oder wollen Sie in der Zielgruppe Ideen sammeln? Wissen Sie, warum Nichtkunden, die bisher am Markt angebotenen Produkte nicht kaufen und können Sie eine Produktidee entwickeln, die dieser Zielgruppe eine Lösung bietet? Wie schützen Sie Ihre Ideen vor Nachahmung? Welche Produkte wollen Sie anbieten und wie positionieren Sie diese Produkte gegeneinander? Gibt es z. B. ein Einstiegsprodukt, ein Produkt für durchschnittliche Anforderungen und ein Produkt für stark erweiterte Anforderungen? Wie kann Ihr Kunde vom Einstiegsprodukt zum nächst besseren Produkt upgraden? Was kann er tun, wenn er feststellt, dass das Produkt für erweiterte Funktionen doch zu groß für seine Anforderungen ist? Was können Sie tun, um die Bedürfnisse Ihrer Kunden zu befriedigen und ihre dringenden Probleme zu lösen? Wie finden Sie die richtigen Produktideen? Wie wählen Sie aus, welche der Ideen Sie weiter verfolgen, welche sich aus Marktsicht lohnen, welche aus finanzieller Sicht sinnvoll sind? Wie können Sie Ihren Kunden Zeit sparen? Welche Technologien können Sie einsetzen, um die Probleme kostengünstig zu lösen? Gibt es verschiedene Einsatzbereiche? Welche Funktionen erwartet Ihre Zielgruppe? Welche Funktionen, die bisherige Maschinen und Geräte hatten, können Sie weglassen? Wie hoch soll der Durchsatz Ihrer Maschine pro Stunde sein? Wie testen Sie diese ersten Produktideen und -konzepte mit Ihrer Zielgruppe, bevor Sie Ihren ersten Prototyp entwickeln? Wie stellen Sie sicher, dass es einen genügend großen Markt für Ihre Produkte gibt? Wie testen Sie verschiedene Prototypen mit Ihrer Zielgruppe, um nur Funktionen zu entwickeln, die die Zielgruppe wirklich braucht? Welche Qualität erwartet Ihre Zielgruppe? Wie lange müssen die Maschinen ohne Unterbrechung laufen können? Wie erreichen Sie lange Benutzungszeiten ohne Wartung? Können Sie den Bedarf an Wartung vorhersagen, sodass Wartungsfenster außerhalb der Produktionszeiten des Kunden genutzt werden können? Welche Lebensdauer Ihres Produktes erwartet die Zielgruppe und wie können Sie diese mindestens erreichen? Was erwartet der Kunde an Produktqualität und wie können Sie ihm diese liefern? Welche gesetzlichen und Norm-Vorschriften müssen Sie einhalten und was planen Sie, um entsprechende Freigaben zu erhalten? Wie können Sie Ihre neuen Produkte unter realen Bedingungen ausreichend testen, bevor Sie den ersten Kunden beliefern? Wie erreichen Sie, dass der Bedarf an Rohmaterial, das verarbeitet wird, gering bleibt? Wie soll die Lieferung des Produktes erfolgen, wie muss es verpackt sein, wie kann es ausgepackt und installiert werden? Wer sind die Nutzer der geplanten Produkte, welche Ausbildung und welche Kenntnisse haben diese? Was erwarten die Nutzer von Ihrem Produkt? Was stört die Nutzer an Ihrem Produkt? Sind die Nutzer vielleicht an die Bedienung eines Konkurrenzproduktes gewöhnt und wollen sich nicht verändern? Was können Sie tun, um diese Widerstände zu adressieren? Wie erleichtern Sie die Umstellung oder Migration auf das neue Produkt? Was können Sie tun, um ihnen die Benutzung und den Betrieb der Produkte zu erleichtern? Müssen Sie Schulungen für die Nutzer anbieten, reicht eine gute Bedienungsanleitung oder sollten Sie Videos erstellen, die die Installation und/oder die Nutzung erklären? Erwartet Ihre Zielgruppe, dass Sie das Produkt installieren und die Benutzer schulen?

Was sollten Sie tun, um Ihr gegenwärtiges Produktportfolio zu beurteilen und weiter zu entwickeln?

Analysieren Sie intern, welche Ihrer Produkte sich gut verkaufen und ob Ihre wichtigsten Kunden auch Ihre meistverkauften Produkte kaufen. Analysieren Sie extern, welche Trends den Markt verändern und welche neuen Anwendungen sich entwickelt haben. Untersuchen Sie, welche Ihrer Produkte sich schlecht verkaufen oder unprofitabel sind und überprüfen Sie, ob Sie bei diesen wesentliche Kundenbedürfnisse nicht beachtet haben oder, ob sich die Kundenbedürfnisse seit der letzten Überprüfung verändert haben. Wenn ja, können Sie vielleicht die Produkte noch der Nachfrage anpassen. Wenn nein, sollten Sie die Produkte vom Markt zurückziehen. Dabei sollten Sie aber Lücken in Ihren Produktfamilien vermeiden und Services für bereits verkaufte Produkte weiterführen. Analysieren Sie auch, welche Ihrer Produkte Kunden gemeinsam oder in relativ kurzen Zeiträumen nacheinander gekauft haben. Vielleicht gibt Ihnen das Hinweise darauf, welche Produkte Sie zu Angebotspaketen zusammenfassen könnten. Vermeiden Sie aber, ein zu großes Produkt-Portfolio anzubieten oder einen Bauchladen von Angeboten zu offerieren. Es geht darum, dass Sie als Anbieter ein Profil haben, das Ihre Zielgruppe gut verstehen kann. Das erreichen Sie vielleicht indem Sie zwei Hauptgebiete haben, in denen Sie Ihre Zielgruppe unterstützen. Für diese beiden Gebiete haben Sie dann jeweils vielleicht fünf Angebotspakete und in jedem Paket vielleicht 3 Kernprodukte. Das kann sich Ihre Zielgruppe noch merken und daran kann man Sie erkennen. Was können Sie tun, um bei Ihren existierenden Kunden sicherzustellen, dass Ihre Produkte auch eingesetzt oder genutzt werden? Was können Sie tun, um die Nutzung zu erhöhen? Überlegen Sie, ob Sie nach gewisser Zeit Produkterweiterungen anbieten sollten (Mid-Life-Kicker). Sind Änderungen am Design sinnvoll (Re-Design)? Können Sie existierende Produkte erneut am Markt positionieren (Relaunch)? Prüfen Sie, ob Sie neue Märkte oder neue Nutzer für Ihre Produkte identifizieren können und ob die Produkte unverändert verkauft werden können oder Änderungen sinnvoll sind. Das könnten Reduzierungen in der Funktionalität genauso sein wie Erweiterungen. Wie können Sie den Gesamtnutzen für Ihre Zielgruppe erhöhen?

Welche Rolle spielen Dienstleistungen?
Die Unterscheidung von Sachgütern und Dienstleistungen verläuft graduell. Ein Produkt, das ganz ohne Dienstleistungen vorkommt, wird es wohl nicht geben, da es mindestens irgendwelche Vertriebs- oder Verkaufsleistungen braucht, um gekauft zu werden. Umgekehrt wird es viele Dienstleistungen ganz ohne Sachleistungen geben. Dieser Übergang wird im Verbundkasten dargestellt (Abb. 4.3).

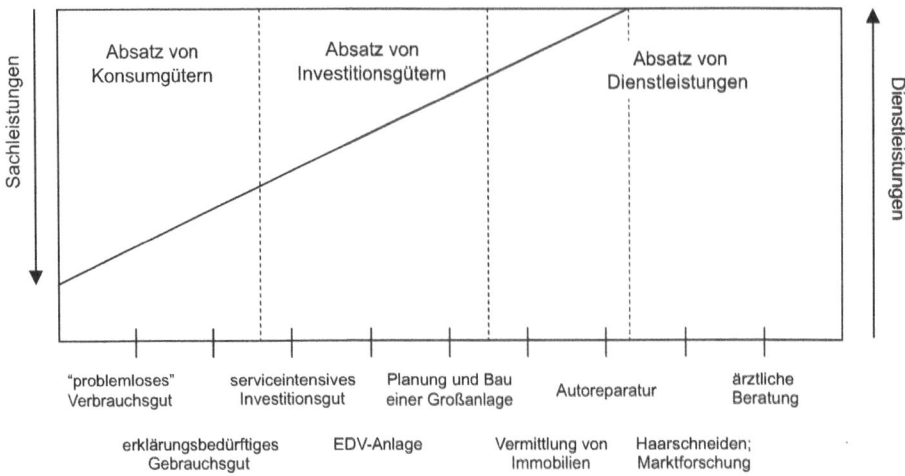

Abb. 4.3 Verbundkasten Sachleistungen – Dienstleistungen. (Hilke 1989, S. 8, Grundprobleme und Entwicklungstendenzen des Dienstleistungsmarketing, Wiesbaden)

Im Folgenden betrachten wir verschiedene Stufen der Dienstleistungen. Gerade in Märkten mit hoher Standardisierung helfen Dienstleistungen, Angebote attraktiver zu gestalten und leichter zu verkaufen.

1. Services vor dem Kauf eines Produktes oder einer Dienstleistung

Ihre Zielgruppe erwartet Dienstleistungen evtl. schon vor dem Kauf. Das können Leistungen, wie die Aufnahme und Dokumentation des Istzustandes sein, es geht vielleicht um Beratung bei der Auswahl des richtigen Produktes oder einen Vorschlag für die Vorgehensweise oder Gestaltung in einem Dienstleistungsprojekt. Wenn sich die Zielgruppe schon relativ sicher ist, welche Art der Lösung sie installieren will, es aber noch wenig Erfahrung mit dem Lieferanten oder der Technologie gibt, wird sie vielleicht auf einem Probebetrieb oder Proof of Concept bestehen. Nicht immer wird Ihr Kunde bereit sein, für Services vor dem Kauf zu zahlen, da er manche dieser Leistungen als Teil Ihres Akquise Prozesses versteht. Ihre Aufgabe ist es also herauszufinden, welche Leistungen erwartet werden und für welche Ihre Zielgruppe bereit ist zu zahlen.

2. Services nach dem Kauf des Produktes

Hier kann es mit der Demontage der alten Anlage beginnen. Bei Hardware-Upgrades oder Kleinmaschinen, geht es um die Rücknahme der Altgeräte. Bei vielen Waren, immer mehr auch bei Lebensmitteln, um den Zustelldienst. Vielleicht geht es um Unterstützung bei der Installation eines komplexen Produktes (bei einfachen Installationen wird eine Gebrauchsanweisung ausreichen ausreichen (s. Abschn. 4.2.4). Bei IT-Projekten folgt evtl. die Installation durch den Lieferanten. Bei Maschinen und Anlagen geht es um die Montage, bei größeren Projekten um die Inbetriebnahme. Beim Ersatz von Mitbewerberprodukten geht es um die Migration von diesen Produkten auf Ihre Produkte. Bei

Konsumgütern geht es um das Umtausch- bzw. Rücksendungsrecht. Bei höherwertigen Produkten wird Garantie erwartet. Vor Aufnahme des Betriebes einer Anlage oder einer neuen Software-Lösung geht es um die Schulung der Mitarbeiter. Beim Betrieb des Produktes werden die Verfügbarkeit von Ersatzteilen, aber häufig auch Wartungs- bzw. Reparaturleistungen erwartet. Hier wird es ggf. Verhandlungen und Verträge über das Niveau und den zeitlichen Rahmen geben (Level 1, Level 2, während der Öffnungszeiten oder 7 Tage die Woche und 24 h am Tag…). Weitere Details finden Sie im Kap. 8.

Reine Dienstleistungsangebote

Hier gibt es verschiedene Möglichkeiten der Systematisierung. Bei der Strukturierung aufgrund von Anbieter-/Nachfrager-Beziehungen (Berekoven 1983, S. 24) wird unterschieden, ob die Leistung *an* der Person des Kunden oder dem Objekt des Kunden erbracht wird und ob die Leistung *durch* die Person(en) des Anbieters oder ein Objekt des Anbieters erbracht wird (Abb. 4.4).

Wird der Service an einem Objekt des Kunden durchgeführt, so steht fast ausschließlich das Ergebnis im Vordergrund (Reparatur, Waschanlage). Diese Leistungen können auf Automatisierungsmöglichkeiten geprüft werden. Erfolgt die Leistung am Kunden überwiegend durch ein Objekt des Dienstleisters, so steht der Prozess im Vordergrund (Freizeitpark, Hotel). Stehen auf beiden Seiten Personen im Vordergrund, so sind i. d. R. sowohl Prozess als auch Ergebnis für die Qualitätswahrnehmung von Bedeutung (Arzt, Beratung). Diese Faktoren müssen bei der Servicekonzeption und -durchführung entsprechend berücksichtigt werden. Die Mitwirkung von Personen des Kunden wird als der externe Faktor bezeichnet. Er stellt eine wichtige Unterscheidung der Dienstleistung vom Sachgut dar. Meffert (1994, S. 524) klassifiziert Dienstleistungen nach Art und Stärke der Integration des externen Faktors. Er nutzt die Dimensionen Individualisierungsgrad und Interaktionsgrad. Ein hoher Interaktionsgrad beschreibt Leistungen mit sehr häufigen Kontakten zwischen Anbieter und Nachfrager (z. B. Unternehmensberatung), bedeutet also, dass der Anbieter Wert auf Mitarbeiter mit guter Kommunikationsfähigkeit legen muss. Dienstleis-

Leistung durch:	Leistung an:	
	Person des Kunden	**Objekt des Kunden**
Person des Anbieters (Dienstleister)	**Person : Person** (Gesundheit, Erziehung, Beratung)	**Person : Objekt** (Reparatur, Wartung, Instandhaltung, Montage)
Objekt des Anbieters	**Objekt : Person** (Öffentl. Nahverkehr, Hotel, Mietwagen, Kaffeeautomat)	**Objekt : Objekt** (Gütertransport, Wäscherei, Autowaschanlage)

Abb. 4.4 Strukturierung des Dienstleistungsbereiches aufgrund der Anbieter-/Nachfragerbeziehung. (Berekoven 1983, S. 24, Der Dienstleistungsmarkt in der BRD, Göttingen)

tungen mit einem niedrigen Interaktionsgrad können dagegen vom Anbieter weitgehend autonom erbracht werden und bieten sich für Standardisierung oder Automation an. Auch bei der Dimension Individualisierungsgrad gibt es Bereiche in denen der externe Faktor eine geringere Rolle spielt. So wird der Kunde beim Gütertransport nur an der Bestellung beteiligt sein, nicht aber an der Leistungserbringung. Ein Versicherungspaket wird nach den Bedürfnissen des Kunden maßgeschneidert sein, aber nach der Vertragsunterschrift ohne Zutun des Kunden erstellt werden.

Betrachten Sie also, welche Dienstleistungen Sie an welcher Stelle des Kaufprozesses anbieten wollen, um Nutzen für Ihre Zielgruppe zu schaffen. Untersuchen Sie, welche Personen und Objekte an der Leistungserstellung beteiligt sind und ob sich diese standardisieren oder automatisieren lassen. Ebenso mit dem Individualisierungsgrad und dem Interaktionsgrad Ihrer Dienstleistungen. Auch hier sollten Sie nach Standardisierungs- oder Automatisierungsmöglichkeiten suchen. Wenn Sie bei beiden Ansätzen (Objekt/ Person bzw. Individualisierung/Interaktion) keine Möglichkeiten der Standardisierung bzw. Automatisierung finden, sollten Sie sich noch ausführlicher mit Ihrem Personal (s. Abschn. 4.2.5) und den Prozessen (s. Abschn. 4.2.7) in Ihrem Unternehmen beschäftigen, um der Zielgruppe den erwarteten Gesamtnutzen zu bieten. Überlegen Sie, ob Sie Ihren Kunden anbieten, Aufgaben, die nicht zum Kerngeschäft gehören, an Sie auszulagern (Outsourcing) und sich damit auf ihr Kerngeschäft konzentrieren zu können, Kosten zu sparen, Effizienz zu gewinnen und den Cashflow zu optimieren.

Gerade weil der externe Faktor so wichtig ist, sollten Sie bei Dienstleistungen noch höheren Wert auf das Verständnis der Kundenbedürfnisse legen und noch häufiger mit Ihrer Zielgruppe kommunizieren. Bei allen Arten von Dienstleistungen, egal ob sie standardisiert, automatisiert oder individuell geleistet werden, ist ein detailliertes Verständnis der Kundenbedürfnisse unbedingte Voraussetzung für die Dienstleistungsentwicklung. Während der Entwicklung sollten Sie regelmäßig mit der Zielgruppe Rücksprache halten, um sicherzustellen, dass die Bedürfnisse richtig verstanden wurden und ihre Implementierung den Erwartungen der Zielgruppe entspricht. Erstellen Sie also aufgrund der basierend auf Kap. 3 erkannten Kundenbedürfnisse eine erste Idee oder mehrere Ideen für die erwarteten Dienstleistungen. Testen Sie diese Idee(n) mit Repräsentanten der Zielgruppe. Verarbeiten Sie deren Feedback und erstellen Sie einen etwas detaillierteren Vorschlag, den Sie dann wieder mit einer Stichprobe der Zielgruppe testen. Wiederholen Sie den Prozess so oft, bis Sie einen sehr detaillierten und kompletten Vorschlag haben, der der Zielgruppe gefällt. Jetzt können Sie mit der Implementierung beginnen. Während der Implementierung werden Sie feststellen, dass Sie an einzelnen Stellen nicht sicher sind, ob Sie die Zielgruppe richtig verstanden haben. Zögern Sie nicht nachzufragen. Ihre zukünftigen Kunden werden Ihnen gerne helfen.

▶   Sie sollten immer wieder andere Repräsentanten der Zielgruppe befragen. Wenn Sie immer die gleichen Personen fragen, erfüllen Sie deren persönliche Bedürfnisse und nicht die Bedürfnisse eines großen Teils der Zielgruppe. Sie laufen außerdem Gefahr, dass die Interviewten mit der Zeit Ihr Vorgehen und Ihre Inhalte so gut kennen, wie Sie selbst, und Ihnen daher nicht mehr als wertvoller Sparringspartner dienen können.

Wie wichtig ist die Verpackung?
Bei B2B-Märkten dient die Verpackung lediglich dem Schutz des Produktes auf dem Weg vom Lieferanten zum Kunden. Sie muss stabil genug sein, um das Produkt zu schützen, sollte aber keine zu hohen Kosten verursachen. Hier spielen Wiederverwendbarkeit oder die Möglichkeit zum Recyclen des Materials ggf. eine Rolle. Die Verpackung kann bei B2C- und bei B2B-Kunden helfen, größere Stückzahlen eines Gutes so zu verpacken, dass diese leicht transportiert werden und die jeweils benötigte Menge bei Bedarf leicht entnommen werden kann. Die Verpackung kann eine Sicherungsfunktion übernehmen, um z. B. zu verhindern, dass Gefahrgut von Kindern geöffnet werden kann. Bei B2C spielt die Verpackung neben dem eigentlichen Produkt eine ganz wesentliche Rolle, um beim Verbraucher Interesse zu verursachen, das Produkt mit Verpackung in die Hand zu nehmen und sich detaillierter mit ihm zu beschäftigen und um ihn zum Kauf anzuregen. Sie erlaubt es, Informationen über Maße und Gewichte sowie Inhaltsstoffe abzubilden. Sie dient der Unterscheidung von anderen Produkten des gleichen Herstellers und natürlich auch von der Konkurrenz. Dabei spielen Design, Material, Größe, Form, Farbe und Haptik der Verpackung wichtige Rollen. Beschäftigen Sie sich also mit der Verpackung Ihrer Produkte, insbesondere dann, wenn Sie im B2C-Umfeld tätig sind. Welche Anforderungen stellen Ihre Kunden an die Verpackung? Was schreibt der Gesetzgeber an Informationen vor? Was erwartet der Handel in Bezug auf die Verpackung? Legen Sie großen Wert auf die optische und haptische Gestaltung der Verpackung, um Ihre Kunden zum Kauf anzuregen.

4.2.2   Preis/Kontrahierung/Kosten

Wie im gesamten Buch, betrachten wir das Thema auch hier vor allem aus Sicht des Kunden. Hier geht es bei durchschnittlichen Konsumgütern um den Preis, die Marke und die Verpackung. Bei höherwertigen Gütern wie Autos oder Heizungen in Einzelfällen um den Preis und die Folgekosten. In B2B-Märkten wird es bei geringwertigen Gütern und bei Gütern, die in großen Mengen eingekauft werden, auch stark um den Preis gehen. Bei höherwertigen Gütern und Gütern, die länger genutzt werden, wird man den Nutzen mit den Gesamtkosten inklusive der Folgekosten vergleichen. Auch die Vertragsgestaltung spielt in B2B-Märkten eine große Rolle. Das schließt häufig auch Finanzierungsangebote mit ein. Verhandlungen finden in B2C-Märkten nur bei höherwertigen Produkten oder Dienstleistungen, wie z. B. Handwerkerleistungen statt. In B2B-Märkten finden sich dagegen Versteigerungen bei Massengütern und häufig Verhandlungen bei höherwertigen Gütern oder Dienstleistungen.

Wie unterscheidet sich die Preispolitik zwischen Konsum- und Business-Märkten?
Bei der Betrachtung verschiedener Faktoren werden deutliche Unterschiede zwischen B2C- (Konsumgüter-) und B2B-Marketing deutlich (Abb. 4.5).

Hier benötigen wir ein ganzheitliches Bild von allen Kosten, die auf den Kunden beim Kauf, der Nutzung und ggf. der Entsorgung des Produktes zukommen.

Womit rechnet die Zielgruppe?

- Den Preis des Produktes eindeutig zu erfahren.
- Gutes Preis-Leistungsverhältnis (Das Produkt ist den Preis wert, zusätzliche Funktionen mit separatem Preis sind den Preis wert).
- Keine versteckten Kosten
- Kostenlose Leistungen, vor, während und nach dem Kauf.
- Kosten für Beratung/Consulting (Löhne oder Festpreis)
- Rabatte
- Finanzierung
- Zahlungsfristen
- Versandkosten und wann sie sie sparen kann
- Laufende Kosten, z. B. in einem Outsourcing-Vertrag
- Betriebskosten, z. B. Energiekosten, Kosten für Bediener
- Kosten für Wartung
- Einfach zu verstehende und flexible AGBs
- Dass Sie zu dem Preis liefern, der im Angebot steht.
- Dass zu erwartende höhere Kosten zeitnah besprochen werden.

Faktor	Konsumgütermarketing	B2B-Marketing
Bedeutung der Preisstrategie im Marketing-Mix	Oft der entscheidende Faktor	Wichtig, wird in vielen Fällen aber durch andere Faktoren wie Service und Lieferfähigkeit übertroffen.
Elastizität der Nachfrage	Sehr unterschiedlich	Bei abgeleiteter Nachfrage teilweise sehr unelastisch.
Ausschreibungen	Selten (Versteigerungen)	Häufig
Preisverhandlungen	Selten, allenfalls sbei sehr hochwertigen Konsumgütern, wie Automobilen oder Immobilien.	Regelmäßig
Unterschiede zwischen Listen- und Nettopreisen	Selten (Ausnahme s. oben)	Regelmäßig
Rabatte	Selten, allenfalls geringe Barzahlungsrabatte	Häufig
Finanzierung	Häufig (Kundenkreditkarten, kurzfristige Teilzahlungen)	Häufig, aber eher langfristige Angebote (Leasing)

Abb. 4.5 Faktoren für die Preisgestaltung im B2C- und B2B-Marketing. (Godefroid, P. und Pförtsch, W. 2008, S. 221, Business to Business Marketing, Ludwigshafen)

Was beeinflusst Ihre Preise und wie können Sie Ihre Preise definieren?
Ihre spontane Antwort auf die Frage, was Ihre Preise beeinflusst wird sein: Meine Kosten. Und das wird in den meisten Fällen auch Ihre preisliche Untergrenze sein, zu der Sie Ihre Angebote verkaufen wollen. Wenn Sie Ihre Zielgruppe fragen, wird diese Ihnen einige andere wesentliche Faktoren für die Preisgestaltung nennen. Das beginnt mit dem Kundennutzen und wird beeinflusst von der Beziehung zwischen Ihrem Preis und Ihrer Qualität. Es schließt natürlich ein, ob es unterhalb Ihres Angebotes Einstiegsangebote und oberhalb Ihres Angebotes Aufstiegsangebote gibt und wie sich die Preise und der Nutzen im Vergleich dazu verhalten. Ihre Zielgruppe wird auch versuchen zu verstehen, wo Sie im Vergleich zu Ihrer Konkurrenz und dem Nutzen ihrer Angebote stehen. Ihr Vertrieb wird sich Spielraum für Verhandlungen wünschen und Ihre Händler werden auch ein Stück vom Kuchen wollen. Wenn Sie also Ihre Preise festlegen wollen, müssen Sie alle diese Faktoren berücksichtigen und zunächst mit Ihren Kosten beginnen. Addieren Sie also Materialkosten, Lohnkosten für die Herstellung, Verwaltungskosten und Vertriebskosten und addieren Sie alles zusammen zu Ihren Selbstkosten zum gegenwärtigen Zeitpunkt. Wenn Sie in der Lage sind, Ihre Kosten über die Verkaufszeit des Produktes durch einen Lernkurveneffekt und/oder erhöhte Mengen zu senken, berücksichtigen Sie das. Damit haben Sie einen wesentlichen Datenpunkt definiert. Nun gilt es, den Nutzen für Ihre Zielgruppe zu definieren. Wenn Sie mehrere Zielgruppen ausgewählt haben, kann der Nutzen für jede Zielgruppe deutlich anders sein. Eventuell finden Sie sogar innerhalb einer Zielgruppe Nutzer, mit geringem Bedarf und Intensivnutzer. D. h. Sie sollten den Nutzen jeweils einzeln definieren und am Ende die verschiedenen Datenpunkte und Nutzenargumente. Da Preise in B2B-Märkten häufig intransparent sind und verschiedene Zielgruppen sich selten untereinander austauschen, müssen Sie die Preise einer Zielgruppe am Ende nicht gegenüber einer anderen Zielgruppe erklären bzw. verteidigen. Aber der Vergleich wird Ihnen selbst helfen, zu verstehen, was Sie aus den unterschiedlichen Situationen machen können. Durch Ihre Arbeit basierend auf Abschn. 4.2.1 haben Sie den Nutzen für Ihr Angebot definiert. Jetzt geht es darum, diesen zu quantifizieren. Welche Probleme werden gelöst, und welche Kosten werden durch die Lösung bei einem durchschnittlichen Kunden über die Nutzungsdauer Ihres Angebotes eingespart? Denken Sie dabei an das Personal des Kunden, das reduziert werden kann. Welche Funktionen mit wie vielen Mitarbeitern werden eingespart? Kann Ihr Kunde jetzt Personal mit einem niedrigeren Stundensatz einsetzen? Haben Sie durch bessere Bedienbarkeit die Voraussetzungen geschaffen? Denken Sie an die Betriebskosten der Maschinen. Braucht die Maschine weniger Elektrizität, um den gleichen Durchsatz zu produzieren? Erhöhen Sie den Durchsatz pro Zeiteinheit und damit die Lieferfähigkeit Ihres Kunden? Kann er damit mehr Teile verkaufen oder kann er sie früher verkaufen? Wie groß wird sein Return on Invest (ROI) sein und wie schnell erreicht er den Break-even-Point? Was wird er dafür zu zahlen bereit sein? Bei völlig neuen Angeboten sollten Sie Ihre Zielgruppe befragen, wie viel sie für verschiedene Angebotsbausteine (Nutzenargumente) bereit ist zu zahlen. Fragen Sie eine statistisch relevante Gruppe bei welchen Preisen sie an der Qualität des Produktes zweifeln würden. Fragen

Sie, wann sie ein bestimmtes Angebot als zu teuer erachten. Überlegen Sie auch, wie Sie verschiedene Produkte einer Produktfamilie zueinander positionieren. Brauchen Sie ein Einstiegsprodukt, ein mittleres Produkt und ein Produkt für besonders hohe Ansprüche? Wie gestalten Sie die Preise so, dass die Relationen zum Nutzen des jeweiligen Produktes passen? Neben den Kosten haben Sie jetzt mögliche Preise basierend auf dem Kundennutzen definiert. In einem letzten Schritt geht es jetzt darum, Ihrem Vertrieb noch Verhandlungsspielräume und Ihren Handels- und Vertriebspartnern Erlösspannen einzuräumen. Danach können Sie jetzt Ihre Basispreise festlegen. Nachdem Sie Design Thinking natürlich auch für Ihre Preismodelle anwenden können, bietet es sich jetzt an, diese Ideen mit Ihrer Zielgruppe zu verifizieren. Das gilt für die Preishöhe, aber auch für die Spielräume, die die Kunden Ihnen ggf. geben. Würden also mehr Kunden Ihr Angebot kaufen, wenn es etwas günstiger oder etwas teurer ist? Was ist die Preissensibilität? Wird etwa eine Preisreduzierung um 10 % dazu führen, dass Sie 20 % mehr verkaufen? Oder führt ein höherer Preis dazu, dass das Angebot von Ihrer Zielgruppe als besser oder als exklusiver wahrgenommen wird und Sie verkaufen deshalb mehr? Befragen Sie also Ihre Zielgruppe oder Zielgruppen oder lassen sie befragen.

Sie haben jetzt also Ihre Kosten, den Kundennutzen und die Preise der Konkurrenz in Ihre Preisbildung mit einfließen lassen und das Resultat mit Ihrer Zielgruppe getestet und verbessert.

> ▶   Selbst wenn Sie sehr stark standardisiert und hoch automatisiert sind und Ihre Kosten dadurch nur halb so hoch sind, als die Ihrer Konkurrenten, sollten Sie sich nicht dazu verleiten lassen, ohne guten Grund auch Ihre Preise auf die halbe Höhe zu setzen. Ihre Zielgruppen kaufen das, was ihnen einen hohen Kundennutzen oder Kundenwert bietet. Mit einem sehr niedrigen Preis signalisieren Sie, dass ihre Qualität niedrig ist bzw. dass Ihr Wert niedrig ist!

Welche Preisstrategie wollen Sie verfolgen?
Bei der Definition der Preise sind wir davon ausgegangen, dass sie sich in einem Markt mit gleichstarken Partnern auf allen Seiten befinden, d. h. dass weder Sie, noch Ihre Kunden, noch die Konkurrenz über besondere Vorteile verfügt. Das ist aber natürlich nicht immer der Fall. Wenn Sie also ein neues, ausgefallenes Produkt auf den Markt bringen, können Sie häufig höhere Preise bei allen Zielgruppen oder einzelnen Zielgruppen erzielen. Wenn Ihr Konkurrent länger nicht lieferfähig ist, wäre es Unsinn, ihn mit niedrigen Preisen zu unterbieten. Wenn Sie einen hohen Marktanteil erzielen wollen, können Ihnen niedrige Preise dabei helfen. Nehmen wir an, Sie haben ein völlig neues Produkt, das sehr innovativ ist. Hier sollten Sie überlegen, ob es eine Gruppe von möglichen Käufern gibt, die es als erstes kaufen würden, weil sie es dringend brauchen oder weil sie z. B. einen Image- oder Prestige-Vorteil damit erringen könnten. Vielleicht gibt es auch eine Gruppe von Meinungsführern, auf die viele Ihrer Kunden schauen, bevor sie eine Entscheidung treffen. Diese Gruppen werden wahrscheinlich bereit sein, einen hohen Preis zu zahlen. Gleichzeitig sind Sie vielleicht am Anfang Ihres Produktionsprozesses noch

gar nicht in der Lage, sehr große Mengen zu liefern, sodass die Strategie auch gut für Ihre Gesamtaufstellung ist. Durch den hohen Preis signalisieren Sie auch einen hohen Wert, was auch nicht schädlich ist. Beginnen Sie also zunächst diese Gruppen anzusprechen und erzielen Sie damit höhere Gewinne (Abschöpfungsstrategie). Wenn die Nachfrage nachlässt, können Sie die Preise Schritt für Schritt reduzieren. Haben Sie aber über die Zeit einen hohen Marktanteil erzielt und können die Nachfrage z. B. durch Eintritt in weitere Märkte positiv beeinflussen, bleiben Sie einfach bei den hohen Preisen. Die Gefahr ist aber, dass Sie Wettbewerbern Raum für Angebote mit niedrigeren Preisen lassen, die Ihre Nachfrage negativ beeinflussen. Bei der Abschöpfungsstrategie ist es natürlich besonders wichtig, dass Ihr Angebot von Anfang an in sehr hoher Qualität funktioniert. Wenn Sie zwei Produkte mit ähnlichen Funktionen anbieten, eines zum hohen Preis, und das andere mit weniger Funktionen und vielleicht in Silber, statt in Gold, kann das dazu führen, dass Sie das preiswertere Produkt häufiger verkaufen, weil Sie Ihren Kunden eine Vergleichsmöglichkeit gegeben haben und Ihr Produkt jetzt günstiger erscheint. Wenn Sie einen sehr preissensitiven Markt ansprechen wollen und durch die Produktion großer Mengen einen Kostenvorsprung vor Ihrer Konkurrenz erzielen wollen, können Sie mit einer Niedrigpreisstrategie starten. Das hält vielleicht Wettbewerber davon ab in den Markt einzutreten und sichert Ihnen eventuell auch hohe Marktanteile. Es wird Ihnen aber schwerfallen, später Preiserhöhungen durchzusetzen. Niedrigpreise signalisieren auch hier eventuell eine niedrige Qualität oder einen niedrigen Kundennutzen, dafür sprechen sie aber preisbewusste Käufer besonders an. Mit Garantien können Sie signalisieren, dass Ihr Angebot hochwertig ist und der Zielgruppe mehr Sicherheit vermitteln.

Welche Preispolitik wollen Sie betreiben?
Wenn sich verschiedene Kundengruppen, die das gleiche Angebot kaufen oder kaufen könnten, unterschiedlich verhalten, sollten Sie überlegen, unterschiedliche Preise zu verlangen. Wenn Sie also z. B. in unterschiedlichen Ländern mit unterschiedlichen Lebenshaltungskosten agieren, werden Sie Preise aus Hochlohnländern in Niedriglohnländern nicht durchsetzen können. Wenn einzelne Kunden von Ihnen sehr große Mengen abnehmen, werden Sie auch Preisnachlässe verlangen. Wenn Sie Urlaubsreisen verkaufen, werden Sie während der Schulferien, also während Zeiten erhöhter Nachfrage auch höhere Preise verlangen. Wenn Sie Rabatte anbieten wollen, sollten Sie überlegen, für welche Produkte Sie das tun, worauf sich der Rabatt bezieht (Mengen, Umsätze, Treue), für welche Periode er gilt, wie er ermittelt wird und wie bzw. ob er angerechnet bzw. ausgezahlt wird. Auch bei Rabatten ist Vorsicht geboten. Wenn Sie diese allgemein ankündigen und zeitlich beschränken, werden einige Kunden nur wegen der Rabatte Einkäufe zeitlich vorziehen und bei gleichem Bedarf dann natürlich nicht mehr kaufen. Außerdem wird es eventuell schwer sein, später die normalen Preise zu verlangen, weil Sie begründen müssten, warum die Preise jetzt höher sind als während der Rabatt-Aktion. Überlegen Sie auch, ob Sie je nach Bezugsort unterschiedliche Preise verlangen können, also z. B. den Preis ab Werk, den Preis bei Abholung im Laden, den Preis bei

Zustellung. Wollen Sie Ihren Kunden verschiedene Produkte (Hardware, Software, Service) im Paket anbieten und dafür einen geringeren Preis verlangen als für die Summe der Preise der Komponenten oder können Sie vertreten, für den Aufwand die Produkte zu kombinieren und im Paket zu testen, einen höheren Preis zu verlangen? Haben Sie schon überlegt, bisher zusammengefasste Angebote zu entbündeln, weil es Kunden gibt, die ihre Probleme mit einem Teil des Angebots schon lösen können?

Was steht in Ihren Verträgen und wie wird bezahlt?
Vereinbaren Sie einen Festpreis für den gesamten Auftrag, oder nur für die Teile, die Sie sicher vorher planen können? Wie werden Arbeitszeiten berechnet, welche Preise verlangen Sie für die Materialien? Wie verhindern Sie, dass der Kunde einzelne Teile kostengünstig erwirbt und Sie diese innerhalb des Auftrages verarbeiten müssen? Welche Liefer- und Zahlungsbedingungen vereinbaren Sie? Wird der Liefertermin genannt und können Sie ihn sicher immer einhalten? Gibt es Umtausch- oder Rücksendungsmöglichkeiten? Wer trägt die Versandkosten, wie ist der Transport versichert und ab wann geht das Risiko auf den Käufer über? Innerhalb welcher Zeit muss bezahlt werden? Gibt es Barpreise und Teilzahlungsvereinbarungen? Kann ich mit der Kreditkarte zahlen? Gibt es die Möglichkeit der Anzahlung und der Ratenzahlung? Wie kann ich den Kaufpreis über die Zeit verteilen? Vor allem bei hochwertigen Gütern, wird es dem Käufer evtl. nicht gefallen, den Gesamtpreis in einer Summe bei Lieferung zu bezahlen. Hier können Finanzierungsmöglichkeiten, auch für den Verkäufer, also Sie, Vorteile bieten. Sie reduzieren die Hürde für Ihren Kunden zu kaufen und Sie schaffen eine längerfristige Bindung des Kunden an Ihr Unternehmen. Bei reiner Lieferantenfinanzierung tragen Sie aber auch das Kreditrisiko, wenn Sie sich nicht beim Kunden, bei Banken oder bei Versicherungen absichern. Bei Leasingangeboten überlässt der Lieferant dem Kunden nur das Nutzungsrecht für einen definierten Zeitraum. Danach kann er das Gut zurückgeben oder erwerben. Auch hier wird der Käufer von einer hohen Anfangszahlung entlastet und verteilt die Kosten auf die Nutzungsdauer. Bei Leasingangeboten könnten Sie überlegen, nicht nur das Produkt zu verleasen, sondern dazu gehörende Dienstleistungen mit anzubieten. Damit bleiben Sie näher am Kunden und erfahren deutlich mehr über die Nutzung des Produktes, über die Einbindung in die Prozesse Ihres Kunden und über mögliche Probleme. Sie erhöhen die Kundenbindung und verhindern, dass reine Dienstleistungsunternehmen Ihnen profitable Services wegnehmen. Sie sollten auch überlegen, wie Sie die Leasinggebühren erheben. Gibt es Anfangszahlungen oder Endzahlungen, zahlt der Kunde monatlich feste Raten oder zahlt er nutzungsabhängige Gebühren?

4.2.3   Distribution und Logistik

Hier geht es darum, näher an Ihre Zielgruppe zu rücken und zu verstehen, welche Einkaufsmöglichkeiten Ihre Zielgruppe nutzt. Im B2C müssen Sie herausfinden, wo und wie Ihre Zielgruppe üblicherweise kauft. Dort müssen Sie verkaufen. Vielleicht sind das

bestimmte Einzelhändlergruppen, oder die Zielgruppe bevorzugt es, im Internet einzukaufen. Bei B2B geht es darum zu verstehen, welche Einkaufsmöglichkeiten die Unternehmen nutzen, die zu Ihrer Zielgruppe gehören. Und innerhalb Ihrer Zielunternehmen
ist es wichtig zu verstehen, wie die Mitglieder des Buying Centers einkaufen und wo
sie einkaufen, d. h. welche Kaufkanäle sie nutzen. Basierend darauf können Sie definieren, wo und wie Sie Ihr Angebot verkaufen und ob Sie das über direkte (Hersteller) oder
indirekte Kanäle tun oder ob Sie eine Kombination von direkten und indirekten Kanälen
nutzen. Hier müssen Sie herausfinden, welcher Kanal den Markt und Ihre Kunden am
besten kennt, wer den leichtesten Zugang zu Ihrer Zielgruppe hat, welche Kosten Ihnen je
Vertriebskanal entstehen und welche Umsätze Sie je Kanal erwarten. Im B2C-Geschäft,
werden Sie eher über indirekte Vertriebskanäle Zugang zu Ihren Kunden finden als im
B2B-Geschäft. Bei B2B wird aber der indirekte Kanal in einigen Fällen der effektivere
Kanal sein, um Zugang zur Zielgruppe zu erhalten. Es geht auch darum, zu verstehen,
welche Logistik-Konzepte Ihre Zielgruppe präferiert und darum, Ihre Logistik zu organisieren. Abb. 4.6 gibt einen Überblick über die wichtigsten Unterschiede in der Distributionspolitik zwischen Konsumgütermarketing und Business-to-Business-Marketing.

Was erwartet die Zielgruppe?
- Das Angebot dort zu finden, wo sie es sucht.
- Eine übersichtliche Darstellung der Kontakte passend zum Anlass, z. B. Problemver-
  ständnis, Anbieter-Auswahl, Kauf.
- Einen einfachen Zugang zum Zeitpunkt des Bedarfs.

Faktor	Konsumgütermarketing	B2B-Marketing
Bedeutung der Distribution im Marketing Mix	Wichtig, weil die Konsumenten vor allem über den Handel die Produktqualität und das Herstellerimage beurteilen; daneben aber auch großer Einfluss der Werbung	Sehr wichtig, da die Bedeutung der Kommunikationsinstrumente geringer ist.
Beherrschung der Distributionskanäle	Dominanz des Handels	Dominanz der Hersteller
Tiefe der Kanäle	Oft viele Stufen (Großhandel, Einzelhandel)	Keine oder wenige Stufen
Anteile des Geschäfts durch indirekten Vertrieb	Sehr hoch, nur geringe Direktverkäufe	Eher gering, Direktvertrieb überwiegt
Auswahl der Vertriebswege durch die Kunden	Groß, da ein Produkt von sehr vielen Händlern angeboten wird.	Gering, da ein bestimmtes Produkt meist nur über einen oder wenige alternative Vertriebswege bezogen werden kann.
Bedeutung der Lagerfunktion	Sehr groß, da Konsumgüter überwiegend sofort mitgenommen werden.	Geringer, da Lieferzeiten üblich sind, allerdings ist eine pünktliche Lieferung im Rahmen der Lieferzeit eminent wichtig.
Persönlicher Verkauf	Nur in sehr wenigen Branchen von Bedeutung.	Große Bedeutung in fast allen Branchen.
Existenz und Bedeutung von Großkunden	Eher gering	Sehr groß

Abb. 4.6 Vergleich der Distributionspolitik in B2C und B2B. (Godefroid, P. und Pförtsch, W.
2008, S. 257, Business to Business Marketing, Ludwigshafen)

- Schnelle Reaktion auf ihr Bedürfnis.
- Kontakte, die ihr Problem verstehen und adäquate Lösungen anbieten können.
- Gute Beziehungen
- Offenen Umgang mit ihren Problemen und zeitnahe Problemlösungen.
- Regionalität, der Anbieter ist in meiner Nähe – speziell bei Dienstleistungen und im Handel.
- Verständliche und gut strukturierte Information.

Welchen Nutzen können Sie ihr bieten?

Versetzen Sie sich in die Lage des Interessenten bzw. Kunden. Überlegen Sie, was für ihn der natürliche Weg ist, mit Ihrem Unternehmen Kontakt aufzunehmen. Schaffen Sie diese Kontaktmöglichkeiten. Stellen Sie sicher, dass diese verfügbar sind und aktuelle Informationen bieten. Denken Sie nicht nur über Fakten nach, sondern auch über Emotionen. Etablieren Sie eine Verkaufsorganisation, die in der Lage ist, Ihre Zielgruppen zu verstehen, Kunden zu identifizieren, Kontakte zu etablieren, Fragen gut zu beantworten, Kundenanliegen kompetent zu behandeln, Ihre Angebote profitabel zu verkaufen, Kundenprobleme effektiv einer Lösung zuzuführen und langfristige Beziehungen zu Kunden zu etablieren.

4.2.3.1 Vertrieb durch den Hersteller bzw. Dienstleister

In B2C-Märkten findet man diese Vertriebsform relativ selten. Einige Formen treten dabei häufiger auf: der Vertrieb der Produkte über eigene Läden bzw. das Internet und der Vertrieb in Fabrikverkäufen. Vor allem in B2B-Märkten ist dies die am weitesten verbreitete Vertriebsform. Da gerade bei Dienstleistungen die Nähe zum Kunden oft entscheidend ist, werden Dienstleistungen sowohl im B2C- als auch im B2B-Bereich häufig direkt vertrieben. Bei standardisierten Dienstleistungen, wie z. B. Versicherungen, bieten sich vielfältige andere Möglichkeiten an. Beim eigenen Vertrieb ist der Einfluss des Herstellers/Dienstleisters naturgemäß sehr groß und die Loyalität der Vertriebsmitarbeiter alleine schon durch die direkte Abhängigkeit gegeben. Sie können Ihre Angebote hier deutlich leichter positionieren, die Vertriebsmitarbeiter effektiver schulen und strategische Angebote zielgerichteter platzieren. Auch bleiben alle Informationen über die Zielgruppe, ihr Verhalten, ihre Bedürfnisse und ihre Pläne im eigenen Unternehmen. Hier gibt es verschiedene Organisationsformen: Häufig ist der Vertrieb regional organisiert und hat innerhalb der Regionen hierarchische Organisationen mit Niederlassungen oder Geschäftsstellen in Städten, in denen sich gute Umsatzmöglichkeiten bieten. Der Vorteil ist die regionale Nähe zum Kunden, der Nachteil kann darin liegen, dass die Verkäufer nur über ein oberflächliches Wissen über alle Branchen oder Produkte verfügen. Diese Nachteile versuchen dann Unternehmen z. B. mit branchenspezifischen Organisationen zu lösen, die wiederum den Nachteil haben, dass die Verkäufer weite Wege zum Kunden zurücklegen müssen. Der regionale und der Branchenvertrieb haben ggf. den Nachteil, dass Ihre Verkäufer zwar über alle Produkte grobe Kenntnisse haben, es ihnen aber an Detailkenntnissen mangelt. Diese Nachteile können gemischte Organisa-

tionsformen vermeiden, indem Sie z. B. regional oder nach Branche Vertriebsteams eta-
blieren, die die Beziehung zum Kunden verantworten und ihnen Produktspezialisten zur
Seite stellen, die dann für mehrere Kunden, ganze Branchen oder ganze Regionen zur
Verfügung stehen. Vielleicht haben Sie auch einige wenige große Aufträge, die normale
Verkaufsorganisationen an Ihre Grenzen bringen würden, die Sie zur Überlegung bringen, eine Organisation nur für diesen einen Auftrag aufzubauen. Eine mögliche andere
Vertriebsorganisation ist es, Verkaufsteams zu haben, die sich auf existierende Kunden
fokussieren und welche, die für die Neukundenakquise verantwortlich sind. Wie Sie sich
leicht vorstellen können, braucht es für die Pflege von Beziehungen andere Kompetenzen
als für das Jagen und Erlegen von neuen Kunden. Wenn Sie besonders wichtige Kunden
besser betreuen wollen, können Sie auch sogenannte Key Account Manager etablieren.
Diese haben den Vorteil, dass sie den Kunden und seine Probleme über die Zeit immer
besser kennenlernen und damit viel gezielter unterstützen können. Sie sind regelmäßig
vor Ort bei Kunden und hören durch gute Netzwerke frühzeitig von neuen Bedürfnissen,
können also schneller als die Konkurrenz reagieren, ggf. Informationen an Ihre Entwicklungsabteilung weitergeben und im Idealfall sogar Ausschreibungen positiv beeinflussen.
Gerade bei Key-Account-Management-Organisationen ist es besonders leicht, Design-
Thinking-Prozesse zu etablieren und so kurzfristig maßgeschneiderte Produkte und
langfristig kundenahe Anpassungen an Standardprodukte liefern zu können. Auch innerhalb einer Key-Account-Management-Struktur können Sie regionale oder Produktver-
kaufsteams etablieren. Neben der Realisierung des reinen Produktgeschäftes sollte ein
Direktvertrieb auch in der Lage sein, das After-Sales-Geschäft im Hause des Anbieters
zu etablieren. Da dieses Geschäft im Business-to-Business-Marketing häufig den größeren Teil der Deckungsbeiträge ausmacht, ist dies von besonderer Bedeutung (Godefroid
und Pförtsch 2008, S. 260). Für Ihre Verkaufsorganisation brauchen Sie klare Vorstellungen über die nötigen Kompetenzen, die Ausbildung, die Motivation, die Verkaufsziele
und die Bezahlung. Alle Verkaufsorganisationen werden durch Marketingmaßnahmen
und durch den Verkaufsinnendienst unterstützt, die den Vertrieb weitestgehend von Ver-
waltungstätigkeiten entlasten sollen. Direktmarketing spielt in diesem Zusammenhang
in B2B-Organisationen eine wesentliche Rolle. Auch in B2C-Organisationen können
über Direktmarketing Kunden und Handelspartner effektiv erreicht werden. Hier werden
basierend auf Kundendaten, den Verhaltensmustern ähnlicher Kunden und dem Kunden-
verhalten in der Vergangenheit mithilfe von Datenbanken und Algorithmen Zielperso-
nen per E-Mail, Webshops, Sozialen Medien, Telefon usw. angesprochen, und es wird
versucht, Angebote zu verkaufen. In abgeschwächter Form kann Direktmarketing auch
genutzt werden, um Zielgruppen für den Vertrieb zu qualifizieren, d. h. dafür zu sorgen,
das teure Vertriebsmitarbeiter nur dort eingesetzt werden, wo eine relativ große Chance
auf Erfolg besteht. Für standardisierte Artikel bietet sich Ihnen außerdem die Möglichkeit an Produktauktionen teilzunehmen oder Produkte auf Messen und Ausstellungen
direkt zu verkaufen. Eine direkte Vertriebsorganisation ist relativ teuer, weil Sie hohe fixe
Kosten (vor allem hohe Personalkosten) haben und Ihre Organisation im Vergleich zu
indirekten Vertriebswegen relativ träge auf Marktschwankungen reagieren kann. Sie wer-

den also am ehesten eine direkte Verkaufsorganisation einsetzen, wenn Sie große bzw. wichtige Kunden und Aufträge haben, wenn Ihre Kunden bei den Aufträgen ein hohes Risiko sehen oder wenn Sie stark erklärungsbedürftige Produkte verkaufen wollen.

4.2.3.2 Handel

Aus Sicht des Herstellers ist der Handel ein Kunde in einem B2B-Markt. Er wird also seine Marktanalyse, Marksegmentierung, seinen Marketing-Mix inklusive des Vertriebs aus B2B-Marketingsicht aufbauen. Der Händler selbst kann andere Unternehmen als Zielgruppe haben, in dem er Produkte direkt an diese, wie in Abschn. 4.2.3.1 beschrieben, verkauft. Er kann als Großhändler andere Unternehmen, beispielsweise Einzelhändler, als Kunden haben und wird sich damit wie ein B2B-Vermarkter verhalten. Ein sehr großer Teil des Handels wendet sich aber an Konsumenten. Viele Händler werden dabei, neben den Produkten des Herstellers, andere Produkte, auch von Konkurrenten, im Angebot haben, weil ihre Kunden eine breite Auswahl wünschen. Ein Weg das zu umgehen ist es, exklusive Vertragshändler aufzubauen. Viele Händler unterstützen den Verkauf der Produkte der Hersteller mit eigenen Marketingmaßnahmen, erwarten aber auch unterstützende Marketingaktivitäten der Hersteller. Häufig wenden sich die Endkunden bei Problemen auch direkt an den Händler, bei dem sie das Produkt erworben haben. Der Vorteil des Handels gegenüber dem direkten Vertrieb ist es, dass er Ihnen Zugang zu einem viel breiteren Markt in vielen Regionen bietet, Ihre Vertriebskosten entlastet, Ihre Lagerkosten und Ihr Lagerrisiko reduziert, Ihren Innendienst nicht belastet, also Ihre Kosten in Summe reduziert. Nachteilig ist, dass auf vielen Gebieten eine Preisbindung an den Handel nicht möglich ist, der Händler also evtl. die Preise, die Sie in Ihrem eigenen Webshop verlangen, unterbieten kann. In einigen Branchen, wie dem Lebensmittelhandel, ist die Marktmacht einiger weniger Anbieter so hoch, dass Sie auch die Einkaufspreise sehr stark drücken können. Insgesamt ist die Herstellerbindung des Handels allerdings, insbesondere bei Gebrauchsartikeln, sehr schwach, da er Produkte einzelner Hersteller mühelos austauschen kann. Bei erklärungsbedürftigen Produkten müssen große Aufwände für die Ausbildung des Handels geleistet werden. Auch kennt der Hersteller die jeweiligen Kunden des Händlers nicht, kann also zu ihnen weder eine Beziehung aufbauen, noch von ihnen durch regelmäßigen Austausch lernen, wo er sich verbessern kann. Außer über die Absatzmengen ist es auch schwierig die Qualität der Händler und die Qualität ihrer Beratung zu überprüfen und ggf. zu verbessern. Hier werden häufig Marktforschungsunternehmen eingesetzt, die durch Kundenbefragung und/oder durch Testkäufe versuchen, belastbare Informationen zu erhalten. Neben Groß- und Einzelhandel bieten sich weitere Möglichkeiten des Handels, insbesondere das Franchising und das White-Labeln von Produkten und Dienstleistungen an. Beim Franchising erlaubt der Franchise-Geber dem Franchise-Nehmer, seine Waren und/oder Dienstleistungen und seinem Namen, mit seiner Marke und mit seinem Marketingmaterial zu verkaufen. Er wird vom Franchise-Geber ausgebildet, der Franchise-Nehmer zahlt dafür eine Franchising-Gebühr und verpflichtet sich, nur die Produkte des Franchise-Gebers unter dessen Bedingungen zu verkaufen. Er ist dabei Teil des Managementsystems des

Franchise-Gebers. Für Sie als Franchise-Geber hat das System die Vorteile relativ kleiner Investitionen und eines sehr breiten und einheitlichen Zugangs zum Markt mit guten Kontrollmöglichkeiten. Es funktioniert natürlich nur dann gut, wenn Sie schon eine starke Marke und ein durchdachtes Konzept etabliert haben und damit dem Franchise-Nehmer deutliche Vorteile bieten. Wenn Sie keine eigene Vertriebsorganisation bzw. keinen indirekten Kanal aufbauen, wie Sie den Handel nutzen wollen, gibt es auch die Möglichkeit, ihr Produkt unter einem White Label zu verkaufen. Hier verkaufen Sie ihr Produkt an einen anderen Produzenten oder einen Händler, der es unter seiner oder einer anderen Marke verkauft. Einige Hersteller nutzen diese Möglichkeit auch, um größere Mengen Ihres Produktes zu verkaufen, als sie das durch ihre eigenen Vertriebskanäle erreichen könnten. Andere Hersteller wiederum, um Übermengen ohne Schädigung der eigenen Marke günstiger zu verkaufen. Zusammenfassend werden Sie Ihre Händler einsetzen, um stärker standardisierte Produkte an eine große Menge Kunden zu verkaufen.

4.2.3.3 Vertriebspartner

Insbesondere bei erklärungsbedürftigen Produkten oder für Industriegüter haben sich Vertriebspartner bewährt. Sie verkaufen Teile des Portfolios des Anbieters oder das ganze Portfolio in Märkten, zu denen der Anbieter keinen Zugang hat oder in denen der Zugang für ihn zu kostenaufwendig wäre. Das Angebot kann dabei das eigentliche Produkt und die Dienstleistungen des Anbieters umfassen, es kann das eigene Produkt ergänzen, aber auch mit Produkten oder Dienstleistungen des Vertriebspartners ergänzt werden (Value-Added Reseller). Für Ihre Zielgruppe kann das ein Vorteil sein, weil sie Ihr Produkt einfach mit anderen Produkten oder Leistungen des Vertriebspartners ergänzen können. Auch hier wird das Vertragsverhältnis zwischen Anbieter und Vertriebspartner häufig nicht exklusiv sein, d. h. der Partner verkauft auch Angebote anderer Anbieter, was natürlich auch bedeuten kann, dass er Ihrer Zielgruppe verschiedene alternative Angebote machen kann. Das ist im Sinne der Zielgruppe, für Ihr Unternehmen aber kontraproduktiv. Der Vertriebspartner betreibt sein eigenes Marketing, eigenen Vertrieb und eigenen Service. Sie als Anbieter sollten hier Wert darauf legen, dass Ihre Corporate Identity bei Ihren Produkten gewahrt wird, Ihr Marketingmaterial verwendet wird, Ihre Spezifikationen eingehalten werden etc., um die Verwirrung Ihrer Zielgruppen zu vermeiden. Die Ausbildung der Mitarbeiter Ihrer Vertriebspartner ist gerade bei erklärungsbedürftigen Produkten sehr wichtig für den Verkaufserfolg und für die Vermeidung von Kundenproblemen durch unsachgemäße Beratung. Indirekte Vertriebspartner sollten Sie also einsetzen, um standardisierte Produkte, oder Produkte mit einem mittleren Wert an mittlere, kleinere und weniger wichtige Kunden zu verkaufen.

4.2.3.4 Multikanal-Vertrieb und -Management

Da die verschiedenen Vertriebswege, wie beschrieben unterschiedliche Vorteile und Nachteile haben, wird es in vielen Fällen sinnvoll sein, mehrere Vertriebswege, also Vertriebskanäle zu nutzen. Durch Ihren direkten Vertrieb können Sie sich z. B. auf Ihre wichtigen Kunden und/oder auf Ihre erklärungsbedürftigen Produkte konzentrieren. Der indirekte Vertrieb über Händler oder Vertriebspartner gibt Ihnen die Möglichkeit, viele, auch kleinere Kunden, kostengünstig zu erreichen und/oder standardisierte Produkte relativ kostengünstig zu verkaufen. Ihre Aufgabe ist es also zu entscheiden, ob Sie alles mit Ihrem eigenen Vertrieb effektiv erledigen können oder ob sie mehrere Kanäle planen wollen. Sie müssen herausfinden, wie hoch die Aufwände zum Erzielen Ihrer Umsätze für gleichartige Produkte in unterschiedlichen Kanälen wären. Sie sollten überlegen, ob und wie Sie sich regional, nach Produkten, nach Auftragsgröße usw., aufstellen wollen. Dann gilt es zu entscheiden, für welchen Zweck Sie welchen Kanal nutzen und zu planen, welchen Anteil Ihrer Umsätze Sie über jeden dieser Kanäle erzielen wollen. Also z. B. welcher Prozentsatz über den eigenen Vertrieb, wie viel über Großhändler, wie viel über Einzelhändler und wie viel ggf. über Vertriebspartner laufen soll. Innerhalb dieser Kanäle erfolgt dann die Planung von welcher Organisation (beispielsweise intern welcher Geschäftsstelle und extern welchem Händler) wie viel des Umsatzes im jeweiligen Kanal erbracht werden soll. Das bedeutet für Sie natürlich, dass Sie erst planen, dann abstimmen oder verhandeln und dann Ihre Planung anpassen müssen. Für Ihre eigene Vertriebsmannschaft müssen Sie dann Größe und Organisation planen. Für die eigenen und die indirekten Kanäle sollten Sie die Aus- und Weiterbildung planen. Nun gilt es, Kanalkonflikte mit und zwischen den Kanälen zu vermeiden. Ihre Kunden würden verwirrt sein und entsprechend reagieren, wenn ihnen das gleiche Produkt über unterschiedliche Kanäle, womöglich noch zu unterschiedlichen Preisen angeboten wird. Also müssen sie klarstellen, wer welches Produkt an welche Kunden verkaufen darf. Sie müssen alle Kanäle, die das gleiche Produkt oder die gleiche Dienstleistung verkaufen, mit den gleichen Inhalten schulen und Ihnen das gleiche Material und die gleiche Unterstützung zur Verfügung stellen. Rechnen Sie damit, dass Ihre Ziele und die Ziele Ihrer indirekten Kanäle divergieren. Der Händler oder Vertriebspartner hat seine Kosten und seine Gewinne im Fokus, nicht Ihre Unternehmensziele. Ihm reicht ein kleines Angebot aus Ihrer breiten Produktpalette, Sie möchten, dass Ihr gesamtes Angebot sichtbar ist. Er strebt geringe Lagerbestände und Sie streben hohe Lieferfähigkeit an. Wenn er seine Ziele verpasst, wird er das mit schlechten Produkten und verspäteter Lieferung durch Sie begründen und Sie werden argumentieren, dass er nicht aggressiv genug war. Um das zu vermeiden oder weitestgehend zu reduzieren, brauchen Sie eine Kanalmanagement-Organisation, die die Partner auswählt, mit Ihnen Verträge mit klaren Verantwortlichkeiten etabliert, sie zielgerichtet ausbildet und motiviert, sie beurteilt und steuert und bei Kanalkonflikten regelnd eingreift.

4.2.3.5 Logistik

Wenn es Ihnen gelungen ist Ihrer Zielgruppe Produkte zu verkaufen, wird die Logistik wichtig. Sie stellt sicher, dass Ihr Kunde das Produkt an dem Ort bekommt, an dem er es braucht. Bei Dienstleistungen findet häufig die Leistungserbringung beim Kunden oder direkt beim Leistungsersteller (z. B. Friseur, Theater) statt. Damit ist die Frage des Ortes beantwortet und braucht keine besondere interne Organisation beim Anbieter mehr. Bei

Produkten ist das aber anders. Hier stellen sich eine Reihe von Fragen: Wie stellen Sie sicher, dass die Bestellung zügig behandelt wird? Wie organisieren Sie, insbesondere bei Einzelaufträgen, die Produktion? Wie nahe an Ihren Kunden haben Sie eigene oder angemietete Lagerflächen? Haben Sie genügend hohe Lagerbestände, um immer lieferfähig zu sein und genügend niedrige Lagerbestände, um Ihre Kosten unter Kontrolle zu halten? Wie managen Sie Ihre Lieferanten so, dass sie die für den Auftrag benötigten Teile rechtzeitig und termingemäß liefern? Müssen Sie mit Ihren Lieferanten eine Just-in-Time-Delivery (JIT) vereinbaren, um Lagerbestände niedrig zu halten und die Produktion vernünftig steuern zu können? Wie haben Sie die Qualitätskontrolle organisiert? Wie müssen Sie das Produkt verpacken, damit es unbeschädigt beim Kunden ankommt? Wie organisieren Sie den Transport? Betreiben Sie den Transport selbst, mit Partnern oder gemischt? Welche Transportmittel werden genutzt (Kartonagen, Paletten, Sonderverpackung, Kühlung, Sicherheitstransporte)? Welche Transportwege werden wann und wofür benutzt? Wie behandeln Sie besonders eilige Bestellungen? Wer trägt das Risiko des Transportes und wie versichern sie ggf. dieses Risiko? Was tun Sie, um sicherzustellen, dass das richtige Produkt zum richtigen Zeitpunkt an den richtigen Platz geliefert wird? Wird die Rechnung zeitnah ausgestellt und ihre termingerechte Bezahlung überprüft? Werden Skonti gewährt?

4.2.4 Kommunikation

In der Kommunikation geht es darum, alle Informationen, die der Kunde vor, bei und nach dem Kauf erwartet, am richtigen Platz und zum richtigen Zeitpunkt zu liefern. Das schließt Ihre Marketing- und Vertriebskommunikation ein, es geht aber auch um alle Informationen, die er zur Nutzung Ihrer Angebote benötigt. Sie betrachten alles, was er sieht, hört und fühlt. Wie nimmt er Sie, Ihr Unternehmen, Ihre Marke, Ihre Produkte, Ihre Kommunikation wahr?

Was erwartet der Kunde von Ihrer Kommunikation?
- Information in Kundensprache: Hier kommunizieren Unternehmen häufig aus Ihrer Sicht nach außen und lassen Produktexperten kommunizieren. Das funktioniert aber nur, wenn auf der Kundenseite auch Experten mit dem gleichen, oft technischen, Wissen an der Auswahl von Lösungen beteiligt sind. Wenn Sie also z. B. eine Lösung an den Vertriebsleiter Ihrer Zielgruppe verkaufen wollen, müssen Sie ihn bei seinem Problemen, Ziele usw. in seiner gewohnten Sprache ansprechen.
- Eine Übersicht möglicher Lösungsalternativen
- Information, die zu seiner Situation im Kaufprozess passt, z. B. Problemverständnis oder Anbieter-Auswahl.
- Information über Neuigkeiten und Innovationen
- Information über Veränderungen an bekannten Produkten

- Hilfe bei der Auswahl der richtigen Lösung, z. B. Eingangsprodukt, mittleres Produkt oder Große Lösung.
- Information, die helfen, die richtige Entscheidung zu treffen.
- Information, die zu seinem Wissensstand passt.
- Schnell die nötige Information in der adäquaten Detailtiefe zu finden.
- Strukturierte Information
- Übersichtliche Darstellung
- Genügend, aber nicht zu viel Detail.
- Hilfe bei der Auswahl von Zusatzprodukten, z. B. Tinte für den Drucker.
- Antworten auf seine wichtigsten Fragen
- Persönliche Ansprache

Welchen Nutzen können Sie ihm bieten?

Überlegen Sie zunächst, was die Zielgruppe über Ihr Unternehmen wissen möchte und was Sie glauben, was die Zielgruppe wissen sollte. Auch hier gilt es, von der Zielgruppe nach innen zu denken, bevor Sie von Ihrem Unternehmen auf das, was Sie der Zielgruppe sagen wollen, schauen. Was können Sie kommunizieren, um dem Kunden das Gefühl zu vermitteln, dass er, wenn er bei Ihnen kauft, keine Risiken eingeht? Was müssen Sie tun, damit Ihr Unternehmen als ein möglicher Anbieter im Suchfeld der Zielgruppe auftaucht? Was können Sie über die Größe Ihres Unternehmens sagen, was über das Alter? Wenn Sie ein sehr kleines bzw. sehr junges Unternehmen vertreten, sollten Sie darüber nachdenken, was Sie sagen oder tun können, um der Zielgruppe zu vermitteln, dass sie trotzdem in guten Händen ist. Was können Sie tun, um Ihre Glaubwürdigkeit zu belegen bzw. zu verbessern? Woran erkennt der Kunde, dass Sie über die nötige Kompetenz zur Lösung seiner Probleme verfügen? Wie erkennt Ihre Zielgruppe, dass sie nicht nur heute, sondern auch morgen ein verlässlicher Partner sind? Zu welchen Anlässen und wie häufig wird die Zielgruppe Informationen erwarten? Was können Sie im Einzelnen tun, um Ihr Unternehmen bekannt zu machen, Ihr Image zu verbessern, Vertrauen und Glaubwürdigkeit zu erzielen? Denken Sie an Öffentlichkeitsarbeit in der Presse, Radio, Fernsehen, in Sozialen Medien, auf großen Veranstaltungen oder Messen. Denken Sie an Ihre Geschäftsberichte oder Ihr Firmenprofil auf Ihrer Webseite. Denken Sie an die Veröffentlichung von Fachartikeln. Überlegen Sie, ob Ihnen Sponsoring von Sportvereinen, Kultureinrichtungen, karitativen Organisationen oder ökologischen Initiativen hilft und wo Sie Werbung zielführend einsetzen können. Entscheiden Sie, was auf Ihre Webseite gehört und beschäftigen Sie sich mit Suchmaschinenoptimierung, damit Ihre Seite auch gefunden wird. Überlegen Sie, ob Sie Betriebsbesichtigungen anbieten oder Tage der offenen Tür veranstalten wollen. Diskutieren Sie, was Sie an Ihrem Firmenjubiläum tun können, um langjährigen Kunden zu danken. Was können Sie tun, um in Ihrer Stadt oder Ihrer näheren Region als sympathisches Unternehmen wahrgenommen zu werden? In welchen Organisationen, Gruppierungen, Vereinen oder Verbänden sollten Sie aktiv sein? Mit welchen anderen Unternehmen, Hochschulen, Institutionen oder Initiativen können Sie kooperieren? Gibt es Umweltorganisationen, Verbraucherschützer, Bürgerinitiativen

usw. deren Anliegen Sie unterstützen können? Hilft das ggf. auch dabei, das Meinungs-
bild Ihrer Zielgruppe positiv zu beeinflussen? Wo können Sie an Zukunftsprojekten mitarbeiten? Wie stellen Sie sicher, dass Ihr Image auch bei Ihren Geldgebern, Lieferanten
und Behörden positiv ist? Wer sind die Meinungsführer bei Ihrer Zielgruppe und in Ihrer
Branche und was können Sie tun, dass diese von Ihrem Unternehmen überzeugt sind?
Was müssen Sie tun, um als Arbeitgeber attraktiv zu sein? Erarbeiten Sie sich ein klares
Profil für das Ihr Unternehmen steht. Bereiten Sie Ihre Informationen so auf, dass sie
für die Zielgruppe interessant und unterhaltsam sind, aber vermeiden Sie hier etwas verkaufen zu wollen. Denken Sie daran, dass Sie abweisend reagieren, wenn man versucht
Ihnen etwas ‚aufzuschwatzen‘. Überzeugen Sie vielmehr über Ihre Kompetenz. Überlegen Sie auch, welche Krisensituationen entstehen können und wie Sie sich organisieren
müssen, um in solchen Situationen schnell und angemessen zu reagieren.

Die Kommunikation über Ihr Unternehmen bildet die Grundlage, Ihr Produkt oder
Ihre Produkte und Dienstleistungen darzustellen. Hier geht es zunächst darum sicherzustellen, dass Ihre Zielgruppe erkennt, dass Sie Produkte im Angebot haben, die die
Kundenprobleme lösen könnten. Dann gilt es, die Produkte oder Dienstleistungen
so darzustellen, dass die möglichen Kunden Ihren Nutzen erkennen. Und schließlich
darum, Ihrer Zielgruppe zu vermitteln, dass Sie im Moment genau das richtige Produkt
oder die richtige Dienstleistung parat haben. Neben den Inhalten geht es darum, dafür
die richtigen Mittel einzusetzen. Wenn es also um Bekanntheit und Image des Produktes geht, überlegen Sie wieder, was Sie mit Öffentlichkeitsarbeit erreichen können, wo
Sie Printwerbung platzieren sollten, wo sich Außenwerbung am Unternehmen oder auf
Plakaten anbietet und an welchen Messen, Kongressen oder Veranstaltungen Sie teilnehmen sollten. Welche Veranstaltungen könnten Sie selbst organisieren? Ist vielleicht eine
Hausmesse besser geeignet als eine Publikums- oder Fachmesse, um Ihre Produkte zu
präsentieren? Macht es Sinn, in Sponsoring zu investieren, um sich dort zu zeigen, wo
sich Ihre Zielgruppe oder Meinungsführer aufhalten? Welche Sozialen Medien bieten
sich für diese Ziele an? Wollen Sie Ihren Kunden einen Newsletter anbieten? Haben Sie
genügend Informationen, um diesen regelmäßig mit Neuigkeiten zu versehen? Haben Sie
darüber nachgedacht, Ihre Produkte in Fernseh-, Kino- oder Videofilmen zu integrieren
und über dieses Produktplacement Ihre Bekanntheit zu erhöhen? Beide Aktivitäten, die
Unternehmenskommunikation und die generelle Produktkommunikation sind längerfristig angelegt.

Was können Sie aber tun, um die Nachfrage nach Ihren aktuellen Angeboten bei existierenden und bei potenziell neuen Kunden positiv zu beeinflussen oder zu stimulieren?
Was führt dazu, dass sich die Zielgruppe bei Ihnen informiert? Was veranlasst die Zielgruppe bei Ihnen nachzufragen? Welche Inhalte benötigen Sie, um Beeinflusser in unterschiedlichen Funktionen, wie Einkauf, Produktion und Finanzwesen zielgruppengerecht
anzusprechen? Wie bereiten Sie Ihre Zielgruppe auf Gespräche mit Ihrem Vertrieb vor?
Was wollen Sie tun, um neue Angebote einzuführen und Nachfrage für diese zu generieren? Wollen Sie Werbung in Zeitungen, Zeitschriften oder Fachpublikationen schalten?
Überlegen Sie Anzeigen im Internet (Suchmaschinenmarketing, Keyword Advertising,

Banner-Werbung) oder in sozialen Medien sehr zielgruppenspezifisch zu platzieren? Hier können Sie regional, nach Altersgruppen, nach Ausbildung, nach Interessen und vielen anderen Kriterien sehr fokussiert werben. Einzelne Anbieter bieten Ihnen die Möglichkeit, Daten Ihrer bisherigen Kunden zu verarbeiten und nach Zielgruppen mit ähnlichen Verhaltensmustern zu suchen und genau dort Werbung zu platzieren. Wenn Sie über einen eigenen Webshop verfügen, können Sie direkt auf diesen verlinken. Videos können in die Online-Medien gut integriert werden. Spiele und andere Interaktionsmöglichkeiten können sehr gut eingesetzt werden. Überlegen Sie, ob Sie Blogs oder Wikis einsetzen wollen, um Ihrer Zielgruppe gut strukturierte Informationen, mit der Möglichkeit diese zu kommentieren, anbieten wollen. Auf welchen Messen sind die wichtigsten Vertreter Ihrer Branche und auf welcher Messe oder welchen Messen wollen Sie mit Ihren Produkten sichtbar sein? Bieten sich Mehrbranchenmessen, wie die Hannover Messe Industrie an? Oder macht eine branchenspezifische Messe mehr Sinn? Gibt es dort auch die Möglichkeit, diese Produkte zu bestellen oder direkt zu kaufen? Kann man wichtige Produkte anfassen oder ausprobieren? Bieten Sie Beratung zur Problemstellung oder Produktauswahl an? Sind Referenzkunden vor Ort? Erfassen Sie die Daten der Besucher und Ihrer Interessen und liefern Sie Prospekte, Broschüren und Kataloge zeitnah an Ihre Interessenten? Stellen Sie sicher, dass offene Fragen umgehend, evtl. noch während der Messe, beantwortet werden? Haben Sie für die Messe Informationsmaterial wie z. B. Flyer und Broschüren vorbereitet, die der Interessent mitnehmen kann, sodass er zu Hause erinnert wird und sich weiter informieren kann? Haben Sie Besucher gefragt, ob Sie sie mit weiterführenden Informationen versorgen dürfen und haben Ihre Adressen erfasst? Schicken Sie diese Informationen innerhalb kurzer Zeit und fassen Sie danach telefonisch nach? Welche Kongresse oder Veranstaltungen bieten sich an, um Vorträge zu halten und/oder Ihre Angebote in Ausstellungen zu präsentieren? Lohnen sich eigene Veranstaltungen in verschiedenen Lokationen, die nicht zu weit von den Wohnorten Ihrer Konsumenten oder den Unternehmen Ihrer Zielgruppe entfernt sind? Bieten Sie auf diesen Veranstaltungen einen Mix von Information, Unterhaltung, Genuss und Netzwerk-Möglichkeiten? Präsentieren Ihre Referenzkunden bei Ihren Veranstaltungen die Erfahrungen mit Ihren Produkten und der Zusammenarbeit? Haben Sie über die verschiedenen Entscheider bei Ihren Kunden nachgedacht und bieten diese unterschiedliche Veranstaltungsformate oder Inhalte? Wollen Sie bestimmte Zielgruppen in Ihr eigenes Ladengeschäft einladen und Ihnen Informationen aus erster Hand liefern? Können Ihre Lieferanten dort neue Angebote oder neue Anwendungsmöglichkeiten präsentieren oder vorführen? Können Sie Ihre Zielgruppe in Ihr eigenes Kundenzentrum einladen und Ihnen Zugang zu Ihren Produktspezialisten anbieten? Brauchen Sie regelmäßige Schulungen für die Nutzer Ihrer Produkte? Kommunizieren Sie regelmäßig mit Ihrer Zielgruppe mithilfe eines Newsletters? Gibt es nur einen Newsletter für alle möglichen Zielgruppen oder haben Sie zielgruppenspezifische Newsletter, die Ihren Adressaten die Ansprache und die Antworten liefern, die diese suchen? Welche Möglichkeiten des Direktmarketings nutzen Sie, um Ihre Zielgruppe oder Ihre Zwischenhändler zu erreichen? Haben Sie eine Datenbank aufgebaut, die strukturierte Informationen über Ihre bisherigen Kunden und mögliche neue Kunden enthält? Sammeln

Sie als B2B-Unternehmer oder Einzelhändler Daten über die Einkäufe Ihrer Kunden und Namen und Adresse dieser Kunden? Verfügen Sie über aktuelles Adressmaterial und die Genehmigung Ihrer Zielgruppe, sie anzuschreiben oder anzurufen? Haben Sie überlegt, ob Sie das per E-Mail durchführen wollen, oder sich aus der Masse durch einen Brief abheben wollen? Haben Sie alle Möglichkeiten genutzt, um an Adressen Ihrer Zielgruppe zu kommen? Fragen Sie die Adressen ab, wenn ein Interessent Informationen herunterlädt? Fragen Sie die E-Mail-Adressen bei Bestellungen ab? Fragen Sie die E-Mail-Adressen Ihrer Messebesucher ab? Holen Sie sich gleichzeitig die Zustimmung, dass Sie den Interessenten anschreiben dürfen? Wie stellen Sie sicher, dass die E-Mail trotz Informationsflut geöffnet wird und der Brief nicht bei der Sekretärin hängen bleibt? Sprechen Sie den Angeschriebenen mit Namen an? Haben Sie Ihre Inhalte so aufbereitet, dass sie einfach zu verstehen, attraktiv und motivierend für Ihre Zielgruppe sind und diese geneigt ist, den nächsten Schritt im Kaufprozess zu tun? Sind Telefonmarketingaktionen so vorbereitet, dass Ihr Unternehmen oder die Dialogmarketingagentur, die den Kunden gezielt anspricht, ein gut strukturiertes Gespräch führen und Einwände vernünftig behandeln kann? Welche Response-Elemente nutzen Sie im Direktmarketing? Kann die Zielgruppe leicht an detailliertere Information kommen, wenn Sie diese sucht? Wie einfach gestalten Sie die Möglichkeit der Reaktion? Ist die Kundenadresse auch auf der Antwortkarte ausgefüllt oder nur im Kundenanschreiben? Fordern Sie den Angeschriebenen zu einer Aktion auf? Geht die Antwort auf Ihre E-Mail direkt an den richtigen Ansprechpartner in Ihrem Unternehmen? Haben Sie Konfiguratoren im Internet, die erlauben das richtige Produkt für den gegebenen Bedarf zu erkennen und sind diese direkt mit Bestellmöglichkeiten für den Kunden verbunden? Können Sie denn sicher liefern, wenn etwas bestellt wird?

Was können Sie tun, um die Zielgruppe zur Kaufentscheidung anzuregen? Brauchen Sie Direktmarketingaktivitäten, um Kunden anzuregen, sich detaillierter mit Ihren Produkten zu beschäftigen? Regen Sie die Zielgruppe in Ihren Marketingmaterialen zur Aktion an? Senden Sie Ihnen einen Newsletter mit speziellen Angeboten? Laden Sie Ihre Zielgruppe zu Veranstaltungen ein, bei denen Sie Ihre Produkte vorführen und Fragen beantworten? Können Sie in Ihrem Ladengeschäft Produkte besser visualisieren und/oder Erlebnisse schaffen? Können Ihre Kunden Ihr firmeneigenes Kundenzentrum besuchen oder Ihre Produktion besichtigen? Haben Sie Referenzkunden-Beispiele, die belegen, dass Ihre Produkte erfolgreich im Einsatz sind? Können unentschlossene Kunden Ihre Referenzkunden treffen oder besuchen? Machen Sie es der Zielgruppe leicht, mit Ihrem Unternehmen in Kontakt zu treten? Vereinbaren Sie Beratungsgespräche? Was tun Sie, um Bedenken zu adressieren? Können Sie Ihr Schnupper-Angebote machen, Probe-Exemplare zur Verfügung stellen oder Testmöglichkeiten anbieten? Können Sie sie zu Gesprächen mit Ihrer Entwicklungsabteilung einladen, um ihnen Wege in die Zukunft aufzuzeigen und Sicherheit, auch für zukünftige Produkte zu vermitteln?

Was tun Sie, nachdem Sie Kunden gewonnen haben und diese bei Ihnen gekauft hat? Bestätigen Sie ihn in seiner Kaufentscheidung? Unterstützen Sie ihn bei der Installation, der Einführung oder der Nutzung des Produktes? Bieten Sie Schulungen für die Nutzer an? Fragen Sie ihn nach seiner Zufriedenheit? Treten Sie regelmäßig in Kontakt, um die

Beziehung zu pflegen und die Kundenbindung zu verbessern? Melden Sie sich z. B. an Ostern und an Weihnachten mit Karten oder kleinen Geschenken? Kommunizieren Sie regelmäßig mithilfe eines Newsletters? Informieren Sie dabei über Produktneuigkeiten? Bieten Sie elektronische oder persönliche Hilfe an? Kann der Kunde Ihnen leicht mitteilen, wenn etwas nicht oder nicht richtig funktioniert oder er eine Beschwerde hat? Wissen Sie, dass nach dem Kauf auch vor dem Kauf ist? Kann Ihre Direktmarketingagentur Kunden anrufen, nach ihrer Zufriedenheit fragen und Zusatzprodukte anpreisen? Können Sie kundenspezifische Webshops anbieten, bei denen Ihre Bestandskunden einfach und leicht Produkte nachbestellen können? Bieten Sie proaktiv Ergänzungsprodukte oder Upgrades an? Gibt es Treue-Prämien? Veranstalten Sie Zusammenkünfte von Bestandskunden? Gibt es spezielle Veranstaltungen für Ihre wichtigsten Kunden? Gibt es einen Kundenbeirat, mit dem Sie die Zukunft gemeinsam gestalten? Abb. 4.7 zeigt verschiedene Möglichkeiten im Überblick

▶   Definieren Sie klare Ziele für Ihre Marketingkampagnen. Starten Sie keine Kampagne ohne Abstimmung mit dem Vertrieb und ohne zu prüfen, ob Sie bei Nachfrage auch liefern können. Wenn Sie beides nicht tun, kann es passieren, dass sie Nachfrage für Ihre Konkurrenten generieren. Behandeln Sie nicht jede Marketing- und Kommunikationsmaßnahme separat, sondern denken Sie an eine Integration der Aktivitäten. Also nutzen Sie z. B. Direktmarketingmaßnahmen, um Ihre Zielgruppe zu einer Messe einzuladen. Sammeln Sie dort Informationen über deren aktuellen Bedürfnisse. Nutzen Sie diese Informationen, um die Kunden gezielt anzuschreiben. Rufen Sie die angeschriebenen Kunden an, um festzustellen, ob nach Fragen offen sind. Bieten Sie ihnen detailliertere Information an. Verfolgen Sie, wer die Details empfangen hat und laden Sie diese zu einem Workshop ein, bei dem erklärungsbedürftige Produkte detaillierter besprochen werden usw. Überlegen

Aktivität	Öffent-lichkeits-arbeit	Werbung	Web-seite	Sponsor-ing	Soziale Medien	Messen/ Veran-staltungen	News-letter	Direkt-Marketing	
Unternehmens-kommunikation	x	x	x	x	x	x	x		
Breitere Produkt-kommunikation	x	x	x	x	x	x	x		Interne Kommunikation
Nachfrage Generierung für einzelne Produkte		x	x		x	x	x	x	
Zum Kauf anregen		x			x	x	x	x	
Nach dem Kauf betreuen und pflegen		x			x	x	x	x	

Abb. 4.7   Kommunikationsaktivitäten und Marketingmedien

Sie, zu welchen Terminen Sie Ihre Aktivitäten planen und wann Ihre Kunden vielleicht wegen der Schulferien oder Werksferien nicht erreichbar sind. Denken Sie daran, dass Ihr Unternehmen und seine Produkte auf diesem ganzen Weg jederzeit wiedererkannt werden müssen, d. h. stellen Sie sicher, dass Ihre Corporate Identity an allen Kontaktpunkten sichtbar ist. Das gilt für Ihr Corporate Design ebenso wie für Ihre Kommunikationsinhalte und das Verhalten Ihrer Mitarbeiter (s. auch Abschn. 4.2.5). Bedenken Sie, dass Ihre betroffenen Mitarbeiter deutlich vor den Kunden wissen müssen, was Sie tun. Nur wenn die Mitarbeiter die Zielsetzung und die Inhalte Ihrer Maßnahmen kennen, werden Sie die Kunden darauf vorbereiten können. Was tun Sie für die Ausbildung und Fortbildung Ihrer Verkaufs- und Servicemitarbeiter? Wenn Sie ihnen Präsentationsmaterial, Flyer, Broschüren, Online-Kataloge, Konfiguratoren, Videos, Frage&Antwort-Kataloge etc. zur Verfügung stellen, können Sie Ihre Kampagnen aktiv unterstützen. Nur dann haben sie eine Chance, Fragen der Kunden zu beantworten. Gerade in den Sozialen Medien müssen Sie auch damit rechnen, dass viele Ihrer Mitarbeiter mit Ihrer Zielgruppe in Kontakt kommen und sollten sie deshalb auf diesen Kontakt vorbereiten.

4.2.5   Personal und Kundenkontakte

Wenn Kundenorientierung für Ihr Unternehmen im Mittelpunkt steht, und darum geht es in diesem Buch, dann sollten Sie sich unbedingt mit den Mitarbeitern und Managern Ihres Unternehmens, die in Kontakt mit Ihren Interessenten und Kunden stehen, beschäftigen. Das umfasst alle Schritte: Von der ersten Kontaktaufnahme, über das Problemverständnis, die Kaufvorbereitung, den Kauf und die Lieferung bis hin zur Behandlung von Kundenproblemen bei der Nutzung. Dazu gehören auch die Analyse der Kundenbedürfnisse und die regelmäßige Abstimmung mit der Zielgruppe beim Entwicklungsprozess. Nur wenn die Mitarbeiter, die an diesen Prozessen beteiligt sind bestens qualifiziert und motiviert sind, werden Sie Kundenbegeisterung erreichen. Wenn die Zielgruppe Kundenorientierung und Enthusiasmus bei den Kontakten mit Ihrem Unternehmen spürt, wird auch das den Kaufprozess positiv beeinflussen und später zu Kundenbindung führen.

Was erwartet der Interessent bzw. der Kunde?
- Kontakt auf Augenhöhe
- Ansprechpartner, die ihn und sein Anliegen ernst nehmen
- Ansprechpartner, die das Bedürfnis bzw. das Problem verstehen
- Ebenso kompetente und zuverlässige Mitarbeiter der Filialen oder der Vertriebspartner.
- Hilfe, auch wenn der zuständige Mitarbeiter gerade in Urlaub oder krank ist.
- Lösungen und Empfehlungen
- Alle Fragen werden beantwortet
- Ansprechpartner, die seine Fragen so beantworten, dass er die Antwort versteht.

- Antworten nach angemessener Zeit
- Unbürokratische Hilfe
- Freundlichkeit und Höflichkeit
- Was versprochen wird, wird eingehalten

Welchen Nutzen können Sie ihm bieten?
Überlegen Sie, in welchen Situationen die Zielgruppe mit Mitarbeitern Ihres Unternehmens in Kontakt kommt und welche Art Reaktion bzw. welchen Detaillierungsgrad einer Antwort sie erwartet. Analysieren Sie Schritt für Schritt, wie Ihr Entwicklungsprozess abläuft. Haben die Mitarbeiter, die Ihre Produkte entwickeln, ihre Zielgruppen klar definiert? Haben sie sich über die Bedürfnisse der Zielgruppe informiert und ein gutes Verständnis entwickelt? Haben sie belastbare Beziehungen zu typischen Vertretern der Zielgruppe etabliert, sodass sie diese auch für eine kurze Rückfrage einfach anrufen können? Testen sie ihre Annahmen über die Bedürfnisse, Wünsche, Ängste und Sorgen mit Vertretern der Zielgruppe? Schaffen sie eine Atmosphäre der Offenheit für Wünsche und Empfehlungen bei der Zielgruppe? Nutzen sie das Feedback der Zielgruppe, um ihre Angebote zu verbessern? Nehmen sie auch negatives Feedback der Zielgruppenmitglieder ernst? Sehen sie sich als Vertreter der Zielgruppe gegenüber anderen Organisationen in Ihrem Unternehmen? Analysieren Sie auch den Kaufprozess Schritt für Schritt, vom ersten Interesse bis zur finalen Kaufentscheidung. Haben Sie hier qualifizierte und motivierte Mitarbeiter eingesetzt, um kundenorientierte Materialien zu entwickeln? Handeln die Mitarbeiter, die Veranstaltungen organisieren und durchführen, und die Mitarbeiter, die als Sprecher auftreten, kundenorientiert? Sind die Mitarbeiter der Direktmarketingorganisation kompetent und freundlich? Passen die Vertriebs- oder Verkaufsmitarbeiter zu Ihrer Zielgruppe? Wenn das für die Zielgruppe wichtig ist, passt das Geschlecht, die Ausbildung und die Herkunft zur Zielgruppe? Hilft also z. B. ein Mitarbeiter mit türkischen Wurzeln Ihren türkischstämmigen Kunden? Sind die Vertriebsmitarbeiter in der Lage, Kundenbeziehungen aufzubauen und Vertrauen zu schaffen? Haben sie Wissen über die Branche des Kunden und das Zielunternehmen selbst? Verstehen sie, wer im Zielunternehmen entscheidet, wer Entscheidungen beeinflusst und wie diese Personen kaufen? Kennen sie das Angebot ihres Arbeitgebers, auch außerhalb ihres direkten Verantwortungsbereiches? Kennen sie die internen Daten über den Kunden, also z. B. die Stammdaten, die Vertragssituation, die Produkte im Einsatz, die aktuellen Probleme, die auf eine Lösung warten? Sind sie in der Lage, Kundenbedürfnisse zu verstehen und Lösungen im Unternehmen zu finden oder zu schaffen? Verstehen sie es, den Nutzen der Lösungen in Kundensprache zu kommunizieren? Sind sie ausgebildet, Verhandlungen zu planen und auf Augenhöhe zu führen, Preise durchzusetzen und mit dem Kunden eine Win-win-Situation herzustellen? Führt die Lösung zu Kundenbegeisterung? Können Sie nach dem Verkauf eine längerfristige Beziehung etablieren und für Kundenbindung sorgen?

Im Dienstleistungsbereich stellen Ihre Mitarbeiter die wichtigste Ressource dar. Das gilt für reine Dienstleistungsunternehmen und für Dienstleistungen, die den Wert von Produkten ergänzen und verbessern. Haben Sie dort die richtigen Mitarbeiter am richtigen Platz? Sind diese qualifiziert und motiviert und in der Lage auch mit langsamen, schlecht vorbereiteten, weniger qualifizierten oder unfreundlichen Kunden professionell umzugehen? Verstehen Sie, dass Sie sich gerade über Dienstleistungen und damit durch Ihre Mitarbeiter von der Konkurrenz unterscheiden können? Ist das Produkt- und Dienstleistungswissen Ihrer Mitarbeiter mit Kundenkontakt aktuell? Kennen Ihre Mitarbeiter die aktuelle Situation Ihrer Kunden und deren Pläne? Machen Sie Informationen aus der Presse, aus Geschäftsberichten der Zielkunden etc. für alle Mitarbeiter, die mit diesen Kunden zu tun haben, leicht zugänglich? Sprechen sie die Sprache Ihrer Zielgruppe? Können sie sich in die Kunden hineinversetzen? Können sie zuhören? Kennen sie Methoden, um nicht nur das Problem des Kunden zu verstehen, sondern die Problemursachen zu finden? Können sie verständlich mit den Kunden kommunizieren? Agieren sie proaktiv? Arbeiten sie strukturiert und zuverlässig? Kooperieren sie mit internen Kollegen und Ihren Kunden, um treffende Problemlösungen zu finden? Halten sie Absprachen ein? Bleiben sie auch in Zeiten hoher Belastung ruhig und freundlich? Gibt es Verwaltungsmitarbeiter mit Kundenkontakt? Sind diese kundenorientiert, freundlich und hilfsbereit? Sind Ihre Kollegen mit persönlichem Kundenkontakt, gepflegt und passend angezogen? Haben Sie für Mitarbeiter im persönlichen Service an gleiche Farben, gleiche T-Shirts, gleiche Schürzen oder Ähnliches gedacht? Entlasten Sie Mitarbeiter mit Kundenkontakt von administrativen Tätigkeiten? Sind die Mitarbeiter im Verkauf und im Service dafür ausgebildet, mit Beschwerden positiv umzugehen und diese als Chance zu verstehen, den Kunden zufriedenzustellen und für Ihr Unternehmen zu lernen?

Um langfristig erfolgreich zu sein, sollten Sie sich mit der Personalpolitik, der Personalauswahl und Personalentwicklung beschäftigen. Wie viele Mitarbeiter brauchen Sie für kundenorientierte Aufgaben? Setzen Sie bewusst andere Mitarbeiter für die Kundenakquise als für die Kundenpflege ein? Welche Fach- und Methodenkompetenzen brauchen Sie an den Stellen, an denen Ihr Unternehmen in Kontakt mit Ihren Zielgruppen steht? Welche emotionalen und sozialen Kompetenzen brauchen sie? Haben Sie diese fachlichen, emotionalen und sozialen Kompetenzen im Unternehmen? Können Sie sie ggf. im Unternehmen finden und ausbilden oder müssen Sie qualifizierte Mitarbeiter einstellen? Welche Weiterbildung in Marketing, Verkauf, Dienstleistung und Kundenbindung brauchen Ihre Mitarbeiter? Reicht die theoretische Schulung in Seminaren oder Workshops oder brauchen sie Praxiseinsätze, Hospitationen, Mentoring oder ähnliches? Wie oft sollten die Mitarbeiter zu neuen Produkten, neuen Prozessen und neuen Methoden geschult werden? Welche Werkzeuge zum Wissensmanagement setzen Sie ein und wie schulen Sie Mitarbeiter in Ihrer Pflege (Input) und Nutzung (Output)? Wie schaffen Sie eine kundenorientierte Kultur? Können Ihre Mitarbeiter Verbesserungsvorschläge ohne viel Aufwand einreichen und werden diese zügig bearbeitet? Wie groß sind die Freiheiten Ihrer Mitarbeiter, Probleme, deren Lösung zu weiteren Kosten für Ihr Unternehmen führt, eigenverantwortlich zu lösen? Passen Ihre Vergütungssysteme zu den Zielen der Bereiche mit Kundenkontakt? Belohnen Sie Mitarbeiter für Kundenzufriedenheit generell oder auch für die Zufriedenheit der Kunden, die sie betreuen? Geben Sie Ihren Kunden die Möglichkeit freundliche Mitarbeiter zu identifizieren und geben Sie diese Information an die betroffenen Mitarbeiter weiter? Gibt es z. B. den kundenorientierten Mitarbeiter des Monats? Was tun Sie, um die Zufriedenheit der Mitarbeiter zu erhöhen und die Mitarbeiter an Ihr Unternehmen zu binden? Wie stellen Sie sicher, dass Mitarbeiter, die über längere Zeit eine gute Beziehung zu einem Kunden aufgebaut haben, ihre Nachfolger mit dem Kunden bekannt machen und ihnen helfen, eine ähnlich gute Beziehung aufzubauen? Gibt es Vertretungsregeln, sodass ein Kunde auch bei Abwesenheit des zuständigen Mitarbeiters einen vorher definierten Ansprechpartner kennt?

4.2.6 Physikalische Umgebung und Ausstattung

Hier geht es um die Lokation Ihres Unternehmens von außen und von innen und um den leichten Zugang sowie die Benutzererfahrung mit Ihrem Produkt. Das schließt alle Orte der Leistungserbringung mit ein, auch das Flugzeug oder die Lounge bei einer Fluggesellschaft, das Büro, den Laden oder den Friseursalon. Ihre physikalische Umgebung und Ausstattung hinterlässt bei Ihren Kunden einen bleibenden Eindruck, deshalb sollten Sie Wert darauf legen, diese Erlebnisse positiv zu gestalten. Das Gesamterlebnis wirkt sich dann positiv auf die Kaufentscheidung Ihrer Zielgruppe aus.

Was erwartet die Zielgruppe?
- Leichte Auffindbarkeit
- Interessante Schaufenster
- Leichten Zugang (physisch, zeitlich)
- Gute Beleuchtung
- Angenehme Temperaturen
- Für sie logische Orientierung – sie findet leicht, was sie sucht
- Geschmackvolle Ausstattung mit einem dem Anlass angemessenem Niveau
- Transportmöglichkeiten für schwere oder unhandliche Güter
- Keine langen Wartezeiten
- Logische und leichte Benutzbarkeit der Produkte

Welchen Nutzen können Sie ihr bieten?
Haben Sie sich als Unternehmer Gedanken über die Standortwahl gemacht? Befindet sich Ihr Unternehmen dort, wo sich Ihre Zielgruppe aufhält oder gerne aufhalten würde? Versetzen Sie sich in die Lage des Kunden, wenn er Sie z. B. im Internet gefunden hat und Sie jetzt besuchen will. Befindet sich Ihr Unternehmen oder Ihre Niederlassung in der Nähe öffentlicher Verkehrsmittel? Haben Sie Ihre Adresse so angegeben, dass Sie das Navigationsgerät seines Fahrzeuges findet? Gibt es an der letzten Kreuzung ein Schild, das zeigt, wo er hinfahren muss? Gibt es Parkplätze in ausreichender Anzahl? Findet er Sie, wenn er im Parkhaus parkt? Was passiert mit seinen Parkgebühren? Ist der Weg zum Besucherparkplatz Ihres Unternehmens beschildert? Findet er von dort leicht zur Rezeption? Findet er Sie leicht, wenn er durch die Fußgängerzone zu Ihnen kommt? Ist die

Gegend, in der sich Ihr Unternehmen befindet, ordentlich, sauber und sicher und sind die Anpflanzungen gepflegt? Ist das Gebäude von außen gepflegt und sauber? Passt das Design des Gebäudes zu Ihrem Unternehmenszweck, Ihrem gewünschten Image und Ihrem Angebot? Wenn er vor dem Haus steht, in dem ihr Unternehmen ist, findet er den Eingang? Ist der Eingang gesichert? Strahlt der Wachmann nur aus, dass er den Laden schützt oder auch, dass der Kunde sicher ist? Ist er freundlich und zuvorkommend? Sind der Eingang und das gesamte Unternehmen barrierefrei? Haben Sie zu den Zeiten, die Ihre Zielgruppe erwartet, geöffnet (Büro, Laden, Tankstelle, Frühstücksbuffet)? Sind die Öffnungszeiten klar erkennbar? Wie geht es im Aufzug weiter? Wenn er den Aufzug verlässt, weiß er ob er links oder rechts gehen muss? Steht er im dritten Stock vor einer Tür ohne Klingel? Wird ihm beim Klingeln geöffnet? Ist die Rezeption besetzt? Gibt es Wartemöglichkeiten und werden ihm dort Getränke, Zeitschriften etc. angeboten? Weiß die Rezeption, dass er erwartet wird und wird er schnell abgeholt? Ist das Layout Ihres Ladens, Kundenzentrums oder Büro erklärt oder leicht verständlich? Sind die Türen mit Namensschildern, Organisation und ggf. Öffnungszeiten gekennzeichnet? Sind die Wege in Kundensprache gekennzeichnet? Versteht er leicht, wo er welche Waren findet? Welche Ausstrahlung haben die Räume? Sind Sie modern oder seit Jahren unverändert bzw. nicht renoviert und strahlen den Charme der siebziger Jahre aus, während Sie Hightech-Produkte anbieten? Sind die Farben ansprechend und passen zu Ihrem Firmenimage? Ist die Dekoration adäquat? Welche Ausstattung findet er vor? Ist es überall sauber und aufgeräumt oder hängen Kabel aus der Wand? Was sagen Ihre Fußböden, Möbel, Computer und technischen Ausstattungen über Sie aus? Passt das zum gewünschten Image, also ist Ihre Ausstattung als Anbieter wertiger Produkte auch hochwertig oder strahlen Sie als Kostenführer aus, dass Sie bei sich selbst sehr sparsam sind? Welche Atmosphäre nimmt der Kunde wahr? Ist sie geschäftig oder ruhig und freundlich oder wirkt sie stressig? Ist die Raumtemperatur angenehm? Wollen Sie leise Hintergrundmusik laufen lassen oder passt das nicht zu Ihrem Unternehmen? Gibt es störende Nebengeräusche oder laute Gespräche? Hat der Kunde genügend Platz oder muss er sich irgendwo durchquetschen? Sind die Räume und Produkte gut beleuchtet? Schafft die Beleuchtung nicht nur Helligkeit, sondern auch Aufenthaltsqualität? Sind Ihre Besucher auf dem gesamten Weg sicher und haben Sie z. B. Stolperfallen beseitigt oder klar gekennzeichnet? Finden Ihre Kunden auch den Weg zum Platz, zur Toilette oder zum Kundenrestaurant und problemlos zurück? Haben Sie auch an den Geruch Ihrer Umgebung gedacht? Passt er zu Ihrem Unternehmen, also riecht die Bäckerei nach frischen Backwaren? Wie wird Ihre Ware präsentiert? Wirken die Regale aufgeräumt und sauber? Ist die Beschriftung gut lesbar? Gibt es Erklärungen zum Lesen? Sind die Preise klar erkennbar? Bekommt der Kunde freundliche und kompetente Beratung und persönliche Hilfe, wenn er sie braucht? Kann er etwas anfassen, ausprobieren oder anprobieren? Ist die Umgebung für das Ausprobieren realitätsnah, z. B. das Kopfsteinpflaster im Laden zum Testen des neuen Koffers? Ist das Personal zum Firmenimage passend angezogen? Ist Ihr Angebot vollständig vorhanden oder können fehlende Produkte schnell besorgt und an den Kunden geliefert werden? Bieten Sie nur einzelne Produkte an, oder bedienen Sie das breitere Interesse

Ihrer Kunden? Also z. B. bieten Sie nur die Kaffeemaschine an, oder auch den Kaffee, das Geschirr und die Schokolade? Schaffen Sie Erlebniswelten? Haben Sie Lösungen für eilige Kunden, z. B. Selbstbedienungsbereiche, Schnellkassen etc.? Haben Sie Angebote für Kunden, die Zeit mitbringen? Wie erhöhen Sie die Aufenthaltsqualität? Gibt es ein Kundencafé? Wie sieht es mit der Verpackung einzelner Produkte aus? Gibt es Taschen, um größere Mengen von Produkten zu transportieren? Was passiert mit der Verpackung, die der Kunde nicht will oder braucht? Haben Sie für Transportmöglichkeiten vom Laden bis zum Parkplatz für große Mengen von Produkten oder für sperrige Güter gedacht? Bieten Sie die Lieferung Ihrer Produkte für Ihre Kunden an? Ist der Rückweg von Ihrer Lokation zum Fahrzeug für den Kunden leicht verständlich und gut zu finden? Wenn der Kunde bei Ihnen zu Besuch war, danken Sie ihm später schriftlich für den Besuch, schicken Informationen und beantworten offene Fragen? Wenn der Kunde Ihre Veranstaltung besucht hat, verabschieden Sie ihn dann persönlich und haben ein kleines Geschenk für die Zuhause-Gebliebenen? Versetzen Sie sich in die Lage Ihrer Kunden – haben Sie das Gefühl von Qualität und Nutzen, wenn Sie den ganzen Weg der Kontaktaufnahme durchgespielt haben, den Weg abgelaufen sind und evtl. als Testkäufer in Ihrem eigenen Unternehmen waren?

Welche Eindrücke nimmt Ihre Zielgruppe wahr, wenn Sie Ihre Produkte anfasst und einsetzt oder mit Ihrem Unternehmen in Kontakt kommt? Ist Ihre Homepage übersichtlich gestaltet, leicht zu lesen und zu verstehen? Findet der Kunde Ihren Webshop einfach, kann er leicht bestellen und versteht er problemlos, welche Kosten auf ihn zukommen? Ist die Benutzerführung Ihrer Apps nutzerorientiert und verständlich? Ist die Bedienung kinderleicht? Sind die Daten auf Ihren Visitenkarten so vollständig, dass Ihre Zielgruppe Sie bei Bedarf gut erreichen kann (Kontakte und Öffnungszeiten)? Strahlen Ihre Visitenkarten, Flyer, Broschüren, Kataloge, Angebote, Tragtaschen etc. Ihr Corporate Design aus? Gilt das auch für die Verpackung Ihrer Produkte? Sind Ihre Firmenfahrzeuge klar beschriftet und Kontaktinformationen gut sichtbar? Sind Sie sauber und gepflegt? Sind die Fahrer freundliche Verkehrsteilnehmer? Strahlen Sie auch hier Ihr Firmenimage aus? Ist Ihr Dienstleistungspersonal freundlich und adrett angezogen? Macht es bei der Arbeit einen gut organisierten Eindruck? Hinterlässt es, nach Fertigstellung einen aufgeräumten und sauberen Arbeitsplatz? Wie gut sind Sie telefonisch erreichbar? Haben Sie eine Schnellhilfefunktion z. B. auf Ihrer Homepage? Haben Sie über alle Kontaktpunkte mit Ihrem Unternehmen nachgedacht und vermitteln Sie an diesen ein positives Erlebnis?

4.2.7   Prozesse

Hier geht es um alle Abläufe in Ihrem Unternehmen, die mit der Erbringung einer Leistung für Ihre Zielgruppe zu tun haben. Auch, wenn Sie vielleicht denken, dass dieser Ablauf ein interner ist, kann er Auswirkungen haben, die ihre Zielgruppe wahrnimmt. Wenn Sie z. B. an eine Bestellung denken, will der Kunde wissen, dass sie bei Ihnen eingegangen ist und wann Sie voraussichtlich liefern. Vor allem bei Dienstleistungen wird er schnell wahrnehmen, wenn etwas zu langsam passiert oder er den Eindruck hat, dass der sichtbare Ablauf aufwendig ist. Denken Sie an eine Bedienung im Restaurant, die für jede Bestellung zur Theke läuft, um etwas zu holen, statt den ganzen Tisch zu bedienen.

Was erwartet der Interessent bzw. Kunde?

- Bequemlichkeit: Ohne viel Aufwand und Überlegung Informationen, Bestellmöglichkeiten, Unterstützung oder Ansprechpartner zu finden, wenn er sie braucht.
- Verfügbarkeit: Informationen über Services stehen zur Verfügung, wenn er sie braucht.
- Für ihn logische Abläufe: Er versteht, was bei Ihnen als nächstes passiert bzw. was von ihm als nächstes erwartet wird.
- Transparente Abläufe: Die Auswirkungen seines Handels sind klar, er weiß, wo er steht.
- Eine dem Vorgang angemessene Geschwindigkeit: Einfaches wird sofort erledigt, größere Vorhaben brauchen länger.
- Flexibilität: Bei Bedarf Hilfe zu bekommen, auch wenn das nicht geplant war oder überraschend kommt.
- Verlässlichkeit: Sie tun, was Sie versprochen haben, zu dem von Ihnen versprochenen Zeitpunkt.

Welchen Nutzen können Sie ihm bieten?

Gehen Sie bitte davon aus, dass Ihrer Zielgruppe Ihre internen Prozesse völlig egal sind! Ihrer Zielgruppe ist es auch egal, ob Sie die Leistungen selbst erbringen oder an andere Unternehmen vergeben haben. Sie wollen also verstehen, wie das Verhalten Ihrer Zielgruppe in allen Situationen ist, bei denen sie mit ihrem Unternehmen in Kontakt kommt. Vom Interessenten bzw. Kunden und seiner Situation her kommend, analysieren Sie Schritt für Schritt, was er tut und was Sie tun müssen, damit er mit dem Ablauf zufrieden ist. Wie geht ein potenzieller Kunde vor, um sich erste Informationen zu verschaffen, um sich detaillierter zu informieren, um zu kaufen, wenn Sie ihn bedient haben, wenn Sie geliefert haben und wenn er wieder einkaufen will? Was passiert, wenn der Kunde oder Ihr Unternehmen Fehler machen? Welches sind die wichtigsten Prozesse oder Schlüsselereignisse, bei denen Ihr Unternehmen heute mit Ihren Interessenten oder Kunden in Kontakt kommt? Haben Sie diese Prozesse einmal aus Neukundensicht und einmal aus Sicht Ihrer Stammkunden analysiert? Können Sie zwischen Routineabläufen und Abläufen, die Ihre wichtigsten Kunden betreffen oder betreffen könnten, unterscheiden? Gibt es Stellen, an denen sie gerne mit Ihnen in Kontakt kommen möchten, die Sie aber heute noch nicht anbieten? Wie ist dieser Zugang gestaltet? Ist er offen, transparent, eindeutig, übersichtlich, leicht verständlich und leicht zugänglich? Sind die Daten der Kunden bei Ihnen sicher und haben Sie das Ihren Zielgruppen auch kommuniziert? Kann die Zielgruppe wählen, über welchen Kanal sie mit Ihrem Unternehmen Kontakt aufnimmt, ob sie also online, mobil, im Laden oder sonst persönlich mit Ihrem Unternehmen in Kontakt tritt? Bieten alle Kanäle gleichmäßig gute und zuverlässige Informationen und, wo nötig, persönliche Hilfe? Befinden sich Ihre kundennahen Organisationen in räumlicher

Nähe zu Ihren Kunden? Ist Ihre interne Ablauforganisation so gestaltet, dass sie nicht nur kostengünstig ist, sondern die Ziele und Wünsche Ihrer Kunden befriedigt? Sind Sie und Ihre Mitarbeiter für Ihren Kunden erreichbar? Ist die Dauer, die er für jeden Schritt benötigt aus seiner Sicht angemessen? Vermeiden Sie Wartezeiten? Reduzieren Sie gefühlte Wartezeiten durch andere Aktivitäten mit Kundennutzen oder wenigstens Verköstigung oder Unterhaltung? Welche Abläufe können Sie eliminieren, ohne dass Ihren Kunden Nachteile entstehen? Welche Schritte können Sie weglassen, um Prozesse zu beschleunigen? Bei welchen Prozess-Schritten können Sie für mehr Flexibilität bei der Behandlung von individuellen Kundenwünschen sorgen? Haben Ihre Mitarbeiter an allen Stellen die richtigen inhaltlichen und formellen Kompetenzen, um Kundenanliegen zügig zu behandeln bzw. zu entscheiden? Wo können Sie Schritte, die bisher manuell ablaufen mit IT unterstützen oder automatisieren, damit sie schneller bzw. immer gleich ablaufen. An welchen Stellen würde der Kunde bei automatischen Abläufen das Gefühl haben, dass Sie auf seine Kosten sparen? Wo würde er spüren, dass sie Arbeit auf ihn verlagert haben?

Beginnen wir mit der Kontaktaufnahme. Wenn er auf Ihre Webseite geht, wird er Informationen schnell finden wollen. Versetzen Sie sich in seine Lage und suchen Sie auf Ihrer Webseite nach den Informationen, die er braucht. Sind diese leicht zu finden und in Kundensprache formuliert, also leicht zu verstehen? Wenn er Ansprechpartner sucht, kann er diese leicht auf Ihrer Webseite identifizieren? Wenn er Ihnen eine E-Mail schreibt, wird er eine Antwort innerhalb weniger Tage erwarten. Sind Ihre Prozesse so angelegt, dass das immer funktioniert? Bei einem Telefonanruf erwartet er, dass er nicht in einer Warteschlange warten muss, die nach 10 min abbricht und Sie erneut anrufen müssen. Er wird erwarten, dass Sie das Telefon relativ schnell abheben und er mit der richtigen Person spricht oder schnell an diese weitergeleitet wird. Sind alle Mitarbeiter mit Kundenkontakt zu den Öffnungszeiten immer erreichbar? Ist bei Abwesenheit klar geregelt, wer wen vertritt? Kommt er in Ihren Laden oder Ihr Unternehmen, um sich zu informieren, wird er erwarten, dass er höflich begrüßt wird, man sich schnell um ihn kümmert und er kompetente Hilfe erhält. Wenn Ihre Mitarbeiter mit internen Problemen beschäftigt sein sollten, wird er erwarten, dass sie erklären, warum er warten muss. Besucht ihn einer Ihrer Berater, wird er erwarten, dass dieser pünktlich zum vereinbarten Termin eintrifft und auf das Gespräch vorbereitet ist. Das heißt man kennt seinen Namen, seine Rolle bzw. Funktion, seine Bedeutung, weiß, was er früher gekauft hat, ob es Probleme gab und warum es jetzt geht. Sind diese Informationen nicht in Ihrem Unternehmen vorhanden, sollten Sie sie vorher besorgen und dem Berater rechtzeitig zur Verfügung stellen bzw. Plattformen schaffen, bei denen diese Daten leicht zugänglich sind. Sie sollten auch sicherstellen, dass wichtige Kundendaten wie die Adresse jederzeit aktuell zur Verfügung stehen. Hat er ein konkretes Problem, so sollte er einfach mögliche Problemlösungen oder Lösungsalternativen finden können. Auch das kann auf Ihrer Webseite sein, bei der er vielleicht eine Suchfunktion braucht, um das Problem einzugeben und als Antwort eine überschaubare Anzahl Lösungsvorschläge zu bekommen. Befragt er Ihre Mitarbeiter telefonisch, persönlich oder per E-Mail, wird er zügig eine objektive Antwort erwarten und die Erläuterung von Vor- und Nachteilen möglicher Lösungen. Kann der angesprochene Mitarbeiter die Fragen nicht beantworten oder kennt er mögliche Problemlösungen nicht, ist aber der Kollege, der das Problem lösen könnte gerade nicht anwesend, wird er es schätzen, wenn Sie sein Problem mitnehmen, mit dem Kollegen besprechen und sich dann wieder bei ihm melden. Hier ist es auch wichtig, klar zu kommunizieren, wie lange das voraussichtlich dauert. Er wird erwarten, dass einfache Probleme schnell gelöst werden und verstehen, wenn er bei einem komplexeren Problem länger warten muss. Brauchen Sie weitere Daten vom Kunden, um die Problemlösung zu planen, sollte klar sein, welche Informationen das sind und warum sie bei der Problemlösung benötigt werden. Wenn Sie ihm im eigenen Unternehmen nicht weiterhelfen können, wird er für Empfehlungen anderer Unternehmen dankbar sein und gerne bei neuen Problemen zu Ihnen zurückkommen. Steht er vor Ihrem Laden oder Unternehmen, wird er Informationen über Ihre Öffnungszeiten erwarten und annehmen, dass sie zu den in Ihrem Umfeld üblichen Zeiten geöffnet haben. Ist er fünf Minuten vor der Öffnungszeit vor der Tür und sieht, dass Ihre Mitarbeiter schon anwesend sind, wird er es nicht schätzen, warten zu dürfen, bis der Mitarbeiter ganz pünktlich öffnet. Dieselbe Flexibilität wird er abends erwarten, wenn er abgehetzt 5 min vor Schließung eintrifft und noch 10 min Beratung und Hilfe braucht. Können Sie ihn noch bedienen, wenn er sich verspätet? Wird er, auch wenn es gerade nicht passt, freundlich begrüßt? Bittet er um ein Angebot, möchte er Klarheit, dass Sie auch ein Angebot abgeben wollen. Sie sollten also den Eingang der Anfrage und Ihren Willen zu antworten bestätigen und das Angebot spätestens zum gewünschten Zeitpunkt vollständig abgeben. Hier gilt es Ansprechpartner für Rückfragen zu nennen und sicherzustellen, dass diese auch verfügbar sind. Ist er nun zum Kauf entschlossen, braucht er Transparenz über Ihre Produkte und Preise. Er sucht Beratung, ob er das Einstiegsprodukt, das Produkt für mittlere Anforderungen oder das Top-of-the-Line-Produkt kaufen soll. Eventuell hat er Wünsche, die Sie berücksichtigen können. Er möchte auf Ihrer Webseite den Webshop schnell finden. Im Webshop nicht mehrfach seine Adressdaten eingeben müssen, auch nicht wenn er zum wiederholten Mal einkauft. Grundsätzlich will er bei allen Formularen nur die Daten liefern müssen, von denen er auch versteht, wozu sie benötigt werden. Er will die Preise, Preisbestandteile, Nebenkosten, Versandkosten usw. transparent sehen und wissen mit welchen Gesamtkosten er zu rechnen hat. Wenn er Komponenten vergessen hat, die zur Nutzung unbedingt nötig sind, erwartet er, dass Sie automatische Vollständigkeitsprüfungen durchführen und auf den Fehler hinweisen. Er rechnet damit, dass Sie ihm bestätigen, dass der Auftrag oder die Bestellung bei Ihnen eingegangen ist, und dass Sie ihm den Auftrag und den Liefertermin bestätigen. Wenn Sie kein Angebot abgeben möchten oder können bzw., wenn Sie nicht zum gewünschten Termin liefern können, erwartet er, dass Sie ihn umgehend informieren. Beim Bezahlen, sowohl im Webshop als auch im Laden oder bei Rechnungsstellung, wünscht er verschiedene Alternativen wie z. B. Bezahlung per Kreditkarte, Abbuchung vom Konto. Ihn interessiert nicht, welche Kosten das Ihnen verursacht. Sie sollten diese also besser vorher einpreisen. In Abhängigkeit von den Kaufpreisen erwartet er bei höherwertigen Gütern oder Dienstleistungen Teilzahlungs-

oder Finanzierungsmöglichkeiten. Halten Sie genügend große Lagerbestände bereit, um Lieferfähigkeit zu garantieren? Wann können Sie sich erlauben, Produkte nicht vorrätig zu halten und wie wird der Kunde reagieren? Sind Ihre Prozesse so organisiert, dass Sie fehlende Artikel schnell besorgen können? Können Sie ihm nicht vorrätige Artikel nach Hause liefern? Wenn Sie es nach Hause geliefert haben und etwas nicht passt, kann er es im Laden umtauschen, einfach zurückgeben oder zurückschicken? Müssen Sie eine Dienstleistung oder ein Produkt auf Kundenwunsch entwickeln, brauchen Sie klare Vereinbarungen über Ansprechpartner bei Ihnen und beim Kunden. Sie sollten Ihre internen Abläufe überprüfen, um zu sehen, ob alle Projektschritte nötig sind, ob die Schnittstellen funktionieren, wo Sie Prozesse beschleunigen können und was Sie tun können, um Projektlaufzeiten oder Lieferzeiten zu reduzieren. In vielen Unternehmen funktioniert das sehr gut in der Produktion, aber mit den administrativen Abläufen und den Prozessen in der Entwicklung haben sie sich nicht genügend auseinandergesetzt. Hat Ihre Entwicklungsabteilung genügend Nähe zur Zielgruppe und testet sie ihre Ideen regelmäßig mit Ihren Kunden? Auch bei Dienstleistungen gibt es oft wenig klare Strukturen und Methoden. Hier gilt es klare Abläufe und Verantwortlichkeiten zu definieren und zu dokumentieren. Auch die Termine für Projektabschnitte oder Teillösungen sollten Sie planen, regelmäßig Statusberichte für Ihre Kunden erstellen und Abstimmungsrunden mit diesen terminieren. Wenn Sie ihm einen Liefertermin oder Installationstermin ankündigen, erwartet er, dass Sie pünktlich sind. Hat er unvorhergesehenen Bedarf für zusätzliche Mengen oder kann einen Termin nicht halten, wird er für Flexibilität bei Ihnen dankbar sein. Sind Ihre Abläufe flexibel genug und können Ihre Mitarbeiter eigenverantwortlich entscheiden oder neigen sie dazu, sich hinter Vorschriften zu verstecken? Bei der Lieferung erwartet er, dass diese vollständig ist und seinen Qualitätserwartungen entspricht. Haben Sie Abläufe, die beides sicherstellen? Bieten Sie Möglichkeiten zur Selbstbedienung für eilige Kunden? Ist dann trotzdem jemand anwesend, den der Kunde bei Fragen oder Problemen ansprechen kann? Was erwartet Ihr Kunde von der Verpackung? Möchte er bei größeren Gebinden eine Stückelung, die seinem wahrscheinlichen Bedarf entspricht? Erwartet er, dass die Verpackung das Gut schützt und sich leicht öffnen und bei Bedarf leicht verschließen lässt. Haben Sie das auch beim Marketingmaterial bedacht? Auch beim Öffnen Ihres Marketingmaterials möchte sich die Sekretärin nicht die Fingernägel beschädigen. Bei der Lieferung erwartet er ggf., dass Sie die Installation und Inbetriebnahme so geplant haben, dass er sie selbst ohne größere Probleme selbst durchführen kann. Handelt es sich um ein komplexes Produkt oder Projekt, wird er vielleicht Hilfe bei Installation und Inbetriebnahme benötigen. Ist das nicht mithilfe einer gut strukturierten Anleitung möglich, die Sie schon mit anderen Kunden getestet haben, braucht er Hilfe vor Ort. Auch hier geht es darum, die Erwartungen Ihrer Zielgruppe zu verstehen und dort entweder Hilfe zur Selbsthilfe zu geben, den Prozess stark zu vereinfachen oder die Installation für den Kunden ganzheitlich durchzuführen. Installieren Sie in einem Produktionsbetrieb, wird er erwarten, dass Sie die normalen Abläufe nicht stören und, wenn nötig, außerhalb der Produktionszeiten installieren. Sie brauchen ein Verständnis darüber, ob Ihr Kunde Ihre Produkte ohne weitere Schulung einsetzen kann oder, ob Sie seine Mitarbeiter ausbilden müssen. Nach der Lieferung bzw. der Installation oder der Inbetriebnahme sollten Sie Käufer und Nutzer nach ihrer Zufriedenheit befragen und ggf. Korrekturmaßnahmen einleiten. Für die Wartung wird er klare Absprachen, z. B. ein Service Level Agreement (SLA) erwarten. Sie sollten Vereinbarungen treffen, ob Sie nur während Ihrer Öffnungszeiten helfen können oder sollen, oder ob z. B. auch nachts oder am Wochenende Wartungstechniker bereit stehen. Die Mitwirkungspflichten des Kunden müssen so identifiziert sein, dass eindeutig geklärt ist, wo und wie stark der Kunde an der Problemlösung beteiligt ist. Wenn ein Servicetechniker vor Ort kommt, wird der Kunde erwarten, dass dieser strukturiert versucht, das Problem zu verstehen, Zugriff auf Ersatzteilinformationen und Kollegen mit tieferem Wissen hat und zügig eine Problemlösung findet. Eskalationsstufen bei nicht ausreichend oder vollständig gelösten Problemen müssen vorher definiert sein. Während des gesamten Prozesses sucht er Sicherheit. Er erwartet, dass Ihre Informationen up-to-date sind, dass die Daten inhaltlich korrekt sind, dass er Sie bei Bedarf erreicht, dass Sie Zusagen einhalten und Ihre Lösungen funktionieren. Er erwartet, dass ihm zügig geholfen wird. Setzen Sie genügend personelle Ressourcen, auch in Zeiten starker Nachfrage, ein, stehen diesen die nötigen Informationen bedarfsgerecht zur Verfügung und sind Ihre Prozesse schnell genug? Was tun Sie, um Warteschlangen zu vermeiden oder, wo nicht vermeidbar, zu reduzieren? Haben Sie sich mit Ihren Kundenbeschwerden und Reklamationen auseinandergesetzt? Verstehen Sie, welche Prozesse für die Kundenzufriedenheit besonders wichtig sind und haben Sie die Ursachen für die Unzufriedenheit identifiziert? Sind diese Informationen allen betroffenen Mitarbeitern bekannt? Was sonst können Sie tun, um die Kundenzufriedenheit mit Ihren Prozessen, von der Abwicklung über die Geschwindigkeit bis zur Flexibilität zu erhöhen? Wie stellen Sie die Wirtschaftlichkeit der Prozesse sicher? Welche Prozessschritte kommen häufig vor, sind aber noch nicht standardisiert oder automatisiert? Woran können Sie schnell erkennen, dass einzelne Problemschritte nicht mehr, wie geplant funktionieren und was planen Sie, um diese Probleme schnell zu lösen? Welche Leistungen können Sie kostenlos anbieten und für welche besonderen Dienstleistungen sollten Sie Vergütung vereinbaren?

4.3 Vorgehensweise

Mit dem Verständnis von Design Thinking und der Struktur der 7P angepasst auf Kundensicht stellt sich jetzt die Frage, wie Sie am besten vorgehen. Dabei können die Kundenerwartungen, wie in Abschn. 4.2 formuliert, natürlich nur Anregungen sein, die Sie auf Ihr Unternehmen, Ihre Zielgruppe und Ihr Angebot anpassen müssen.

Es empfiehlt sich, in mehreren Stufen vorzugehen (Abb. 4.8).

Zunächst erarbeiten Sie intern ein Bild der Kundenbedürfnisse, ihrer Bedeutung und der Zufriedenheit Ihrer Zielgruppe mit den gegenwärtigen Lösungen. Danach befragen Sie Ihre Zielgruppe, um deren Perspektive im Überblick zu verstehen. Mit diesem Wissen erarbeiten Sie in Rücksprache mit Ihrer Zielgruppe die Kundenbedürfnisse im Detail. Damit sind Sie vorbereitet, um Antworten für Ihre Zielgruppe zu entwickeln, also Nutzen

Abb. 4.8 Vorgehensweise, um
Nutzen für die Zielgruppe zu
erzeugen

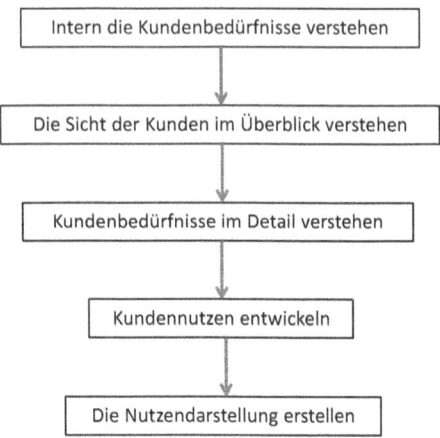

zu generieren. Das Resultat dieser Bemühungen formulieren Sie in Kundensprache und erstellen damit die Nutzendarstellung nach außen. Die Nutzenargumente testen Sie mit Ihrer Zielgruppe und passen Sie ggf. an. Diese Erkenntnisse sollten Sie dann intern mit den betroffenen Abteilungen diskutieren. Dabei werden weitere Fragen entstehen, die Sie dann wieder mit der Zielgruppe klären können. Wenn Sie feststellen, dass Sie die Kundenbedürfnisse schon gut verstanden haben und zufriedenstellend lösen, müssen Sie nur Ihre Kundenkommunikation anpassen (s. Kap. 6). Wenn das nicht der Fall ist, gilt es zu verstehen, wie groß der Aufwand wäre, sich so aufzustellen, dass Kundenzufriedenheit erreicht wird. Ist dieser Aufwand zu hoch und nicht profitabel, sollten Sie überlegen, die Zielgruppe so zu verändern, dass Sie eine größere Chance haben, sie zufriedenzustellen. Im Extremfall gibt es keinen Markt, den Sie profitabel bedienen können.

4.3.1 Intern ein Bild der Kundenbedürfnisse erarbeiten

Sie sollten zunächst unternehmensintern nach Informationen suchen, die ihr Bild in den 7 Elementen des Marketing-Mix abrunden. Wenn Sie Gründer sind oder ein ganz neues Angebot erarbeiten wollen, versuchen Sie festzustellen, welche Bedürfnisse Ihre Zielgruppe, ganz unabhängig von Ihrem eigenen Angebot, auf dem Gebiet, das Sie bearbeiten, hat. Wenn Sie ein bisheriges Angebot überprüfen und ggf. verbessern wollen, können Sie Ihr Wissen über die Kunden und Ihre Bedürfnisse einsetzen. Greifen Sie zum Beispiel auf Daten aus ihren Zufriedenheitsumfragen zurück. Wenn Sie schon einen Prozess haben, der Kunden erlaubt, Ihnen Ihre Bedürfnisse (Requirements) zu übermitteln, können Sie natürlich diese Daten nutzen. Wenn Ihnen Daten aus Markttests zur Verfügung stehen, nutzen Sie diese. Ihre Kundenbeschwerden bzw. Kundenreklamationen können wesentliche Erkenntnisse liefern. Befragen Sie auch Ihre Vertriebs- und Ihre Servicemitarbeiter nach deren Erkenntnissen und Erfahrungen. Alle Informationen ergänzen Sie um Informationen, die extern verfügbar sind. Hier können Sie Informationen aus dem Internet, Zeitungen und Fachzeitschriften, aus Branchenuntersuchungen in den Branchen der Zielgruppe, aus Marktstudien, Analysen von Marktbeobachtern, Hochschulen etc. nutzen. Dabei geht es zunächst nicht darum, die Situation im Detail zu verstehen, sondern das Gebiet oder die Gebiete auszuwählen, die erhöhte Aufmerksamkeit erfordern.

Abb. 4.9 zeigt, wie Sie für die sieben Gebiete die Bedeutung für den Kunden und die Zufriedenheit mit der gegenwärtigen Lösung übersichtlich erfassen können. Dabei mag es viele Graustufen geben, es wird Ihnen aber helfen, ganz deutlich die Gebiete zu finden, die für die Zielgruppe von hoher Wichtigkeit sind, bei denen sie aber mit der gegenwärtigen Lösung unzufrieden ist. Wenn Sie also bei einem Gebiet gleichzeitig in den mittleren beiden Spalten ein Kreuz, oder Informationen haben, dann ist das das Gebiet, in dem Sie etwas tun müssen.

Wenn Sie mehrere Zielgruppen haben, führen Sie diese Analyse und alle weiteren Schritte für jede der Zielgruppen separat aus.

4.3.2 Die Kundensicht im Überblick verstehen

Als nächstes befragen Sie Ihre Zielgruppe. Bei der Planung neuer Angebote steht der Problembereich des Kunden im Mittelpunkt. Bei der Weiterentwicklung Ihres Angebotes geht es um Erkenntnisse über Ihren gegenwärtigen Status. Das Ziel ist es, am Ende eine Tabelle, wie in Abb. 4.9 erstellt zu haben, die Sie mit Ihrer internen Tabelle vergleichen können. Wenn Sie aber Ihre Zielgruppe gleichzeitig nach Zufriedenheit und Wichtigkeit befragen würden, könnte es sein, dass die Zielgruppe die Wichtigkeit dort höher bewertet, wo sie gerade unzufrieden ist. Um ein etwas objektiveres Bild zu erhalten, sollten Sie

GEBIET	Niedrige Wichtigkeit für den Kunden	Hohe Wichtigkeit für den Kunden	Große Unzufriedenheit mit der heutigen Lösung	Zufrieden mit der heutigen Lösung
Produkt				
Kosten				
Kommunikation				
Kontakte				
Personal				
Prozesse				
Physikalische Umgebung und Ausstattung				

Abb. 4.9 Analyse der Wichtigkeit und Kundenzufriedenheit für die 7P

also beide Fragen unabhängig voneinander stellen. Fragen Sie also zuerst nach der Wichtigkeit für jedes der sieben Gebiete und dann nach der Zufriedenheit. Tragen Sie dann die Daten in die Tabelle ein und vergleichen Sie das Resultat mit Ihrer internen Sicht. Jetzt haben Sie die ausgewählten Gebiete identifiziert, die Sie genauer verstehen wollen.

Auch hier sollten Sie, falls Sie mehrere Zielgruppen haben, die Analyse für jede Zielgruppe separat durchführen (Abb. 4.10).

4.3.3   Die Bedürfnisse im Detail verstehen

Nachdem Sie das oder die Problemgebiete identifiziert haben, geht es jetzt darum, diese im Detail zu verstehen. Nehmen Sie dazu die in Abschn. 3.2 genannten Beispiele und passen Sie sie auf Ihre Situation an. Wenn Sie also z. B. das Produkt als Problemgebiet identifiziert haben, wollen Sie jetzt verstehen, welche der Erwartungen sehr wichtig für die Zielgruppe ist, und wie zufrieden sie mit der gegenwärtigen Situation ist. Sie wollen also verstehen, ob z. B. zusätzliche Dienstleistungen wichtiger sind als Zubehör. Auch hier sollten Sie sich zunächst intern klar werden, was Sie über die Wichtigkeit und Zufriedenheit aus Kundensicht denken und dann durch Befragung Ihrer Zielgruppe das Bild ergänzen und vervollständigen. Abb. 4.11 zeigt die Vorgehensweise am Beispiel Produkt. Ähnlich würden Sie bei den anderen aus den 7 Gebieten als kritisch ausgewählten Gebieten vorgehen. Stellen Sie Ihre Fragen in dieser Phase möglichst offen.

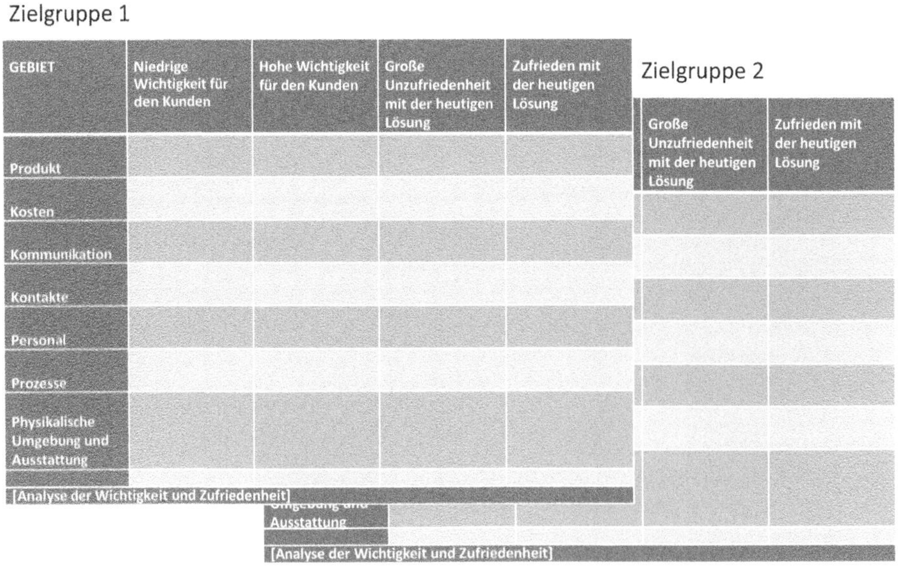

Abb. 4.10 Analyse der Wichtigkeit und Kundenzufriedenheit für die 7P – für zwei oder mehr Zielgruppen

Kunden-erwartung	Niedrige Wichtigkeit für den Kunden	Hohe Wichtigkeit für den Kunden	Große Unzufriedenheit mit der heutigen Lösung	Zufrieden mit der heutigen Lösung
Funktionalität				
Innovationen				
Haltbarkeit, Zuverlässigkeit				
Garantie				
Durchsatz				
Service, um das Produkt zu konfigurieren				
Service, um das Produkt zu nutzen				
Zubehör				
Angebotspakete				
...				
Kundenerwartung und Zufriedenheit am Beispiel Produkt				

Abb. 4.11 Analyse der Wichtigkeit und Kundenzufriedenheit im Detail am Beispiel Produkt

Das kann eine unvollständige Liste mit breiteren Themen, wie in der Abbildung sein, Sie können aber Ihre Zielgruppe auch bitten, die aus ihrer Sicht wichtigen Problemgebiete zu listen und dann zu priorisieren. Wenn Sie eine Liste selbst vorlegen, machen Sie deutlich, dass das Vorschläge sind, die geändert oder ergänzt werden können. Fragen Sie am Ende immer noch, ob ein wichtiges Gebiet fehlt oder, ob ein anderes Gebiet zu ausführlich behandelt wurde. Vermeiden Sie auf jeden Fall, die Befragung nur durchzuführen, um eine Bestätigung für Ihre Annahmen zu bekommen. Bedenken Sie, dass Sie mit der Bedürfnisanalyse die Grundlage für Ihre Nutzendarstellung schaffen und basierend darauf dann Investitionen tätigen werden, die sinnlos sind, wenn Sie nicht zu Umsatz führen. Je besser also Ihre Bedürfnisanalyse die Kundenbedürfnisse definiert, umso besser werden Sie Lösungen für die Probleme und Wünsche Ihrer Zielgruppe entwickeln können.

Wenn Sie schon gute Kontakte in die Zielgruppe haben, schicken Sie vielleicht eine E-Mail mit diesen Fragen oder bitten Ihre Vertriebs- und Servicemitarbeiter, Ihre Kontakte zu befragen. Sie können auch bei Kundenveranstaltungen einen Fragebogen verteilen, oder auf Messen Ihre Standbesucher befragen. Wenn es keine guten Kontakte gibt, brauchen Sie einen Weg zu typischen Vertretern Ihrer Zielgruppe. Überlegen Sie, wo sich Ihre Zielgruppe aufhält und versuchen Sie, sie dort anzutreffen und zu befragen. Haben Sie keine Angst davor, das zu tun. In aller Regel werden die angesprochenen begeistert sein, dass man Sie als (zukünftigen) Kunden ernst nimmt und ihre Meinung wissen will. Per E-Mail ist das natürlich möglich und spart ggf. Zeit und Kosten, aber beim persönlichen Gespräch werden Sie deutlich mehr lernen, weil Sie Emotionen spüren, Details erfahren und, wo nötig, auch nachfragen können. Noch mehr lernen Sie, wenn Sie diese Interviews bei Ihren Kunden durchführen. Dort sehen Sie die Umgebungsbedingungen, unter denen Ihre Kunden leben bzw. arbeiten und werden manche Bedürfnisse deutlich besser verstehen, als am grünen Tisch. Wenn es z. B. um die Verwendung der Produkte geht, lohnt es sich, Ihre Zielgruppe bei der Verwendung Ihres Produktes zu beobachten. Geht es um die Abläufe beim Kunden, lohnt es sich auch, Ihre Kunden zu besuchen und dort zu beobachten, wie diese Abläufe stattfinden und die an den Abläufen beteiligten Mitarbeiter zu befragen, um festzustellen, welche Hindernisse es gibt und wo die Abläufe ggf. verbessert werden können. Versuchen Sie festzustellen, wie lange Ihre Zielgruppe für das aktuelle Vorgehen braucht, welche Ressourcen sie heute benötigt und welche Kosten ihr bei der gegenwärtigen Vorgehensweise entstehen. Sie werden diese Information später benötigen, um die Zeit- und Kostenvorteile zu quantifizieren. Falls Sie selbst weder die Ressourcen haben, um die Zielgruppe zu befragen, noch die Zugänge zur Zielgruppe haben oder nicht an alle Informationen gelangen können, sollten Sie überlegen, ob Sie Beratungsunternehmen mit der Befragung bzw. der Beobachtung Ihrer Zielgruppe beauftragen wollen.

Nachdem Sie die Kundenerwartungen intern und bei der Zielgruppe erfasst haben und wissen, auf welchen Gebieten die Zielgruppe unzufrieden ist, werden weitere Fragen auftauchen. Damit Sie Ihre Zielgruppe nicht zu oft befragen, empfiehlt es sich zunächst, die von den Details betroffenen Abteilungen einzubeziehen. Diese werden evtl. über weitere Informationen verfügen und das Bild abrunden können. Bleiben dann immer noch Fragen offen, können Mitarbeiter evtl. auch auf ihre Beziehungen zu einzelnen Vertretern der Zielgruppe zurückgreifen und dort Rückfragen stellen.

Alle gesammelten Informationen pflegen Sie jetzt in Ihre Details je Gruppe ein. Das wird dazu führen, dass Sie manche Ihrer Details verändern, andere streichen und neue hinzufügen. Sie werden dabei viel über Ihre Zielgruppe lernen. Sie werden auch Erkenntnisse über Ihre vielleicht unvollständigen Einstellungen und Vorstellungen über die Zielgruppe gewinnen. Dabei wird Ihr Bild über die Wünsche Ihrer Zielgruppe sicher geschärft werden. Achten Sie bei der Formulierung der Bedürfnisse darauf, das Problem möglichst detailliert zu beschreiben und nicht die Lösung mit einzubauen. Vermeiden Sie Generalisierungen und bleiben Sie offen für verschiedene Problemlösungsalternativen, die Sie dann später entwickeln.

4.3.4 Den Kundennutzen entwickeln

Mit dem Verständnis der aus Kundensicht wichtigen Gebiete und innerhalb dieser der Kundenerwartungen sollten Sie jetzt versuchen festzustellen, warum Ihre Zielgruppe diese Hoffnungen, Wünsche, Ängste, Sorgen oder Probleme hat. Stellen Sie dazu die fünf Warum-Fragen (engl. 5 Whys, s. Uebernickel et al. 2015, S. 129). Fragen Sie sich und Ihr Team also z. B. warum das Problem auftritt und finden Sie eine oder mehrere mögliche Ursachen. Fragen Sie dann, warum die Ursache auftritt und finden eine oder mehrere Antworten. Fragen Sie dann, warum die Antworten auftreten usw. Sind verschiedene Stakeholder in den Prozess des Kunden eingebunden, nehmen Ihre Team-Mitglieder die Position dieser jeweiligen Stakeholder ein und vertreten deren Interessen in der Diskussion. So stellen Sie deutlicher fest, wo das Problem wirklich liegt und haben eine bessere Basis für die Definition der Lösung, die Sie entwickeln und anbieten wollen. Auf dieser Basis können Sie jetzt zunächst intern definieren, wie Sie diese Erwartungen befriedigen können, also wie Sie Kundennutzen schaffen. Das beginnt mit einer Phase der Ideengenerierung, also mit einem kreativen Prozess, in dem Ideen für Lösungen entstehen (vgl. Uebernickel et al. 2015, S. 30). Am besten funktioniert das mit sehr heterogenen Teams aus z. B. älteren und jüngeren, erfahren Kollegen und Novizen, Technikern und Betriebswirtschaftlern, Verkäufern und Entwicklern oder Servicemitarbeitern etc. Nutzen Sie aber auch die Kreativität Ihrer Kunden und Interessenten und arbeiten mit heterogenen Teams aus deren Vertretern zusammen. Wenn Sie erste Ideen entwickelt haben, stellen Sie Teams aus internen Mitarbeitern und Ihren Kunden und Interessenten zusammen. Achten Sie bei der Auswahl der Kunden darauf, dass Sie Vertreter einladen, die sich auf dem Problemgebiet sehr gut auskennen oder solche, die öfter vor Problemen auf dem ausgewählten Gebiet standen. Denken Sie auch an Teilnehmer, die einen größeren Einfluss auf andere Unternehmen haben, weil sie besonders innovativ oder in Ihrer Branche der Marktführer sind. Wenn Sie später berichten können, dass diese Vertreter an Ihrer Produktentwicklung beteiligt waren, wird Ihnen das bei Ihren Marketing- und Vertriebsaktivitäten helfen, erfolgreich zu sein.

Die Heterogenität führt aber vor allem auch dazu, dass sich alle Beteiligten aus gewohnten Denkmustern befreien müssen und offener für neue Ansätze sind. Als Arbeitsmethoden und Werkzeuge können Sie z. B. Brainstorming, Brainwriting, Laterales Denken etc. nutzen (vgl. Uebernickel et al. 2015, S. 136–183). Versuchen Sie dann festzustellen, ob neuere technologische Entwicklungen Ihnen helfen können, die Probleme Ihrer Zielgruppe effektiv zu lösen und vervollständigen Sie damit Ihre Liste möglicher Lösungsansätze. Wenn Sie also eine erste Liste von Ideen haben, sollten Sie diese priorisieren um festzulegen, welche aus Kundensicht Pflichtantworten sind und welche zur Kür gehören. Welche wichtigen Aufgaben und drückenden Probleme werden besser gelöst, welche wesentlichen Ziele besser erreicht? Welche deutlichen Zeit- oder Kostenvorteile können Sie schaffen? Was sind die wichtigsten Verbesserungen die zu Kundenzufriedenheit führen? Sie sollten dann grob einschätzen, ob Sie die Lösungen praktisch umsetzen können und ob Sie sich den damit verbundenen Aufwand leisten können. Wenn nein, müssen Sie ggf. Ihre Zielgruppenauswahl anpassen oder sich von Ihrer Produktidee verabschieden, weil Sie keinen Erfolg bei der Zielgruppe haben können. Wenn aber alle Ideen profitabel umsetzbar erscheinen, brauchen Sie aus Sicht von Design Thinking einen oder mehrere Prototypen, für den oder die Sie Feedback von Ihrer Zielgruppe einholen. Prototyping ist eine Technik, die am Ende des Design-

Thinking-Projekts echte Produkte, Dienstleistungen und Geschäftsmodelle in Form von Prototypen simuliert. Ziel ist es, dass im Anschluss eines Design-Thinking-Projekts eine Entwicklungsabteilung diese Prototypen in die Realität umsetzen kann (s. Uebernickel et al. 2015, S. 146). Das wird im ersten Schritt kein fertiges Produkt sein, sondern kann einfach eine Beschreibung der wichtigsten Elemente oder eine Bleistiftzeichnung sein. Es kann auch gebogener Draht, etwas aus Knetmasse gefertigtes oder aus Papier zusammengeklebtes sein. Sie können Comics malen oder Abläufe kreieren. Eventuell können Sie auch eine Geschichte (Story) aufschreiben bzw. erzählen (s. Uebernickel et al. 2015, S. 146–183). Diese Prototypen sollten Sie jetzt mit Ihrer Zielgruppe testen (s. Uebernickel et al. 2015, S. 184–191). Hier geht es wieder nicht darum, Ihre Meinungen, Ideen und Prototypen bestätigt zu bekommen, sondern Sie wollen feststellen, ob das Problem des Kunden verstanden wurde, die Annahmen richtig sind, das Problem gelöst ist und zwar so, dass der Kunde mit der Lösung zufrieden ist. Der (zukünftige) Kunde sollte unbedingt den Eindruck haben, dass das etwas Unfertiges ist und seine Gedanken und Anregungen problemlos aufgenommen werden können. Das Feedback der Kunden wird Ihnen helfen, das Problem noch besser zu verstehen und die Lösung noch besser zu bauen. Die Befragung können Sie mit einzelnen Repräsentanten der Zielgruppe oder mit Gruppen durchführen. Es empfiehlt sich, für die Befragung Kollegen aus den von den Änderungen betroffenen Abteilungen einzusetzen. Sie werden eher bereit sein, etwas zu verändern, wenn sie vom (zukünftigen) Kunden direkt gehört haben, was er will oder nicht will (s. Uebernickel et al. 2015, S. 24, 25).

Das alles verarbeiten Sie wieder, verstehen das Kundenproblem noch besser, können die Bedürfnisse noch klarer definieren und darauf basierend noch bessere Lösungsideen generieren. Betrachten Sie auch die Kosten für die Erstellung des finalen Produktes oder der neuen Funktion und testen Sie ggf. mit Ihren Kunden verschiedene Alternativen, die unterschiedlich aufwendig herzustellen sind. Vermeiden Sie also das Produkt zu vergolden, wenn Ihre Zielgruppe mit rostfreiem Stahl zufrieden ist. Wenn Sie dann den nächsten Prototyp entwickelt haben, gehen Sie wieder zur Zielgruppe, um Feedback einzuholen. Sie sind fertig, wenn die Zielgruppen mit dem Ergebnis zufrieden sind. Erst dann haben Sie für alle Gebiete die Veränderungen geplant, die bei Ihren Kunden zu Zufriedenheit führen werden. Das können evtl. neue Produkte oder Dienstleistungen sein, es können Abläufe oder Ihre Kommunikationsinhalte verbessert werden. Sie verwenden diese Methode für alle sieben beschriebenen Elemente des Marketing-Mix. Den gesamten Prozess sollten Sie in einem für Ihre Branche angemessenen Zeitraum wiederholen. In sehr schnelllebigen Branchen wird das häufiger sein, als in Branchen, in denen es wenige Veränderungen gibt. Die Gestaltung von Wertangeboten ist ein nie endender Prozess, bei dem Sie Ihre Wertangebote fortwährend weiterentwickeln müssen, damit Sie für Ihre Kunden relevant bleiben (s. Osterwalder et al. 2015, S. XIII).

4.3.5   Ihre Nutzendarstellung erstellen

Sie haben jetzt für alle für Ihre Zielgruppe relevanten Gebiete die Zielsetzungen, Hoffnungen, Probleme, Ängste und Sorgen bearbeitet. Darauf basierend haben Sie Ideen für
Ihre Produkte und Dienstleistungen generiert, für die den Kunden entstehenden Kosten,
für die Mitarbeiter, die mit den Kunden in Kontakt stehen, für Ihre Kommunikation und
Ihren Vertrieb, für die physikalische Umgebung und Ausstattung sowie für Ihre kunden-
relevanten Prozesse. Damit konnten Sie Verbesserungen für die wichtigsten Gebiete im
Marketing-Mix definieren und innerhalb der für Ihre Zielgruppe wichtigen Gebiete die
wesentlichen Kundenprobleme adressieren. In enger Abstimmung mit den betroffenen
Abteilungen und Funktionen innerhalb Ihres Unternehmens und in regelmäßiger Diskussion mit Ihrer Zielgruppe ist es Ihnen gelungen, auch die Prototypen für diese Lösungen
zu definieren. Jetzt geht es darum, diese Verbesserungen in für Ihre Zielgruppe verständ-
lichen Nutzenargumenten darzustellen.

Sie sollten jetzt zunächst die wichtigsten Probleme, Ängste und Sorgen, Hoffnungen und Erwartungen Ihrer Zielgruppe beschreiben. Damit zeigen Sie der Zielgruppe,
dass Sie sie verstanden haben. Dann erst stellen Sie Ihre für diese Herausforderungen
und Ziele relevanten Produkte oder Dienstleistungen vor. Wenn Sie etwas Neues oder
Bahnbrechendes zu bieten haben, sollten Sie das hier sagen. Dann geht es darum, her-
vorzuheben, wie Sie das Leben Ihrer Zielgruppe positiv verändern. Löst Ihr Angebot ein
dringendes Problem? Führt die Lösung oder der Lösungsbestandteil zu Zeiteinsparun-
gen oder Kosteneinsparungen? Kann die Lösung individuell auf die Situation des Kunden angepasst werden? Führt der Besitz des Produktes zu einem höheren Status für den
Kunden? Lässt sich ein Produkt jetzt leichter nutzen, einfacher anwenden oder länger
nutzen? In einem weiteren Schritt begründen Sie, warum diese Veränderungen sich positiv auswirken und schließlich untermauern Sie das mit Fakten, quantifizieren die Vorteile
und stellen konkrete Resultate dar. Wenn die zukünftigen Kunden ihre Arbeit schneller
erledigen können, sollten Sie beschreiben, wie viel schneller das geht und das mit der
Situation ohne Ihre Lösung vergleichen. Also brauchen Sie ein lebensnahes Beispiel und
Daten über die gegenwärtige und die zukünftige Situation. Dann können Sie sagen, dass
der Kunde heute für die Beispielaktivität drei Stunden benötigt und morgen nur noch
zwei Stunden braucht. Wenn das neue Produkt ihm erlaubt z. B. mehr Teile während
einer Schicht zu produzieren, können Sie die Anzahl Teile vor und nach der Änderung
darstellen. Wenn es Ihnen gelingt Kostenvorteile mit Ihrer Lösung zu erwirtschaften,
wird es wichtig sein, darzustellen, welche Kosten er einspart und wie schnell diese Einsparungen seine Investition amortisieren. Zahlen, Daten und Fakten machen das greifbar
und fördern das Vertrauen in Ihre Argumente. Wenn es Ihnen gelingt, Daten für die Situation vor und nach der Änderung bei Ihren ersten Kunden zu erfassen, können Sie diese
Kunden fragen, ob sie als Referenzkunden zur Verfügung stehen. Entweder Sie fragen
nur nach der Erlaubnis, den Kundennamen und die Fakten zu nennen. Oder Sie fragen
an, ob Interessenten den Kunden ansprechen dürfen. Im Idealfall dürfen Interessenten

z. B. sogar die Installation beim Kunden besuchen dürfen. Haben Sie Packungsgrößen
verändert, können Sie die Verbesserung z. B. in Prozent darstellen. Gibt es emotionale
Vorteile sollten Sie diese in jedem Fall darstellen. Wenn es mehr als ein Nutzenargument
gibt, sollten Sie diese nach der Höhe der Vorteile für Ihre Zielgruppe sortieren und mit
den wichtigsten beginnen. Formulieren Sie z. B. auch so: „Analysen der Situation bei
ausgewählten Unternehmen Ihrer Branche hat die folgenden Probleme zu Tage gefördert.
Wir haben diese durch die folgenden Maßnahmen gelöst. Das führt dazu, dass sich die
Situation für Sie wie folgt verbessert hat. Es spart Ihnen in einem Dreijahreszeitraum
deutlich mehr Kosten als der Kauf und die Nutzung unseres Produktes verursachen".
Oder: „Zielgruppe XYZ steht immer wieder vor dem gleichen Problem. Dieses Problem
lässt sich mit unserer Lösung ABC ganz leicht vermeiden oder reduzieren. Kunde DEF
ist begeistert, weil er jetzt viel schneller von A nach B kommt und dabei Kosten spart.
Für die Strecke von A nach B zahlt er mit uns 25 % weniger und ist in der Hälfte der Zeit
in B". Nachdem Sie diese Aufgabe für Ihre Produkte, Lösungen- und Lösungsbestand-
teile beantwortet haben, sollten Sie sich mit den Dienstleistungen beschäftigen, die das
Produkt begleiten. Was haben Sie für die Kunden vor dem Kauf, während dem Kauf und
nach dem Kauf verbessert und was hat er davon? Lässt sich das Produkt leicht installieren und viel einfacher bedienen? Welche Verbesserungen, welchen Nutzen und welche
Vorteile bringen Ihre alleinstehenden Dienstleistungen? Sind Ihre Preisstrukturen jetzt
transparenter? Gibt es Rabatte bei Abnahme von großen Stückzahlen? Gibt es Vorteile
für langjährige Kunden? Was haben Sie auf der Kommunikationsseite verbessert? Kann
Ihre Zielgruppe jetzt mit Ihnen schneller und direkter kommunizieren und werden ihre
Anliegen schneller bearbeitet? Können Ihre Kunden bei Bedarf jetzt online bestellen,
leichter umtauschen oder leichter zurückgeben? Was können Sie über die Kompetenzen
Ihrer Mitarbeiter sagen? Haben Sie eine neue Lokation eröffnet und ist diese näher an
der Zielgruppe, kann sie besser parken, muss sie weniger weit laufen? Ist die Lokation
jetzt moderner ausgestattet und hat ein angenehmeres Ambiente?

Wenn Sie alle sieben Elemente des Marketing-Mix bearbeitet haben und für alle die
wesentlichen Verbesserungen gegenüber dem Zustand, den die Zielgruppe kennt, erfasst
haben, sollten Sie die Argumente zunächst innerhalb der einzelnen Elemente priorisieren und logisch sortieren. Danach sortieren Sie die Gebiete nach Ihrem Nutzen für den
Kunden. Jetzt müssen Sie beurteilen, ob Sie die wichtigsten Bausteine mit dem höchsten
Kundennutzen auch profitabel herstellen oder implementieren können. Sie werden also
für jeden Baustein und für jede wesentliche Veränderung im Marketing-Mix, also z. B.
für Ihre Prozessverbesserungen, die Kosten planen müssen. Besonders bei sehr kosten-
intensiven Änderungen sollten Sie sich fragen, ob Ihre Zielgruppe bereit wäre, für den
dadurch generierten Vorteil extra zu bezahlen. Am Ende der Übung addieren Sie alle
Kostenelemente. Parallel multiplizieren Sie die erwarteten Stückzahlen mit Ihren geplanten Preisen, um die zu erwartenden Umsätze zu bestimmen. Führt das nicht zur nötigen
Profitabilität müssen Sie entweder wichtige Lösungsbausteine günstiger herstellen, ganz
andere Lösungen entwickeln, Ihre Zielgruppe auf Segmente fokussieren, die höheren
Preise zahlen oder die Lösung ganz aufgeben. Ist das Ergebnis aber zufriedenstellend,

sollten Sie die Nutzenargumente zunächst intern testen. Manchmal werden Sie schon beim Vorlesen oder beim Erzählen merken, dass das noch nicht richtig klingt oder nicht logisch klingt. Die verbesserten Nutzenargumente sollten Sie dann mit Ihrer Zielgruppe testen. Stellen Sie sicher, dass auch die Zielgruppe der Meinung ist, dass Sie ihre wichtigsten Probleme gelöst haben, dass die Lösungen sinnvoll erscheinen und glaubwürdige Vorteile erzeugen. Sie können diese Interviews z. B. mit Ihnen gewogenen Kunden führen, oder z. B. auf einer Messe verschiedene Reihenfolgen oder Mischungen von Argumenten testen und feststellen, was am besten bei der Zielgruppe ankommt. Eventuell stellen Sie bei den Zielgruppeninterviews fest, dass Ihre Zielgruppe Probleme, die Sie für sehr wichtig hielten, nicht mit gleicher Priorität sieht. Oder Sie erkennen, dass die Zielgruppe einzelne Lösungsbausteine als nicht gut genug ansieht oder dass Sie eine bessere Integration verschiedener Bausteine erwartet. Immer dann werden Sie überprüfen müssen, was das für Ihre Annahmen für die Kosten und die Umsätze bedeutet und Sie werden diese ggf. anpassen. Manchmal müssen Sie auch einen Prozess iterativ durchführen, also nach dem Kundenfeedback nacharbeiten, neues Kundenfeedback einholen, wieder nacharbeiten usw. Auch dabei dürfen Sie nicht vergessen, die Profitabilität der Änderungen zu überprüfen und zu gewährleisten. Mit dem finalen Resultat haben Sie Informationen für Ihre Marketingmaßnahmen und Ihre Vertriebsaktivitäten. Bleiben Sie dabei bei der Wahrheit und übertreiben Sie nicht. Versuchen Sie die Argumente so sachlich wie möglich darzustellen. Denken Sie aber auch daran, wichtige Emotionen des Kunden zu adressieren. Vermitteln Sie z. B. Sicherheit, stellen Sie auch dar, warum Ihre Lösungen dem Kunden persönliche Vorteile bringen und warum das seinem Image hilft. Formulieren Sie das so, dass es für Ihre Zielgruppe relevant ist und in einer Sprache, die Ihre Zielgruppe versteht. Versuchen Sie es bei den wesentlichen Aussagen zu belassen. Ihre Zielgruppe muss an Ihren Aussagen interessiert sein, sie schnell verstehen und sich die wichtigsten Punkte leicht merken können. Wenn Sie das jetzt für alle Elemente des Marketing-Mix zusammen getragen, priorisiert und getestet haben, verfügen Sie über ein Kompendium von Aussagen, das Sie in Ihrer Kommunikation mit Ihrer Zielgruppe nutzen können (Abb. 4.12). Haben Sie die Arbeit für mehrere Zielgruppen, Mitglieder im Buying Center oder Personas durchgeführt, lohnt es sich festzustellen, an welchen Stellen dieselben Inhalte für mehrere Zielgruppen bzw. Personas verwendet werden können. Vielleicht stellen diese Argumente den Kern Ihrer Nutzenargumentation dar. Diesen Kern zu formulieren ist nun das finale Ziel. Was ist das wichtigste Argument für Ihr Produkt, Ihre Lösung oder Ihre Dienstleistung, was bringt es der Zielgruppe und warum soll sie Ihnen das glauben? Diese Aussage ist so wichtig, dass Sie sie wieder intern und mit ausgewählten Mitgliedern Ihrer Zielgruppe testen sollten. Dann haben Sie einen wichtigen Meilenstein in Ihrem schlanken Marketing erreicht. Sind Sie jetzt sicher, dass Sie jeder der von Ihnen ausgewählten Zielgruppe Nutzen liefern können? Haben Sie kritisch überprüft, ob der Nutzen oder Mehrwert für Ihre jeweilige Zielgruppe relevant ist? Müssen Sie einzelne Zielgruppen verkleinern, weil Sie nicht allen Zielgruppenmitgliedern Nutzen bieten können? Oder haben Sie festgestellt, dass Sie in einzelnen Nutzenkategorien so gut sind, dass auch andere Personengruppen, Unternehmen oder Organisationen in

Was ist das Problem, die Angst, die Hoffnung, die Erwartung etc.	Wie wichtig ist das Problem, die Hoffnung etc.	Was sind die Wertangebote d.h. Produkt, Lösung, Lösungsteil, Dienstleistung UND andere Elemente des Marketing-Mix, die wichtige Probleme, Ängste, Hoffnungen etc. beantworten?	Wie wird das Problem gelöst, die Angst reduziert, die Hoffnung erfüllt?	Was sind die Vorteile für den Kunden?	Was ist der quantifizierte Nutzen oder Vorteil gegenüber der Situation vor der Lösung?	Priorisierung nach Stärke der Problemlösung

Abb. 4.12 Nutzendarstellung für eine ausgewählte Zielgruppe

Unternehmen einen Mehrwert durch Ihr Angebot bekommen? Haben Sie Angebotsbestandteile identifiziert, die Ihren Zielgruppen wichtig sind, die Sie aber bisher vernachlässigt haben? Oder haben Sie den Wert einzelner Angebote unterschätzt und können
Ihre Kommunikation an die Zielgruppe jetzt so verändern, dass Ihr Wert noch besser
sichtbar wird? Was müssen Sie verändern, bevor Sie die nächsten Schritte angehen?

Zusammenfassung

Im vierten Kapitel war das Ziel, Nutzen für die Zielgruppe zu erzeugen – basierend
auf dem Verständnis der Zielgruppen und Ihrer Bedürfnisse, Wünsche, Ängste, Sorgen
und Erwartungen. Sie erreichen das, indem Sie mit Methoden des Design Thinking,
von der Zielgruppe nach innen, in Ihr Unternehmen denken. Es geht also darum, sich
zu überlegen, wie Sie dem gegenwärtigen oder zukünftigen Kunden Nutzen erzeugen
können. Wenn Sie die ersten Ideen dazu haben, testen Sie diese mit der Zielgruppe.
Danach verarbeiten Sie das Feedback und verbessern Ihr Angebot und den dadurch
erzeugten Nutzen. Dann holen Sie wieder Feedback ein usw. Das Vorgehen unterscheidet sich nicht wesentlich, ob Sie schon ein Angebot haben, dass Sie überprüfen, schärfen und besser kommunizieren wollen oder, ob es sich um die Entwicklung einer neuen
Lösung handelt. Als Struktur für die Entwicklung Ihrer Antworten verwenden Sie den
Marketing-Mix in Form der 7P. Das sind, vom Kunden her gedacht, das Produkt; die
mit dem Kauf und der Nutzung verbundenen Kosten; alle Möglichkeiten das Produkt
zu erwerben, geliefert zu bekommen und zu nutzen (Distribution und Logistik); die
gesamte Kommunikation; die Mitarbeiter, die mit dem Kunden kommunizieren; die

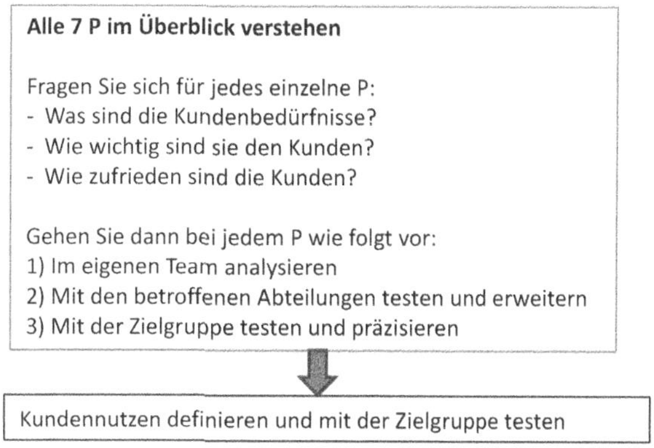

Abb. 4.13 Ablauf der
Nutzenermittlung und
-definition

Alle 7 P im Überblick verstehen

Fragen Sie sich für jedes einzelne P:
- Was sind die Kundenbedürfnisse?
- Wie wichtig sind sie den Kunden?
- Wie zufrieden sind die Kunden?

Gehen Sie dann bei jedem P wie folgt vor:
1) Im eigenen Team analysieren
2) Mit den betroffenen Abteilungen testen und erweitern
3) Mit der Zielgruppe testen und präzisieren

Kundennutzen definieren und mit der Zielgruppe testen

---

physikalische Umgebung und Ausstattung und die Prozesse, die mit dem Kunden in Verbindung stehen. Zunächst versuchen Sie im Überblick zu verstehen, welche der sieben Elemente für die Zielgruppe besonders wichtig sind. Für jedes der aus den 7P ausgewählten Elemente versuchen Sie dann zu verstehen, welchen Nutzen die Zielgruppe erwartet und wie Sie diesen Nutzen schaffen können (Abb. 4.13). Es ist wichtig, dass Sie den gesamten Prozess für jede Zielgruppe separat durchlaufen. Erst am Ende können Sie feststellen, ob Sie verschiedene Nutzen schaffende Aktivitäten ganz oder teilweise für verschiedene Zielgruppen verwenden können.

Literatur

Berekoven, L. 1983. *Der Dienstleistungsmarkt in der BRD*, 24. Göttingen: Vandenhoeck & Ruprecht.

Godefroid, P., und W.A. Pförtsch. 2008. *Business to business marketing*, 146, 221, 257, 260. Ludwigshafen: Kiehl.

Hilke, W. 1989. *Grundprobleme und Entwicklungstendenzen des Dienstleistungsmarketing*, 8. Wiesbaden: Springer.

Magrath, A.J. 1986. When marketing services, 4 Ps are not enough. *Business Horizons* 29 (3): 44–50.

Osterwalder, A., Y. Pigneur, G. Bernarda, und A. Smith. 2015. *Value Proposition Design*, XIII. Frankfurt: Campus.

Uebernickel, F., W. Brenner, B. Pukall, T. Naef, und B. Schindlholzer. 2015. *Design Thinking: Das Handbuch*, 16, 18, 19, 22, 24, 25, 30, 129, 146–191. Frankfurt: Frankfurter Societäts-Medien GmbH.

Weis, H.C. 2015. *Marketing*, 301. Herne: Kiehl.

Wie Sie sich vom Wettbewerb abheben

5

Zusammenfassung

Nachdem Sie verstanden haben, was Ihre Zielgruppe braucht, haben Sie darauf basierend den Nutzen in für die Kunden wichtigen Marketing-Mix-Elementen geschaffen. Um sicherzustellen, dass Sie Produkte ganz nahe am Bedarf des Kunden entwickeln, haben Sie alle sieben Elemente in enger Abstimmung mit Ihren Kunden erarbeitet. Jetzt geht es darum, dass Sie sich von wichtigen Wettbewerbern unterscheiden. Wenn Ihnen das gelingt, geben Sie Ihrer Zielgruppe gute Gründe bei Ihnen und nicht beim Wettbewerb zu kaufen. Dazu ist es nötig, die relevanten Wettbewerber zu identifizieren. Für diese Wettbewerber müssen Sie feststellen ob und wo sie sich positiv oder negativ von Ihnen unterscheiden. Auf allen für Ihre Kunden wichtigen Gebieten, sollten Sie sich bemühen, mindestens gleich gut zu sein. Darüber hinaus werden Sie einzelne Gebiete definieren müssen, bei denen Sie sich positiv gegenüber dem Wettbewerb abheben oder abheben könnten. Wo Sie das noch nicht tun, sollten Sie investieren, um einen Konkurrenzvorteil zu schaffen. Das Resultat müssen Sie dann klar an Ihre Zielgruppe kommunizieren.

Mit dem Verständnis der Zielgruppe und Ihrer Bedürfnisse, Wünsche, Ängste und Sorgen haben Sie für den gesamten Marketing-Mix einen Kundennutzen an den für Ihre Zielgruppe wichtigen Stellen erzeugt und mit Ihrer Zielgruppe abgestimmt. Wenn Sie damit an den Markt gehen, werden Sie auf Wettbewerber treffen, die die Probleme der Zielgruppe auch lösen wollen oder können. Auf vielen Gebieten und in vielen Branchen gibt es heute intensiven Wettbewerb und dadurch Druck auf die Margen der Marktteilnehmer. Kunden sind deutlich besser informiert als noch vor ein paar Jahren und können nicht nur zwischen nationalen Anbietern, sondern zunehmend auch von Anbietern aus dem Ausland wählen. Die Geschwindigkeit, in der Sie sich informieren und bedienen können hat insbesondere durch elektronische Kanäle deutlich zugenommen. Diese

© Springer Fachmedien Wiesbaden GmbH 2018
W. Vogt, *Schlankes Marketing für den Mittelstand*,
https://doi.org/10.1007/978-3-658-16732-5_5

Kanäle schaffen auch eine nie dagewesene Transparenz über Anbieter und Angebote und machen Zwischenhändler überflüssig. Es gilt also dafür zu sorgen, dass Sie Ihrer Zielgruppe einen oder mehrere gute Gründe geben, bei Ihnen zu kaufen und nicht bei der Konkurrenz. Ihre Zielgruppe muss klar verstehen, wo Ihr faktischer und emotionaler Nutzen größer ist als der Ihrer Wettbewerber, was Sie also „alleinstellt".

Dieses Alleinstellungsmerkmal müssen Sie definieren und kommunizieren. Dazu müssen Sie zunächst herausfinden, wer die Bedürfnisse Ihrer Zielgruppe auch lösen will oder kann. Dann können Sie für diese Wettbewerber feststellen, wie gut die Bedürfnisse befriedigt werden und ob die Konkurrenten das besser oder schlechter lösen als Sie. Diese Analyse führen Sie für alle relevanten Konkurrenten durch und vergleichen alle sieben Elemente (7P), die Ihrer Zielgruppe Nutzen bringen können. Wenn Sie das verstanden haben, müssen Sie entscheiden, an welchen Stellen Sie Aktionen ergreifen müssen, um Ihre Chance bei der Zielgruppe zu erhöhen, oder ob Sie keine Chance haben, die Bedürfnisse besser zu bedienen, als es als die Wettbewerber tun. Wenn ja, müssen Sie evtl. einen Teil der Zielgruppe abwählen oder eine völlig andere Lösung für den Kunden suchen und schaffen. Wenn auch das nicht gelingt, sollten Sie die Geschäftsidee ganz aufgeben. Wenn Sie sich aber positiv abheben können, sollten Sie das klar herausarbeiten und kommunizieren. Sie sehen also, dass die Wettbewerbsanalyse eine wichtige Aktivität nicht nur für die Entwicklung Ihrer Alleinstellungsmerkmale ist, sondern auch für Ihre Strategie und die Entwicklung oder Weiterentwicklung Ihres Geschäftsmodells ganz wichtige Informationen liefert. Das ist in beiden Fällen wichtig, ob Sie neu gründen oder schon länger am Markt sind, und Ihre Wettbewerbsposition verbessern wollen oder müssen. Eine gute und regelmäßige Wettbewerbsanalyse hilft Ihnen auch, sich vor unliebsamen Überraschungen zu schützen, bzw. rechtzeitig reagieren zu können.

▶ **Alleinstellungsmerkmal/Unique Selling Proposition (USP)** Einzigartiges Verkaufsversprechen bei der Positionierung einer Leistung. Der USP soll durch Herausstellen eines einzigartigen Nutzens das eigene Produkt von den Konkurrenzprodukten abheben und den Konsumenten zum Kauf anregen. Durch Marktsättigung und objektive Austauschbarkeit der Produkte erlangt der USP zunehmend an Bedeutung (Springer Gabler Wirtschaftslexikon 2017).

5.1   Die Wettbewerber definieren

Der wichtigste Schritt zu einem klaren Alleinstellungsmerkmal ist es, Ihre Wettbewerber klar zu definieren. Nur wenn Sie die richtigen Wettbewerber definiert haben, werden Sie feststellen können, wer mit welchen Nutzenargumenten versucht, Ihre Zielgruppe zu erreichen und zu überzeugen. Sie werden dabei zunächst an andere Unternehmen denken, die das wichtigste Kundenproblem auf die gleiche Art und Weise lösen, wie Sie das tun. D. h. Sie werden Unternehmen als Wettbewerber definieren, die ein ähnliches

Produkt oder eine ähnliche Dienstleistung anbieten. Das ist ein sehr wichtiger erster Schritt, aber nicht ausreichend. Unter den Wettbewerbern werden Sie vielleicht nur die großen und bekannten Unternehmen auswählen, weil diese gut sichtbar sind. Sie sollten aber kleinere Unternehmen nicht vergessen, die vielleicht deutlich agiler agieren können. Ganz wichtig ist auch festzustellen, welche der Unternehmen Ihre Zielgruppe mit ähnlichen Angeboten ansprechen. Gibt es z. B. einen Wettbewerber mit einer ähnlichen Lösung, der nur deutlich größere Kunden wie Sie anspricht, gehört er für die folgenden Aktivitäten nicht zu Ihren Wettbewerbern. Gegenüber diesem Unternehmen müssen Sie also keine Alleinstellungsmerkmale entwickeln, weil Sie mit ihm nicht konkurrieren werden, da es eine andere Zielgruppe anspricht. Er wird keinen Zugang zu Ihrer Zielgruppe suchen und nicht versuchen diese zu überzeugen. Sollte er aber so bekannt sein, dass Ihre Zielgruppe ihn und seine wichtigsten Merkmale kennt, wird das die Kaufentscheidung beeinflussen. Sie sollte deshalb von Ihnen mit betrachtet werden, da er ja im weiteren Sinne Ihre Zielgruppe anspricht und damit deren Erwartungshaltung beeinflusst. Häufig ist mit diesen ersten Schritten, also der Auswahl der Wettbewerber, die einen ähnlichen Lösungsansatz verfolgen und die Zielgruppe ansprechen, der Wettbewerb schon definiert. Wenn Sie aber die Anbieter aus Sicht der Zielgruppe definieren, werden Sie ggf. zu einer ganz anderen Auswahl der Wettbewerber kommen. Ihre Zielgruppe sucht nämlich nach einer Lösung für ihr Problem oder ihre Probleme. Dabei ist es ihr zunächst egal, wie das Problem gelöst wird. Um dann bei der Zielgruppe mit Ihrer Lösung zu gewinnen, gilt es alle möglichen Lösungsalternativen zu verstehen und darauf basierend dem Kunden einen Grund zu geben, genau bei Ihnen zu kaufen. Um mögliche Anbieter, d. h. Wettbewerber zu identifizieren, können Sie z. B. einfach das oder die Kundenproblem(e) in Google eingeben und sich ansehen, welche Lösungen von wem angeboten werden. Versuchen Sie aber auch selbst, viel breiter über das Kundenproblem nachzudenken. Nehmen Sie z. B. die Luftfahrtindustrie. Vor einigen Jahren, gab es nur einige große Anbieter, die sich alle ähnlich verhielten (Lufthansa, Air France, British Airways). Dann kamen Airlines als Wettbewerber hinzu, die mit viel schlankeren Lösungen deutlich niedrigere Preise verlangen konnten. Die grundsätzliche Art der Lösung war immer noch gleich, aber in den Details gab es deutliche Unterschiede, die für einen Teil der Zielgruppe attraktiver waren. Gleichzeitig wurde das Fliegen für neue Zielgruppen attraktiv, die bisher nicht geflogen waren. Wenn Sie sich jetzt in die Lage der möglichen Kunden versetzen, werden Sie aber auch feststellen, dass es neben dem Fliegen andere Möglichkeiten gibt, um von A nach B zu kommen. Denken Sie an die Deutsche Bahn und dort insbesondere an den ICE. Wenn Sie jetzt bei einer Airline arbeiten würden, müssten Sie also neben den verschiedenen Flugreiseanbietern, auch die Deutsche Bahn auf die Liste der Wettbewerber aufnehmen. Mit der Öffnung des Marktes für Busunternehmen, sollten Sie dringend auch an die Fernbusanbieter denken. Dort werden mittlerweile attraktive Angebote, wie z. B. freies WLAN, als Standard angeboten, was jetzt schon Auswirkungen auf die Erwartungshaltung gegenüber anderen Reiseanbietern hat. Sind Sie z. B. ein Kinobesitzer, wären Alternativen für die Abendunterhaltung Theater, Restaurants oder der Fernseher zu Hause. Diese Angebote sollten Sie verstehen, um herauszuarbeiten, warum man zu Ihnen ins Kino kommen soll. Alternativen zu von Ihnen angebotenen Lösungen mit persönlicher Beratung könnten auch vollständig automatisierte Angebote sein, bei denen Ihre Zielgruppe nur noch etwas online oder an einer Maschine erledigt. Das heißt also für Sie, dass Sie neben den Anbietern gleicher oder ähnlicher Lösungen auch die Anbieter von Alternativlösungen auf die Liste Ihrer Wettbewerber setzen sollten. Die Liste können Sie dann um die Anbieter reduzieren, die von Ihrer Zielgruppe nicht wahrgenommen werden und/oder diese nicht ansprechen (Abb. 5.1).

Sollten Sie in mehreren Branchen aktiv sein, kann es sein, dass Sie in jeder Branche auf andere Wettbewerber stoßen und sich gegenüber diesen positionieren müssen. Sollten Sie in mehreren Regionen oder Ländern aktiv sein, kann es sein, dass einzelne Wettbewerber nicht in allen Ländern aktiv sind. Hier lohnt es sich, diese Wettbewerber und Ihre Vor- und Nachteile klar zu kennzeichnen, sodass Sie ggf. sehr aufwendige Schritte in den nicht betroffenen Regionen bzw. Ländern nicht durchführen. Vergessen Sie nicht, auch nach Unternehmen zu suchen, die Ihre Zielgruppe noch nicht ansprechen, sie aber vielleicht in Zukunft ansprechen könnten. Auch hier kann es sich um Anbieter ähnlicher Lösungen und um solche Anbieter handeln, die das Problem ganz anders lösen. Evtl. sind unter den Unternehmen, mit denen Sie heute nur in ausgewählten Branchen, Regionen oder Ländern konkurrieren auch welche, die in Zukunft in anderen Branchen oder Ländern gegen Sie antreten könnten. Ggf. gibt es auch Veränderungen im Markt, die die Wettbewerbslandschaft verändern werden. Versuchen Sie auch zu ermitteln, welcher Wettbewerber evtl. in naher Zukunft sich aus dem für Sie relevanten Markt zurückziehen könnte und was das für Sie bedeuten würde. Wenn Sie diese erste Liste Ihrer Wettbewerber zusammengestellt haben, gilt es diese initial zu priorisieren, um sich danach auf die wichtigsten Wettbewerber zu fokussieren. Wie groß sind sie (Umsatz, Mitarbeiter), wie stark wachsen sie, welche Marktanteile haben sie in welchen Marktsegmenten oder Branchen, wie ist ihr Produktportfolio (Breite und Tiefe) und wie ist die Qualität Ihrer Angebote? Wie innovativ sind sie? Wie gut ist ihr Personal? Wie sieht die Preisgestaltung aus? Wollen sie z. B. als Niedrigpreisanbieter wahrgenommen werden oder als Luxusgutanbieter? Welche Standorte haben Sie? Haben Sie bestimmte technologische Vorteile,

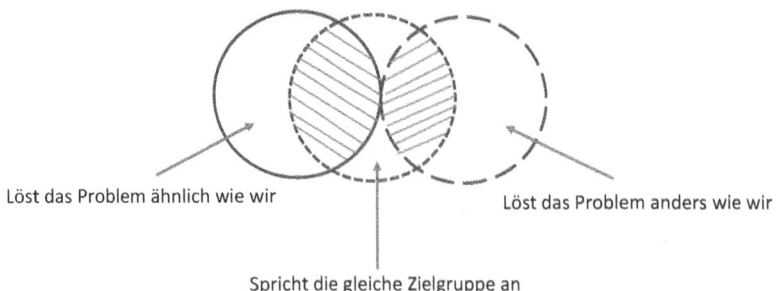

Abb. 5.1 Wettbewerber identifizieren

herausragende Innovationen oder eine besondere Firmenkultur? Blicken Sie auf eine lange Geschichte zurück? Wie stark ist ihre Kundenorientierung? Wie sind sie wirtschaftlich aufgestellt? Haben Sie bekannte Unternehmen als langjährige Kunden? Haben Sie wichtige Geldgeber mit großem Einfluss? Was ist ihre Reputation bei der Zielgruppe, was sind ihre Stärken und Schwächen. Was hat sich in der letzten Zeit verändert (Mergers, Akquisitionen, neue Angebote)? Wie breit ist Ihr Produktportfolio? Welche Ziele und Strategien verfolgen sie? Was könnte sich in nächster Zeit verändern? Um an alle Informationen über mögliche Wettbewerber zu kommen empfiehlt es sich, neben der Desk Research, Unterlagen der Konkurrenten zu besorgen. Versuchen Sie an Flyer oder Imagebroschüren zu kommen. Analysieren Sie deren Webseiten, besuchen Sie deren Messestände, informieren Sie sich über die Presse und befragen Sie Ihre Zielgruppe, mit der Sie mittlerweile durch die in Kap. 4 beschriebenen Aktivitäten ja schon gute Kontakte etabliert haben. Evtl. helfen bei der Analyse, Priorisierung und Definition auch Agenturen, die sich auf Marktanalyse spezialisiert haben, Verbände oder Branchen- bzw. Industriebeobachter. Als Resultat haben Sie jetzt eine Liste Ihrer möglichen Mitbewerber, die Sie mithilfe der erfassten Daten so priorisieren können, dass Sie die Wettbewerber auswählen, die für Ihre Zielgruppe und für Sie selbst relevant sind. Nur für diese lohnen sich die genauere Untersuchung und die Herausarbeitung Ihres Alleinstellungsmerkmals. Die bisher erhobenen Daten helfen Ihnen schon bei der Positionierung Ihres Unternehmens gegenüber den Konkurrenten (Abb. 5.1).

▶ **Wettbewerber** Unternehmen, die das Problem Ihrer Zielgruppe lösen und die Lösung an diese Zielgruppe verkaufen oder verkaufen wollen.

5.2 Wie können Sie sich unterscheiden

Hier geht es darum, Ihrer Zielgruppe einen oder mehrere gute Gründe zu geben, bei Ihnen und nicht beim Wettbewerb zu kaufen. Das ist besonders in Segmenten mit sehr vielen Anbietern wichtig, weil es den Kunden dort besonders leicht fällt, sich für jeden Anbieter zu entscheiden oder es besonders schwer ist, genau einen Anbieter auszuwählen. Nachdem es auf vielen Gebieten schon Anbieter mit gleichwertigen Produkten gibt, wird es nicht mehr ausreichen, sich nur über das Produkt von anderen Anbietern zu unterscheiden. Sie brauchen also weitere Möglichkeiten, das zu tun. Evtl. reicht es schon, das Produkt durch (kostenlose) Dienstleistungen zu ergänzen. Häufig wird es aber so sein, dass Sie deutliche Unterschiede bei anderen Marketing-Mix-Elementen suchen und vermarkten müssen. Sie sollten also die Position Ihrer Wettbewerber im Vergleich zu Ihrer Position für jedes **relevante** Marketing-Mix-Element verstehen. Welche Marketing-Mix-Elemente relevant sind, können Sie dabei aus drei Perspektiven bestimmen:

- Welche Marketing-Mix-Elemente haben Ihre Kunden als wichtig genannt? Hier greifen Sie auf die Auswertungen zurück, die Sie basierend auf Kap. 4 gemacht haben. Wollen Sie die Wettbewerbsanalyse für die Erstellung eines Angebotes an einen bestimmten Kunden machen, greifen Sie auf sein Pflichtenheft zurück.
- Welche wichtigen Nutzenargumente haben Sie für Ihr Unternehmen und Ihr Angebot definiert? Sind diese wichtig genug, um vom Kunden als Entscheidungskriterium herangezogen zu werden?
- Welche wichtigen Nutzenargumente bieten Ihre Wettbewerber, die Sie Ihrer Zielgruppe nicht bieten? Was begeistert die Kunden Ihrer Mitbewerber so, dass sie darüber reden? Welche Ideen oder Anregungen können Sie daraus ableiten?

Für die ausgewählten Elemente erfassen Sie den Istzustand intern indem Sie z. B. Zufriedenheitsumfragen auswerten. Befragen Sie Ihre Kunden und Ihre Mitarbeiter. Parallel versuchen Sie, an möglichst viele Informationen über Ihre Wettbewerber zu kommen. Analysieren Sie deren Webseiten, besorgen Sie sich Produktbeschreibungen und Preislisten, besuchen Sie ihre Messestände und nehmen Sie an Konferenzen teil, bei denen deren Mitarbeiter Vorträge halten. Lassen Sie Ihre eigenen Kunden und die Kunden der Konkurrenz dazu befragen, welche Positionen ihnen wichtig sind und wie zufrieden sie mit den einzelnen Anbietern in diesen Positionen sind. Sie werden feststellen, dass manche Positionen den Kunden Ihrer Wettbewerber wichtiger sind, als Ihren Kunden und umgekehrt. Sogar wenn Kunden bei Ihnen und dem Wettbewerb einkaufen, werden Sie bestimmte Positionen bei Ihnen und dem Wettbewerb unterschiedlich gewichten. Das liegt an der Erwartungshaltung der Kunden. Diese ist u. a. beeinflusst von Erfahrungen der Vergangenheit und von ihrem Markenbild für verschiedene Anbieter. Eine solche Befragung können Sie z. B. von einer Agentur durchführen lassen, die den Befragten nicht mitteilt, in wessen Auftrag sie die Untersuchung durchführen, um die Aussagen nicht zu beeinflussen. Sie können auch Technologie- und Branchenexperten befragen, um Prioritäten der Zielgruppe auch für die absehbare Zukunft und Beurteilungen der Anbieter zu erhalten. Konsolidieren Sie die Informationen aus den unterschiedlichen Quellen und führen Sie dann einen detaillierten Vergleich zwischen Ihnen und allen priorisierten Wettbewerbern durch. Definieren Sie, wo Sie stehen, und ob Sie schon besser sind als der Wettbewerb. Wenn ja, dokumentieren Sie das. Wenn nein, sollten Sie herausfinden, ob Sie es sich finanziell erlauben können mit den Wettbewerbern gleichzuziehen und die höheren Kosten für Verbesserungen mindestens durch Umsätze in gleicher Höhe ausgeglichen werden. Wenn nein, müssen Sie die Zielgruppe ggf. abwählen oder eine ganz andere Vorgehensweise wählen. Ihr Ziel muss es sein, bei mindestens einem für die Kunden wichtigen Element deutlich besser zu sein als der Wettbewerb. Dieses Element bildet dann Ihr Alleinstellungsmerkmal, also den wichtigsten Grund für Ihre Zielgruppe, bei Ihnen zu kaufen. Bei allen anderen aus Kundensicht wichtigen Elementen sollten Sie mindestens gleichwertige Leistungen bringen wie Ihre wichtigsten Konkurrenten. Die folgenden Ausführungen betrachten jetzt jedes einzelne Element des Marketing-Mix separat, sodass Sie Antworten für das oder die Elemente finden, die Ihrer Zielgruppe und

Ihnen persönlich wichtig sind. Bitte achten Sie darauf, nicht nur die Funktionen herauszuarbeiten, bei denen Sie besser sind, sondern den Nutzen für Ihre Zielgruppe zu identifizieren. Für jede Position, bei der Sie sich unterscheiden oder unterscheiden wollen, geht es darum, ob Ihre Zielgruppe Ihr Angebot wegen dieser Position kaufen oder lieber kaufen würde, als das Angebot der Konkurrenz. Es geht ggf. darum, ob Ihre Zielgruppe für genau diese Position mehr zahlen würde, weil der Nutzen für sie entsprechend größer ist.

Um jetzt alle wichtigen Funktionen im Vergleich zu den wichtigsten Wettbewerbern zu verstehen, verwenden Sie bitte eine Matrix, die die einzelnen Aspekte als Zeilen listet (Abb. 5.2). Die Spalten sind für Ihr Angebot und die Angebote der Wettbewerber. In die einzelnen Zellen tragen Sie dann die Güte der Bedürfnisbefriedigung ein. Sie sehen dann recht schnell, ob Sie bei den wichtigsten Kundenbedürfnissen konkurrenzfähig oder sogar deutlich besser sind. Betrachten Sie auch Kriterien wie die Menge, die Ihr Kunde in einer Schicht produzieren kann. Bei Erwartungen, die Sie schlechter als die Wettbewerber befriedigen, sollten Sie prüfen, was Sie tun können, um gleichzuziehen und, ob das profitabel möglich ist. Überprüfen Sie, ob Ihre geplanten Veränderungen in Einklang mit Ihrer bisherigen Strategie stehen oder ob Sie ggf. Ihre Strategie den veränderten Rahmenbedingungen anpassen müssen. Vermeiden Sie deutlich besser zu sein, als es der Kunde erwartet. Das schadet Ihrer Profitabilität. Betrachten Sie nicht nur den gegenwärtigen Zustand, sondern überlegen Sie, wie sich der Markt und die Kundenbedürfnisse ändern werden, welche technologischen Änderungen Ihre Position verbessern könnten, was der Wettbewerb in Zukunft verändern könnte und wie Sie darauf regieren wollen. Wie können Sie Ihre Wettbewerbssituation verbessern und erhalten? Welche Hürden können Sie aufbauen, um den Konkurrenten die Nachahmung zu erschweren?

	Wichtigkeit für den Kunden	Wir	Wettbewerber 1	Wettbewerber 2
Funktionalität	Hoch	+++	++	++
Innovationen	Mittel	+	+++	+
Leistungsfähigkeit	Hoch	++	+++	−
Benutzerfreundlichkeit	Niedrig	−	− −	+++
Qualität				
Umweltverträglichkeit				
Verfügbarkeit				
Breite des Angebotes				
Upgrade-Fähigkeiten				
Downgrade-Fähigkeiten				
Service				
Zubehör				
Design				

Abb. 5.2 Bedürfnisbefriedigung der wichtigsten Kundenbedürfnisse – hier am Beispiel Produkt

5.2.1 Produkt

Hier vergleichen Sie alle wichtigen Aspekte der Ausgestaltung Ihres Produktes mit den Aspekten der Wettbewerbsprodukte. Wählen Sie also zunächst die relevanten Produkte und Angebote Ihrer Wettbewerber aus und besorgen Sie sich möglichst viele Informationen über diese Angebote. Vergleichen Sie das Gefundene mit den Anforderungen Ihrer Zielgruppe und Ihrem eigenen Angebot:

- Bedürfnisbefriedigung der wichtigsten Kundenbedürfnisse
- Kostenvorteile
- Zeitvorteile
- Effizienz oder Effektivität
- Komfort
- Funktionalität und Anzahl der Funktionen
- Eleganz
- Risikoreduktion
- Innovationen (technisch, funktionell, kaufmännisch), Neuigkeitswert, Coolness
- Leistungsfähigkeit
- Skalierbarkeit
- Benutzerfreundlichkeit
- Erleichterung von Arbeiten, z. B. durch Automatisierung
- Beseitigung von Hürden
- Individualisierung auf spezielle Anforderungen eines oder einzelner Kunden bzw. Nutzer
- Qualität, z. B. Haltbarkeit und Zuverlässigkeit
- Umweltverträglichkeit
- Regionalität, z. B. Produkt aus der Region
- Verfügbarkeit des Produktes (Lieferfähigkeit) und der Funktionalität (Nutzbarkeit)
- Breite des Angebotes
- Klare Positionierung gegenüber anderen Produkten
- Zubehör
- Upgrade-Fähigkeiten oder Downgrade-Fähigkeiten
- Design und andere ästhetische Faktoren wie Farbe, Geräusche
- Einhaltung von Gesetzen, Normen und Vorschriften
- Verpackung (wichtiger bei B2C als bei B2B)
- Service, um das Produkt zu planen, zu konfigurieren, zu installieren bzw. zu nutzen
- Wertbeständigkeit
- Emotionaler Nutzen z. B. reduziertes Risiko, Sicherheit, Bequemlichkeit, Wohlergehen, Image-Gewinn, Status-Gewinn, Spaß, Selbstverwirklichung
- …

Durch die Befragung Ihrer Zielgruppe und den regelmäßigen Austausch mit ihr sollten Sie jetzt schon recht gut verstehen, worauf es den Kunden ankommt und welche Aufgaben er zu erledigen hat. Überlegen Sie was die Minimalanforderungen Ihrer Kunden sind. Definieren Sie, was bei Ihren Kunden zu Zufriedenheit führt und testen Sie mit Ihren Kunden, was zu Begeisterung führt. Fragen Sie sich also für diese Funktionen, wie gut Sie die Anforderungen der Kunden befriedigen und vergleichen Sie die Bedürfnisbefriedigung mit den wichtigsten Wettbewerbern. Welche Produkte bieten Ihre Wettbewerber an? Gibt es Einstiegsprodukte, mittelgroße Produkte und Produkte für besondere Herausforderungen? Bieten die Mitbewerber Dienstleistungen vor dem Kauf, beim Kauf und nach dem Kauf an? Bieten Sie ausschließlich Dienstleistungen an? Unterscheiden sich diese z. B. nach Lokation des Kunden, nach Größe des Kunden oder nach seiner Branche? Wie sieht Ihr Portfolio im Vergleich zu den Angeboten Ihrer wichtigsten Mitbewerber aus? Haben Sie ein klares Profil und beschränken Sie sich auf wenige wichtige Gebiete, die Sie gut beherrschen? Ist Ihr Portfolio leichter zu verstehen, als das Portfolio Ihrer Konkurrenten? Wie ist es um Ihre Innovationsfähigkeit bestellt? Welche bahnbrechenden Entwicklungen kommen aus Ihrem Hause? Haben Sie Ihre wichtigsten Entwicklungen ausreichend geschützt und besitzen Sie selbst viele Patente? Arbeiten Sie eng mit Hochschulen zusammen? Sind die einzelnen Angebote wettbewerbsfähig? Können Sie also mit den Konkurrenten gleichziehen? Reicht das Ihrer Zielgruppe aus? Wenn es bei bestimmten Funktionen nicht ausreicht, suchen Sie nach Verbesserungen. Genauso gehen Sie bei allen anderen Faktoren vor. Bei der Funktionalität prüfen Sie, ob Sie genügend Funktionen anbieten. Hier geht es nicht unbedingt darum möglichst viele Funktionen anzubieten, sondern die wichtigsten Funktionen leicht zugänglich zu machen oder zu automatisieren. Weniger wichtige oder selten genutzte Funktionen können Sie evtl. auf eine zweite Benutzungsebene verlagern. Häufig ist es auch so, dass bei Produkten, die schon sehr lange am Markt sind, über die Zeit immer wieder neue Funktionen hinzugefügt wurden, ohne je zu prüfen, ob bisherige Funktionen dafür weggelassen werden können. Es lohnt sich also alle vorhandenen Funktionen zu listen und Ihre Zielgruppe zu bitten, diese zu beurteilen. Was ist Pflicht, was ist Kür, welche Angebotsbestandteile führen zu Begeisterung, welche Funktionen werden gar nicht benötigt? Die Antwort hilft Ihr Funktionsangebot zu entschlacken, es übersichtlicher zu gestalten und leichter zu nutzen. Vielleicht finden Sie bei der Analyse wichtige Funktionen, bei denen Ihre Wettbewerber schwach sind, die Sie ausbauen können, d. h. besser oder kostengünstiger implementieren, um den Abstand weiter zu erhöhen. Damit geben Sie Ihren Kunden dann einen wichtigen Grund, bei Ihnen zu kaufen und nicht bei der Konkurrenz. Wenn Ihre Angebote erklärungsbedürftig sind, sollten Sie überlegen, wie Sie sie leichter erklärbar gestalten können. Was können Sie z. B. tun, um Basisfunktionen deutlicher von zusätzlichen Funktionen abzugrenzen? Wie können Sie Ihr Angebot z. B. in mehreren Stufen aufbauen, um es in mehreren Schritten beschreiben zu können? Wie gelingt es Ihnen, Ihrer Zielgruppe zu vermitteln, dass Sie ihre Bedürfnisse besser verstanden haben als die Mitbewerber und, dass Ihre Angebote genau das liefern, was sie benötigen? Prüfen Sie, ob Sie neuere Technologie einsetzen können, um die Funktionalität gegenüber dem Wettbewerb zu erhöhen, den Durchsatz zu steigern, die Leistungsfähigkeit zu verbessern oder manuelle Schritte wegfallen zu lassen. Was müssten Sie tun, um von Ihrer Zielgruppe als Technologieführer wahrgenommen zu werden? Was ist nötig um als Qualitätsführer anerkannt zu werden? Überlegen Sie, wie Sie mit innovativen Ansätzen das Angebot ganz neu und kreativ gestalten können. Denken Sie dabei nicht nur über kleinere Verbesserungen nach, sondern überlegen Sie, ob Sie die Konkurrenz mit einem neuen und innovativen Gesamtansatz deutlich überholen können.

Testen Sie nun Ihre Ideen mit einigen Kunden und verbessern Sie diese Ideen basierend auf dem Feedback der Kunden weiter. Testen Sie erneut, bis Sie ganz nahe an den Bedürfnissen der Kunden sind. Überlegen Sie, wie Sie Ihren Kunden mit Produktverbesserungen oder neuen Produkten helfen können, neue Geschäftschancen zu nutzen. Stellen Sie sicher, dass Sie Ihre Innovationen vor Nachahmung schützen. Das geht einerseits über Patente oder indem Sie wichtige Aspekte der Implementierung verstecken und den Zugang erschweren. Andererseits funktioniert das auch, indem Sie Ihre Innovation schneller an den Markt bringen, sodass Sie einen Zeitvorteil vor Ihren Konkurrenten gewinnen können. Befragen Sie die Nutzer Ihrer Produkte, was sie stört, wo etwas unhandlich oder kompliziert ist, was ihnen Mühe macht und wo etwas unhandlich erscheint. Machen Sie sich Gedanken darüber, wie Sie die Nutzung erleichtern und/ oder das Nutzenerlebnis verbessern können. Denken Sie über das Produkt auch mal vom Nutzer aus gesehen nach. Und nicht nur von Ihrem Produkt und seinen Funktionen aus in Richtung Nutzer. Evtl. wird Ihr Produkt viel einfacher, leichter zu nutzen und besser zu verkaufen sein! Die Nutzer sind im B2C häufig auch die Käufer, im B2B sind sie wichtige Beeinflusser der Kaufentscheidung. Aus B2B-Käufersicht sind die Nutzer evtl. eine teure Ressource, die sie reduzieren oder einsparen möchten. Was können Sie tun, um die Nutzung zu erleichtern oder durch kostengünstigere Mitarbeiter durchführen zu lassen? Wie können Sie Ihrer Zielgruppe ein Gefühl der Sicherheit vermitteln? Was müssen Sie tun, um die Sicherheit der Nutzer zu gewährleisten? Welche Funktionen können Sie anbieten, damit Ihr Produkt für einen Kunden oder für einzelne Kunden leichter auf deren individuelle Bedürfnisse angepasst werden kann? Welche Qualitätsanforderungen stellen Ihre Kunden? Werden diese von Konkurrenten besser erfüllt? Gilt das für alle Aspekte, oder gibt es Bereiche, bei denen Sie besser sind, oder leicht besser sein könnten? Können Sie vorhersagen, wann Anlagen gewartet oder Teile ersetzt werden müssen? Machen Sie diese Informationen Ihren Kunden zugänglich, sodass sie die Wartung planen können und die Durchführung in Zeiten verlegen können, die ihre Produktion nicht stören? Unterliegt Ihr Angebot der Mode oder ändern sich die Anforderungen saisonal? Wie bleiben Sie up-to-date in Bezug auf die Erwartungen Ihrer Zielgruppe und die Antworten Ihrer Konkurrenten? Wie steht es um die Umweltverträglichkeit Ihrer Produkte? Können Sie den Energieverbrauch so reduzieren, dass Sie weniger Energie benötigen als der Wettbewerb? Sind Ihre Produkte so gebaut, dass sie möglichst wenig Material verbrauchen? Welchen Abfall generieren Sie? Was können Sie für die Wiederverwendung oder Verwertung tun? Wie sonst können Sie die Wirtschaftlichkeit Ihrer Produkte und Dienstleistungen erhöhen? Wie können Sie die Umweltverschmutzung durch Abgase etc.

reduzieren? Welche Geräusche emittiert Ihr Produkt? Sind diese unvermeidlich? Können Sie reduziert werden? Woher beziehen Sie die Produkte oder Halbfertigerzeugnisse? Würden Ihre Kunden regionale Produkte oder Zulieferer befürworten? Welche Wünsche hat Ihre Zielgruppe in Bezug auf Ihr Portfolio? Treffen Ihre Produkte die Bedürfnisse oder den Geschmack Ihrer Kunden? Wie groß ist das Portfolio Ihrer Produkte? Ist dieses Portfolio noch übersichtlich und verständlich für Ihre Zielgruppe? Haben Sie Ihre Renner und Penner identifiziert? Welche Produkte verursachen hohe Lagerkosten und werden kaum nachgefragt? Bieten Sie und Ihr Wettbewerb nur einzelne Produkte an oder Produktfamilien? Würden Ihre Kunden eine Produktfamilie mit z. B. Einstiegsprodukten, Produkten für mittlere Anforderungen und Produkte für den High-End-Bedarf bevorzugen? Wie sind die Produkte einer Familie gegeneinander positioniert? Ist die Abgrenzung untereinander für die Zielgruppe logisch und gut verständlich? Bedingen Veränderungen in den Anforderungen mittlerweile einen anderen Produktmix? Haben Sie überprüft, welche Ihrer Produkte sich gut verkaufen und welche sich kaum oder gar nicht verkaufen? Haben Sie bei den schlechter laufenden Produkten nach den Ursachen für die mangelnde Nachfrage gesucht? Haben Sie entschieden, welche Produkte Sie verändern müssen und welche Sie vom Markt nehmen sollten? Haben Sie überlegt, wie groß Ihr Portfolio von Angeboten sein muss, damit Sie alle wichtigen Bedürfnisse der Kunden befriedigen und wie klein es sein muss, damit Ihre Kunden noch die Übersicht behalten und Sie nicht zu viel Kapital binden? Können Sie selten gekaufte Produkte aus Ihrem Katalog entfernen und damit mehr Transparenz für Ihr Leistungsangebot bei der Zielgruppe erreichen? Wie leicht ist es, von einem Produkt einer Familie zum nächsten aufzurüsten? Wie leicht kann man das Produkt durch ein schwächeres Produkt, ein stärkeres oder ein neueres Produkt aus Ihrem Angebot ersetzen, ohne alle Prozesse zu verändern? Sind Ihre Produkte klarer untereinander positioniert als die Produkte Ihrer Wettbewerber? Erfüllen Sie alle geplanten Erfordernisse von Gesetzen, Vorschriften und Normen schon heute, sodass Ihre Zielgruppe Sicherheit für die langfristige Nutzung erhält? Bieten Sie im Unterschied zum Wettbewerb Zubehör an, das die Funktionalität der Produkte verbessert, den Durchsatz erhöht oder die Nutzung vereinfacht? Sind Ihre Produkte besser designt, als die Angebote der Wettbewerber? Hier geht es um Formgebung, aber auch um das Nutzererlebnis und die Farbgebung, sodass man Ihre Produkte leicht erkennt und zu Ihrem Unternehmen zugehörig identifiziert. Was haben Sie für die Verpackung getan und animiert sie, besonders bei B2C-Angeboten zum Kauf? Ist sie leicht als ein Produkt Ihres Unternehmens zu erkennen? Unterscheidet sie sich deutlich von Wettbewerbsangeboten in Form und Farbe? Haben Sie die Texte auf der Verpackung auf das Mindestmaß bzw. das gesetzlich vorgeschriebene Maß reduziert sowie Bilder und Farben verwendet, die emotional die Kaufentscheidung unterstützen? Wie gut ist die Haptik Ihres Produktes und Ihrer Verpackung? Ist es angenehm, das Produkt anzufassen oder es auszupacken? Haben Sie mal vom Öffnen der Verpackung über das Auspacken bis hin zum ersten Benutzen Ihres Produktes gedacht? Geht das einfach, problemlos, intuitiv und ohne Schwierigkeiten auch für neue Kunden bzw. Erstnutzer? Fühlen sich die Verpackung des Produktes und das Produkt selbst gut an? Erweckt die Verpackung des

Produktes den Eindruck, dass es sich um etwas Wertiges oder Wertvolles handelt? Macht es mehr Spaß, Ihre Produkte auszupacken und zu installieren, als die Produkte Ihrer Konkurrenten? Sind Ihre Packungsgrößen an den Bedürfnissen Ihrer Verbraucher besser orientiert, als die Verpackungsgrößen der Wettbewerbsprodukte? Lässt sich Ihre Verpackung leichter öffnen und schließen, lassen sich die Produkte oder Einzelteile leichter entnehmen? Wenn Ihre Verpackung, wie besonders im B2B-Umfeld der Sicherung während des Transportes dient, sollten Sie Ihre Zielgruppe beim Auspacken Ihrer Produkte und der Produkte des Wettbewerbs beobachten und die Verpackung so gestalten, dass sie nicht zu viel Material verwenden, die Güter unbeschädigt ankommen, die Ware leicht auszupacken ist und nicht zu viel Müll entsteht. Schaffen Sie eine Möglichkeit für den Kunden, Ihnen Ihre Verpackung zur Wiederverwendung einfach zurückzuschicken?

Wenn Sie, vor allem im B2B-Umfeld ein Produkt (z. B. eine Anlage) oder eine Dienstleistung basierend auf einem Pflichtenheft für einen spezifischen Kunden entwickeln oder ein Angebot abgeben müssen, gilt es, die Anforderungen des Kunden zu priorisieren. Also zunächst zu verstehen, welche der Pflichten sehr wichtig sind und welche anderen Aufgaben weniger wichtig sind. Eventuell finden Sie auch einige wenige Anforderungen, die wahrscheinlich verzichtbar sind. Für die wichtigen und sehr wichtigen Anforderungen werden Sie nun definieren müssen, ob und wie Sie diese erfüllen können und welche Kosten das ggf. verursacht. Dann versuchen Sie, die entsprechenden Informationen von den Unternehmen zusammenzutragen, mit denen Sie in Konkurrenz stehen. Viele Informationen werden nicht öffentlich zugänglich sein. Sie müssen also Annahmen treffen und ggf. mit Ihren Kunden bei denen der Wettbewerber auch aktiv ist, verifizieren. Auch hier geht es darum, bei durchschnittlich wichtigen Funktionen nicht schlechter zu sein als der Wettbewerb. Bei besonders wichtigen Funktionen sollten Sie versuchen, ein Alleinstellungsmerkmal zu besitzen oder wenigstens zu erarbeiten.

Wenn Ihr Produkt eine Dienstleistung ist, wird der Vergleich zur Konkurrenz häufig schwieriger sein als bei anfassbaren Produkten, weil die Unterschiede nicht oder nicht einfach zu verstehen und zu beschreiben sind. Hier ist es besonders wichtig, die Bedürfnisse Ihrer Zielgruppe genau zu verstehen und ein klares Bild über die Prioritäten der Zielgruppe zu haben. Gerade bei Dienstleistungen können Sie Ihr Alleinstellungsmerkmal oft leichter erhalten als bei Produkten. Sie sollten sich also besondere Gedanken um die Dienstleistungen machen, die Sie anbieten oder um die Dienstleistungen, die Ihr Produkt ergänzen. Versuchen Sie auch zu verstehen, wie groß die Mitwirkung Ihrer Kunden an der Leistungserstellung ist, und wo Sie diese Mitwirkung reduzieren können. Was können Sie standardisieren, was können Sie automatisieren? Können Sie ganz auf die Mitwirkung verzichten? Welche Dienstleistungskomponenten bietet der Wettbewerb? Welche Komponenten erwartet die Zielgruppe? Wie können Sie diese Komponenten anbieten oder Ihrer Zielgruppe leichter zugänglich machen? Haben Sie verschiedene Dienstleistungsangebote und sind diese klar gegeneinander positioniert? Versteht der Kunde Ihre Basisangebote, die Angebote für mittlere Anforderungen und Ihre Top-Angebote? Bieten Sie nur hochstandardisierte Angebote und der Wettbewerb auch individualisierte? Gibt es einen Bedarf für individualisierte Angebote oder sucht der

Kunde nach einfach zu verstehenden und leicht zugänglichen Dienstleistungen, die Sie noch nicht im Angebot haben? Erwartet der Kunde, dass Sie sein Umfeld, seine Branche, sein Unternehmen sehr gut verstehen, Problemursachen erkennen und ihm eine individuelle Lösung bieten? Sind Sie dazu in der Lage? Kennt Ihr Team den Kunden gut? Pflegt es regelmäßigen Austausch mit den Entscheidern? Versteht es die Probleme der Nutzer? Kann es auf Spezialisten aus anderen Abteilungen zurückgreifen, um das Kundenproblem ganzheitlich zu lösen? Prüfen Sie auch, ob Ihre Zielgruppe vielleicht an Stellen Einfluss nehmen möchte, an denen Sie heute keine Mitwirkung vorsehen. Können Sie durch diese Mitwirkung Ihr Angebot stärker auf die Zielgruppe ausrichten oder individualisieren? Erwartet Ihre Zielgruppe, dass Sie die Dienstleistungen in räumlicher Nähe anbieten? Sind Sie näher an der Zielgruppe als die Konkurrenz? Wird die Dienstleistung zuverlässig in immer gleicher Qualität erbracht?

Wie ergänzen Sie Ihre Produkte um kaufmännische oder technische Dienstleistungen, um Ihre Attraktivität zu erhöhen und was bietet der Wettbewerb? Dies ist besonders wichtig bei hochwertigen Produkten und bei Produkten, die längerfristig genutzt werden. Ergänzen Dienstleistungen Ihr Produkt vor dem Kauf? Erleichtern Sie die Planung Ihrer Kunden? Helfen Sie ihnen die richtigen Produkte zu wählen und zu konfigurieren? Was tun Sie, um die Systemintegration zu verbessern? Verstehen Sie welche Dienstleistungen Ihre Zielgruppe nach dem Kauf erwartet, um das Produkt zu installieren oder zu nutzen und bieten Sie dort Dienstleistungen, die Ihre Wettbewerber nicht bieten? Erhöhen Sie das Erlebnis Ihrer Kunden durch zusätzliche Dienstleistungen? Helfen Sie Ihren Kunden, die richtigen Produkte und Dienstleistungen auszusuchen? Haben Sie über einen längeren Zeitraum analysiert, welche verschiedenen Produkte Ihre Kunden gekauft haben, die Sie ihnen vielleicht als Paket verkaufen könnten? Haben Sie Angebote für Ihre Kunden entwickelt, die ihnen Produkte und zugehörige Dienstleistungen in Paketen als Gesamtlösung anbieten, während die Konkurrenz nur das reine Produkt anbietet? Bieten Sie solche Pakte vielleicht auch bestehend aus Hardware, Software und Services an und verschaffen Ihren Kunden durch die Integration einen Nutzen, den er nicht durch die Kombination verschiedener Komponenten unterschiedlicher Lieferanten erzielen kann? Erhöhen Sie durch die Kombination von Leistungen die Hürden für Ihre Konkurrenten, Ihre Angebote durch eigene zu ersetzen oder zu ergänzen? Vermeiden Sie dabei, dass der Kunde nur die Gesamtlösung kaufen kann und Services in Anspruch nehmen muss, die er vielleicht gar nicht benötigt? Sind die Pakete so geschnürt, dass sie verschiedene Marktsegmente mit jeweils passenden Pakten bedienen können? Ist Ihr Angebot trotzdem noch transparent und gut verständlich? Haben Sie überlegt, Angebote, die es bisher nur im Paket gab, aufzuschnüren, weil Ihre Zielgruppe die Komponenten beim Wettbewerb einzeln kaufen kann, aber bei Ihnen nicht? Würde das Aufteilen in verschiedene einzelne Komponenten helfen, Eintrittsbarrieren für Ihre Kunden zu vermeiden oder zu reduzieren? Positionieren Sie sich als der Spezialist für eine bestimmte Nische und heben Sie sich dadurch deutlich von der Konkurrenz ab? Versuchen Sie bei Kunden, die Ihre Basisangebote kaufen wollen, höherwertige Angebote anzubieten? Bieten Sie automatisch Zubehör an? Bieten Sie kostenpflichtige Services an? Unterscheiden

Sie sich von der Konkurrenz durch kostenlose Dienstleistungen, vor während oder nach dem Kauf? Bieten Sie Ihren Kunden Garantien an? Haben Sie versucht, alle Anforderungen, die Ihre Zielgruppe rund um Ihr Angebot hat, auch zu befriedigen, um sich von den Wettbewerbern zu unterscheiden? Wenn z. B. andere Anbieter nur das Haus bauen und schlüsselfertig anbieten, könnten Sie auch noch die Anlage des Gartens mit anbieten. Vielleicht bieten Sie auch den Umzugsservice noch mit an. Aber Vorsicht: Zusätzliche Dienstleistungen lassen sich leichter von Ihrer Konkurrenz nachahmen, als zusätzliche Funktionen in Ihren Produkten.

Beispiel Hundeschule

Hier gibt es viele Anbieter, die nur die Ausbildung von Welpen anbieten, damit diese lernen, auf Befehle zu hören, bei Fuß zu gehen etc. Wenn Sie sich hier deutlich abheben wollen, könnten Sie zusätzlich anbieten, die Hunde auszuführen und im Urlaub zu betreuen. Sie könnten anbieten, bei Problemen zu helfen oder die Hunde zu scheren. Sie könnten Hundenahrung oder andere Artikel wie z. B. Halsbänder oder Leinen verkaufen. Mit einem kompletten Angebot für alles was der Hundebesitzer braucht, können Sie sich klar gegen den Wettbewerb positionieren.

Nachdem Ihr Produkt beim Kunden geliefert und ggf. installiert ist, beginnt die Nutzung. Verstehen Sie, wie Ihre Zielgruppe das Produkt nutzen will? Ist die Nutzung so einfach, dass das ohne Anleitung geht? Könnte Sie so einfach sein? Wenn nein, was können Sie tun, um die Nutzer in die Nutzung einzuweisen oder zu schulen? Wie können Sie die Nutzer insgesamt besser unterstützen als Ihre Wettbewerber? Bieten Sie die regelmäßige Wartung Ihres Produktes oder Ihrer Anlage an? Gibt es Angebote für vorsorgliche Wartung?

5.2.2   Preis, Kosten und Kontrahierung

Hier geht es darum, sich bei diesen wichtigen Faktoren deutlich von der Konkurrenz zu unterscheiden. Dabei wird es im B2C-Umfeld häufig um den Listenpreis gehen. Im B2B-Umfeld spielt der Preis auch eine Rolle, kann aber ggf. weniger wichtig sein als das Produkt, die Dienstleistung oder die Lieferfähigkeit. Häufig werden B2B-Kunden auch auf die Kosten über den Nutzungszeitraum schauen und den Return-on-Invest (ROI) oder den Break-even-Point verstehen wollen. Wenn Sie sich dort vergleichen wollen, wo der Preis sehr stark im Vordergrund steht, also im B2C-Umfeld und bei hoch standardisierten Produkten im B2B-Umfeld, werden Sie nach Preislisten der Konkurrenten suchen und sich in den Preisen für die von der Zielgruppe gewünschten Produkte und Leistungen unterscheiden wollen. Auch bei Auktionen können Sie oft nur durch niedrige Preise gewinnen. Bei hartem Preiswettbewerb kann es helfen, sich durch niedrige Preise vom Wettbewerb zu unterscheiden. Das funktioniert auf Dauer aber nur, wenn dahinter eine Organisation steht, die hoch standardisiert und automatisiert ist und keine Variationen zulässt.

Hier sind Kosten der wichtigste Einflussfaktor, die dauernd beobachtet und wo möglich reduziert werden müssen. Dieses Thema wird im Abschn. 5.2.7 ausführlich behandelt. Aber Vorsicht, ein niedriger Preis kann von der Zielgruppe als niedriger Wert interpretiert werden. Sie können also mit einem höheren Preis einen höheren Wert signalisieren – aber auch nur, wenn Sie diesen in etwa liefern. Es geht also auch darum, welchen Nutzen Sie Ihren Kunden stiften und ob dieser Nutzen von Ihrer Zielgruppe mit der Akzeptanz eines höheren Preises einhergeht. Vergleichen Sie Ihre Angebote mit den relevanten Angeboten Ihrer Konkurrenten in Bezug auf den absoluten Preis, die gewährten Rabatte und die Zahlungsbedingungen. Mit diesem Wissen testen Sie verschiedene Wertangebote mit verschiedenen Preisen in Ihrer Zielgruppe. Das kann auch helfen zu verstehen, ob Ihre zukünftigen Kunden bereit sind, für alle denkbaren Funktionen extra zu zahlen und/oder ob sie für ein Angebot, das alle ihre Prioritäten abdeckt, auch einen hohen Preis zahlen würden. Eventuell stellen Sie dabei fest, dass Ihre Zielgruppe keinen Wert auf Extras legt und nur nach einem kostengünstigen Angebot sucht. Hier müssen Sie auch entscheiden, wie Sie Ihr Produkt oder Ihr Unternehmen positionieren wollen, ob das zu Ihrer Strategie und zu Ihrer Marke passt und ob der Wettbewerb das zulässt. Vielleicht lohnt es sich auch, den Kunden drei verschiedene Angebote mit unterschiedlichen Preisen und einhergehenden Angeboten zu machen, also z. B. das Basisangebot, das mittlere Angebot und das Luxusangebot. Diese drei Angebote können helfen, dass Ihre Kunden statt zum Einstiegsprodukt zum mittleren Produkt greifen, weil Sie ihnen Orientierung gegeben haben. Jetzt können sie wählen und empfinden das Einstiegsprodukt vielleicht als zu billig oder minderwertig und das Luxusangebot als zu teuer, weil sie so viel Geld jetzt nicht ausgeben möchten. Oder Sie verlangen unterschiedliche Preise zu unterschiedlichen Zeiten, also z. B. niedrige Preise in Zeiten geringer Auslastung und hohe Preise bei sehr großer Nachfrage. In einem B2B-Umfeld ist es generell schwieriger, Informationen über die Preise der Wettbewerber zu bekommen, weil diese häufig nicht veröffentlicht werden. Sie sind außerdem oft abhängig von Faktoren wie dem Zeitpunkt des Kaufes, der Menge oder dem Käufer. Beim Zeitpunkt geht es darum, ob der Käufer in Zeiten großer Nachfrage kauft, in der die Preise evtl. höher sind, oder ob er während einer bestimmten Saison kauft. Bei der Menge werden je nach Größenordnung der Bestellung unterschiedliche Preise aufgerufen. Vielleicht werden nach der Abnahme großer Mengen im Nachhinein Rabatte gewährt. Unterschiedliche Kunden waren evtl. auch unterschiedlich erfolgreich beim Verhandeln der Preise. Sie brauchen also einen Weg, möglichst viele und möglichst aktuelle Informationen über die Preise vergleichbarer Angebote Ihrer Wettbewerber zu bekommen. Vielleicht helfen gute Beziehungen zu Ihrer Zielgruppe. Evtl. haben Sie bei Ausschreibungen gegenüber dem Wettbewerb mit Ihren Preisen gewonnen oder verloren und können einen Korridor definieren, in dem Sie erfolgreich sein können. Vielleicht gibt es in Ihrer Branche auch Marktbeobachter, die regelmäßig die Preise für typische Produkte oder Funktionen erfassen und Nachfragern sowie Anbietern zur Verfügung stellen. Wenn diese Daten vorliegen, können Sie entscheiden, mit welchen Preisen und Rabatten Sie sich gegenüber dem Wettbewerb positionieren und ob Sie etwa gleiche Preise verlangen wollen, günstiger sein müssen oder teurer sein können. Mit einem guten

Verständnis Ihrer Zielgruppe sollten Sie in der Lage sein, zu entscheiden, was die richtige Vorgehensweise für Ihr Unternehmen und/oder Ihr Angebot ist. Beachten Sie dabei, dass sie die Preise einzelner Produkte oder Dienstleistungen im Verhältnis zu Ihren anderen Angeboten gut erklären können. Wie stufen sich die Preise für Ihr Einstiegsangebot, das Angebot für mittlere Bedürfnisse und Ihr Top-Angebot ab? Können Sie Ihr Basisprodukt günstig anbieten und damit keinen Gewinn erwirtschaften, aber die Ersatzteile dann teuer und mit sehr guten Gewinn verkaufen, wie das z. B. bei Rasierern/Rasierklingen oder bei Druckern/Patronen der Fall ist? Stehen die Preise für zusätzliche Funktionen in einem vernünftigen Verhältnis zum Preis des Basisproduktes? Wie begründen Sie den Preisunterschied zu einem Angebot der Konkurrenz? Haben Sie bei der Kalkulation Ihrer Preise genügend Platz für Preisreduzierungen durch Rabatte gelassen? Können Sie bei den Preisen, die Sie Ihren Vertriebspartnern berechnen immer noch Gewinn erwirtschaften und können Ihre Vertriebspartner von den Margen dann auch noch leben? Welche Preisstrategie verfolgen Sie? Wollen Sie bei den Kunden, die vielleicht die ersten sein wollen, die das neue coole Produkt kaufen, erst einmal sehr hohe Preise verlangen und diese dann je nach Nachfrage langsam reduzieren? Sind Ihre ersten Kunden bereit, diese hohen Preise zu zahlen? Ist Ihr Alleinstellungsmerkmal beim faktischen oder emotionalen Kundennutzen deutlich genug? Glauben Sie, dass Ihre Wettbewerber das zulassen? Oder wollen Sie mit niedrigen Preisen sehr schnell Marktanteile gewinnen und sich im Markt etablieren, bevor der Wettbewerb in den Markt eintritt? Brauchen Sie das evtl. zum Markteintritt eines ersten Produktes und können den niedrigen Gewinn später durch ein anderes Produkt ausgleichen? Können Sie das lange genug durchhalten bevor der Wettbewerb noch niedrigere Preise verlangt? Wie wollen Sie später höhere Preise durchsetzen? Sie sollten auch generell überlegen, wie Sie auf Preisänderungen Ihrer Konkurrenten reagieren. Das wird sicher abhängig davon sein, ob die Nachfrage besser oder schlechter ist als das Angebot. Bei einem Nachfrageüberhang und einer Preiserhöhung der Konkurrenz werden Sie wahrscheinlich schneller folgen, als bei einem Angebotsüberhang und einer Preisreduzierung des Wettbewerbs. Es wird auch davon abhängen, ob Ihre Kosten es erlauben, schnell zu folgen oder nicht. Es wird sicher auch davon abhängen, wie preissensitiv Ihre Zielgruppe ist. Wenn Sie selber eine Preiserhöhung planen, sollten Sie vorher kalkulieren, ob der höhere Preis je Stück die niedrigere Verkaufszahl im Umsatz wieder wettmacht.

Vor allem im B2B-Umfeld und bei höherwertigen Gütern wird Ihre Zielgruppe verstehen wollen, wie Ihre Produkte und Dienstleistungen helfen, ihre Kosten zu reduzieren und, ob Sie das besser können als Ihre Mitbewerber. Dazu müssen Sie die Organisation Ihrer Kunden, deren Wertkette (Value Chain) und die damit verbundenen Kostentreiber kennen. Sie sollten dann für die Angebote des Wettbewerbs so gut wie möglich verstehen, wie deren Produkte und Dienstleistungen die Kosten der Zielgruppe beeinflussen. Bei den wichtigsten Prozessen bzw. Aufgabenstellungen des Kunden müssen Sie die Kosten mindestens gleich gut reduzieren können. Bei einzelnen Prozessen sollten Sie besser sein, wenn Sie nicht auf wesentlichen anderen Gebieten, wie z. B. beim Produkt, besser sind. Wenn Sie also bei vielen Kundenprozessen gleich gut in der Kostenreduzierung sind wie

Ihre Konkurrenz, aber bei einzelnen deutlich besser, sollten Sie in der Lage sein, bei den Gesamtkosten eine signifikante Einsparung zu erreichen. Ihr Kunde wird ggf. erwarten, dass Sie erklären können, dass zwar Ihr Einstandspreis höher ist als der Preis der Konkurrenz, dass Sie aber den höheren Preis durch Einsparungen bei seinen Kosten sicher innerhalb von z. B. 24 Monaten wieder hereinholen und er bei einer Nutzungsdauer von vier Jahren erhebliche Einsparungen sieht. Das wäre ein starkes Argument im Verkauf. Gelingt es Ihnen nicht, sich durch den Preis oder die Kosteneinsparung beim Kunden zu unterscheiden, können Sie überlegen, ob Sie bei der Problemlösung einen höheren Kundenutzen bieten können. Vielleicht sollten Sie auch kostenlose Dienstleistungen anbieten, um ein hohes wahrgenommenes Risiko zu reduzieren. Das kann z. B. bei einem neuen Produkt, bei dem die Kunden Sorge haben, dass es problemlos funktioniert, ein Angebot für einen kostenlosen Test sein. Sie könnten günstigere Zahlungsbedingungen als der Wettbewerb anbieten oder die Möglichkeit einen teuren Kauf zu finanzieren oder Leasingangebote machen. Vielleicht haben Sie auch ein Produkt im Angebot, das regelmäßig Ersatzteile benötigt und können das Originalprodukt gerade kostendeckend anbieten und bei den Ersatzteilen mit deutlich höheren Margen arbeiten. Können Sie Ihren großen Kunden Preisverträge anbieten, bei denen Sie z. B. Preise mit Mengenstaffeln anbieten und die Kunden Ihre Mengen einfach online abrufen können? Vor allem bei Dienstleistungen können Sie mit Ihren Kunden Service Level Agreements abschließen. Hier garantieren Sie z. B. eine Leistung auf einem bestimmten Niveau oder diese bis zu einem bestimmten Termin zu erbringen. Halten Sie die Zusage ein, zahlt der Kunde den definierten Preis. Liefern Sie besser oder schneller, zahlt der Kunde mehr. Liefern Sie schlechter oder später, zahlt der Kunde weniger.

5.2.3 Distribution und Logistik

Hier beschäftigen Sie sich damit, wie Ihre Zielgruppe am leichtesten zu Ihren Produkten kommen kann. Dabei betrachten Sie die Vertriebskanäle, die das erlauben und die Wege, über die Ihre Waren zu Ihren Kunden kommen. Sie vergleichen die verschiedenen möglichen Wege mit denen Ihrer Konkurrenten. Auch hier geht es darum zu verstehen, wie wichtig diese Vertriebs- und Lieferwege Ihren Kunden im Vergleich zu anderen Elementen des Marketing-Mix sind. Je wichtiger sie sind, umso wichtiger ist es, dass Sie sich von Ihren Konkurrenten, die diese Zielgruppe ansprechen, unterscheiden. Beginnen Sie mit einer detaillierten Analyse, die das Ziel haben sollte, eine Vertriebsorganisation zu etablieren, die zu Ihren möglichen Kunden passt. Wie sind Ihre Kunden über die verschiedenen Länder, in denen Sie verkaufen wollen verteilt? Wie sind sie regional verteilt? Gibt es Städte, um die herum sich viele mögliche Kunden befinden? Gibt es innerhalb der Städte Gebiete mit hoher Kaufkraft oder Gebiete, in denen sich Ihre Zielgruppe bevorzugt aufhält oder einkauft? Wie verteilen sich die Kunden nach Größenordnung national, regional bzw. innerhalb großer Städte? Wie verteilen sich Ihre (möglichen) Kunden über Branchen? Gibt es bestimmte Branchen, die eine höhere

Wahrscheinlichkeit haben, Ihre Produkte oder Dienstleistungen zu kaufen? Gibt es einen Zusammenhang zwischen den Branchen Ihrer Zielgruppe und den Regionen, in denen sie agieren? Können Sie Muster finden, die Ihnen etwas über die Umsatzmöglichkeiten sagen? Wenn Sie schon länger im Markt sind, was wissen Sie über die Kunden der Vergangenheit? Gibt es Unterschiede nach Nation, Nationalität, Regionalität? Worin unterscheiden sich Kunden mit großen Umsätzen von Kunden mit geringen Umsätzen? Liegt das nur an der Größe der Kunden (Anzahl Mitarbeiter, Umsatz des Unternehmens) oder gibt es andere Gründe? Wie sind Ihre größten (möglichen) Kunden organisiert? Kaufen Sie nur über die eigene Zentrale ein oder dürfen Ihre Niederlassungen auch selbst einkaufen? Finden Sie durch Gespräche mit Ihrer Zielgruppe heraus, wie und wo diese gerne einkaufen möchte und versuchen Sie, genauso zu verkaufen. Führen Sie die gleiche Analyse auch für Ihre wichtigsten Konkurrenten durch. Wie sind deren Verkaufsorganisationen national verteilt, wie regional? Wo befinden sich ihre Läden in den Städten und warum gerade dort? Gibt es Produktverkäufer und gibt es Branchenverkäufer? Für welche Produktgebiete und für welche Branchen? Haben Sie eine eigene Vertriebsorganisation oder agieren sie über Händler, Distributoren, Value Added Reseller? Kann man online bestellen? Wenn Sie diese Übersicht für alle wesentlichen Konkurrenten erstellt haben, sollten Sie verstehen, wo die Mitbewerber ggf. besser aufgestellt sind und was Sie verändern sollten, um ein Alleinstellungsmerkmal im Verkauf bzw. Vertrieb zu erreichen.

Nehmen wir zunächst an, dass Sie selbst als Händler tätig sind. Sucht die Zielgruppe einen Anbieter mit sehr breitem Angebot? Haben Sie ein so breites Angebot? Wenn nein, können Sie Ihr Angebot mit den Produkten oder Dienstleistungen weiterer Anbieter ergänzen? Sucht Ihre Zielgruppe einen Spezialisten für ein bestimmtes Gebiet? Sind Sie der Spezialist und haben ein schmales, aber tiefes Angebot? Bieten Sie alles, was die Zielgruppe rund um ihr Hauptproblem braucht, an? Denken Sie an die Produkte und die Ersatzteile, denken Sie an die Beratung, die Installation, die Einführung, die Nutzung, die Wartung und die Reparatur? Sucht Ihre Zielgruppe regionale Angebote, bieten Sie diese an und kennzeichnen Sie die regionalen Erzeuger? Bieten Sie Ihre Angebote im Laden aber auch online an? Kann man bei Ihnen online bestellen und im Laden abholen? Ist Ihr Laden gut erreichbar? Können Sie Produkte, die Sie nicht im Laden verfügbar haben, schnell beschaffen und zum Kunden nach Hause liefern? Wie unterscheiden Sie sich von großen Online-Anbietern und wie von Ihren traditionellen Konkurrenten? Bieten Sie bessere Beratung? Können Ihre Kunden die Produkte im Laden anfassen und zu Hause ausprobieren? Wie reagieren Sie bei Reklamationen? Wie sehen Ihre Gesamtvertriebskosten im Vergleich zum Umsatz aus? Erzielen Sie ggf. mit höherem Aufwand auch deutlich mehr Umsatz? Passen Sie Ihre Preise der Saison an? Managen Sie schwache Zeiten durch Angebote mit niedrigen Preisen und starke Zeiten, mit hoher Nachfrage, durch Angebote mit hohen Preisen?

Nehmen wir an, Sie sind Hersteller eines Produktes für einen sehr spezifischen Zweck. Sucht Ihre Zielgruppe ein breites Angebot? Können Sie dieses mit eigenen Produkten anbieten? Wenn nein, brauchen Sie andere Anbieter, mit denen Sie zusammenarbeiten, um dieses Angebot liefern zu können? Oder können Sie Ihre Produkte bei

Händlern oder Distributoren anbieten, die ein breites Angebot offerieren? Suchen Ihre Kunden zusätzliche Hardware, Software oder Services, die Ihr Produkt oder Ihre Produkte ergänzen? Können Sie diese selbst ganz oder zum Teil liefern? Oder brauchen Sie Anbieter, die Ihr Produkt um weitere Komponenten ergänzen? Gibt es Value Added Reseller, die zu Ihrem Unternehmen und Ihren Angeboten passen? Wollen Sie oder wollen Ihre Partner, Händler usw. eine exklusive Vertriebsbeziehung oder wollen Sie viele Partner, die Ihre Produkte im Angebot haben? Sind die indirekten Vertriebswege für Ihr Angebot die richtigen? Können sie Ihre Produkte und Dienstleistungen gut erklären und effektiv verkaufen? Will Ihre Zielgruppe bei Ihnen direkt kaufen? Was ist die beste Vertriebsform? Brauchen Sie einen reinen Produktvertrieb, der Ihre Produkte sehr gut versteht? Können Ihre Produktspezialisten alle Ihre Kunden leicht erreichen oder müssten sie lange Vertriebswege zum Kunden in Kauf nehmen? Ist das finanziell sinnvoll? Erfordert Ihr Portfolio, dass Sie die Branche der Kunden genau kennen? Haben Ihre Branchenexperten genügend Kenntnisse über die gesamte Breite Ihres Angebotes? Werden Sie als der Branchenexperte wahrgenommen oder brauchen Sie einen Vertriebspartner der sich in der Branche besonders gut auskennt? Brauchen Sie verschiedene Organisationsformen im eigenen Vertrieb? Können Sie sich durch besseren Kundenzugang von Ihren Konkurrenten unterscheiden? Erreichen Sie die Masse Ihrer Kunden mit einer regional aufgestellten Vertriebsorganisation besser als die Konkurrenz? Wie einfach ist es für Ihre Zielgruppe, Sie zu erreichen? Wie pflegen Sie die Beziehungen zu Ihren existierenden Kunden? Gibt es exklusive Vertriebsteams für bestimmte Käufergruppen? Welche Vertriebsorganisation setzen Sie ein, um neue Kunden zu gewinnen? Brauchen Sie spezielle Vertriebsteams für Ihre wichtigsten Kunden? Gibt es wichtige Kunden, denen Mitglieder der Geschäftsführung zugeordnet sind? Haben Sie einen direkten Draht zu den wichtigsten Entscheidern etabliert? Wie unterscheiden Sie sich von anderen Herstellern? Treffen Sie die Art und Weise, wie Ihre Zielgruppe kaufen will, besser als die Konkurrenz? Ist Ihre Vertriebsorganisation für die Kunden leichter verständlich? Versteht Ihre Zielgruppe besser, wen Sie bei Ihnen ansprechen soll, wenn Sie Informationen zur Problemlösung sucht? Versteht sie, wen Sie ansprechen soll, wenn es um die Auswahl eines Produktes geht, wo sie etwas bestellt und wen sie braucht, wenn es um Upgrade-Möglichkeiten geht? Ist für die Zielgruppe leicht verständlich, wen Sie ansprechen soll, wenn sie ein Problem bei der Nutzung hat? Bieten Sie Möglichkeiten an, leicht verständliche Produkte online zu bestellen? Sind Ihre Vertriebskanäle zu den Zeiten erreichbar und ansprechbar, zu denen Ihre Zielgruppe das erwartet? Ist das nur während der üblichen Geschäftszeiten oder hat Ihre Zielgruppe andere Geschäftszeiten oder Nutzungszeiten? Wie erleichtern Sie Ihren Kunden, Produkte nachzubestellen? Gibt es längerfristige Verträge mit der Möglichkeit, Teilmengen einfach abzurufen? Gibt es hier telefonische oder Online-Bestellwege? Wie mischen Sie verschiedene Vertriebswege, um je nach Bedarf der Kunden dort zu sein, wo diese einkaufen. Haben Sie Ziele, wie viel Prozent Ihres Umsatzes durch welchen Kanal erzielt werden sollen? Ist diese Mischung besser als die Organisation Ihrer Mitbewerber? Können Sie darüber höhere Umsätze erzielen? Können Sie Ihre Marktanteile vergrößern? Sind Sie kostengünstiger unterwegs? Wie vermeiden Sie Konflikte zwischen den verschiedenen Vertriebsorganisationen? Ist klar, wer welche Region abdeckt? Wer deckt welche Branche ab, wer die kleinen Kunden, wer die Großkunden? Wie definieren Sie die Ziele jeder Vertriebs- oder Verkaufsorganisation? Wie vereinbaren Sie diese Ziele mit Ihren Vertriebskanälen? Wie steuern und messen Sie die Zielerreichung? Was tun Sie, wenn Ziele verfehlt werden? Welche Dienstleistungen bieten Sie über welche Vertriebskanäle Ihrer Zielgruppe an? Bieten Sie Dienstleistungen vor dem Kauf an, damit Ihre Kunden genau verstehen, welche Produkte ihre Probleme am besten lösen, wie sie den Durchsatz erhöhen können und wie sie die Kosten senken können? Sind Sie auf allen für Ihre Zielgruppe wichtigen Vertriebswegen besser aufgestellt als Ihre Konkurrenz? Wie haben Sie Ihre Logistik organisiert? Ist die Logistik in der Geschwindigkeit und Zuverlässigkeit mit der Logistik Ihrer Mitbewerber vergleichbar? Entspricht das den Erwartungen Ihrer Zielgruppe? Was müssten Sie tun, um die Erwartungen der Zielgruppe besser zu erreichen als Ihre Mitbewerber? Erwarten Ihre Kunden Just-in-Time(JIT)-Lieferungen? Wie gut sind sie in das Planungssystem Ihrer Kunden eingebunden, um pünktlich liefern und schnell auf Planänderungen reagieren zu können? Bieten Sie Dienstleistungen an, die Ihren Kunden helfen, Ihre Produkte schnell zu installieren und zu konfigurieren? Gibt es Unterstützung bei der effektiven Nutzung Ihrer Produkte? Kümmern Sie sich um die vorausschauende Wartung der Anlagen? Wie können Ihre Dienstleistungen Ihre Produkte so ergänzen, dass Ihre Zielgruppe sich bei Ihnen besser aufgehoben fühlt als bei Ihren Konkurrenten? Wie einfach können Ihre Kunden Sie erreichen wenn sie ein Problem haben? Gibt es eine Hotline, die rund um die Uhr erreichbar ist? Kann diese die Mehrzahl der Fragen beantworten und bei schwierigen Themen auf Spezialisten, auch außerhalb der Geschäftszeiten, zurückgreifen?

Wie können Sie sich von Ihren Mitbewerbern als reiner Dienstleistungsanbieter unterscheiden? Kennen Sie Ihre Kunden und deren Bedürfnisse, Wünsche, Ängste und Sorgen deutlich besser, als die Konkurrenz sie kennt? Verstehen Sie den natürlichen Kaufprozess Ihrer Zielgruppe für Ihre Art der Dienstleistungen? Haben Sie Ihr Dienstleistungsteam so organisiert, dass es den Bedürfnissen der Zielgruppe entspricht? Sind Ihre Mitarbeiter nach Art der Dienstleistung organisiert und kennen sich damit sehr gut, auch im Detail, aus? Werden Ihre Mitarbeiter um Rat gefragt, wenn es um die Auswahl der richtigen Dienstleistung geht? Haben Sie eine regionale Organisation, damit Ihre Dienstleistungen nahe am Kunden erbracht werden können? Sind Sie Ihren Kunden damit näher als die Konkurrenz? Haben Sie eine branchenspezifische Dienstleistungsorganisation? Wird diese von Ihren Kunden als eine Organisation wahrgenommen, die die Branche besser kennt als sie selbst? Werden Ihre Mitarbeiter um Rat gefragt, wenn es um Zukunftseinschätzungen für die Branche geht? Ist das Ihr Unterscheidungsmerkmal gegenüber Ihren Konkurrenten? Wie sieht es bei den Unternehmen aus, die Ihre wichtigsten Kunden sind oder sein könnten? Sind Sie hier besser aufgestellt als Ihre Mitbewerber? Kennen Sie die Ziele Ihrer Kunden besser? Verstehen Sie die Strategie besser? Haben Sie die aktuellen Probleme, Ängste und Sorgen besser analysiert? Haben Sie Zugang zu den wichtigsten Entscheidern und den wesentlichen Einflussnehmern? Stehen diese Ihrem Unternehmen positiv gegenüber? Je größer Ihre Marktchance bei einzelnen Kunden ist, umso wichtiger

ist diese Analyse. Evtl. lohnt es sich für große Marktchancen oder ganz wichtige Angebote spezielle Teams zu etablieren, die solche Marktchancen bei anderen großen Kunden
in der Vergangenheit schon erfolgreich gewonnen haben. Versuchen Sie auch zu verstehen, warum Sie gegenüber Ihren Konkurrenten in der Vergangenheit verloren haben. Das
wird nicht einfach sein, weil es natürlich viele Beteiligte gibt, die nicht an dem verlore-
nen Projekt beteiligt sein wollen oder die bei sich selbst keine Schuld sehen. Der Versuch
an möglichst viele objektive Fakten zu kommen hilft aber, sich künftig besser aufzustellen. Ganz generell können Sie auch versuchen, über Ihre Zielgruppe mehr über sich und
Ihre Konkurrenten zu erfahren. Haben Sie z. B. gemeinsame Kunden mit Ihren Konkurrenten? Was sagen Ihnen Ihre Kunden über die Erwartungshaltung gegenüber Ihnen und
gegenüber Ihren Mitbewerbern? Ist die Erwartungshaltung unterschiedlich? Warum ist
das so? Liegt das an der unterschiedlichen Positionierung der Unternehmen? Liegt es an
der Marke? Liegt es an Erfahrungen aus der Vergangenheit? Was sagen sie Ihnen über
Ihre Zufriedenheit mit der jeweiligen Vertriebsorganisation? Was können Sie für Ihre
Zielgruppe tun, um zum bevorzugten Lieferanten für Produkte oder Dienstleistungen zu
werden? Wie können Sie sich von Ihren Mitbewerbern abheben? Zuletzt sollten Sie überlegen, ob Sie wesentliche Kunden der Konkurrenz abwerben wollen und ob sich der Aufwand für Sie lohnt. Brauchen Sie dafür eigene besonders ausgebildete Teams, die nicht
nur Ihre Produkte und Dienstleistungen verstehen, sondern auch die Angebote des oder
der Konkurrenten? Was ist nötig, um Kunden zu überzeugen? Reicht das Angebot an
Produkten oder Dienstleistungen aus oder braucht es Dienstleistungen, um die Umstellung von den Angeboten der Konkurrenz auf Ihre Angebote zu planen und andere Services um die Umstellung durchzuführen? Müssen Sie Mitarbeiter der Kunden ausbilden,
um die neuen Produkte einsetzen, bedienen und warten zu können? Wie wird der Konkurrent auf Ihren Versuch reagieren?

5.2.4 Kommunikation

Hier geht es um die Erwartungshaltung Ihrer Zielgruppe in Bezug auf die Kommunikation zwischen ihr und den Unternehmen über deren Angebote und Kompetenzen sie sich
informieren will und bei denen sie kaufen will. Es geht also darum zu verstehen, welche
Informationen die Zielgruppe wann erwartet und wie Sie diese Information mindestens
genauso gut, wenn nicht besser, liefern können, wie das Ihre Konkurrenten tun. Es geht
dabei sowohl um Ihre Unternehmenskommunikation als auch um Ihre Produktkommunikation. Sie sollten also verstehen, wie sich Ihr Unternehmen von Ihren Konkurrenten
unterscheidet und das an eine breitere Gruppe von Interessenten kommunizieren. Was ist
der Zweck Ihres Unternehmens? Wo sind Ihre Stärken? Wie sieht es um Ihre Erfahrung
aus? Was kennzeichnet Ihr Innovationspotenzial? Wie solide sind Ihre Finanzen? Mit
welchen anderen Unternehmen oder Organisationen arbeiten Sie partnerschaftlich zusammen? Wer sind Ihre wichtigsten Referenzkunden? Haben Sie Auszeichnungen für Design,
Qualität, Mitarbeiterzufriedenheit usw.? Welches Profil haben Sie als Lösungsanbieter?

Durch Ihre Gespräche mit Ihrer Zielgruppe sollten Sie jetzt schon gut verstehen, was deren Bedürfnisse zu welchem Zeitpunkt des Kaufprozesses sind. Sie sollten auch verstanden haben, dass es nicht darum geht, welche Kommunikation Ihnen als Hersteller, Dienstleister oder Verkäufer wichtig ist, sondern, dass es um die Prioritäten Ihrer Zielgruppe geht und dass Sie Ihre Antworten in Kundensprache formulieren sollten, damit sie von der Zielgruppe verstanden werden. Beginnen Sie also mit dem Verständnis des Kaufprozesses und analysieren Sie Schritt für Schritt, was die Zielgruppe an Informationen sucht und wie Ihre Mitbewerber dieses Bedürfnis befriedigen. Wo werden welche Informationen über mögliche Lösungsalternativen angeboten? Wie detailliert sind diese? Kommuniziert der Informationsanbieter kompetent über verschiedene Alternativen? Können Sie das mit der gleichen Kompetenz bereits jetzt tun oder müssen Sie noch investieren, um gleichzuziehen? Was erwartet die Zielgruppe? Versetzen Sie sich in die Lage eines Interessenten und suchen Sie so nach Informationen, wie es der Interessent Ihrer Meinung nach tun würde? Unterstellen Sie nicht, dass er die Fachbegriffe für Lösungsalternativen kennt. Unterstellen Sie auch nicht, dass er Produktnamen kennt. Welche Information ist ihm an welcher Stelle des Kaufprozesses besonders wichtig? Findet er diese Information problemlos bei Ihrem Unternehmen und findet er sie leichter als bei Ihren Konkurrenten? Sind die Informationen bezüglich Umfang und Detailgrad ausreichend? Ist es zielgruppengerecht zusammengestellt oder bieten Sie allen Kunden die gleichen Informationen an? Ist die Information verständlich formuliert und passt sie zum erwarteten Wissensstand des Interessenten? Ist die Information übersichtlich dargestellt und gut strukturiert? Erwartet die Zielgruppe mehr und könnten Sie diese Erwartungshaltung besser befriedigen? Welche Informationen erwartet die Zielgruppe zur Anbieterauswahl und welche werden von Ihnen geboten oder geplant? Welche Informationen liefern die Mitbewerber und wo kann man diese finden? Wie leicht finden sich Informationen über die Produkte und dazugehörigen Dienstleistungen der Anbieter? Wie transparent sind die Informationen über Produktfamilien gestaltet? Ist die Positionierung verschiedener Produkte eines Anbieters klar und leicht verständlich? Wird klar, welches die Einstiegsprodukte sind und wie man vom jeweiligen Produkt zum nächst größeren oder leistungsfähigeren kommen kann? Sind Möglichkeiten zur Produktauswahl einfach zu verstehen? Gibt es Möglichkeiten, Anforderungen z. B. in einem Online-Tool zu spezifizieren, um darauf basierend Produktvorschläge zu erhalten? Wie gut motivieren Sie Ihre Zielgruppe sich mehr oder detailliertere Informationen anzusehen? Wie einfach ist die Auswahl von Zusatzprodukten oder Ersatzteilen gestaltet? Wie leicht kann die Zielgruppe Informationen über das gesamte Dienstleistungsangebot der verschiedenen Anbieter finden? Wie leicht kann sie die Angebote vergleichen? Gibt es z. B. Vergleichsplattformen? Werden die Vorteile Ihres Produktes oder Ihrer Produkte bei Vergleichen auf diesen Plattformen deutlich? Was können Sie tun, um Ihre Vorteile transparenter zu machen? Welche Informationen über Neuigkeiten, Produktverbesserungen und Innovationen gibt es für die verschiedenen Anbieter? Gibt es Patente? Gibt es Antworten auf die wichtigsten Fragen der Zielgruppe? Sind Informationen über die Preise und Geschäftsbedingungen leicht zugänglich? Sind sie übersichtlich dargestellt? Wo kann die Zielgruppe Informationen zu

Ansprechpartnern bei der Suche nach generellen Informationen über die Anbieterunternehmen finden? Wo findet sie Ansprechpartner für Produktinformationen, wo für Preisinformationen? Nach dieser Analyse der verschiedenen Anforderungen von der ersten Information über Lösungen bis hin zu Informationen über die Angebote verschiedener Hersteller haben Sie ein gutes Bild der Phase vor dem Kauf für Ihr Unternehmen und seine Angebote im Vergleich zu den Angeboten Ihrer Mitbewerber. Basierend darauf können Sie feststellen, an welchen Stellen Sie mindestens mit Ihren Mitbewerbern gleichziehen müssen und definieren, wo Sie sich von Ihren Konkurrenten unterscheiden bzw. unterscheiden wollen. Gibt es Gebiete, an denen Sie Unterschiede festgestellt haben, aber wo Sie nicht sicher sind, ob das für Ihre Zielgruppe relevant ist? Wenn ja, sollten Sie Ihre Zielgruppe befragen oder befragen lassen. Denken Sie auch an Informationen über Ihr Unternehmen und die Unternehmen Ihrer Mitbewerber. Bevor Ihre Zielgruppe sich endgültig entscheidet bei einem Händler, Hersteller oder Dienstleister zu kaufen, wird Sie wissen wollen mit wem sie es zu tun hat – vor allem bei größeren Investitionen. Ihre Aufgabe ist es also, Vertrauen bei der Zielgruppe aufzubauen und ihr Sicherheit zu vermitteln. Welche Informationen bieten Sie über Ihr Unternehmen an? Was erfährt Ihre Zielgruppe über das Unternehmen, seine Geschichte, seine Größe, sein Management und seine Mitarbeiter? Was sagen Sie über Ihre wichtigsten Kunden? Gibt es Auszeichnungen für gutes Management, für Innovationen oder gemeinnützige Aktivitäten? Gibt es Kooperationen mit anderen Anbietern, mit Lieferanten oder mit Hochschulen? Scheint das Unternehmen zu wachsen? Welche Informationen und Ansprechpartner bietet es für Interessenten an Lehrstellen, welche für Hochschulbewerber, welche für erfahrene Bewerber? Unterscheiden Sie sich auch bei den Informationen über das Unternehmen positiv von den Wettbewerbern? Wenn sich die Zielgruppe jetzt zum Kauf entschlossen hat, wie leicht machen Sie es ihr dann auch zu kaufen? Gibt es für wenig erklärungsbedürftige Produkte einen Webshop? Haben Sie selbst versucht dort zu bestellen, und haben Sie versucht bei der Konkurrenz zu bestellen? Wie leicht kann man die Angebote finden, wie leicht diese in einen Warenkorb legen? Wie transparent sind alle Komponenten der Preise inklusive der Versandkosten? Wie einfach findet man den Warenkorb mit allen ausgewählten Produkten? Wie einfach wird das Bezahlen gemacht? Kann man bei höherwertigen Produkten gegen Rechnung bestellen? Wird klar, dass man einfach zurückgeben oder umtauschen kann? Bekommt der Kunde eine Bestellbestätigung? Ist klar, wie lange die Lieferung dauert und wann der Kunde Sie erwarten kann? Kann er während der Lieferzeit nachsehen, ob der Termin noch steht und wird er über Veränderungen umgehend informiert? Wenn Sie Händler sind, haben Sie dann selbst versucht, bei der Konkurrenz zu kaufen? Haben Sie Ihre Mitarbeiter gebeten, mal in den Laden der Konkurrenten zu gehen und sich beraten zu lassen? Wenn es dort nicht so gut läuft wie bei Ihnen, gibt das Bestätigung und Motivation. Geht es dort besser, werden Sie und Ihre Mitarbeiter lernen, wo sie sich noch verbessern können. Sucht der Kunde bei Ihnen als Händler oder bei Ihnen als Hersteller erklärungsbedürftiger Produkte oder bei Ihnen als Dienstleister Beratung, stellt sich die Frage, wie leicht Sie ihm das, besonders im Vergleich zum Wettbewerb, machen. Findet er die wichtigsten Fragen im Internet beantwortet? Gibt es

Suchfunktionen auf Ihrer Webseite? Sind Ihre Produktseiten gut strukturiert? Kann er online Fragen stellen oder findet er leicht Ansprechpartner? Sind diese, ohne lange Wartezeit und Kosten, leicht telefonisch zu erreichen und auskunftsfähig? Wie einfach wird ihm dann die Bestellung gemacht? Kann er gleich dort bestellen, wo seine Fragen beantwortet wurden und wo ihm das richtige Produkt empfohlen wurde oder muss er danach an einer anderen Stelle bestellen? Bedeutet das erneuten Suchaufwand für ihn? Kann er telefonisch bestellen und schicken Sie ihm die Bestellbestätigung oder wollen Sie, dass er schriftlich bestellt und schweigen dann? Was erwartet Ihre Zielgruppe und wie gut treffen Sie die Erwartungen im Vergleich zu Ihren Wettbewerbern? Wie geht es nach der Lieferung weiter? Bieten Sie Hilfe bei der Installation, der Inbetriebnahme und der Nutzung des Produktes an? Findet er diese Information online als Gebrauchsanweisung oder als YouTube-Film? Gibt es persönliche Unterweisung und Hilfe? Gibt es bei Bedarf Telefonunterstützung? Kommt diese automatisch oder nur auf Bestellung? Wie einfach ist die Bestellung, was kostet die Unterstützung, wie findet er Ansprechpartner? Dasselbe gilt für die Wartung der Produkte, die Hilfe bei Problemen oder die Reparatur der Anlagen. Bei allen Nach-Kauf-Aktivitäten sollten Sie unbedingt aus der Sicht des Kunden denken und sich fragen, was Sie an seiner Stelle erwarten würden. Können Sie ihm besser helfen als Ihre Mitbewerber? Eine wichtige Informationsquelle für Käufer sind Ihre Freunde bzw. Kollegen, die ähnliche Probleme schon gelöst haben, ähnliche Produkte gekauft haben oder ähnliche Dienstleistungen genutzt haben. Das sind ggf. Käufer, die bei Ihrem Unternehmen schon gekauft haben. Wie leicht machen Sie es diesen Personen, Ihre Angebote weiterzuempfehlen bzw. im Internet positiv zu beurteilen? Nachdem Sie jetzt den gesamten Prozess von der Suche nach möglichen Problemlösungen über den Kauf bis hin zu Lieferung und Wartung analysiert haben, sollten Sie sich ein Bild über Ihre Kommunikation im Kaufprozess machen und entscheiden, an welchen Stellen Sie sich von Ihren Wettbewerbern positiv unterscheiden und an welchen Stellen Sie sich noch verbessern wollen.

5.2.5 Personal

Hier geht es um die Mitarbeiter Ihres Unternehmens und darum, wie Sie sich von Ihren Konkurrenten durch eine deutlich ausgeprägte Kundenorientierung unterscheiden können. Die Mitarbeiter der Konkurrenz, deren Kundenorientierung und ihre Kompetenzen zu verstehen, ist sehr schwierig. Vielleicht ist Ihre Personalleiterin in gemeinsamen Netzwerken mit den Personalleitern Ihrer Konkurrenten aktiv und versteht Zielsetzungen, Personalauswahl und Weiterbildungsprogramme der Konkurrenten gut. Vielleicht haben Mitarbeiter der Konkurrenten zu Ihnen gewechselt und Sie kennen die Beweggründe. Vielleicht sind Sie in Verkaufssituationen auf Mitarbeiter des Wettbewerbs getroffen und können deren Vor- und Nachteile beurteilen. Versuchen Sie so viel wie möglich über das Thema Personal bei Ihren Wettbewerbern zu versehen. Mitarbeiter beeinflussen Kundenentscheidungen und sind das Gesicht eines Unternehmens gegenüber Ihren Kunden. Bei

Dienstleistungen erbringen Sie die Leistungen und sind deshalb besonders wichtig bzw. sichtbar. Es genügt nicht, dass nur Mitarbeiter mit direktem Kundenkontakt kundenorientiert sind. Ihr Ziel sollte sein, dass alle Mitarbeiter kundenorientiert sind. So wird z. B. ein Mitarbeiter der Verwaltung einen Vertriebskollegen besser unterstützen, wenn er versteht, dass sein Gehalt am Ende durch die Kunden bezahlt wird. Alle Mitarbeiter sollten verstehen, dass Kunden bei Unternehmen kaufen, bei denen sie sich verstanden fühlen und die ihre Bedürfnisse besser befriedigen. Sie sollten verstehen, dass zufriedene Kunden ihr Unternehmen weiter empfehlen und wieder kaufen. Dazu brauchen Sie klare Ziele und eine ausgeprägte Unternehmenskultur. Sie müssen ein Wertesystem, Verhaltensregeln und -muster vorgeben, ein gutes Betriebsklima etablieren und Ihr Mitarbeiter-Bewertungs- und Bezahlungssystem auf Kundenorientierung ausrichten. Ihr Managementteam muss sich den Zielen verpflichtet fühlen und Kundenorientierung vorleben. Alle Mitarbeiter sollten sich mit Ihrem Unternehmen und mit den Bedürfnissen Ihrer Kunden identifizieren. Sie müssen für Ihre jeweilige Aufgabe qualifiziert und motiviert sein und für die Lösung der Kundenprobleme Erfahrungen mitbringen. Wenn die Ziele definiert sind, sollten Sie den Istzustand analysieren. Messen Sie die Mitarbeiterzufriedenheit. Zufriedene Mitarbeiter gehen positiver mit Ihren Kunden um, sie sind offener für neue Ideen und kreativer. Befragen Sie Ihre Mitarbeiter zu Ihrer Einstellung zu Ihrem Unternehmen. Befragen Sie sie, wie sie das Alleinstellungsmerkmal Ihres Unternehmens definieren. Vielleicht finden Sie Aspekte, die Sie übersehen haben oder lernen, dass das Verständnis über Ihre Alleinstellungsmerkmale verbessert werden muss. Etablieren Sie eine kundenorientierte Kultur. Sorgen Sie dafür, dass Ihre Mitarbeiter auch in kritischen Situationen und mit schwierigen Kunden freundlich umgehen. Definieren Sie, welche Kenntnisse bei den Mitarbeitern der jeweiligen Abteilungen und Funktionen nötig sind, um intensiver auf die Wünsche, Ängste und Sorgen Ihrer Zielgruppe einzugehen. Bestimmen Sie, bei welchen Mitarbeitern bzw. Funktionen Sie mit Ausbildung in Kundenverständnis und Kundenorientierung die Situation verändern können und organisieren Sie diese Schulungen. Welche Mitarbeiter brauchen eine bessere Ausbildung über Ihre Produkte und Dienstleistungen? Wer muss die Aufbau- und Ablauforganisation besser verstehen, damit er Kundenanfragen schneller weiterleiten kann? Wo brauchen Sie Ausbildung in Arbeitsorganisation, damit Mitarbeiter Kundenanliegen strukturierter bearbeiten können? Investieren Sie nicht nur in die Mitarbeiterqualifikation, sondern auch in die Mitarbeitermotivation. Messen Sie nach, ob und wo sich die Situation verbessert hat und wo weitere Maßnahmen notwendig sind. Belohnen Sie Mitarbeiter mit herausragender Kundenorientierung. Scheuen Sie sich auch nicht, Mitarbeiter, die zur neuen oder verbesserten Kundenorientierung nicht mehr passen, auszutauschen. Sorgen Sie bei Neueinstellungen für kundenorientierte Mitarbeiter und für Mitarbeiter, die Kenntnisse über Ihre Zielgruppe mitbringen. Ihr Ziel sollte sein, dass am Ende alle Mitarbeiter, auch die in der Verwaltung, bei Ihrer täglichen Arbeit aus Sicht des Kunden vorgehen. Dann werden Sie Kundenprobleme schneller erkennen, Abläufe und Interaktionen aus Kundensicht optimieren und ihr Verhalten anpassen. Kundenorientierung wird Teil des täglichen Lebens. Analysieren Sie, wie motiviert die Mitarbeiter Ihrer Konkurrenten sind und wie stark kundenorientiert sie sind. Welche Kompetenzen besitzen sie und wie treten sie gegenüber Kunden auf? Lesen Sie z. B. die Stellenanzeigen Ihrer Konkurrenten und informieren Sie sich auf Plattformen auf denen Mitarbeiter Ihre Arbeitgeber beurteilen, wie Kununu. Wo und wie können Sie sich positiv von Ihren Konkurrenten abheben? Wie können Sie die Motivation der Mitarbeiter verbessern? Wie können Sie die Kompetenzen Ihrer Mitarbeiter dem Bedarf des Marktes anpassen? Verstehen alle Mitarbeiter, wer Ihre wichtigsten Konkurrenten sind und was deren Stärken und Schwächen sind? Was können Sie tun, um attraktiver für Stellenbewerber zu werden?

Beginnen Sie mit dem Markt- und Kundenverständnis. Wie gut kennen Ihre Mitarbeiter den Markt in dem Sie sich befinden? Wie gut kennen Sie Ihre Zielgruppendefinition? Wie gut deren Angebote, Prioritäten und Bedürfnisse? Wissen sie, wer Ihre wichtigsten Konkurrenten sind und wie sie sich unterscheiden? Dazu braucht es gute Informationen und ggf. Schulungen. In größeren Organisationen braucht es Marktforschung. Haben Sie ein Team, das versteht, wie wichtig Informationen über den Markt, Ihre Zielgruppen, Ihre wichtigen Kunden und Ihre Konkurrenten sind? Oder besorgen Sie diese Informationen für Ihr Unternehmen? Wer versorgt alle Mitarbeiter mit zu Ihren Bedürfnissen passenden Informationen in regelmäßigen Abständen? Gibt es Feedback der Mitarbeiter ob diese Informationen ausreichend sind und ob sie so aufbereitet sind, dass die internen Zielgruppen diese leicht verarbeiten können? Ist den Mitarbeitern der Produkt- oder Dienstleistungsentwicklung klar, dass Kundenorientierung für geringere Kosten bei Entwicklung und Produktion sorgt? Verstehen Sie, dass sich Produkte, die ganz nah an den Kundenbedürfnissen entwickelt wurden, leichter verkaufen lassen? Holen die Mitarbeiter regelmäßig Feedback von ihren Zielgruppen ein und verstehen Sie den Design-Thinking-Prozess? Haben Sie Entwickler in den Design-Thinking-Zielen, -Methoden und -Werkzeugen ausgebildet? Wenden sie die Methoden regelmäßig an? Haben Sie auch existierende Produkte mit Kunden überprüft, um festzustellen, welche Funktionen überflüssig sind und welche fehlen? Werden Einsparungen auf Funktionen beschränkt, die der Kunde nicht sieht? Ist Ihre Entwicklungsabteilung deutlich klarer kundenorientiert, als die Entwickler Ihrer Konkurrenten? Wie gut verstehen die Mitarbeiter Ihrer Marketingabteilung die Bedeutung einer Zielgruppenorientierung beginnend mit der Marktforschung über die Beratung der Produktmanager bis hin zur Kommunikation ihres Alleinstellungsmerkmals an Kunden? Werden Sie nicht nur in Marketingwerkzeugen, sondern auch in Zielgruppenorientierung weiter gebildet? Bekommen Sie regelmäßig Informationen über die Zielgruppe und ihre Bedürfnisse? Wie gut sind die Branchenkenntnisse der Mitarbeiter? Haben die Marketingmitarbeiter schon Kunden getroffen? Waren Sie schon zu Besuch bei wichtigen Kunden? Haben Sie z. B. mal an einer Werksführung beim Kunden teilgenommen? Gab es Praktika bei Ihrer Zielgruppe? Wie gut verstehen Ihre Marketingmitarbeiter den Markt, die Marktentwicklung, die Bedürfnisse Ihrer Zielgruppen, Ihre Konkurrenten und deren Stärken und Schwächen? Wie zielgruppenorientiert ist Ihre Vertriebsorganisation? Unter der Annahme, dass deren Produktkenntnisse und/oder die Kenntnisse über Ihr Dienstleistungsangebot schon genügend vorhanden sind – was sollte getan werden, um die Kenntnisse über die Zielgruppe zu verbessern? Wie gut ist das

Branchenwissen? Was können Sie tun, um die Kenntnisse über einzelne (zukünftige) Kunden zu verbessern? Wie gut sind die Kenntnisse über die Bedürfnisse der Zielgruppen und ihre Veränderungen in der Vergangenheit? Was wissen Sie über Veränderungen im Kauf- oder Nutzungsverhalten in der Zukunft? Suchen Ihre Vertriebsmitarbeiter bei Ihren Kunden nach weiteren Verkaufspotenzialen und informieren ggf. die Entwicklungsabteilung über ungenutzte Chancen? Identifizieren Ihre Servicemitarbeiter Verkaufschancen, die ihnen bei der Wartung ins Auge springen? Was müssen Sie tun, um die Kompetenzen Ihrer Vertriebs-und Servicemitarbeiter zu verbessern? Welche Ausbildung und welche Schulungen benötigen sie? Welche Informationen über Branchen, wichtige Kunden, Kundebedürfnisse und Konkurrenten sollten sie ihnen regelmäßig zur Verfügung stellen? Wie können Sie das Kundenverständnis der Verkäufer verbessern? Wie können Sie das Problemverständnis erhöhen? Was müssen Sie lernen, um neue Technologien besser nutzen zu können? Wie gut kennt ein Vertriebsmitarbeiter die wichtigsten Konkurrenten und deren Stärken und Schwächen? Bitten Sie Ihre Verkäufer, Testeinkäufe von Produkten und Dienstleistungen bei Ihren Konkurrenten zu tätigen und/oder Konkurrenzprodukte zu testen und das dabei erlangte Wissen zu dokumentieren und intern weiter zu geben? Wie gut können sie Ihr Angebot beim Kunden gegen die Konkurrenz positionieren? Ist der Auftrag Ihrer Verkäufer mit dem Abschluss des Kaufvertrages beendet oder begleitet er die Kunden bei der Installation oder bei der Nutzung? Fragt er beim Kunden nach dem Kauf, ob er zufrieden ist? Ist er auch für Reklamationen verantwortlich und behandelt er diese im Sinne des Kunden? Fühlt er sich als Advokat des Kunden gegenüber der Entwicklungsabteilung und der Verwaltung? Versteht er die Probleme seiner Zielgruppe und die Problemursachen und kann er ihr adäquate Lösungen anbieten? Versteht er, dass seine Informationen über die Bedürfnisse der Zielgruppe Ihrem Unternehmen als kostenlose Marktforschung zur Verfügung stehen könnten? Löst er Kundenprobleme zeitnah zur Zufriedenheit seiner Kunden? Gibt es ggf. auch an anderen Stellen Ihrer Organisation Partnerschaften zwischen Ihren Mitarbeitern und Mitarbeitern Ihrer wichtigsten Kunden? Haben Sie über unterschiedliche Modelle für die Betreuung Ihrer Kunden nachgedacht? Also z. B. Selbstbedienung für eilige Kunden, Ansprechpartner, die viele Kunden mit niedrigen Umsätzen betreuen und persönliche Berater für Ihre wichtigsten Kunden? Passen die Kompetenzen Ihrer jeweiligen Mitarbeiter zu den Kompetenzen Ihrer Kunden? Trifft also z. B. der Betriebswirt den Betriebswirt und der Techniker den Techniker? Setzen Sie die besten Mitarbeiter mit den passenden Kompetenzen ein, um die wichtigsten Probleme Ihrer wichtigsten Kunden zu lösen? Verstehen Ihre Mitarbeiter bei denen der Kunde kauft, welche Erwartungshaltung er nach dem Kauf hat? Wenn er die Produkte gleich mitnehmen will, helfen Sie ihm ggf. beim Transport? Wenn sie erst später liefern können, informieren Sie ihn über den Liefertermin und haben sie das Ziel, den Termin einzuhalten? Befragen Sie den Kunden nach der Lieferung, ob er zufrieden ist und nehmen Sie ggf. seine Unzufriedenheit ernst? Was tun Sie, um den Kunden bei der Nutzung zu unterstützen? Wie erleichtern sie dem Kunden die Wartung und wie leicht sind sie bei Problemen zu erreichen? Wie freundlich und kompetent sind Sie bei der Problembehandlung? Verstehen Ihre Mitarbeiter in der Logistik und im Service, worauf es Ihren Kunden ankommt, wie Sie sich von den Konkurrenten unterscheiden und was sie tun können, um noch kundenorientierter zu werden? Gerade im Service sind Mitarbeiter und ihr Verhalten oft das entscheidende Kriterium, an dem sich Kundenzufriedenheit manifestiert. Oft helfen Sie Ihrer Zielgruppe das gefühlte Kaufrisiko zu reduzieren. Wie haben Sie Ihre Mitarbeiter im Dienstleistungsbereich ausgewählt? Wie bilden Sie Ihre Mitarbeiter aus und wie schaffen Sie besondere Kompetenzen? Welche Verhaltensregeln geben Sie Ihren Mitarbeitern für den Service? Wie werden Kunden begrüßt, wie kompetent werden die Kunden beraten, wie schnell werden deren Wünsche aufgenommen und wie prompt werden sie erfüllt? Welche Entscheidungskompetenzen geben Sie Ihren Mitarbeitern, um diese in die Lage zu versetzen, Kundenwünsche ohne Rückfragen unbürokratisch zu befriedigen und Probleme selbstverantwortlich und schnell zu lösen? Was tun Sie, um die Kreativität der Mitarbeiter zu verbessern, was um Mitarbeiter für Verbesserungsvorschläge zu belohnen? Wie wichtig sind Ihre Zielgruppen und deren Bedürfnisse Ihren Verwaltungsmitarbeitern? Haben sie ein offenes Ohr für deren Wünsche? Sind Sie auch bei komplizierten Anfragen oder unhöflichen Kunden freundlich und professionell? Sind Sie so organisiert, dass Sie Anfragen schnell an die richtige Stelle weiterleiten? Stellen Sie sicher, dass die Anfragen zeitnah beantwortet werden? Gibt es klare Vertretungsregeln bei Abwesenheit? Entlasten Sie den Vertrieb von Tätigkeiten, die nicht direkt zum Verkauf führen? Verstehen Sie, wer die wichtigsten Konkurrenten sind und was Sie tun können, um die Zielgruppe besser zu behandeln bzw. zu bedienen als die Konkurrenz? Haben Sie schon alle Möglichkeiten genutzt, um die Produktivität Ihrer Mitarbeiter ganz generell zu verbessern? Was haben Sie getan, damit gerade Ihre Vertriebsmitarbeiter und die Kollegen im Service produktiver werden? Wenn Sie jetzt alle Organisationen in Ihrem Unternehmen betrachten, an welchen Stellen ist die Kundenorientierung schon konkurrenzfähig, an welchen Stellen sind Sie besser als die Konkurrenten und wo müssen Sie noch besser werden? Wie gut sind die benötigten Kompetenzen vorhanden? Wie offen sind die Mitarbeiter für Veränderungen bedingt durch neue Technologien oder durch veränderte Kundenbedürfnisse?

5.2.6 Physikalische Umgebung und Ausstattung

Hier geht es um den Ort oder die Orte der Leistungserbringung Ihres Unternehmens und darum, wie Sie sich durch diesen Ort von Ihren Konkurrenten unterscheiden können. Die Umgebung in der Ihre Zielgruppe einkauft oder sich beraten lässt entscheidet ggf., ob Ihre Zielgruppe bei Ihnen kauft oder bei Ihrer Konkurrenz und sie hat einen Einfluss auf die Höhe des Umsatzes, den Sie mit einem Kunden erzielen können. Die physikalische Umgebung Ihrer Konkurrenten ist relativ leicht zu analysieren. Nutzen Sie diese Informationen, um sich besser zu positionieren. Es geht dabei nicht nur um den Platz an dem sich das Unternehmen oder seine Niederlassung oder Filiale befindet, sondern auch darum, wie man diesen Standort erreichen kann. Als Orte werden dabei nicht nur Läden, Praxen oder Unternehmenszentralen bezeichnet, sondern auch Taxis, Busse, Flugzeuge usw. definiert. Es geht auch um die Wirkung, die von außen entsteht und um den

Eindruck den der Innenraum hinterlässt. Es geht um die Nutzerfahrung mit und in dem Ort. Sie sollten also verstehen, wie wichtig für Ihr Unternehmen und seinen Zweck die physikalische Umgebung für Ihre Zielgruppe ist. Sind Sie z. B. im B2B-Umfeld unterwegs und beliefern Ihre Kunden direkt, sodass diese nie an Ihren Standort kommen, brauchen Sie natürlich nicht viel zu tun. Wenn Sie aber im B2C-Umfeld aktiv sind und Ihre Zielgruppe Ihren Laden besucht, ist dieses Thema sehr wichtig und hat entscheidenden Einfluss. Es hält ggf. einen möglichen Kunden davon ab, überhaupt in Ihren Laden zu kommen. Immer dann, wenn die physikalische Umgebung Ihrer Zielgruppe wichtig ist, ist es entscheidend, sich dort von Ihren Konkurrenten abzuheben. Analysieren Sie also diese Umgebung und Ausstattung Schritt für Schritt und vergleichen Sie sie mit der Ihrer wichtigen Konkurrenten. Versuchen Sie bei allen Gebieten mindestens gleichwertig zu sein und sich bei einzelnen deutlich abzugrenzen. Befragen Sie die Mitarbeiter, die häufig Kundenkontakt haben, was Sie verbessern sollten und beziehen Sie diese Mitarbeiter in die Umgestaltung Ihrer Umgebung mit ein.

Ihre Zielgruppe wird erwarten, dass Sie leicht zu finden sind. Das heißt, ein Ladenlokal sollte sich dort befinden, wo die Zielgruppe solche Läden erwartet. Ist Ihr B2C-Unternehmen nahe genug am Wohnort Ihrer Zielgruppe? Wo hält sich Ihre Zielgruppe regelmäßig auf? Sind Sie dort auch vertreten? Sind Sie als Speditionsunternehmer z. B. in einem Industriegebiet mit vielen produzierenden Unternehmen? Sind Sie als B2C-Unternehmen im Stadtzentrum oder in wichtigen Einkaufsstraßen, in der Nähe des Bahnhofs oder anderer öffentlicher Verkehrsmittel ansässig? Wie findet die Zielgruppe zu Ihnen? Kann Sie sie leicht über ein Navigationsgerät finden? Ist Ihre Adresse für Navigationsgeräte ggf. eine andere als die Postadresse? Vielleicht ist Ihr Parkplatz um die Ecke in einer anderen Straße. Dann brauchen Sie vielleicht zwei Adressen, die des Parkplatzes oder Parkhauses und die des Unternehmens. Wie vergleicht sich Ihre Lokation mit dem Standort und Auftritt Ihrer Konkurrenten? Wie sieht es rund um Ihre Lokation aus? Sind Wege und Plätze schön angelegt? Ist die Umgebung sauber, aufgeräumt und sicher? Kann man Ihr Gebäude von weit her erkennen, weil es ein besonderes Design hat? Ist Ihr Firmenname außen gut sichtbar angebracht? Kann Ihre Zielgruppe von außen klar erkennen, warum Sie zu Ihnen kommen soll und nicht zu einem der anderen Unternehmen in Ihrer Umgebung mit ähnlichem Angebot? Sieht man von außen, dass Sie eine Etage in einem hohen Haus belegen z. B. durch Beschriftung Ihrer Fenster? Wie findet der mögliche Kunde Sie in einem Hochhaus? Sind Ihre Öffnungszeiten kundenorientierter als die der Konkurrenz? Kann Ihre Zielgruppe z. B. auf dem Weg zum Büro oder auf dem Weg nach Hause noch bei Ihnen einkaufen oder sich beraten lassen, obwohl das vor 9 Uhr oder nach 17 Uhr ist? Wie oft muss er klingeln? Wie wird er empfangen? Kennt man seinen Namen und den Namen seines Unternehmens? Wird er gefragt wie gut die Anreise war? Haben Sie sich einmal in die Lage eines Kunden versetzt, der zwei Stunden zu Ihnen angereist ist und unterwegs länger in einem Stau stand? Was würde Sie begeistern, wenn Sie an die Rezeption kommen? Wären kalte Getränke, Kaffee und Tee nicht ein besonderes Angebot während Sie darauf warten, abgeholt zu werden? Wie elegant und exklusiv wirkt Ihr gesamtes Ambiente und welches Prestige vermitteln Sie Ihren Besuchern? Wie

bequem sind die Sessel, auf denen der Kunde wartet? Gibt es Flyer über das Unternehmen oder seine Produkte? Gibt es Zeitschriften oder läuft der Fernseher mit einem Nach-
richtensender? Wie können Sie lange Wartezeiten vermeiden, die gefühlte Wartezeit Ihrer
Kunden verkürzen oder wenigstens so angenehm wie möglich gestalten? Nehmen Sie an,
Sie sind ein Kunde der Ihren Laden betritt. Wird er gleich freundlich begrüßt und nach
seinen Wünschen gefragt? Welche Atmosphäre nimmt er wahr? Passt diese zu Ihrem
Unternehmenszweck und zu Ihrem Image? Welche Umgebung würde Ihre Zielgruppe bei
Ihren Konkurrenten antreffen? Unterscheiden Sie sich positiv? Wie findet man sich in
Ihrem großen Laden zurecht? Findet man leicht, was man sucht? Sind die Produkte dort,
wo es der Kunde erwartet? Helfen Ihre Mitarbeiter den Kunden gerne bei der Orientierung und beraten Sie Ihre Kunden bei Bedarf? Haben Sie überlegt, was Sie tun müssen,
um Ihrer Zielgruppe Gründe zu geben in Ihren Laden zu kommen und nicht online einzukaufen? Kann er die Produkte anfassen und ausprobieren? Kann er sie probieren? Kann
er sie riechen und schmecken? Wenn Sie einfach zu verstehende Produkte zum Mitnehmen verkaufen oder Dienstleistungen für eilige Kunden anbieten, sollten Sie überlegen,
ob Sie für diese Produkte Selbstbedienung offerieren. Diese Leistungen finden Sie ja
heute nicht nur in Supermärkten und an Tankstellen, sondern auch in Restaurants, an
Bankautomaten, beim Online-Banking und bei der Online-Flugbuchung. Einige sind
auch außerhalb der normalen Öffnungszeiten verfügbar, was wieder im Sinne der Zielgruppe ist. Bei erklärungsbedürftigen Produkten oder Produkten, denen die Käufer einen
hohen Wert beimessen, sollten Sie dem Kunden Zeit zur Entscheidung geben. Können
Ihre Kunden Ihre Angebote emotional erleben? Laden Sie zu einem Event in Ihre Lokation ein, um der Zielgruppe einen Anlass zu geben zu Ihnen zu kommen? Bieten Sie
etwas, das der Kunde sonst nicht bekommt, z. B. Informationen über zukünftige Produkte
von einem Ihrer Lieferanten? Bieten Sie die Möglichkeit, etwas emotional zu erleben? Ist
Ihre Aufenthaltsqualität so gut, dass Kunden länger bleiben und sich Zeit zur Auswahl
der Produkte nehmen? Gibt es genügend Frischluft, ist die Beleuchtung ausreichend und
angenehm, ist es sicher, sauber und aufgeräumt und stimmt die Raumtemperatur? Bieten
Sie Ihren Kunden Getränke und Kleinigkeiten zum Naschen an, damit sie sich wohlfüh-
len, länger bleiben und deshalb evtl. mehr kaufen? Welche Dienstleistungen könnten Sie
Ihren Kunden an diesen Orten anbieten, um alle Bedürfnisse rund um den Kauf zu befriedigen, jetzt, wo der Kunde schon bei Ihnen ist? Welche Dienstleistungen erwartet der
Kunde vielleicht von jedem Dienstleister, z. B. WLAN-Zugang? Welche davon können
Sie kostenlos anbieten, um sich vom Wettbewerb abzuheben? Für welche würden die
Kunden gerne zahlen? Welche Dienstleistungen würden Ihre Zielgruppe dazu bringen,
überhaupt in Ihren Laden zu kommen? Welche Produkte könnten Sie dann rund um das
Dienstleistungsbedürfnis anbieten? Wie sind Ihre Konferenzräume ausgestattet? Gibt es
noch viel Papier oder werden moderne Medien eingesetzt? Stehen Getränke bereit und ist
die Bewirtung angemessen? Haben Sie überlegt, Ihren Kunden in einem Kundenzentrum
Informationen über Ihre aktuellen und Ihre zukünftigen Produkte zu geben? Kann sich
Ihre Kantine auch vor Ihren Kunden sehen lassen oder haben Sie ein Kundenrestaurant?
Sind die Toiletten wirklich kundengeeignet oder einfach nur vorhanden? Wie gestalten

Sie die Beratung Ihrer Zielgruppe so, dass die Probleme, Wünsche und Sorgen gut verstanden werden und es eine passende Lösung gibt? Werden moderne Werkzeuge bzw. Betriebsmittel eingesetzt? Gibt es Möglichkeiten, Ihre Produkte auszuprobieren? Gibt es gute Beratung zu den Unterschieden, Vor- und Nachteilen der verschiedenen Alternativen? Wie einfach und leicht gestalten Sie die Bezahlung ohne Wartezeiten? Wie unterstützen Sie Ihre Kunden beim Abtransport, insbesondere von schweren oder unhandlichen Gütern? Bieten Sie einen kostenlosen Lieferservice an, während Ihre Konkurrenz das nicht tut? Was tun Sie, wenn es vor Ihrer Tür stark regnet oder schneit? Wie kommt Ihr Kunde trockenen Fußes zu seinem Fahrzeug? Waren Sie und/oder Ihre Mitarbeiter mal in den Läden, den Verwaltungssitzen oder den anderen Orten der Konkurrenz? Was haben Sie denn an positiven oder negativen Dingen gelernt? Haben Sie das gelernte auch umgesetzt? Können Kunden Ihre Mitarbeiter auch an Ihrer Kleidung erkennen? Drückt sich Ihre Corporate Identity in den Farben der Bekleidung aus? Findet sie sich in der Architektur der Gebäude, der Innenarchitektur und der Farbe Ihrer Räume wieder? Wenn Sie Dienstleistungen vor Ort bei Ihren Kunden erbringen, sind Ihre Firmenfahrzeuge gut zu erkennen, modern und sauber? Verlassen Ihre Mitarbeiter den Arbeitsplatz beim Kunden aufgeräumt und sauber? Wenn Sie einen Onlineshop betreiben, wird Ihre Zielgruppe Sie hier mit Ihren Konkurrenten vergleichen. Wie leicht kann Ihre Zielgruppe dort ein Produkt nach ihren Bedürfnissen auswählen? Wie einfach ist es, verschiedene Produkte zu kombinieren? Wie leicht gestalten Sie den Bestell- und Bezahlprozess? Wie transparent ist Ihre Preis- und Gebührengestaltung? Sieht Ihr Kunde, dass die Bestellung angenommen wurde und teilen Sie ihm das voraussichtliche Lieferdatum mit? Kann er den Transport online verfolgen? Wie steht es um die Benutzbarkeit Ihrer Produkte? Haben Sie Ihre Zielgruppe nach Ihren Wünschen befragt? Haben Sie Usability Tests durchgeführt, also Nutzer bei der Bedienung und Nutzung der Produkte beobachtet und um Feedback gebeten? Haben Sie Produkte der Konkurrenten auf Ihre Benutzbarkeit untersucht und ggf. Verbesserungen an Ihren Produkten vorgenommen? Wenn Sie alle Faktoren und Situationen zusammen betrachten – wie nimmt Ihre Zielgruppe Ihr Unternehmen und seine physikalische Umgebung und Ausstattung wahr? Wo und wie unterscheiden Sie sich vom Wettbewerb?

5.2.7 Prozesse

Hier geht es um alle Abläufe in Ihrem Unternehmen, die direkt oder indirekt Auswirkungen auf Ihre Kunden haben und darum, ob Sie sich bei diesen Prozessen von Ihren Konkurrenten positiv unterscheiden können. Aus Kundensicht geht es um Transparenz der Prozesse, also dass sie so gestaltet sind, dass die Interaktion mit Ihrem Unternehmen für Ihre Zielgruppe natürlich erscheint. Das heißt, dass sie so ablaufen, wie er es erwartet oder, dass Sie ihm klar kommunizieren warum das anders funktionieren muss, als er erwartet und warum das gut für ihn ist. Transparenz erwartet er auch bei den Resultaten, die die Prozesse generieren. Er wird erwarten, dass die Resultate, die der Prozess generiert, zuverlässig und immer dieselben sind, so oft er den Prozess wiederholt. Neben der Transparenz wird dem Kunden wichtig sein, dass Ihre Prozesse für ihn mit der nötigen Geschwindigkeit ablaufen. Wenn er sich entschieden hat etwas zu tun, wird er erwarten, dass er das schnell tun kann. Wenn er eine E-Mail schreibt, wird er davon ausgehen, dass er in Stunden oder wenigen Tagen eine Antwort erhält. Diese kann eine Statusinformation sein, aber gar nichts zu hören wird er nicht mehr akzeptieren. Er wird auch erwarten, dass ihm durch den Prozess keine Kosten entstehen oder, sollten Kosten z. B. für den Versand entstehen, er transparent weiß, was ihn erwartet. Alle internen Prozess-Schritte, durch die Ihnen Kosten entstehen, interessieren ihn zunächst nicht. Sie können aber für Sie bedeutend sein, da sie Ihre Konkurrenzfähigkeit beeinflussen. Sie sollten deshalb alle wesentlichen Prozesse auf Transparenz, Zuverlässigkeit, Geschwindigkeit und Kosten (für die Zielgruppe; für Sie) analysieren. Priorisieren Sie die Prozesse aus Kundensicht. Wird die Zielgruppe den Prozess für wichtig ansehen, wie z. B. den Bestellprozess? Welches sind ihre Erwartungen in Bezug auf Transparenz, Zuverlässigkeit und Kosten für den priorisierten Prozess? Wofür würde der Kunde zahlen und wofür würde er auf keinen Fall zahlen? Was beeinflusst die Zufriedenheit der Kunden? Wenn Sie sich unsicher über die Erwartungen Ihrer Zielgruppe sind, sollten Sie diese unbedingt befragen. Wird Ihre Zielgruppe die Gelegenheit haben, Ihr Unternehmen bei diesem Prozess mit Ihren Konkurrenten zu vergleichen? Fragen Sie Ihre Zielgruppe nach den wichtigsten Kriterien für ihre Zufriedenheit mit der Abwicklung von Aufgaben, Anfragen etc. Fragen Sie sie auch nach einer Beurteilung von einzelnen Aspekten gegenüber Ihren Konkurrenten. Wo denkt Ihre Zielgruppe, dass Ihr Unternehmen sehr professionell agiert und wo meint sie, sollten Sie sich noch verbessern? Soweit Sie Informationen über die Prozesse Ihrer Konkurrenten erhalten können, stellen Sie die Resultate den Werten Ihrer eigenen Prozesse gegenüber und verbessern diese wo nötig und sinnvoll. Analysieren Sie auch Ihre Kundenreklamationen und -beschwerden. Was sind die Ursachen für hohe Nacharbeitskosten und in welchen Prozess-Schritten werden diese verursacht?

Finden Sie heraus, ob jede einzelne Aktivität, jeder Prozess bzw. jeder einzelne Prozessschritt aus Kundensicht differenzierend ist oder nicht. Testen Sie also, ob die Aktivitäten, Prozesse und Prozess-Schritte Sie von Ihrer Konkurrenz unterscheiden und, ob sie für Ihre Kunden wichtig sind. Definieren Sie Ihre Kernkompetenzen. Wenn Aktivitäten Kernkompetenzen berühren oder wenn sie differenzierend sind, sollten Sie die Aktivitäten selbst durchführen und daran arbeiten, dass Ihre Zielgruppe Ihre Vorteile klar erkennt. Ist die Aktivität nicht differenzierend, können Sie überlegen, sie ganz wegfallen zu lassen. Ist das nicht möglich, sollten Sie versuchen, sie kostengünstiger durchzuführen und/oder sie zu automatisieren. Sind Sie dazu selbst nicht in der Lage, sollten Sie versuchen, die Aktivität von einem darauf spezialisierten Unternehmen durchführen zu lassen (Einkaufen oder Outsourcing). Achten Sie darauf, dass Ihre Kosteneinsparungen nicht dazu führen, dass aus Kundensicht wichtige Schritte schlechter werden, als sie bei Ihren Konkurrenten sind. Welche Aktivitäten, die aus Kundensicht wichtig und differenzierend sind, können Sie beschleunigen? Bei welchen Aktivitäten erwartet Ihre Zielgruppe mehr Transparenz als Sie heute bieten? Was können Sie tun, um Ihre Zielgruppe zu begeistern? Bleiben Sie nicht bei der Analyse der Situation stehen, sondern versuchen

Sie auch, die Ursachen für zu hohe Kosten oder zu langsame Bearbeitung zu verstehen und zu beheben. Beachten Sie bei Ihrer Wertekette, dass Sie diese vom Kunden nach innen und nicht von Ihrem Unternehmen aus hin zum Kunden betrachten und analysieren sollten. Sie beginnen also mit der Zielgruppe, analysieren ihre Wünsche, Ängste, Sorgen etc. und beschäftigen sich dann mit der Produkt- oder Dienstleistungsentwicklung sowie mit der Produktion bzw. Dienstleistungserstellung. Danach beschäftigen Sie sich mit dem Informations- und Kaufprozess aus Sicht des Kunden gefolgt von der Logistik und dem Service. Sind diese Prozesse transparent, zuverlässig wiederholbar, schnell und kostengünstig? Wie können wir Entwicklungsprozesse beschleunigen, um schneller als die Konkurrenz mit neuen Produkten oder neuen Funktionen am Markt zu sein? Können Sie Kooperationen mit Hochschulen, Forschungseinrichtungen oder Instituten etablieren, um Ihre Innovationsfähigkeit zu verbessern? Wie können Sie die Produktgestaltung verändern, um Kosten zu sparen? Wie können Sie den Ressourcenverbrauch einschließlich des Materialverbrauchs bei der Herstellung der Produkte reduzieren? Wie können Sie Produktionsprozesse optimieren, um Kosten zu sparen oder die Lieferung an Ihre Kunden zu beschleunigen? Welche Maßnahmen können Sie zur Produktivitätssteuerung unternehmen? Können Sie Maschinen und Anlagen besser ausnutzen, um die Stückkosten zu reduzieren? Können Sie neue Maschinen und Anlagen nutzen, um flexibler auf Kundenwünsche reagieren zu können? Können Sie ganz neue Herstellungsverfahren nutzen, um bessere, innovativere und kostengünstigere Produkte an den Markt zu bringen? Wo und wie können Sie den Automatisierungsgrad Ihrer Produktion erhöhen? Können Sie kostengünstiger einkaufen um konkurrenzfähig zu werden? Können Sie die Produktion an kostengünstigere Standorte verlagern? Können Sie exklusive Lieferantenbeziehungen oder exklusiven Zugang zu Rohstoffen aufbauen, um bessere Produkte schneller an den Kunden zu bringen? Welche Innovationen können helfen, Kosten zu senken oder die Geschwindigkeit zu erhöhen? Welche Dienstleistungen sind aus Kundensicht nötig? Wie gut sind Sie in der Entwicklung, Planung und Erstellung? Wie können Sie den Prozess der Dienstleistungsentwicklung und -erstellung so gestalten, dass Sie die Bedürfnisse Ihrer Zielgruppe gut verstehen und so implementieren, dass sie die Ziele Ihrer Kunden erreichen? Wie können Sie die Prozesse gestalten, um regelmäßig Feedback von der Zielgruppe einzuholen, damit keine Fehlentwicklungen aufgrund von Kommunikationsfehlern entstehen? Welche Kanäle nutzt Ihre Zielgruppe, um von sich bei Ihnen oder Ihren Konkurrenten zu informieren bzw. über welche Kanäle will sie einkaufen? Welche Informationen erwarten Ihre Kunden an welchen Stellen des Kaufprozesses? Wie müssen Sie die Informations- und Kaufprozesse gestalten, damit sie Ihre Zielgruppen mit der richtigen Geschwindigkeit, den richtigen Informationen und in der erwarteten Transparenz bedienen können? Wie können Sie sich von Ihren Konkurrenten unterscheiden? Analysieren Sie den Kaufprozess von der Erkenntnis des Kunden, dass er ein Problem hat, über die Suche nach möglichen Lösungen bis zur Auswahl einer Lösungsalternative. Wie einfach gestaltet sich die Kommunikation, wie schnell kann er Informationen finden, wie einfach findet er mehr Details? Schauen Sie sich im Weiteren die Abläufe an, die ein Interessent nutzen muss, um für die ausgewählte

Lösungsalternative verschiedene Lieferanten zu finden und diese Unternehmen miteinander zu vergleichen. Wie einfach, schnell und transparent findet er Informationen, die ihn überzeugen, bei Ihnen zu kaufen? Wie leicht machen Sie ihm den Kauf? An welchen Stellen warten Sie, bis ein Interessent sich für Ihr Unternehmen und seine Angebote interessiert und wo gehen Sie aktiv auf Ihre Zielgruppe zu? Wie schnell können Sie liefern und wie klar und transparent ist Ihre Rechnungsstellung? Können Sie Ihren Kunden mitteilen, dass ein vom ihm bestelltes Produkt an ihn versandt wurde und wann es bei ihm eintrifft? Wie sieht es mit den unterstützenden Tätigkeiten z. B. der Verwaltung aus? An welchen Stellen erwartet der Kunde Informationen aus Ihrer Verwaltung? Welche würde er gerne online abrufen können, wann möchte er jemanden persönlich erreichen? Welche Aktivitäten lassen Sie durch Lieferanten oder Vertriebspartner erledigen und wie schnell, transparent und kostengünstig werden diese für Ihre Zielgruppe erledigt? Wie sind die verschiedenen wichtigen Aktivitäten miteinander verbunden und wie effektiv sind diese Verbindungen und die Gesamtabläufe? Wie gut gestaltet, verbindet und integriert Ihre Konkurrenz die Abläufe? Müssen Sie ggf. Aktivitäten in einer anderen Reihenfolge durchführen, um schneller, transparenter und kostengünstiger zu werden? Wie können Sie mit Ihren Prozessen sicherstellen, dass Ihre Produkte und Dienstleistungen mit der erwarteten Qualität erstellt werden? Wie können Sie die Qualität Ihrer Produkte steigern und damit die Anzahl und die Kosten von Beschwerden reduzieren? Wie dynamisch können Sie Ihre Prozesse anpassen, um schneller auf Änderungen der Nachfrage reagieren zu können als die Konkurrenz? Was können Sie tun, um flexibler auf Änderungswünsche der Kunden reagieren zu können? Welche Maschinen, welche EDV-Lösungen und welche Automatisierungsprozesse könnten Ihre Mitarbeiter (People) in die Lage versetzen, ihre Aufgaben schneller, transparenter und kostengünstiger durchzuführen? Welche Software-Werkzeuge könnten Sie unterstützen oder die Kommunikation, Information und Interaktion erleichtern? Was können Sie an der Aufbauorganisation verändern, um sich besser aufzustellen? Wird es durch Aktivitäten, basierend auf der Value-Chain-Analyse oder z. B. durch eine Lernkurve, Kosteneinsparungen geben, die Sie später an Ihre Kunden weitergeben können? Gelingt Ihnen das schneller als der Konkurrenz? Wie individuell wollen Sie auf Kundenbedürfnisse eingehen? Ist Ihr Alleinstellungsmerkmal, dass Sie sehr spezifische Lösungen für jeden einzelnen Kunden erstellen können? Lohnt dieser Aufwand? Könnten Sie auch individuelle Lösungen basierend auf einem Baukasten von vorentwickelten Komponenten bauen und ggf. nur noch einzelne kundenspezifische Komponenten zusätzlich erstellen? Oder wollen Sie der Preisführer sein? Dann sollten Sie Ihren Kunden nur standardisierte Produkte liefern, keine Variationen zulassen und intern Ihre Prozesse weitestgehend straffen und standardisieren. Wie erreichen Sie einen Konkurrenzvorteil in der Logistik? Können Sie Aufträge schneller intern abwickeln? Können Sie Transportwege und -mittel wählen bzw. kombinieren, mit denen Ihre Produkte schneller bei Ihren Kunden ankommen? Wie können Sie Ihre Lagerbestände so planen, dass Sie auch bei sich ändernden Bedürfnissen schnell liefern können, aber gleichzeitig Ihre Kosten unter Kontrolle halten? Können Sie die Chancen der Digitalisierung nutzen und Ihre Prozesse schneller, agiler, kostengünstiger und konkurrenzfähiger machen? Können Sie im Internet Werkzeuge anbieten, mit denen Ihre Kunden basierend auf ihrem Bedarf die richtigen Produkte finden (Assessment-Tools und Konfiguratoren)? Erlaubt Ihnen die Digitalisierung, Ihren Kunden individuellere oder maßgeschneiderte Produkte anzubieten? Wie können Sie die riesige Menge von Daten nutzen, die Ihre Prozesse generieren oder den Status Ihrer Prozesse darstellen? Wie können Sie durch Auswertung der von Sensoren ermittelten Daten Auffälligkeiten erkennen und frühzeitig eingreifen? Wie könnten Sie Data Mining nutzen, um Schwachstellen oder Möglichkeiten zur Steigerung der Effizienz zu finden? Welche Daten können Sie nutzen, um vorsorgliche Wartung zu implementieren? Wie können Sie das Kaufverhalten Ihrer Zielgruppe besser vorhersagen, um die Prozesse schneller an sich ändernde Bedürfnisse anzupassen? Sind Sie in allen aus Sicht der Zielgruppe wichtigen Aktivitäten und Prozessen mindestens so gut wie Ihre Konkurrenten? In welchen für die Zielgruppe wichtigen Prozessschritten sind Sie klar besser? Reicht das aus? Ist das nur heute in Ordnung oder auch noch in einem Jahr? Was könnten Sie tun, um Ihre Differenzierung zu erhalten? Haben Sie Ihre Qualität oder Ihr Managementsystem zertifizieren lassen und können Sie damit Ihrer Zielgruppe signalisieren, dass Sie bestimmte Standards einhalten oder sich sogar durch die Zertifizierung von der Konkurrenz positiv abheben? Messen Sie die Qualität Ihrer Prozesse, Produkte und Services regelmäßig und steuern Sie die kontinuierliche Verbesserung?

5.2.8   Alleinstellung definieren und erhalten

Nachdem Sie jetzt sehr detailliert die Kundenbedürfnisse und Ihre Lösungen bzw. Nutzenargumente verstanden haben, geht es jetzt darum, das Ganze zu kondensieren. Daraus soll das zentrale Alleinstellungsmerkmal formuliert werden, das Kunden einen klaren Grund gibt, bei Ihnen und nicht bei der Konkurrenz zu kaufen und das Sie unverwechselbar macht, z. B. indem Sie etwas anbieten, das Ihre Zielgruppe nur bei Ihnen findet und nicht bei Ihren Konkurrenten. Erstellen Sie eine Tabelle mit den sieben Marketing-Mix-Elementen. Für jedes Element beurteilen Sie die Priorität für die Zielgruppe und wie gut Sie und Ihre Konkurrenten die Wünsche, Ängste und Sorgen und die Ziele der Zielgruppe erreicht haben. + heißt erreicht, ++ gut erreicht, +++ übertroffen, − nicht erreicht, −−− weit weg vom Ziel (Abb. 5.3).

Damit haben Sie eine gute Übersicht über Ihre Stärken und Schwächen. Sie wissen, welche Elemente der Zielgruppe besonders wichtig sind und bei welchem Element oder welchen Elementen Sie besser sind als die Konkurrenz. Konzentrieren Sie sich auf die Elemente, die Ihrer Zielgruppe/Ihren Personas besonders wichtig sind. Hier müssen Sie sich von Ihren Konkurrenten unterscheiden. Hier helfen Sie Ihrer Zielgruppe ihre Probleme, Ängste und Sorgen zu lösen, ihre Ziele zu erreichen, ihre Hoffnungen zu erfüllen und sich von anderen zu unterscheiden. Hier kann Ihre Zielgruppe gewinnen. Im Beispiel auf Abb. 5.3 gelingt Ihnen das bei den beiden sehr wichtigen Kriterien Produkt und Preis. Das ist ausgezeichnet. Ihre schlechtere Beurteilung bei Distribution/Logistik könnte bei

	Wichtigkeit für den Kunden	Wir	Wettbewerber 1	Wettbewerber 2
Produkt	Hoch	+++	++	++
Preis, Kosten, Kontrahierung	Hoch	+++	+	++
Distribution, Logistik	Mittel	++	+++	–
Kommunikation	Niedrig	–	– –	+++
Personal	Mittel	–	++	+
Physikalische Umgebung und Ausstattung	Niedrig	++	+	+
Prozesse	Mittel	+	+	+

Abb. 5.3 Bedürfnisbefriedigung der wichtigsten Kundenbedürfnisse – Gesamtübersicht

mittlerer Bedeutung von der Zielgruppe toleriert werden, Sie müssen also nicht unbedingt das Niveau Ihres Wettbewerbers 1 erreichen. Aber bei Ihrem Personal sollten Sie sicher das Minimumniveau von Wettbewerber 2 erreichen. In beiden Dimensionen lohnt es sich mit typischen Vertretern Ihrer Zielgruppe Rücksprache zu halten, um besser zu verstehen, was toleriert wird und an welchen Stellen Sie nacharbeiten sollten. Immer dann, wenn Sie nacharbeiten sollten, müssen Sie natürlich prüfen, ob das wirtschaftlich sinnvoll ist, ob der zusätzliche Aufwand durch mehr Umsatz ausgeglichen wird und Sie immer noch profitabel bleiben. Suchen Sie nicht nur die funktionalen Verbesserungen, sondern auch die emotionalen Verbesserungen für Ihre Persona oder Personas. Diese sind nicht nur in B2C-Umgebungen, sondern auch bei B2B-Kunden wichtig, da auch dort Personen entscheiden. Finden Sie heraus, was Ihre Kunden besonders an Ihnen schätzen. Sie können auch feststellen, an welchen Stellen Sie nicht mindestens gleichwertig mit Ihren Konkurrenten sind und ob das besonders wichtig für die Zielgruppe ist. Wenn Sie das Ziel weniger gut als die Konkurrenz erreichen und das Element wichtig oder sehr wichtig für die Zielgruppe ist, müssen Sie nacharbeiten. Nehmen wir an, Sie sind in einem Element besser und in allen anderen Elementen gleichwertig, dann reicht das vielleicht aus, um sich deutlich abzuheben. Vielleicht sind Sie in mehreren Elementen besser. Dann sollten Sie sich mit Ihrem Team zusammensetzen und gemeinsam überlegen oder brainstormen, wie Sie die verschiedenen Elemente zu einem gemeinsamen Nutzenargument kombinieren können. Ist es dieses Argument, was Ihrer Zielgruppe beim Vergleich von Alternativen den Grund gibt, bei Ihnen zu kaufen? Hebt es sich deutlich von der Konkurrenz ab? Ist es das, was Ihnen bisher schon geholfen hat, Ihre Angebote zu verkaufen und vielleicht das, wofür Sie bekannt sind? Ist es etwas Neues, etwas deutlich Anderes, etwas, das den Kunden ganz besonders hilft, ihre Ziele zu erreichen? Hilft es Ihrer Zielgruppe etwas besonders leicht, besonders elegant oder besonders kostengünstig zu erledigen? Reduziert es die Risiken der Zielgruppe besonders deutlich? Ist es etwas, das der

Abb. 5.4 Positionierung über
Produkt und Preis

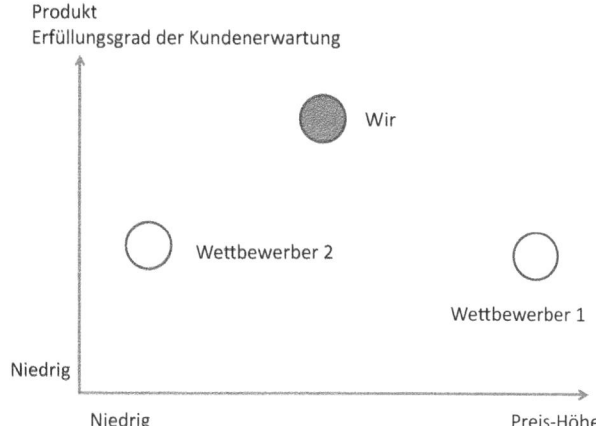

Zielgruppe ein besonderes Image oder einen besonderen Status gibt? Stellen Sie aber auch sicher, dass Ihr Alleinstellungsmerkmal zu Ihrer Strategie passt. Passt Ihr Alleinstellungsmerkmal auch noch in ein paar Jahren zu den Prioritäten, Ängsten und Sorgen Ihrer Zielgruppe oder werden sich diese wesentlich ändern? Überlegen Sie auch, wie Sie sich insgesamt zu Ihren Konkurrenten positionieren. Denken Sie hier in mehreren Dimensionen, also betrachten Sie z. B. das Produktangebot und seinen Nutzen im Vergleich zu den Kundenbedürfnissen (Grad der Befriedigung) und dazu im Vergleich die Preise (von hoch bis niedrig), also zwei Dimensionen (Abb. 5.4). Oder Sie betrachten drei Dimensionen und nehmen neben dem Produktnutzen und den Preisen noch die zusätzlichen Dienstleistungen oder die Qualität oder die physikalische Umgebung. Wählen Sie die Dimensionen nicht nach Gutdünken aus, sondern wählen Sie die Dimensionen, die Ihre Zielgruppe bei der Entscheidung zum Kauf als die wichtigsten ansehen. Befragen Sie Ihre Zielgruppe, wie Sie Sie und Ihr Unternehmen oder Sie und Ihr Angebot im Vergleich zu Ihren Konkurrenten in den verschiedenen Dimensionen sieht. Überlegen Sie, wie Sie die Kombination dieser Aussagen nutzen können, um Ihr Alleinstellungsmerkmal kurz, überzeugend und glaubwürdig zu formulieren.

Erzählen Sie eine Geschichte. Beginnen Sie damit, den Kunden dort abzuholen, wo er steht und ihm das Gefühl zu vermitteln, dass Sie ihn sehr gut verstehen und, dass er bei Ihnen besser aufgehoben ist als bei der Konkurrenz.

Betrachten Sie dabei den Endkunden im B2C-Umfeld, seine Persona, seinen Freundeskreis und andere Beeinflusser und Mitentscheider. Was ist sein größtes Problem, was ist sein größter Wunsch, was ist sein wichtigstes Ziel und wovon träumt er? Beschreiben Sie das in wenigen Sätzen. Danach beschreiben Sie, wie Sie sein Problem lösen, seinen größten Wunsch erfüllen oder ihm helfen seinem Ziel näher zu kommen oder das Ziel zu erreichen. Denken Sie auch daran herauszuarbeiten, wie Sie ihm helfen, sich von anderen zu unterscheiden und was Sie tun, damit er sich besser fühlt. Sie versetzen sich also in die Lage Ihres Endkunden und verdeutlichen ihm, dass Sie ihn besser verstehen als

Ihre Konkurrenten und ihm größeren faktischen und vor allem emotionalen Nutzen bieten als Ihre Konkurrenten. Der Konsument sollte verstehen, dass er individueller bedient wird, cooler ist, gesünder wird, hochwertiger und exklusiver einkauft oder häufiger ein Schnäppchen bekommt, als bei Ihren Konkurrenten. Liefern Sie gleichzeitig auch Belege dafür, dass Ihre Aussagen stimmen. Das können z. B. Qualitätsurteile von Marktbeobachtern wie Stiftung Warentest oder der Varta-Führer sein. Mehr und mehr sind es aber auch Qualitätsurteile bisheriger Kunden, z. B. Sterne auf Bewertungsportalen. Bitten Sie bisherige Kunden einmal zu beschreiben, wofür Ihr Unternehmen oder Ihr Angebot steht und was Sie daran schätzen. Vielleicht ist das in Kundensprache definierte Alleinstellungsmerkmal genau das, was Sie zukünftig verwenden wollen. Fragen Sie Ihre Kunden auch, was sie stört und wo sie glauben, dass Sie schlechter sind als Ihre Konkurrenten. Dann können Sie genau dort noch besser werden.

Denken Sie im B2B-Umfeld an das Unternehmen des Kunden. In welchem Markt befindet es sich? Wer sind die Konkurrenten und wie intensiv ist die Konkurrenzsituation? Wie können Sie Ihren Kunden helfen, ihre Wettbewerbsfähigkeit zu verbessern? Was hat sich in letzter Zeit verändert? Gibt es neue Herausforderungen? Was können Sie tun, um die typischen Probleme der Unternehmen in Ihrer Zielgruppe zu lösen? Gibt es kritische Erfolgsfaktoren? Wie können Sie die Situation verbessern helfen? Auch hier beschreiben Sie erst das Problem des typischen Unternehmens in Ihrer Zielgruppe. Dann beschäftigen Sie sich mit den wichtigsten Entscheidern und beschreiben deren Probleme, Ängste, Sorgen und Ziele. So schaffen Sie Vertrauen. Ihre Zielgruppe erkennt, dass Sie sich wohl intensiv mit ihr beschäftigt haben und sie gut verstehen. Darauf können Sie aufbauen, wenn Sie dann darstellen, welchen Nutzen Sie der Zielgruppe bieten, warum das für den Kunden relevant ist und warum dieser Nutzen größer ist, als der, den die Konkurrenz bietet. Es geht also nicht darum zu zeigen, was Sie tun, um ihm zu helfen, sondern vor allem, was er davon hat, wenn er bei Ihnen kauft. Er wird also verstehen wollen, warum er Ihnen überhaupt zuhören soll. Erst danach wird ihn interessieren, wie Sie ihm das Leben erleichtern. Wie also reduzieren Sie seine Kosten, wie reduzieren Sie seinen Aufwand, wie erhöhen Sie seinen Durchsatz. Wie helfen Sie ihm seine Qualität zu verbessern? Denken Sie daran, dass auch im B2B-Umfeld Menschen entscheiden. Arbeiten Sie also auch heraus, wie Sie den Entscheidern helfen, sich besser zu fühlen, sich von anderen zu unterscheiden. Lassen Sie durchblicken, dass eine Entscheidung für Ihre Lösung seiner Karriere helfen kann. Denken Sie daran, dass gerade Entscheider im B2B-Umfeld ihre Risiken reduzieren wollen und mit einer Kaufentscheidung keine zusätzlichen Risiken eingehen wollen oder wenigstens die Risiken so klar verstehen wollen, dass sie Chancen und Risiken abwägen können. Wie können Sie dem Entscheider mehr Sicherheit schaffen bzw. ein gutes Gefühl der Sicherheit vermitteln? Wie können Sie klar herausarbeiten, dass Ihre Lösung für ihn, sein Unternehmen und seine Zukunft besser ist, als die Lösung der Konkurrenz? Hier geht es darum Gründe zu liefern, warum das so ist. Es geht auch darum Belege zu bringen, die Ihre Glaubwürdigkeit erhöhen. Welche Zahlen, Daten, Fakten können Sie nennen, die belegen, dass Ihre Nutzenversprechen stimmen. Ist der Nutzen messbar? Können Sie z. B. basierend auf Tests oder auf

Referenzsituationen klar Einsparungen von 5–10 % der jährlichen Kosten aufzeigen? Können Sie einen Return on Invest nach z. B. 2,5 Jahren versprechen? Welche Garantien können Sie Ihrer Zielgruppe geben? Haben Sie diese Informationen auch für die Angebote der Konkurrenz, sodass Sie begründen können, dass er bei Ihnen mehr spart und seine Investition schneller amortisiert als beim Kauf bei Ihren Wettbewerbern? Haben Sie interne Installationen, auf denen Sie Testumgebungen genutzt haben um die Bandbreite der Verbesserungen zu messen? Gibt es Referenzkunden, die Ihre Angebote schon genutzt haben und den Nutzen bestätigen können? Dürfen Sie deren Namen nennen oder können Sie nur sagen, dass sie das bei einem Unternehmen der Finanzbranche in Süddeutschland erfolgreich umgesetzt haben? Können Sie interessierten Entscheidern Gespräche mit Referenzkunden anbieten oder erlauben Referenzkunden sogar, dass sie von Interessenten besucht werden? Können Sie Interessenten anbieten, Ihre Produkte zunächst zu testen, bevor sie sich zum Kauf entschließen? Auch im B2B-Umfeld sollten Sie Ihre bisherigen Kunden bitten zu beschreiben, wofür Ihr Unternehmen oder Ihr Angebot steht und was Sie daran schätzen. Diese Aussagen sollten Sie dann bei der Erarbeitung Ihres Alleinstellungsmerkmals berücksichtigen.

Versuchen Sie jetzt, Ihre Geschichte in wenigen Sätzen zu erzählen. Sie beschreiben also zunächst, dass Sie die Zielgruppe und Ihre Wünsche, Ängste, Sorgen etc. verstehen. Dann beschreiben Sie, wie gut Sie diese adressieren, also welchen Nutzen Sie stiften. Danach erklären Sie, warum Sie die Problem, Wünsche, Ängste und Sorgen des Kunden besser adressieren als Ihre Konkurrenten und geben ihm damit einen Grund, bei Ihnen zu kaufen. Schließlich belegen Sie mit Zahlen, Daten und Fakten, dass das, was Sie sagen, auch stimmt. Schreiben Sie das Alles auf. Achten Sie darauf, dass Sie das in kurzen Sätzen formulieren. Stellen Sie sicher, dass Sie Begriffe benutzen, die Ihre Käufer benutzen würden und vermeiden sie Fachchinesisch. Schreiben Sie den jetzt den Namen Ihres Konkurrenten über Ihr Alleinstellungsmerkmal. Stimmen die Aussagen in Ihrem Text auch für ihn? Wenn ja, haben Sie ein großes Problem. Dies ist nicht Ihr Alleinstellungsmerkmal! Sie müssen wieder von vorne beginnen, um Ihr Alleinstellungsmerkmal zu finden. Wenn es aber funktioniert hat und Sie sicher sind, dass Sie das Alleinstellungsmerkmal klar herausgearbeitet haben, sollten Sie den Text jetzt mit Kollegen testen, die Zugang zu Ihrer Zielgruppe haben und diese gut kennen. Fragen Sie doch mal Ihre Kollegen im Vertrieb oder im Service und bei der Reklamationsannahme oder fragen Sie Händler oder Partner, die Ihre Produkte vertreiben. Halten diese Kollegen Ihren Text für relevant und für glaubwürdig? Würden sie ihn mit Interessenten verwenden? Klingt der Text banal oder wie zu starke Werbung? Was müssten Sie noch verbessern, damit der Text gerne verwendet wird? Überlegen Sie gemeinsam mit Ihren Kollegen auch, wie Ihre Wettbewerber auf Ihr Alleinstellungsmarkmal reagieren. Können Sie es widerlegen? Können Sie es mit wenig Aufwand kopieren, sodass es Sie nicht mehr alleine stellt oder können Sie es sogar überbieten? Wenn Sie auch diese Hürde genommen haben, sollten sie den Text mit einigen, Ihnen wohlgesonnenen Mitgliedern Ihrer Zielgruppe testen und ggf. verbessern. Geben Sie den Text mal Ihrer Zielgruppe, ohne dass der Name Ihres Unternehmens oder Ihres Angebotes darüber steht. Fragen Sie die

Zielgruppe, mit wem sie diese Aussagen in Verbindung bringt und warum. Wenn Sie Ihre Namen nicht nennt, fragen Sie, warum sie sie nicht hinter den Aussagen gesehen hat und was Sie tun müssen, damit sie das mit Ihnen, Ihrem Unternehmen und Ihrem Angebot in Verbindung bringt. Wenn Ihre Zielgruppe Ihnen die Aussagen zugute hält, testen Sie sie im Einzelnen. Hält Ihre Zielgruppe die Problemaussage für relevant? Passt Ihr Angebot zu den wichtigsten Bedürfnissen Ihrer Zielgruppe zum gegenwärtigen Zeitpunkt? Glaubt die Zielgruppe, dass Sie in der Lage sind, Testumgebungen zu schaffen und Werte zu ermitteln, die später der Realität entsprechen? Glaubt sie Ihren Nutzenversprechen oder sind es nur wohlgesetzte Worte, die nicht haften bleiben? Würde die Zielgruppe Aussagen von unabhängigen Institutionen wie z. B. dem TÜV sehen wollen, bevor sie kauft? Stimmt die Wahrnehmung, die Sie erzeugen, mit der Realität überein? Werden Sie jetzt als Spezialist für eine bestimmte Aufgabe oder für ein bestimmtes Problem oder für die Erfüllung besonderer Wüsche gesehen? Werden Sie als authentisch wahrgenommen? Ist Ihr Alleinstellungsmerkmal auch aus Sicht Ihrer Zielgruppe wirklich einzigartig und kann von der Konkurrenz nicht verwendet werden? Passt das Alleinstellungsmerkmal zu den Aussagen der Vergangenheit? Passt es zu den Erfahrungen, die Ihre Zielgruppe mit Ihrem Unternehmen in der Vergangenheit gemacht hat oder müssen Sie erst erklären, warum jetzt Alles besser oder anders ist, als in der Vergangenheit? Und immer wieder: Sind Ihre Aussagen zielgruppenspezifisch, d. h. ist zu erkennen, ob Sie einen Kaufentscheider oder einen Nutzer ansprechen? Versteht Ihre Zielgruppe alle Ihre Aussagen? Sind sie in Kundensprache formuliert? Vermeiden Sie Fachausdrücke, die Ihre Zielgruppe nicht versteht oder erklären Sie neue Ausdrücke auch so, dass Ihre Zielgruppe sie verstehen kann? Reden Sie wirklich darüber, was Sie für den Kunden tun oder reden Sie nur über sich und Ihr Produkt? Wird der Kundennutzen im Vergleich zu Konkurrenzangeboten quantifiziert und klar formuliert? Bezieht sich der Kundennutzen auf die Ziele, Wünsche, Ängste, Sorgen Ihrer jeweiligen Zielgruppe? Ist er einfach zu verstehen?

Nutzen Sie also Sätze wie:

- Ihre Probleme sind… (Wir verstehen Ihre Probleme)
- Wir unterstützen Sie bei der Lösung der folgenden Probleme…
- Unser Angebot für den Produktionsleiter hilft Ihnen…
- Damit erreichen Sie…
- Das bringt Ihnen…
- Bei gleichen Kosten pro Jahr wird Ihr Durchsatz um 15 % verbessert.
- Im Vergleich zu xyz senken wir Ihre Energiekosten um weitere 15 %.
- Damit sparen Sie 25 % Ihrer Energiekosten.

Haben Sie sich genügend mit den Risiken, die Ihre Zielgruppe hat oder sieht auseinandergesetzt? Kommunizieren Sie ausreichend darüber, wie Sie dabei helfen, vorhandene Risiken zu senken? Informieren Sie Ihre Zielgruppe genügend darüber, dass mit Ihrer Lösung keine neuen Risiken für sie entstehen? Klingt Ihr Alleinstellungsmerkmal nicht wie eine Werbebotschaft, sondern vernünftig und nachvollziehbar? Können Sie das

Alleinstellungsmerkmal für Ihr Angebot gut mit dem Alleinstellungsmerkmal für Ihr
Unternehmen verbinden? Wenn Sie jetzt den Kern Ihrer Geschichte klar und glaubwürdig formuliert haben, können Sie ihn für verschiedene Marketingaufgaben noch weiter
bearbeiten, um Ihr Alleinstellungsmerkmal an möglichst vielen Stellen in der richtigen
Detailtiefe zu kommunizieren. Versuchen Sie dabei z. B. den Text auf das Notwendigste
zu reduzieren. Suchen Sie die drei Worte (Substantive), die alles ausdrücken. Finden Sie
das eine Wort, das alles über Sie aussagt, z. B. das Wort Sicherheit bei Volvo. Dann probieren Sie im Team einen Slogan zu formulieren, der für Ihr Angebot steht. Jetzt schreiben Sie eine Rede von einer Minute Länge, um vorbereitet zu sein, wenn Sie einen
Interessenten z. B. auf der Messe oder im Aufzug treffen. Überlegen Sie, wie Sie in
wenigen Sätzen einen Interessenten am Telefon überzeugen können. Geben Sie Ihrer
Zielgruppe am Telefon einen Grund, Ihnen zuzuhören. Oder geben Sie Ihrer Zielgruppe
einen guten Grund einen Ihrer Verkäufer zu empfangen. Oder formulieren Sie es so, dass
jemand, der wenige Sätze auf Ihrer Webseite liest, Interesse bekommt, weiter zu lesen.
Überlegen Sie, wie eine Kundenpräsentation aussehen müsste um logisch vom Kundenproblem, über Ihre Nutzendarstellung mit Alleinstellungsmerkmal zum Kaufwunsch zu
kommen. Welche Bilder oder Grafiken können Sie einsetzen, damit Ihre Zielgruppe ohne
viele Worte versteht, was Sie sagen wollen? Welche Vergleiche mit den Angeboten der
Konkurrenz können Sie herausarbeiten? Sind Ihre Produkte z. B. drei Mal schneller, ist
der Durchsatz 20 % höher oder sind die Kosten 15 % niedriger? Können Ihre Verkäufer
die Nutzendarstellung einfach auf die jeweilige Kundensituation anpassen? Vergleichen
Sie Ihre Aussagen mit der Erwartungshaltung (Perception) Ihrer Zielgruppe und dem
Angebot, das Sie realistisch liefern können (Reality). Bedenken Sie, dass es weder gut
ist mehr zu versprechen, als man halten kann als weniger zu versprechen, als man liefern
kann. Mehr zu versprechen führt nach dem Kauf zu Frust bei Ihren Kunden. Wenn Sie
weniger versprechen, als Sie bieten können, wird Ihre Zielgruppe ggf. gar nicht kaufen.
Verbiegen Sie sich nicht, um eine Erwartungshaltung zu befriedigen, sondern stellen sie
sich so dar wie Sie sind. Ist der Abstand zur Erwartungshaltung zu groß, untersuchen
Sie, was es Sie kostet, die Erwartungshaltung des Kunden zu erreichen. Wird das zu
teuer, wählen Sie ggf. die Zielgruppe oder einen Teil davon ab. Lassen Sie alles weg, was
Ihre Konkurrenz auch kann. Konzentrieren Sie sich in allen Marketingmessages auf das,
was Ihre Zielgruppe in diesem Moment interessiert. Bleiben Sie bei Ihrem Nutzenargument, das Sie alleine stellt.

Neben dem Alleinstellungsmerkmal haben Sie sicherlich viele Themen oder Stellen
gefunden, die Sie noch verbessern können. Alleine durch die Diskussionen sind Ihnen
und Ihren Kollegen Ideen gekommen, wie Sie die Situation auch im Kleinen verbessern können. Einige davon werden Sie auch ohne großen Aufwand einführen können,
sodass Sie Ihre Kundenzufriedenheit in bestimmten Situationen verbessern werden. Sind
Sie jetzt sicher, dass Sie sich bei jeder der von Ihnen ausgewählten Zielgruppen deutlich von Ihren Konkurrenten unterscheiden können? Haben Sie kritisch überprüft, ob
der Unterschied für Ihre jeweilige Zielgruppe relevant ist? Müssen Sie einzelne Zielgruppen verkleinern, weil Sie nicht allen Zielgruppenmitgliedern besseren Nutzen als

Ihre Konkurrenten bieten können? Oder haben Sie festgestellt, dass Sie in einzelnen Nutzenkategorien so gut sind, dass auch andere Personengruppen, Unternehmen oder Organisationen in Unternehmen einen deutlichen Mehrwert durch Ihr Angebot bekommen? Haben Sie Angebotsbestandteile identifiziert, die Ihren Zielgruppen wichtig sind, die Sie aber bisher vernachlässigt haben? Oder haben Sie den Wert einzelner Angebote unterschätzt und können Ihre Kommunikation an die Zielgruppe jetzt so verändern, dass Ihr Wert noch besser sichtbar wird? Was müssen Sie verändern, bevor Sie die nächsten Schritte angehen? Oder mussten Sie feststellen, dass Sie sich auf Gebieten, die Ihrer Zielgruppe wichtig sind, nicht wesentlich von Ihren Konkurrenten unterscheiden können?

Wenn Sie sich nicht von der Konkurrenz unterscheiden, suchen Sie einen Blauen Ozean

Jetzt haben Sie mit viel Aufwand für jedes Element erarbeitet, ob und wie Sie sich von Ihren Konkurrenten unterscheiden können, Sie haben das konsolidiert und stellen am Ende fest, dass Sie sich nicht wesentlich von Ihren Konkurrenten unterscheiden können.

Es gibt nun drei Möglichkeiten, wie Sie weiterkommen.

1. Sie beginnen noch mal von vorne, also überprüfen Ihre Zielgruppe und konzentrieren sich z. B. auf eine kleinere Zielgruppe, für die Sie dann die Wünsche, Ängste, Sorgen definieren und dann für die sieben Elemente des Marketing-Mix verstehen, ob und wie Sie diese besser befriedigen können, wie Ihre Konkurrenz.
2. Sie überlegen, wie Sie außerhalb Ihres Unternehmens Komponenten finden, die Ihnen helfen sich zu unterscheiden. Können Sie diese einkaufen? Können Sie mit anderen kooperieren, um gemeinsam ein Angebot für die Zielgruppe zu generieren? Können Sie einen Konkurrenten kaufen, oder mit einem Konkurrenten zusammengehen (Merger &/oder Akquisition)?
3. Sie beginnen neu und versuchen einen neuen Markt zu schaffen, den Sie gestalten und in dem es noch keine Konkurrenten gibt. W. Chan Kim und R. Mauborgne definieren das als Blauen Ozean im Unterschied zu roten Ozeanen, die alle Branchen repräsentieren, die es heute gibt, in denen starke Konkurrenz herrscht und deshalb Blut fließt (Chan Kim und Mauborgne 2005, S. 4).

Die Eroberer blauer Ozeane benutzen nicht die Konkurrenz als Bezugspunkt. Sie folgen vielmehr einer anderen strategischen Logik, die wir als Nutzeninnovation bezeichnen. Sie ist der Grundpfeiler aller Strategien zur Eroberung blauer Ozeane. Von einer Nutzeninnovation sprechen wir, weil der Fokus nicht darauf liegt, die Konkurrenz zu schlagen, sondern ihr auszuweichen – durch die Erzeugung eines Nutzengewinns für die Käufer *und* für das Unternehmen, sodass ein neuer, bisher von niemandem beanspruchter Markt erschlossen wird. Bei Nutzeninnovationen sind der Nutzen und die Innovation gleich wichtig. Zu einer Nutzeninnovation kommt es nur, wenn die Innovation mit Nutzen-, Preis- und Kostenpositionen verknüpft wird. Es geht bei der Erschließung blauer Ozeane darum, den Nutzen für den Käufer zu erhöhen und gleichzeitig die eigenen Kosten zu reduzieren (vgl. Chan Kim und Mauborgne 2005, S. 12–16).

Von den vielen Werkzeugen, die Chan Kim und Mauborgne in ihrem Buch empfehlen, werden wir hier nur zwei betrachten, die Ihnen eine gute Grundlage für Ihre weiteren Überlegungen bieten.

1. Die Strategische Kontur
2. Das Vier-Aktionen-Format

Bei der strategischen Kontur geht es zunächst darum zu erfassen, wo die Konkurrenz derzeit investiert, welche Faktoren bei den Produkten, den Dienstleistungen und der Lieferung gegenwärtig die Grundlage für den Wettbewerb in ihrer Branche bilden und was die Kunden durch die vorhandenen Konkurrenzangebote auf dem Markt bekommen. Das ganze wird grafisch dargestellt (Beispiel in Abb. 5.5). Die waagerechte Achse erfasst diejenigen Faktoren, auf denen der Wettbewerb zurzeit beruht und in die investiert wird. Die senkrechte Achse zeigt, welche Angebotsebene die Käufer bei diesen Schlüsselfunktionen des Wettbewerbs erhalten. Ein hoher Wert bedeutet, dass das Unternehmen bei dem betreffenden Faktor mehr bietet und somit auch mehr in ihn investiert. Diese Kurven können Sie für sich und Ihre gegenwärtigen Wettbewerber anlegen. Sie stellt den aktuellen Stand im Markt dar (vgl. Chan Kim und Mauborgne 2005, S. 22, 23, 35).

Das Vier-Aktionen-Format hilft nun, eine neue Nutzenkurve zu definieren. Machen Sie sich dabei frei davon, wie sich Ihre Branche in vielen Jahren Ihrer Geschichte entwickelt hat und was Sie vielleicht als gegeben erachten. Vielleicht haben diese keinen Nutzen mehr oder sie verringern den Nutzen für Ihre Kunden. Bedenken Sie, dass der Markt heute vielleicht ganz andere Bedürfnisse hat, als noch vor Jahren. Nehmen Sie nichts als

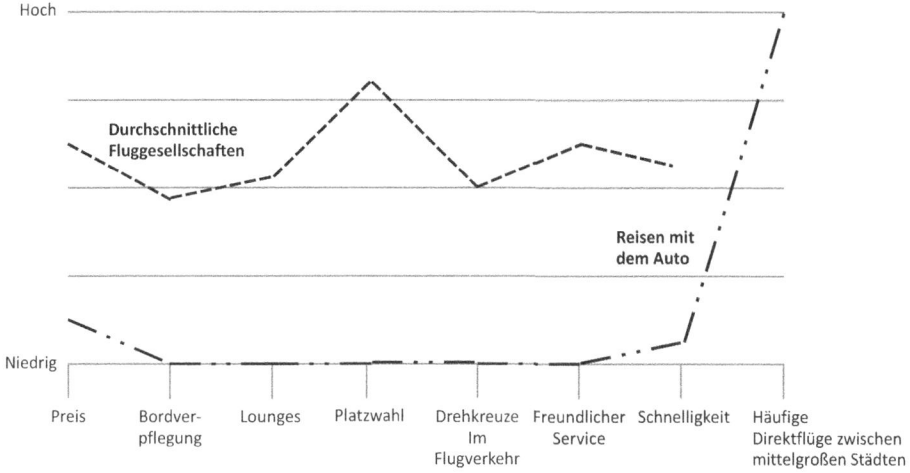

Abb. 5.5 Strategische Kontur von Fluggesellschaften Ende der 90er Jahre. (Chan Kim und Mauborgne 2005, S. 35, Der Blaue Ozean als Strategie, München, Hanser)

gegeben an. Denken Sie auch daran, warum Nichtkunden die heutigen Angebote nicht kaufen. Stellen Sie also die folgenden vier Fragen:

1. Welche der Faktoren, die die Branche als selbstverständlich betrachtet, müssen *eliminiert* werden?
2. Welche Faktoren müssen *bis weit unter* den Standard der Branche *reduziert* werden?
3. Welche Faktoren müssen *bis weit über* den Standard der Branche *gesteigert* werden?
4. Welche Faktoren, die bisher noch nie von der Branche geboten wurden, müssen *kreiert* werden?

Durch die Beschäftigung mit den ersten beiden Fragen erkennen Sie, wie Sie die Kostenstruktur gegenüber der Konkurrenz drücken können. Die dritte Frage bringt Sie dazu, herauszufinden, welche Kompromisse Ihre Branche den Kunden aufzwingt, und dazu, sie zu beseitigen. Die vierte Frage schließlich hilft Ihnen, völlig neue Quellen von Nutzen für die Käufer zu entdecken, neue Nachfrage zu erzeugen und die strategische Preisgestaltung Ihrer Branche zu verändern (Chan Kim und Mauborgne 2005, S. 26–27). Als Ergebnis Ihrer Arbeit erhalten Sie eine neue strategische Kontur, die Sie mit Ihrer Zielgruppe, d. h. möglichen Käufern und bisherigen Nichtkäufern testen sollten, bevor Sie sie in die Tat umsetzen. Sie werden feststellen, dass Sie ggf. ein deutlich besseres Angebot haben, das Sie zu niedrigeren Kosten erzeigen können. Evtl. ist das Angebot auch so überzeugend, dass Sie deutlich höhere Preise erzielen können. Vergleichen Sie z. B. das Angebot traditioneller Fluglinien mit Billig-Airlines. Hier werden vielen Funktionen, die davor normal waren, weggelassen. Gleichzeitig wird die Anzahl der Verbindungen zwischen zwei Flughäfen erhöht. Durch die Kombination werden niedrigere Preise erzielt und neue Käuferschichten gewonnen, die in der traditionellen Branchenstruktur nie erreicht wurden (Abb. 5.6). Chan Kim und Mauborgne verwenden hier das US-Beispiel Southwest Airlines. Für eine europäische Fluggesellschaft wie z. B. Ryan Air, wird sich ein ähnliches Bild ergeben. Das gilt es jetzt so zu formulieren, dass Ihre Zielgruppe das leicht verstehen kann. Sie sollten dem Kunden klar machen und beschreiben (vom Kundenproblem oder Kundenwunsch her kommend), wie Sie ihm helfen können und warum das gut für ihn ist.

Das Gelernte umsetzen

Mit großem Aufwand haben Sie Ihre Zielgruppe bzw. Ihre Zielgruppen definiert. Sie haben die jeweilige Zielgruppe analysiert und Ihre Wünsche, Ängste, Sorgen und Hoffnungen verstanden. Für jedes der sieben Elemente haben Sie sich damit beschäftigt, wie Sie Kundennutzen schaffen können. Sie haben Ihre Wettbewerber ausgewählt und deren Angebote und ihre Vor- und Nachteile für die sieben Elemente verstanden. In Abstimmung mit Ihrer Zielgruppe kennen Sie die wichtigsten Anforderungen und Ihre Position gegenüber dem Wettbewerb. Evtl. haben Sie Ihre Zielgruppenauswahl oder Ihr Angebot angepasst, um sicherzustellen, dass Ihre Angebote zu den Bedürfnissen der Zielgruppe passen und sich vom Wettbewerb abheben. Sie haben sich damit Ihr Alleinstellungsmerkmal theoretisch

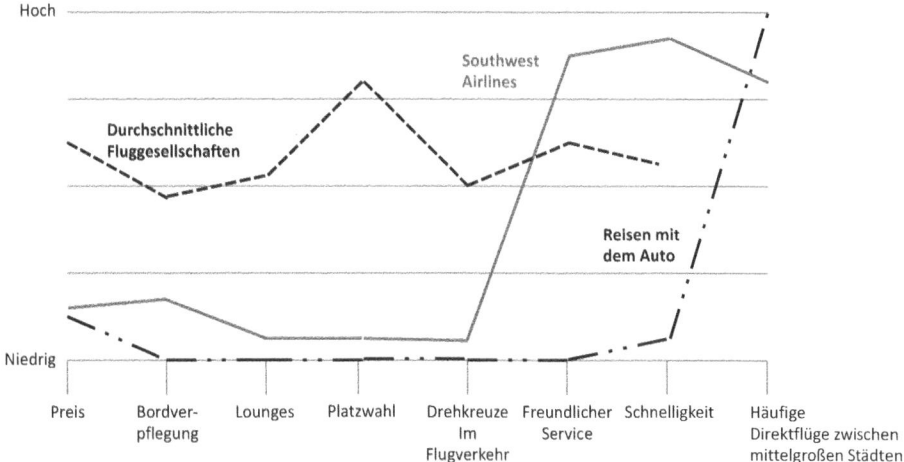

Abb. 5.6 Strategische Kontur von Southwest Airlines. (Chan Kim und Mauborgne 2005, S. 35, Der Blaue Ozean als Strategie, München, Hanser)

erarbeitet. Sie haben Ihre Prototypen mit Ihrer Zielgruppe getestet und weiterentwickelt. Sie sind sich jetzt sicher, dass der Prototyp der Zielgruppe gefällt und Potenzial hat, gute Umsätze und Gewinne zu generieren. Jetzt müssen Sie dafür sorgen, dass aus Ihren Prototypen fertige Produkte oder Angebote entstehen. Sie definieren die finalen Preise und Vertragsbedingungen für Ihre Angebote. Sie kümmern sich um den Aufbau Ihrer Vertriebskanäle und um Ihre Logistik. Sie beginnen Ihre Kommunikations- und Marketingkanäle aufzubauen. Mehr darüber werden Sie im Kap. 7 erfahren. Sie verstehen, was Sie von Ihrem Personal erwarten und beschäftigen sich damit, wo Sie mit der Schulung des existierenden Personals ansetzen können, wo Sie sich von Mitarbeitern trennen müssen und welche neuen Mitarbeiter Sie für Ihren Erfolg benötigen. Sie wissen, welche physikalische Umgebung und Ausstattung Sie benötigen. Sie bauen diese Umgebung auf bzw. verändern Ihre vorhandene Umgebung. Auch die Anforderungen an Ihre Prozesse kennen Sie jetzt gut und können sie so gestalten, dass Sie so funktionieren, dass Ihre Zielgruppe zufrieden sein wird. Für jedes der Elemente haben Sie sich natürlich damit beschäftigt, ob Sie sich die Umsetzung leisten können und wollen. Sie haben überlegt, ob Sie Ihre Organisation verändern müssen und das ggf. umgesetzt. Sie haben für jedes Teilprojekt Verantwortliche definiert und vereinbart, bis wann die Änderungen implementiert werden sollen. Die Verantwortlichen haben für Ihre Teilprojekte Unterprojekte und Verantwortlichkeiten und Termine vereinbart. Sie wissen also, wann Sie soweit sind, dass Sie mit Ihrem Angebot an den Markt gehen können und dass zu diesem Zeitpunkt auch die anderen sechs Elemente im dazu nötigen Zustand sind. Sie haben Ihre Risiken in Bezug auf Technologie und auf Umsetzbarkeit analysiert und Maßnahmen ergriffen, um diese zu managen. Überlegen Sie jetzt, wie Sie den Projektfortschritt kontrollieren und gegen den Plan vergleichen und was

Sie tun müssen, um den Plan fristgerecht umzusetzen. Beschäftigen Sie sich dann damit, wie Sie die Markteinführung gestalten wollen (s. Abschn. 7.9.3).

Die Alleinstellung erhalten

Wenn dann Ihre Zielgruppe Ihr Alleinstellungsmerkmal versteht und deshalb bei Ihnen kauft, haben Sie einen wichtigen Schritt für Ihr Marketing und Ihren Vertrieb getan. Wenn Sie innerhalb Ihrer Zielgruppe jetzt noch erste Kunden gewonnen haben, die andere Unternehmen als Vorbilder oder Leuchttürme ansehen, haben Sie die Grundlage für erfolgreiche Akquise gelegt. Wenn Sie sich dann aber nicht darum kümmern, Ihr Alleinstellungsmerkmal zu erhalten, werden Sie es in absehbarer Zeit verlieren. Zunächst müssen Sie erreichen, dass alle Ihre Mitarbeiter und Ihre Vertriebspartner Ihr Alleinstellungsmerkmal verstehen und kommunizieren können. Und es sollten wirklich alle sein, und nicht nur Ihre Mitarbeiter im Service und Vertrieb. Viele Mitarbeiter werden im Bekanntenkreis und in Sozialen Medien über Ihr Unternehmen oder Ihr Angebot kommunizieren. Deshalb müssen Sie sicherstellen, dass alle Mitarbeiter das Alleinstellungsmerkmal kommunizieren können. Dabei geht es nicht nur um den einen wichtigen Satz, sondern um die ganze Geschichte rund um Ihr Alleinstellungsmerkmal, die Sie in Ihren Marketing- und Kommunikationskanälen kommunizieren. Diese Geschichte müssen also auch Ihre Mitarbeiter kennen, damit alle konsistent kommunizieren. D. h. Ihre Basis zur Erhaltung des Alleinstellungsmerkmals ist konsistente Kommunikation auf allen offiziellen und nicht-offiziellen Kanälen, die Ihre Zielgruppe erreichen können. Darüber hinaus müssen Sie das Erreichte schützen und weiterentwickeln. Überlegen Sie also, wie Sie sicherstellen können, dass Ihr Alleinstellungsmerkmal schwer nachahmbar wird. Machen Sie sich Gedanken darüber, wie Sie Ihren Kunden den Wechsel zur Konkurrenz erschweren können. Erreichen Sie in vielen Aspekten Begeisterung, sodass die Kunden gar nicht auf die Idee kommen zu wechseln? Sind Ihre Lösungen für den einzelnen Kunden so individuell, dass sie nur mit viel Aufwand zu ersetzen wären? Haben Sie oder wichtige Mitarbeiter so gute persönliche Kontakte, dass Ihre Kunden gerne bei Ihnen bleiben werden? Sind Ihre Produkte so eng mit den Produkten Ihrer Kunden verwoben, dass ein Wechsel teuer würde oder können Sie Ihren Kunden durch Verträge für einen längeren Zeitraum an sich binden? Schützen Sie Ihre Ideen und Entwicklungen durch Patente und überlegen Sie, ob und wie Sie diesen Schutz dann auch durchsetzen können. Schärfen Sie Ihr Profil. Sorgen Sie dafür, dass es Ihren Konkurrenten schwer fällt, Sie nachzuahmen. Überlegen Sie, was Sie tun können, um Ihre Kunden an sich zu binden. Genügen dazu Ihre vorhandenen Produkte? Können Sie Produkte besser bündeln, damit es Ihren Konkurrenten schwer fällt, einzelne Komponenten zu ersetzen? Können Sie Dienstleistungen entwickeln, die es erleichtern, Ihr Angebot zu planen und zu implementieren? Können Sie Dienstleistungen schaffen, die helfen, Ihr Angebot besser oder länger zu nutzen? Welche neuen Konkurrenten könnten auftreten und mit welchen Produkten oder Ersatzprodukten könnten sie die Zielgruppe überzeugen? Welche neuen Technologien oder Methoden können Sie nutzen, um Ihren Kunden mehr Wert zu bieten oder deren Kosten zu senken? Was tun Sie, um die Fähigkeiten Ihrer Mitarbeiter auf dem aktuellen Stand zu halten? Was, um die Kompetenzen Ihrer Mitarbeiter zu verbessern? Was, um die Kultur Ihres Unternehmens stärker auf Kundenorientierung auszurichten? Was können Sie tun, um Ihre Prozesse zu verschlanken und zu beschleunigen? Können Sie Ihre Aufbauorganisation stärker auf die Erhaltung und den Ausbau Ihres Alleinstellungsmerkmals ausrichten? Wie können Sie mehr Kontrolle über Ihre Wertschöpfungskette gewinnen? Wie setzen Sie Design Thinking in Ihrem Unternehmen ein, um Ihrer Zielgruppe laufend zuzuhören, deren Bedürfnisse und Ihre Veränderungen frühzeitig zu verstehen und daraus zu lernen? Wie entwickeln Sie aus dem gelernten die nötigen Veränderungen und Verbesserungen und wie testen Sie mit Ihrer Zielgruppe, ob diese zum gewünschten Ergebnis führen? Welche der sieben Elemente (7P) müssen Sie weiterentwickeln, um den Abstand zur Konkurrenz zu vergrößern? Können Sie die Beziehungen zu und das Vertrauensverhältnis mit Ihren Kunden so gestalten, dass diese deutlich die Vorteile einer weiteren Kooperation sehen und deshalb auch bei einem leicht besseren Angebot der Konkurrenz nicht wechseln werden? Wer von Ihren Mitarbeitern hat den Draht zu wesentlichen Kunden? Wer hat exklusiven Zugang zu einzelnen Kunden? Was können Sie tun, dass das so bleibt? Was müssen Sie tun, um wesentliche Änderungen der Wünsche, Ängste und Sorgen Ihrer Zielgruppen möglichst früh und gut zu verstehen, weil hier der Schlüssel zu Ihrem Alleinstellungsmerkmal liegt? Wie müssen Sie sich organisieren, um diese Bedürfnisse auch schnell in Lösungen umzusetzen? Was tun Sie, um Ihre Konkurrenz zu beobachten und zu verstehen, was die Konkurrenten planen, um sich besser im Kampf um die Kunden zu schlagen? Wie reagieren Sie auf Veränderungen im Angebot Ihrer Mitbewerber? Was tun Sie, um für Ihre Zielgruppe der beste, der wichtigste oder der bevorzugte Lieferant zu werden? Hermann Simon sagt dazu: Der beste, die Nr. 1, der Marktführer zu sein, das sind hervorragende Kommunikationsbotschaften sowohl an den Markt, wie an die Mitarbeiter. Die Demonstration überlegener Leistung und die Effektivität der Kommunikation bilden einen Circulus Vitiosus. Nur aufgrund der Leistung erhält man Zugang zu den Prestigeprojekten. Diese wiederum verstärken die Kommunikationswirkung und die wahrgenommenen Wettbewerbsvorteile, woraus sich neue Chancen eröffnen (Simon 2007, S. 239).

Zusammenfassung

Das fünfte Kapitel beschreibt, wie Sie zu Ihrem Alleinstellungsmerkmal für Ihr Unternehmen oder Ihr Angebot kommen und wie Sie es erhalten. Nachdem Sie wissen, wer Ihre Zielgruppe ist und wie Sie ihr Nutzen erzeugen, geht es darum zu verstehen, wer Ihre Konkurrenten sind und wie Sie sich von diesen unterscheiden können. Sie definieren also zunächst, wer die Konkurrenten sind. Dabei definieren Sie Ihre Konkurrenten aus der Sicht der Zielgruppe und konzentrieren sich nicht nur auf die Konkurrenten, die Ihre Zielgruppe mit gleichen oder ähnlichen Angeboten anspricht. Danach analysieren Sie für jedes der Marketing-Mix-Elemente, was Ihre Zielgruppe erwartet, was Sie bieten, was Ihre Konkurrenten bieten und wo Sie sich unterscheiden können und wollen. Diese Analyse führen Sie für die folgenden sieben Elemente durch:

1. Produkt
2. Preis, Kosten, Kontrahierung
3. Distribution, Logistik
4. Kommunikation
5. Personal
6. Physikalische Umgebung und Ausstattung
7. Prozesse

Dabei fokussieren Sie sich innerhalb der Kategorien auf Kundenerwartungen, die der Zielgruppe besonders wichtig sind. Sie werden also innerhalb der sieben Elemente jeweils verstehen, ob und wie Sie sich bei welchen für die Zielgruppe wichtigen Kriterien von Ihren Konkurrenten unterscheiden. Nach der Arbeit an den Details konsolidieren Sie das so, dass Ihnen klar wird, bei welchen der sieben Marketing-Mix-Elemente Sie sich deutlich von Ihren Konkurrenten unterscheiden und wie. Sie beschreiben den Kundennutzen und versuchen ihn wo möglich zu quantifizieren. Evtl. können Sie auch mehrere Elemente kombinieren, um Ihren Kunden Nutzen oder Vorteile zu generieren. Sie formulieren Ihr Ergebnis in Kundensprache und vermeiden Begriffe, die für Kunden unverständlich oder nicht relevant sind. Das Ergebnis Ihrer Bemühungen diskutieren Sie zunächst intern mit Ihren Kollegen im Vertrieb und im Service. Das hilft Ihnen zu prüfen, ob das Ergebnis relevant ist und sich leicht verstehen und verkaufen lässt. Sie erstellen dann eine Geschichte, die Sie Ihrer Zielgruppe erzählen können, und die Sie für Ihren Auftritt z. B. auf Flyern oder Ihrer Webseite nutzen können. Diese beginnt mit dem Kundenwunsch oder dem Problem des Kunden, bevor Sie erzählen, wie Sie der Zielgruppe helfen ihre Ziele zu erreichen und wie Sie das belegen können. Das schafft Vertrauen bei der Zielgruppe. Sie erkennt, dass Sie sie und Ihre Wünsche, Ängste und Sorgen verstehen und, dass Sie eine Lösung für diese haben, die sich von der der Konkurrenz unterscheidet. Sie geben ihr damit einen Grund bei Ihnen zu kaufen und nicht bei Ihren Konkurrenten. Bevor Sie diese Informationen jetzt breiter verwenden, sollten Sie unbedingt mit Ihrer Zielgruppe testen, ob Sie diese für relevant hält, ob sie glaubwürdig ist und ob Sie sich dadurch wirklich von Ihren Konkurrenten unterscheiden. Gelingt Ihnen das nicht, können Sie zunächst mithilfe Ihrer bisherigen Analysen versuchen, die Aussagen zu verbessern und zu schärfen. Gelingt auch das nicht, haben Sie drei Möglichkeiten:

• Sie beginnen noch mal von vorne, also überprüfen Ihre Zielgruppe und konzentrieren sich z. B. auf eine kleinere Zielgruppe, für die Sie dann die Wünsche, Ängste, Sorgen und Hoffnungen definieren und dann für die 7 Elemente des Marketing-Mix verstehen, ob und wie Sie diese besser befriedigen können als Ihre Konkurrenz.

- Sie überlegen, wie Sie außerhalb Ihres Unternehmens Komponenten finden, die Ihnen helfen, sich zu unterscheiden. Können Sie diese einkaufen? Können Sie mit anderen kooperieren, um gemeinsam ein Angebot für die Zielgruppe zu generieren. Können Sie einen Konkurrenten kaufen oder mit einem Konkurrenten zusammengehen (Merger &/oder Akquisition)?
- Sie beginnen neu und versuchen einen neuen Markt zu schaffen, den Sie gestalten und in dem es noch keine Konkurrenten gibt. Chan Kim und Mauborgne definieren das als Blauen Ozean im Unterschied zu Roten Ozeanen, die alle Branchen repräsentieren, die es heute gibt (vgl. Chan Kim und Mauborgne 2005, S. 4).

Das Resultat testen Sie wieder mit typischen Vertretern Ihrer Zielgruppe und formulieren es in Kundensprache. Es bildet die Grundlage für Ihre weiteren Marketingaktivitäten.

Nun gilt es, dieses Alleinstellungsmerkmal zu pflegen und zu erhalten. Sie beschäftigen sich also damit, was Ihnen hilft auch bei sich verändernden Kundenbedürfnissen, neuen technologischen Möglichkeiten und schärferen Wettbewerbsbedingungen zu gewinnen und Sie suchen nach Möglichkeiten, Ihre Ideen und Entwicklungen zu schützen. Mit ausgezeichneten Alleinstellungsmerkmalen können Sie dann längerfristig am Markt erfolgreich sein.

Literatur

Kim, W.C., und R. Mauborgne. 2005. *Der Blaue Ozean als Strategie*, 4, 12–16, 22, 23, 26, 27, 35. München: Hanser.

Simon, H. 2007. *Hidden Champions des 21. Jahrhunderts. Die Erfolgsstrategien unbekannter Weltmarktführer*, 239. Frankfurt a. M.: Campus.

Springer Gabler Verlag, Hrsg. 2017. Gabler Wirtschaftslexikon, Stichwort: Unique Selling Proposition (USP): http://wirtschaftslexikon.gabler.de/Archiv/81361/unique-selling-proposition-usp-v7.html. Zugegriffen: 23. Nov. 2017.

Eine Marke etablieren

6

Zusammenfassung

Mit der klaren Definition eines Alleinstellungsmerkmals haben Sie eine gute Grundlage, um sich über die Entwicklung Ihrer Marke Gedanken zu machen. Dieses Kapitel erklärt, was eine Marke ausmacht und wie Sie eine Marke etablieren können. Sie werden verstehen, wie Sie Ihr Unternehmen und verschiedene Angebote im Rahmen der Markenarchitektur positionieren. Sie lernen verschiedene Markenelemente kennen und entwickeln Ideen, wie Sie diese kombinieren können, um bei Ihrer Zielgruppe ein Markenerlebnis zu erreichen. Eine starke Marke gibt Ihrem Unternehmen oder Ihrem Angebot ein klares Profil. Sie hilft Ihnen, sich noch deutlicher von Ihren Konkurrenten abzuheben und erleichtert Ihren Kunden, sich für Ihr Unternehmen oder Ihr Angebot zu entscheiden. Diese Marke müssen Sie schützen und pflegen. Sie müssen Sie intern in Marketing und Vertrieb kommunizieren, damit sie über diese Kanäle bei der Zielgruppe ankommt. Sie müssen alle Mitarbeiter schulen, damit die Marke an allen Kontaktpunkten sichtbar wird. Sie müssen bei der Erstellung aller Marketingmaterialien immer Ihre Marke nach außen repräsentieren.

In vielen Märkten gibt es sehr viele Anbieter mit ähnlichen Produkten. Es fällt Käufern immer schwerer, sich für ein Unternehmen oder ein Angebot zu entscheiden. Starke Marken helfen Unternehmen, sich deutlich von Ihren Konkurrenten zu unterscheiden und sich in den Köpfen Ihrer Zielgruppe klar zu positionieren. Sie stellen eine einfache Verbindung zwischen den Erwartungen der Zielgruppe und dem Unternehmen und seinem Angebot her. Eine starke Marke gibt Ihrem Unternehmen oder Ihrem Angebot ein klares Profil. Sie hilft Ihnen, sich noch deutlicher von Ihren Konkurrenten abzuheben und erleichtert Ihren Kunden, sich ohne langes Nachdenken für Ihr Unternehmen oder Ihr Angebot zu entscheiden. Ihre Zielgruppe wird lieber bei einer Unternehmensmarke kaufen. Sie wird sich sicherer fühlen, eine Produktmarke zu kaufen, als ein No-name Produkt, weil sie

© Springer Fachmedien Wiesbaden GmbH 2018
W. Vogt, *Schlankes Marketing für den Mittelstand*,
https://doi.org/10.1007/978-3-658-16732-5_6

mit einem geringeren Risiko rechnet. Und Sie wird bereit sein, für Angebote einer starken Marke auch mehr zu zahlen. Eine starke Marke hilft Ihrer Zielgruppe, sich gegenüber Ihren Freunden und Kollegen klar zu positionieren, also z. B. als modern und cool zu gelten. Das alles gilt für B2C-Marken ebenso, wie für B2B-Marken. Wenn Sie sich oder Ihr Angebot als Marke etabliert haben, werden Ihre Kunden bei Bedarf auch gerne wieder bei Ihnen einkaufen. Wenn Sie eine starke Unternehmensmarke etabliert haben wird es Ihnen leichter fallen, neue Angebote am Markt einzuführen, weil Ihre Zielgruppe sie mit der Marke und ihrem Image verbinden können. Wenn Sie Ihr Angebot über Partner verkaufen wollen, werden diese lieber auf Markenangebote, als auf austauschbare Angebote zurückgreifen, da das Risiko, die Produkte nicht zu verkaufen natürlich größer ist.

Sie sollten also verstehen, was eine Marke ausmacht und wie Sie eine Marke etablieren können. Sie werden verschiedene Markenelemente kennenlernen und Ideen entwickeln, wie Sie diese kombinieren können, um bei Ihrer Zielgruppe ein Markenerlebnis gestalten zu können. Und Sie werden sich damit beschäftigen, wie Sie Ihre Marke schützen und pflegen können, sodass Sie auch langfristig Erfolg haben.

Zunächst gilt es zu definieren, was eine schützenswerte Marke ausmacht. Im Folgenden eine Definition des Gesetzgebers im Markengesetz, § 3, Abs. 1:

▶ **Schützenswerte Marke** Als Marke können alle Zeichen, insbesondere Wörter einschließlich Personennamen, Abbildungen, Buchstaben, Zahlen, Hörzeichen, dreidimensionale Gestaltungen einschließlich der Form einer Ware oder ihrer Verpackung sowie sonstige Aufmachungen einschließlich Farben und Farbzusammenstellungen geschützt werden, die geeignet sind, Waren oder Dienstleistungen eines Unternehmens von denjenigen anderer Unternehmen zu unterscheiden.

Aus Sicht der Marketingtheorie gibt es unzählige Wege eine Marke zu beschreiben. Hier sind zwei wesentliche:

- Eine Marke ist viel mehr als ein Produkt, ein Markenname, ein Logo, ein Symbol, ein Slogan, eine Anzeige, ein Jingle, ein Sprecher; das sind nur greifbare Komponenten einer Marke, nicht die Marke selbst (vgl. Kotler und Pförtsch 2006, S. 12–13).
- ‚Marke‘ umfasst verschiedene Aspekte. *Eine Marke ist ein Versprechen, die Gesamtheit der Wahrnehmungen* – alles was sie sehen, hören, lesen, wissen, fühlen, denken, etc. – über ein Produkt, eine Dienstleistung oder ein Unternehmen. Es hält eine herausragende Position im Bewusstsein der Kunden, basierend auf Erfahrungen der Vergangenheit, Assoziationen und Erwartungen für die Zukunft. Es ist eine Abkürzung von Attributen, Vorteilen, Überzeugungen und Werten, die differenziert, Komplexität reduziert und den Entscheidungsprozess vereinfacht (vgl. Dunn und Davis 2004, S. 241–245).

Eine Marke zu definieren und zu etablieren ist also nicht einfach, hilft aber später, sich vom Wettbewerb zu unterscheiden und es den Kunden leicht zu machen, sich für Ihr Unternehmen und/oder Ihr Angebot zu entscheiden. Bei Impulskäufen, Produkten des

täglichen Bedarfs und relativ preiswerten bzw. einfachen Produkten ist das unerlässlich.
Bei Produkten, die Prestige vermitteln, hilft es dem Käufer, sich von anderen abzuheben.
Beim Kauf von teuren oder erklärungsbedürftigen Produkten hilft es Ihnen, in die engere
Auswahl von Anbietern zu kommen und sich dann durch eine starke Marke von Ihren
Konkurrenten abzuheben. Bei B2B-Angeboten hilft die Marke dem Käufer das gefühlte
Risiko beim Kauf zu reduzieren. Führt eine starke Marke ein neues Produkt am Markt
ein, wird ihr das leichter fallen als einem unbekannten Anbieter.

Im Mittelpunkt Ihrer Marke steht Ihr Markenkern – als Unternehmen oder der Ihres
Angebotes, wenn Sie schon über einen Unternehmensmarke verfügen. Dabei geht es
um Ihr Alleinstellungsmerkmal, aber auch darum, wie Sie sich im Markt und gegenüber
Ihren Konkurrenten positionieren wollen. Das Alleinstellungsmerkmal und die Positionierung gegenüber der Konkurrenz haben wir in Kap. 5 erarbeitet.

In diesem Kapitel werden wir nun die Positionierung Ihres Unternehmens bzw. Ihres
Angebotes erarbeiten. Das Alleinstellungsmerkmal und Ihre Positionierung müssen
Sie unterstützen, indem Sie für alle sieben Kriterien (7P) dauerhaft eine hohe Quali-
tät liefern. Nach außen machen Sie Ihre Marke durch die Auswahl und Integration von
Markenelementen sichtbar. Damit diese bei allen, die wichtig für Sie sind sichtbar und
bekannt werden, brauchen Sie eine zielgerichtete Kommunikation (Abb. 6.1).

Wir werden nun die Schritte zur Entwicklung der Marke einzeln bearbeiten und
beginnen mit der Positionierung.

Die Positionierung – Was macht Ihr Unternehmen oder Ihr Angebot aus?

Hauptbestandteil jeder starken Marke ist ein eindeutiger Markenkern, der auch als Charakter der Marke bezeichnet werden kann. Er sollte sich an allen Kontaktpunkten der Nachfrager mit dem Unternehmen widerspiegeln. Der Markenkern ist die zentrale Assoziation,

Abb. 6.1 Wie Sie zu Ihrer
Marke kommen

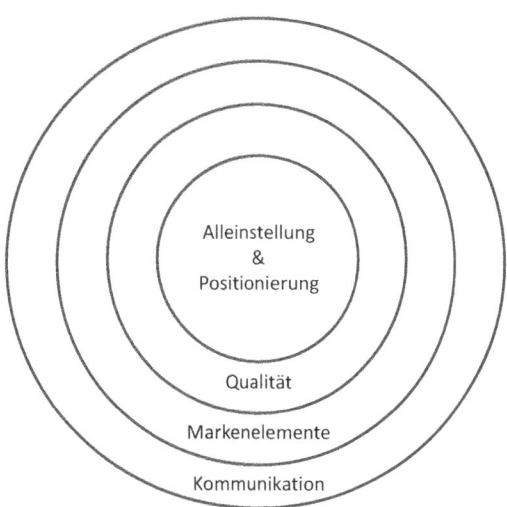

die bei jedem Kontakt mit der Marke hervorgerufen wird. Dabei kann der Markenkern sowohl einen funktionalen, als auch einen emotionalen Kundennutzen enthalten (Pförtsch und Schmid 2005, S. 85).

Welche zentrale Assoziation soll also hinter Ihrem Unternehmen und/oder Ihrem Produkt stehen? Was ist relevant für Ihre Zielgruppe? Was ergänzt das in den bisherigen Kapiteln erarbeitete Alleinstellungsmerkmal? Wie sind Ihre Rahmenbedingungen? Was ist Ihre Vision für Ihr Unternehmen oder Ihr Angebot? Welche Werte stehen im Mittelpunkt Ihres Unternehmens? Wofür wollen Sie stehen, was macht Sie besonders und was können Sie Ihren Kunden versprechen? Beispiele:

- Sind Sie schnell und agil?
- Sind Sie langsam, aber sicher?
- Sind Sie modern oder konservativ?
- Sind Sie jugendlich, cool und hip?
- Sind Sie sportlich?
- Sind Sie seriös und erfahren?
- Bieten Sie Sicherheit und Zuverlässigkeit?
- Kennen Sie das große Ganze oder stehen Sie für das Detail?
- Sind Sie kreativ?
- Sind Sie innovativ?
- Sind Sie regional oder international?
- Sind Sie umweltfreundlich und agieren Sie nachhaltig?
- Sind Sie der Preisführer?
- Bieten Sie Exklusivität und Luxus?

Welche Leistung bieten Sie und welchen funktionalen und emotionalen Nutzen hat Ihre Zielgruppe davon? Wie wollen Sie sich gegenüber Ihren Wettbewerbern positionieren? Wenn Sie das klar verstehen und definiert haben, fragen Sie Ihre Zielgruppe, welche Automarke Ihr Unternehmen und Angebot gut repräsentiert. Das gibt Ihrer Zielgruppe die Möglichkeit, Ihr Unternehmen bzw. Ihr Angebot mit etwas Bekanntem zu vergleichen. Mit einer bestimmten Automarke werden sie z. B. Dynamik, Sicherheit oder Luxus verbinden. Passt das zu Ihrer Auswahl? Wenn nein, wie weit sind Sie von Ihrer Zielsetzung entfernt? Ist es realistisch, Ihr Image in die Zielrichtung weiter zu entwickeln oder ist der Abstand zu groß? Mit diesem Verständnis können Sie sich jetzt an die Umsetzung dieser Inhalte zu einem sichtbaren Markenbild machen. Definieren Sie, ob Sie die Marke für Ihr Unternehmen definieren wollen oder für eine Produktfamilie, ein Produkt, eine Dienstleistung oder ihr kombiniertes Angebot. Überprüfen Sie Ihr Alleinstellungsmerkmal und ggf. die Positionierung Ihres Angebotes gegenüber Ihren Konkurrenten (s. Kap. 5). Überlegen Sie dann, welches Image Sie abstrahlen wollen.

Wenn Sie nun wissen, wofür Sie stehen wollen, überlegen Sie, ob das in Bezug auf alles, was Sie tun, glaubhaft ist. Wird Ihre Zielgruppe Ihnen das abnehmen? Glauben Ihre Mitarbeiter daran? Strahlen Ihre Produkte, Ihre Preise, Ihre Mitarbeiter, Ihre Prozesse,

Ihre physikalische Umgebung und Ausstattung etc. das aus? Oder sind Sie weit weg von Ihrem gewünschten Bild? Wenn Sie relativ nah am gewünschten Bild sind – was müssen Sie tun, um das Bild was Sie erreichen wollen, auch glaubhaft auszustrahlen?

Wie wollen Sie sich als Arbeitgeber präsentieren? Neben der Kommunikation mit Ihrer Zielgruppe gewinnt auch die Markenbildung zum Zweck der Mitarbeitergewinnung eine immer wichtigere Rolle. Gerade bei Fachkräftemangel in Ihrer Branche geht es darum zu verstehen, wie Sie sich als attraktiver Arbeitgeber positionieren können. Auch hier geht es zunächst um Ihre zentrale Assoziation, denn Sie wollen ja Mitarbeiter gewinnen, die zu Ihrem Unternehmen passen, sich wohlfühlen und Ihre Marke nach außen repräsentieren. Eine starke Marke ist auch eine wesentliche Basis für die Entwicklung einer Arbeitgebermarke oder das Employer Branding. Ihre Marke positioniert Sie für jede Ihrer Interessengruppen. Das sind Ihre Kunden und Interessenten, aber auch Ihre Kapitalgeber, Gewerkschaften und die breitere Öffentlichkeit. Auf diese Marke können Sie aufsetzen. Darüber hinaus geht es aber auch darum klar zu machen, warum Sie als Arbeitgeber interessant sind. Sie wollen also herausarbeiten, dass man bei Ihnen gut aufgehoben ist und dass es Aufstiegsmöglichkeiten gibt. Sie wollen Ihre guten Arbeitsbedingungen, Ihre überdurchschnittliche Bezahlung, Ihre Sozialleistungen etc. möglichen Bewerbern sichtbar machen. Und Sie wollen natürlich dafür sorgen, dass der mögliche Bewerber Sie auch emotional als ein Unternehmen wahrnimmt, für das er arbeiten möchte. Er sollte also z. B. wahrnehmen, dass es Spaß macht, für Ihr Unternehmen zu arbeiten, dass seine Ideen willkommen sind und er sich selbst verwirklichen kann. Eine starke Marke wirkt natürlich auch nach innen und gibt den Mitarbeitern einen Grund, stolz und glücklich zu sein, für dieses Unternehmen zu arbeiten. Hier hilft es, die Mitarbeiter im Unternehmen zu befragen oder befragen zu lassen, um festzustellen, was sie am Unternehmen schätzen, warum sie gerne für das Unternehmen arbeiten und warum sie anderen empfehlen würden sich zu bewerben. Neben Ihrer Strategie bilden diese Informationen dann die Grundlage Ihre Unternehmensmarke in Richtung Arbeitgebermarke zu erweitern. Auch für diese Aktivität gilt es natürlich, Ihre Zielgruppe (Bewerber) klar zu definieren, Ihre Wünsche, Ängste, Sorgen und Hoffnungen zu kennen und Ihnen einen klaren Grund zu geben, warum Sie bei Ihnen besser aufgehoben sind als bei Ihren Konkurrenten.

Hohe Qualität gleichbleibend liefern
Ihre Zielgruppe wird Qualität immer an ihrer Erwartungshaltung gegenüber Ihrem Unternehmen und seinen Angeboten messen. D. h., wenn Sie ihre Wünsche, Ängste, Sorgen und Hoffnungen gut verstanden haben und Ihre Angebote gute Lösungen für diese bieten, haben Sie schon einen wesentlichen Grundstock für gute wahrgenommene Qualität geschaffen. Wenn Sie dann mindestens die gleiche Qualität wie Ihre Konkurrenten liefern, werden Sie dem Ziel einer starken Marke noch wesentlich näher kommen. Denken Sie nicht nur an die Qualität des Endproduktes, sondern auch an die Materialien, die Sie verwenden. Strahlen diese eine hohe Qualität, Zuverlässigkeit, Sicherheit oder Nachhaltigkeit aus? Fühlt Ihre Zielgruppe, wenn sie Ihre Produkte anfasst die hohe

Qualität des Materials, sieht sie die Qualität der Verarbeitung, hört sie die Qualität, wenn sie Schalter umlegt oder Türen schließt? Beachten Sie aber auch, dass die Erwartungshaltung Ihrer Zielgruppe durch alles was Sie tun und was Sie kommunizieren wesentlich beeinflusst wird. Wenn Sie also in Ihrer Markendarstellung und -kommunikation herausarbeiten, dass Sie der Qualitätsführer sind, dann müssen Sie es auch sein. Das gilt nicht nur für Ihr Produkt oder Angebot, sondern auch für die anderen sechs Elemente. Bei jedem der Elemente müssen Sie die Erwartungshaltung Ihrer Zielgruppe verstehen, treffen und ggf. gestalten. Sie müssen das nicht nur für den gegenwärtigen Zustand erreichen, sondern die Qualitätsstandards auch langfristig weiter halten. Das gilt natürlich nicht nur für die Qualität der Produkte bei Lieferung, sondern auch für die Lebensdauer Ihrer Produkte. Wie stellen Sie also sicher, dass Sie die gewünschte Qualität gleichbleibend liefern? Sind Sie in regelmäßigem Kontakt mit Ihrer Zielgruppe und können Sie sicherstellen, dass Sie alle Änderungen an der Erwartungshaltung gegenüber Ihrem Unternehmen und seinem Angebot frühzeitig erkennen? Sind Sie in der Lage, rasch auf die veränderten Anforderungen zu reagieren und sich so weiter zu entwickeln, dass Ihre Kunden weiterhin hoch zufrieden sind? Was tun Sie, wenn einmal ein größeres Problem auftritt, von dem nicht nur ein Kunde weiß, dass es passiert ist? Wie vermeiden Sie, dass es erneut auftritt und was kommunizieren Sie an alle Personen, die von dem Problem betroffen sind oder wissen können?

Ihre Markenarchitektur definieren

Nehmen wir an, Sie wollen Marken für Ihr Unternehmen und seine Angebote etablieren. Dann sollten Sie sich überlegen, wofür das Unternehmen steht, welche Unternehmensbereiche oder Produktbereiche Sie positionieren wollen und wie diese zum Gesamtbild beitragen. Sie beschäftigen sich also mit der Markenarchitektur. Sie sollten überlegen, ob Sie bestimmte Produktfamilien als Marke etablieren wollen und wie Sie die Produkte innerhalb dieser Familien positionieren. Soll Ihre Zielgruppe bei jeder Produktfamilie sehen, dass sie aus Ihrem Haus kommt, d. h. beginnt der Produktfamilienname mit dem Namen des Unternehmens gefolgt vom Namen der Familie, also z. B. BMW-3er-Serie? Gilt das auch für Ihre Produkte, also z. B. BMW 320? Oder hat die Familie einen eigenen, unabhängigen Markennamen, wie z. B. Nivea nicht mit dem Namen Beiersdorf direkt verbunden wird, aber Produkte innerhalb der Nivea-Familie immer mit dem Familiennamen Nivea vermarktet werden? Wollen Sie für Ihr Unternehmen und Ihre Angebote die gleiche Marke definieren oder definieren Sie für die jeweiligen Produktfamilien eigene Markennamen? Soll Ihre Zielgruppe also zu jedem Zeitpunkt wahrnehmen, dass es sich um Produkte aus Ihrem Haus handelt? Oder wollen Sie die Marken Ihrer Top-Produkte ganz bewusst von den Marken Ihrer Einstiegsprodukte abgrenzen. Das hätte für die Top-Produkte den Vorteil, dass Sie sie als exklusiv positionieren und klar von anderen Produkten abgrenzen können. Ebenso würde für ein Billigprodukt gar nicht der Eindruck entstehen können, dass es aus einem Haus mit hochwertigen Produkten kommt und deshalb vielleicht etwas teurer ist als das von Konkurrenten. Oder wollen Sie signalisieren, dass Produkte zu einer Produktfamilie gehören und Kunden nahtlos von einem zum nächsten Produkt wachsen können? Auch hier strahlen Sie wichtige Informationen über Ihre Marke aus und generieren eine Assoziation. Wenn diese Assoziation besagt, dass Sie ein hochwertiges Produkt verkaufen, müssen das z. B. auch Ihre Preise ausstrahlen. Oder umgekehrt, wenn Sie nur die Hälfte des Preises Ihrer Konkurrenten verlangen, wird Ihre Zielgruppe automatisch annehmen, dass Sie ein minderwertigeres Angebot haben, egal was Sie sonst mit Ihrer Marke tun. D. h. alle Aspekte des Marketing-Mix müssen zu Ihrer zentralen Assoziation passen.

6.1 Die sichtbaren Markenelemente schaffen

Überlegen Sie, wie Ihre Marke nach außen sichtbar wird. Welche Markenelemente brauchen Sie, um sicherzustellen, dass man Ihre Marke schnell erkennt und wiedererkennt? Wie können Sie sich von Ihren Konkurrenten abheben? Beschäftigen Sie sich also mit den folgenden Markenelementen (Abb. 6.2):

- Markenname und Slogan
- Design
- Farben
- Logo
- Typografie, Grafik und Bilder
- Texte und Inhalte
- Andere Elemente wie Töne, Musik und Geruch

Wenn Sie jedes Element verstehen, klar definieren, in hoher Qualität umsetzen und die einzelnen Elemente gut aufeinander abstimmen, werden Ihr Unternehmen und seine Angebote unverwechselbar und Ihre Zielgruppe wird Sie schnell wiedererkennen und wissen, wofür Sie stehen.

6.1.1 Der Markenname

Um den Markennamen zu definieren, beginnen Sie mit der Entwicklung eines Slogans basierend auf den Texten, die Sie schon entwickelt haben, als Sie die Geschichte von den Problemen, Wünschen, Sorgen und Hoffnungen Ihres Kunden zu Ihrem Angebot geschrieben haben. Gelingt es Ihnen, in einem Satz zusammenzufassen, wofür Ihr Unternehmen oder Ihr Angebot steht? Sagt dieser Satz noch etwas aus, das relevant und gut verständlich für Ihre Zielgruppe ist? Klingt es auch nach der hundertsten Wiederholung gut? Was sagt Ihre Zielgruppe zu Ihrem Slogan? Ist er relevant, kann man sich gut daran erinnern, ist er einzigartig? Gibt er Ihrer Zielgruppe einen Grund bei Ihnen zu kaufen und nicht bei der Konkurrenz? Mit der Markenarchitektur haben Sie sich schon Gedanken gemacht, wie Ihre Markennamen strukturiert sein sollen. Jetzt gilt es, ggf. mit der

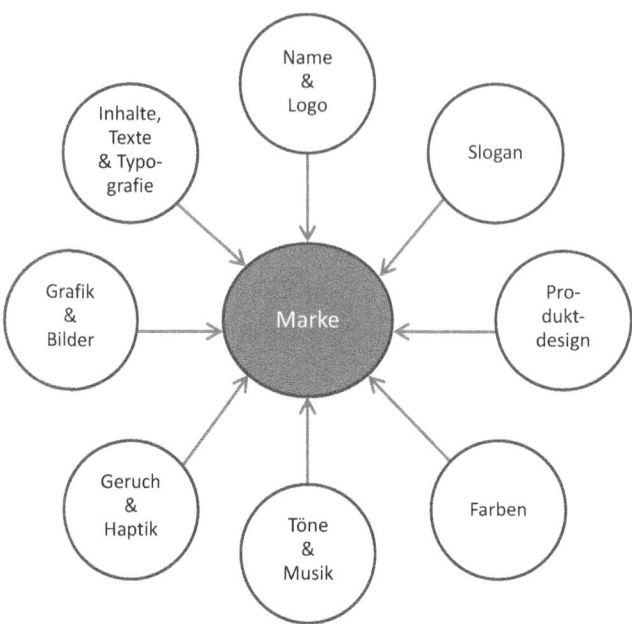

Abb. 6.2 Die Marke und die Markenelemente

Hilfe von spezialisierten Agenturen, diese Namen zu definieren. Dabei wird viel Kreativität verlangt. Ihr Slogan und Ihre Markenarchitektur bieten eine gute Grundlage dazu. Am besten brainstormen Sie im Team und lassen zunächst alle noch so wilden Ideen zu. Wollen Sie die Namen der Gründer nehmen oder den Unternehmenszweck beschreiben? Wollen Sie mit Methapern arbeiten, künstliche Namen erfinden oder mit Abkürzungen arbeiten, weil Ihre Kunden sich diese leichter merken können? Kann Ihr Markenname die Produktverwendung oder den Nutzen beschreiben, den das Angebot bietet? Diese lange Liste verdichten Sie oder kombinieren verschiedene Ideen, bis Sie zu einer Liste von einigen wenigen Namen kommen. Sind die Namen kurz genug, dass man sie sich merken kann? Können Sie mit einzelnen Buchstaben, z. B. den Anfangsbuchstaben der Gründer arbeiten? Können Sie englische Begriffe nehmen, weil diese bei Ihrer Zielgruppe schon gut bekannt sind? Sind die ausgewählten Namen positiv besetzt und so gestaltet, dass Sie damit auch bei einer Erweiterung Ihres Portfolios noch arbeiten können? Kann man die Namen einfach aussprechen? Führen sie zu einer klaren Assoziation zu Ihrem Angebot, Ihren Eigenschaften oder zu Ihren Stärken? Auch hier sollten Sie freundliche Repräsentanten Ihrer Zielgruppe um Feedback fragen, feststellen, ob er das auch mit Ihnen, Ihrem Unternehmen und Ihrem Angebot identifiziert und bei Problemen Ihre Auswahl überarbeiten. Und schließlich müssen Sie prüfen bzw. prüfen lassen, ob Sie diese Namen in allen Märkten, die Sie bedienen, nutzen können. Ob also Ihr Name sich auch z. B. in Französisch aussprechen lässt und er dort auch einen guten Klang hat. Oder, ob Ihr Name zum Beispiel in spanischsprachigen Ländern nicht negativ besetzt ist.

Und schließlich müssen Sie prüfen oder prüfen lassen, ob nicht ein anderes Unternehmen diesen Namen schon für eigene Zwecke geschützt hat. Einen schon geschützten Namen zu verwenden birgt nicht nur das Risiko Kunden zu verwirren, sondern kann zu erheblichen Kosten führen und wird am Ende natürlich dazu führen, dass Sie Ihren Namen wieder ändern müssen. Achten Sie hier nicht nur auf den schon besetzten Markennamen, sondern auch auf ähnlich ausgesprochene Namen, damit keine Verwechslungsgefahr besteht. Testen Sie den oder die ausgewählten Namen mit Zielgruppenmitgliedern in den Ländern, in denen Sie die Namen einsetzen wollen. So stellen Sie sicher, dass Sie nicht auf sprachliche oder kulturelle Barrieren stoßen.

6.1.2   Das Design

Wie erreichen Sie ein durchgehendes Design, an dem man Ihr Unternehmen und Ihr Angebot erkennt? Denken Sie an die Formen Ihrer Güter. Decken sich diese mit der Erwartungshaltung Ihrer Kunden an die Form? Denken Sie an Ihre Gebäude. Können Sie Ihre Marke durch die Architektur des Gebäudes oder der Gebäude nach außen sichtbar machen? Können Sie sich furch die Fassadengestaltung klar positionieren? Wenn Ihnen die Gebäude nicht gehören – können Sie sich durch die Gestaltung Ihres Eingangs oder Ihres Schaufensters abheben? Können Sie Ihre Marke schon an den Kundenparkplätzen zeigen? Wie gestalten Sie Ihre Produkte, sodass man sie klar als zu Ihrem Unternehmen oder zu einer Produktfamilie gehörig identifizieren kann. Denken Sie an das Markendesign von Automobilen oder die Gestaltung von Kuka-Robotern in Bezug auf Design und Farbe oder die Gestaltung von Apple-Produkten. Denken Sie aber auch an eine bestimmte Form, an der man Sie erkennen kann, wie z. B. das Quadrat bei Ritter-Sport-Schokolade. Wie können Sie die Optik Ihrer Produkte so gestalten, dass man sie gleich erkennt? Welche Materialien wählen Sie und was können Sie für eine gute Haptik tun? Soll die Farbe des Produktes oder der Verpackung matt oder glänzend sein? Was heißt das in Bezug auf die Verwendung und auf das Image? Wie machen Sie sich durch ausgezeichnete Bedienbarkeit und Ergonomie unverwechselbar? Welche Farben wählen Sie für Ihre Produkte oder Angebote? Wie gestalten Sie Ihre Verpackungen, die gerade in B2C-Märkten oft der Grund sind, zu einem Produkt zu greifen? Hier geht es um die Form, die Farbe, aber auch um die Größe der angebotenen Verpackungen. Es geht um die Haptik der Verpackung, darum, wie leicht man sie öffnen und schließen kann oder wie einfach man ein Produkt entnehmen kann. Überlegen Sie, was Sie tun müssen, um bei Ihrer Zielgruppe einen Wiedererkennungswert zu erreichen. Woran soll man Ihr Unternehmen und Ihre Produkte erkennen und wiedererkennen? Wie sieht das Design der Produkte, das Design Ihres Ladens, das Design Ihrer Webseite, wie sieht die Oberfläche Ihrer Apps aus? Was müssen Sie tun, um diesen Wiedererkennungswert zu generieren? Was gefällt Ihrer Zielgruppe und was passt nicht zur Zielgruppe? Was tun Sie, um das Design Ihrer Produkte einzigartig zu gestalten?

6.1.3   Die Farben

Wählen Sie die Farbe oder die Farben aus, die Ihre Marke repräsentieren sollen. Farben strahlen bestimmte Emotionen aus. So wird ein Rot als warm und ein Blau als kalt oder kühl wahrgenommen, Grün beruhigt und strahlt Sicherheit aus. Abstufungen in den Farben können Ihnen ggf. dabei helfen, als modern wahrgenommen zu werden oder Beständigkeit auszustrahlen. Denken Sie auch an schwarz und weiß als Farben, die Sie einsetzen oder kombinieren können. Lassen Sie sich bei der Farbauswahl beraten – hier helfen Ihnen spezialisierte Agenturen, die Farben zu finden, die zu Ihren Zielgruppen, Ihrem Unternehmenszweck, Ihrem Angebot und Ihrer Positionierung emotional passen. Überlegen Sie auch, welche Farben Ihrer Zielgruppe gefallen und welche Farben sie jetzt schon regelmäßig bei Ihnen kaufen. Beachten Sie, dass auch der Geschmack Ihrer Zielgruppe in Bezug auf Farben Moden unterworfen ist. Überlegen Sie, wofür Sie Ihre Farben einsetzen. Werden sie ein auffälliges Designelement Ihrer Produkte, wie z. B. die Farbe Lila bei Milka? Nutzen Sie Ihre Farben für Ihre Verpackungen? Wo findet man Ihre Farben auf Ihren Flyern und wo auf Ihrer Webseite?

6.1.4   Ihr Logo

Mit der Kenntnis Ihres Namens, Ihres Slogans, Ihres Designs und Ihrer Farben, können Sie jetzt die Arbeit an Ihrem Logo beginnen. Wollen Sie nur ein Schriftlogo oder denken Sie an ein einprägsames Bildlogo oder an eine Kombination? Unterstützt das visuelle Design des Logos Ihren Markennamen? Auch hier helfen spezialisierte Agenturen basierend auf Ihrer bisherigen Arbeit an Ihrer Marke mit Vorschlägen, aus denen Sie auswählen oder die Sie kombinieren können. Wenn Ihnen verschiedene Vorschläge vorliegen und wenn Sie diese ggf. verändert haben und jetzt über eine Auswahl guter Vorschläge verfügen, sollten Sie die Vorschläge mit Ihrer Zielgruppe testen und die Zielgruppe Ihre bevorzugten Logos auswählen lassen. Bevor Sie sich final entscheiden, sollten Sie prüfen, ob Sie sich in Ihrem Logo, Ihren Farben und in Ihrem Design klar von Ihren Konkurrenten abheben und ob die Unterschiede deutlich sichtbar sind. Haben Sie jetzt ein Markenbild, das einprägsam ist und positive Assoziationen bei Ihrer Zielgruppe erzeugt? Passt das Logo zum Markennamen und zu Ihrem Slogan oder müssen Sie noch Anpassungen vornehmen, damit alle drei zueinander passen?

6.1.5   Ihre Typografie und Ihre grafische Darstellung

Welcher Schrifttyp passt zu Ihren Inhalten und in welcher Größe verwenden Sie diesen? Oder brauchen Sie für verschiedene Ebenen der Kommunikation eine andere Typografie? Also nutzen Sie z. B. für Ihre Webseite und die Flyer einen bestimmten Schrifttyp, für Ihre Produktdetailbeschreibungen aber einen anderen? Welche Farbe oder Farben sollen Ihre Schriftelemente haben? Welche Symbole verwenden Sie? Denken Sie an den Mercedes-Stern oder die Adidas-Streifen. Hier können Sie durch das Symbol schnell erkannt werden, wenn Sie es gezielt und immer wieder einsetzen. Welche Grafiken passen zu Ihnen und zu dem Image, das Sie generieren wollen? Welche Bilder wählen Sie aus, um Ihre Aussagen zu unterstützen und Ihr Markenimage zu gestalten? Können Sie eigene Bilder verwenden oder müssen Sie auf Fotos aus Bilddatenbanken zurückgreifen? Haben Sie für die eigenen Bilder einen professionellen Fotografen eingesetzt, der Ihre Marke und ihre Elemente kennt und die Fotos entsprechend schießt und aufbereitet? Haben Sie überlegt, ob Sie verschiedene Arten von Fotos verwenden, um z. B. Informationen im Überblick zu vermitteln oder ein sehr großes Detail darzustellen? Können Sie Ihre Marke emotional aufladen, indem Sie Ihrer Zielgruppe Bilder aus Ihrem Unternehmen, aus der Fertigung, von Betriebsausflügen, von einzelnen Mitarbeitern, der Geschäftsführer oder der Produktmanager zeigen? Können Sie Bilder anbieten, die Ihre Mitarbeiter in typischen Kundensituationen zeigen? Wenn Sie Datenbank-Fotos verwenden – wie vermeiden Sie, dass diese Fotos für andere Situationen oder Unternehmen verwendet werden, die nicht zu Ihrer Marke passen? Welche grafischen Elemente wollen Sie verwenden, um wichtige Inhalte zu kommunizieren? Setzen Sie diese schwarz-weiß oder in Farbe ein?

6.1.6 Ihre Inhalte und Texte

Welche Inhalte Sie an welcher Stelle des Kaufprozesses benötigen und wie Sie diese erstellen, werden wir im Kap. 7 behandeln. Im Rahmen Ihrer Markenmanagementaktivitäten geht es darum zu verstehen, wie man Sie an Ihren Inhalten erkennen und wiedererkennen kann. Durch Ihre Arbeit am Alleinstellungsmerkmal haben Sie schon wichtige Inhalte gut definiert und haben auch eine Geschichte, die Sie erzählen wollen. Was können Sie z. B. über die Gründer Ihres Unternehmens erzählen? Welche Geschichte können Sie über Ihre ersten Kunden erzählen? Welche Story können Sie über eine wichtige Innovation erzählen? Was können Sie über Ihre Lieferanten erzählen? Sind diese z. B. lokale Hersteller und hilft Ihnen das, sich entsprechend zu positionieren? Welche Kernaussagen wollen Sie mit den immer gleichen Begriffen belegen und wo finden Ihre Marketingmitarbeiter und Agenturen eine Definition für jeden der ausgewählten Begriffe? Wie stellen Sie sicher, dass ähnliche Zusammenhänge immer wieder mit den gleichen Begriffen verbunden werden? Wie erkennt Ihre Zielgruppe an der Tonalität, dass diese schriftlichen Informationen von Ihnen kommen? Wenn Sie in mehreren Sprachen aktiv sind – wie stellen Sie sicher, dass Sie die Texte nicht nur übersetzen, sondern an die Kultur und die Kaufgewohnheiten Ihrer jeweiligen Zielgruppe in den ausgewählten Ländern anpassen? Schauen Sie sich auch Ihre Empathy Map noch einmal an um zu prüfen, welche Emotionen Sie in Ihren Texten ansprechen sollten.

6.1.7   Andere Elemente wie Töne, Musik und Geruch

Woran kann man Ihre Marke in Bezug auf Töne und Musik erkennen? Welche Musik hört ein Kunde, der bei Ihnen anruft und gerade in der Warteschleife ist? Passt diese Musik zu Ihrem Unternehmen? Können Sie ein Musikstück auswählen, das zu Ihnen passt, also einfach auf existierende Musik zurückgreifen? Wollen Sie laut und deutlich auffallen oder leise und dezent wirken? Brauchen Sie spezielle für Sie geschaffene Musik, die Sie z. B. in Form von Jingles in Ihrem Laden verwenden? Wollen Sie, dass Ihre Werbung immer auch an der Musik zu erkennen ist? Haben Sie ein Angebot, das sich auch durch Geruch von Ihren Konkurrenten unterscheidet und wie gelingt Ihnen das? Welchen Duft wählen Sie und welche Intensität?

Nun kennen Sie alle wesentlichen Elemente, die Ihre Marke ausmachen können. Haben Sie diese Elemente aufeinander abgestimmt und haben Sie erreicht, dass sich die Elemente gegenseitig unterstützen und ein stimmiges Gesamtbild ergeben? Passt dieses Gesamtbild zu Ihrem Alleinstellungsmerkmal und Ihrer Positionierung? Hebt es sich deutlich von der Marke oder der Position Ihrer Mitbewerber ab? Ist es positiv und gibt es der Zielgruppe mehr Sicherheit und schafft es Vertrauen? Überlegen Sie, ob Sie es sich leisten können, die Marke zu entwickeln und sie sichtbar zu machen. Wenn ja, sollten Sie, bevor Sie diese jetzt final in Ihrem Unternehmen umsetzen, noch mal mit Ihrer Zielgruppe testen, ob die Elemente gefallen und eine positive Resonanz hervorrufen. Wo immer Sie auf Schwierigkeiten stoßen, sollten Sie nacharbeiten.

6.2   Die Marke sichtbar machen – Die Markenkommunikation

Nun gilt es, die Marke an allen Kontaktpunkten, an denen Ihre Zielgruppe mit Ihrem Unternehmen in Berührung kommt, sichtbar zu machen. Sie sollten sicherstellen, dass sich Ihre Marke an allen Kontaktpunkten für Ihre Zielgruppe gleich anfühlt. Es geht aber auch darum, die Marke bei allen für die Unternehmenskommunikation wichtigen Kontakten zu etablieren. Das gilt für Ihre Geldgeber wie Banken oder Anteilseigner. Es gilt für die Gemeinde oder Stadt in der Sie aktiv sind. Es gilt auch für Ihre Lieferanten und für Ihre Vertriebspartner sowie für die Gewerkschaften, mit denen Sie arbeiten. Beginnen Sie mit den Mitarbeitern in Ihrer Marketingabteilung. Sie alle müssen die Markenelemente kennen und klare Regeln für ihren Einsatz erhalten. Kommunizieren Sie die wichtigsten Elemente wie Logo, Slogan und Tonalität dann an Mitarbeiter in Ihren Vertriebskanälen, egal ob das interne Verkaufsmitarbeiter sind, Verantwortliche für Ihren Webshop oder Mitarbeiter Ihrer Vertriebspartner. Und schließlich informieren Sie alle anderen Mitarbeiter. Bei der Entwicklung Ihres Alleinstellungsmerkmals haben Sie sich mit einem der 7P, dem Personal beschäftigt und dafür gesorgt, dass Sie sich in der Kundenorientierung deutlich von Ihren Konkurrenten abheben. Jetzt gilt es sicherzustellen, dass alle Mitarbeiter sich auch markenkonform verhalten. Wenn Sie also z. B. Agilität versprechen, muss das auch beim Kontakt mit Ihren Mitarbeitern sichtbar sein. Betrachten Sie nun, an welchen Touchpoints Ihre

Zielgruppe mit Ihrem Unternehmen in Kontakt kommt. Überall dort muss Ihre Marke oder müssen Ihre Marken konsistent sichtbar sein. Das heißt überall dort trifft Ihre Zielgruppe auf das gleiche Markenbild und erkennt Ihr Unternehmen oder Ihr Angebot am Markenbild wieder.

Überlegen Sie also, wo Sie Ihre Marke an Ihrem Produkt bzw. an der Verpackung anbringen. Wenn Ihre Produkte in die Produkte anderer Hersteller eingehen, verhandeln Sie mit diesen, wie und wo Sie Ihre Marke an Ihren Bestandteilen anbringen können bzw. dürfen. Denken Sie auch an Ihre Visitenkarten, Ihre Webseite, Ihre Flyer, Ihre Briefbögen, Ihre E-Mails, Ihre Bestellbestätigungen, Ihre Rechnungen, Ihre Lieferscheine, Ihre Firmengebäude, Ihre Firmenwagen, Ihre Firmenräume, Ihren Messeauftritt, Ihre Firmenpräsentationen und Ihre Gebrauchsanweisungen. Natürlich sollte man auch den individuellen Angeboten, die Sie Ihren Kunden machen, ansehen, dass Sie aus Ihrem Haus, also von Ihrer Marke kommen. Achten Sie auch auf Ihre Wortwahl und Tonalität. Benutzen Sie die gleiche Wortwahl und den gleichen Stil in allen Materialien bzw. bei jeder Kommunikation mit Ihrer Zielgruppe? Klingen Sie immer ähnlich in Ihrem Marketingmaterial, wenn Ihre Vertriebs- und Servicemitarbeiter kommunizieren und auch, wenn Ihr Kunde die Telefonzentrale oder Ihr Callcenter erreicht? Welche Bilder verwenden Sie mit welchen Grundthemen und welchen Grundfarben, damit Ihre Zielgruppe Ihr Unternehmen oder Ihr Angebot immer wieder leicht erkennt und von anderen unterscheiden kann? Analysieren Sie die verschiedenen Gelegenheiten, bei denen Ihre Zielgruppe mit Ihrem Unternehmen in Kontakt tritt oder kontaktiert wird. Können Sie an allen diesen Punkten ein gleichmäßiges und positives Markenerlebnis schaffen? Natürlich ist Bestandteil Ihrer Marke auch das Verhalten Ihrer Mitarbeiter und des gesamten Unternehmens. Strahlen Sie an allen Kontaktpunkten Ihre Kundenorientierung aus? Werden Ihre Mitarbeiter für gute Kundenorientierung belohnt? Reagieren Sie auf Kritik durch die Kunden offen und lernbereit? Hinter Ihrer Marke müssen die Unternehmensführung, das gesamte Management und im Idealfall auch alle Mitarbeiter stehen. Im Rahmen der Markenführung stellen Sie sicher, dass Ihre Marke an allen Kontaktpunkten von Ihrer Zielgruppe wahrgenommen wird. Für die formelle Kommunikation Ihres Unternehmens kann die Marketingabteilung die Verantwortung übernehmen. Informationen und Anregungen zur Vorgehensweise bei der formellen Kommunikation erhalten Sie in den folgenden Kapiteln. Nachdem aber z. B. die Kommunikation über soziale Medien, auch durch die Mitarbeiter Ihres Unternehmens wahrgenommen wird, ist es wichtig, dass alle Mitarbeiter Ihren Markenkern verstehen und kommunizieren können. Hierzu müssen Sie die entsprechende interne Kommunikation planen und durchführen. Wenn Sie über Partner oder Händler verkaufen, müssen natürlich auch diese Ihre Markeninhalte und -komponenten kennen. Überlegen Sie auch, welche Werbemaßnahmen Ihnen helfen können, Ihre Marke bekannt zu machen. Brauchen Sie Werbung in Radio oder Fernsehen? Schalten Sie Werbung in Zeitungen, in Publikums- oder in Fachzeitschriften? Wo könnten Ihnen Public-Relations-(PR)-Maßnahmen helfen, Ihre Marke bekannt zu machen? Was ist sonst noch nötig, um Ihre Marke in den Köpfen der Zielgruppe fest zu verankern?

Welche Pflege braucht Ihre Marke?

Mit der Definition Ihrer Marke, Ihrer Markenarchitektur und Ihrer Markenelemente sind Sie natürlich erst am Anfang Ihrer Aktivitäten. Nachdem Ihre Kollegen, Mitarbeiter und Partner Ihre neue Marke verstanden haben, gilt es jetzt dafür zu sorgen, dass Ihre Zielgruppen die Marke wahrnehmen und schätzen lernen. Zunächst sorgen Sie mit einer Markenkampagne dafür, dass Ihre neue Marke von der Zielgruppe wahrgenommen wird. Danach geht es darum, dass sie an allen Kontaktpunkten sichtbar wird, wie gerade beschrieben. Im Kap. 7 arbeiten wir daran, wie Sie während des Kaufprozesses überall dort sichtbar werden, wo sich Ihre Zielgruppe aufhält. Wenn Sie auch in diesen Schritten Ihre Kommunikation im Sinne Ihrer Marke gestalten, entsteht mit der Zeit Ihr Markenbild ganz klar im Kopf Ihrer Zielgruppe. Sie werden wiedererkannt und die Zielgruppe wird immer schneller verstehen, wer Sie sind und wofür Sie stehen. Positionieren Sie Ihre Marke über Ihre Geschäftsberichte. Überlegen Sie mit welchen Werbemaßnahmen Sie Ihre Marke noch bekannter machen können. Wenn Sie es sich leisten können und eine wichtige Veranstaltung finden, an der große Teile Ihrer Zielgruppe teilnehmen oder die von der Zielgruppe als wichtig wahrgenommen wird, überlegen Sie, dort Sponsoring zu betreiben. Was können Sie im Sinne von Corporate Social Responsibility tun, um als sozial engagiertes Unternehmen wahrgenommen werden? Wie können Sie täglich sichtbar bei Ihrer Zielgruppe sein? Denken Sie z. B. an Werbegeschenke, die dauernd sichtbar bei Ihrer Zielgruppe platziert werden können, also z. B. einen Kalender mit Ihrem Logo und Slogan. Wie können Sie über Product Placement sichtbar werden? Welche PR-Maßnahmen können Sie ergreifen, um sich als Unternehmen zu präsentieren? Welche Maßnahmen, um über erfolgreiche Projekte zu berichten? Was können Sie tun, um zu zeigen, dass Sie neueste Technologie einsetzen und besonders innovativ sind? Wie sorgen Sie durch Wiederholung wichtiger Markeninhalte dafür, dass Sie Ihre Zielgruppe immer leichter und schneller erkennt und weiß, wofür Sie stehen? Über die Zeit werden auch zufriedene Kunden über Sie und damit über Ihre Marke reden und sie Ihrer Zielgruppe in Erinnerung rufen. Denken Sie daran, Ihre Marke vor Nachahmung zu schützen. Schützen Sie Ihren Markenamen, wichtige Wörter, Ihre dreidimensionalen Gestaltungen, Ihre Abbildungen und Ihre Hörzeichen.

Messen Sie den Erfolg Ihrer Markenbildungsmaßnahmen. Fragen Sie Ihre Zielgruppe, welche drei Anbieter ihr zu dem Gebiet einfallen, auf dem Sie tätig sind (ungestützt). Sind Sie dabei? Fragen Sie, welche der folgenden drei Anbieter sie kennen und nennen Sie Ihren Namen als einen der drei (gestützt). Werden Sie erkannt? Würde die Zielgruppe Sie als Lieferanten in Erwägung ziehen? Hat sie schon bei Ihnen gekauft? Würde Sie bei Ihnen kaufen? Würde sie Sie an Ihre Freunde oder Kollegen weiter empfehlen? Messen Sie regelmäßig, ob sich Ihre Situation verbessert hat und fragen Sie Ihre Zielgruppe, was Sie tun können, um besser eingeschätzt zu werden. Lassen Sie die Messungen durch unabhängige Agenturen durchführen, um zu vermeiden, dass die Zielgruppe weiß, wer sie befragt und entsprechend antwortet.

Auch für die Markenbildung und -kommunikation gilt, dass Sie mit einer einmaligen Entwicklung nicht fertig sind, sondern, dass Sie Ihre Annahmen regelmäßig überprüfen müssen und Ihre Marke pflegen und weiter entwickeln sollten. Prüfen Sie, ob sich die Wünsche, Ängste und Sorgen Ihrer Zielgruppe geändert haben. Haben Sie Ihre Produktfamilien oder Produkte verändert oder neue Angebote entwickelt? Beschäftigen Sie sich mit neuen Trends in Ihrer Branche. Klären Sie, ob sich Ihre Konkurrenten und deren Angebote verändert haben. Hat sich der Geschmack Ihrer Zielgruppe in Bezug auf Farben oder Bilder verändert? Überlegen Sie, ob diese Veränderungen eine Anpassung Ihrer Marke, Ihrer Markenarchitektur oder Ihrer Markenelemente erfordern. Wenn ja, führen Sie diese Änderungen durch und informieren Sie Ihre Kollegen und natürlich Ihre Zielgruppe über die Veränderungen. Achten Sie aber darauf, dass diese Markenänderungen nicht so groß sind, dass Ihre Zielgruppe Ihre Marke nicht mehr erkennt. Legen Sie vielmehr Wert darauf, es Ihrer Zielgruppe zu erleichtern, weiterhin nach dem Gewohnten zu greifen. Überlegen Sie sorgfältig, ob Sie weitere Produkte mit dem gleichen Markennamen am Markt einführen wollen und vermeiden Sie es, die Marke durch immer weitere Produkte, die sich evtl. vom Markenkern entfernen, zu weit zu dehnen. Das würde auch den ursprünglich zum Markennamen gehörigen Produkten schaden.

Zusammenfassung

Basierend auf einem klaren Alleinstellungsmerkmal haben Sie die Basis für die Entwicklung Ihrer Marke geschaffen. Die Marke ist ein Versprechen an Ihre Zielgruppe und die Gesamtheit der Wahrnehmungen. Sie wird beeinflusst durch Erfahrungen aus der Vergangenheit und Erwartungen für die Zukunft. Hauptbestandteil der Marke ist der Markenkern. Er greift auf das Alleinstellungsmerkmal zurück und schafft die zentrale Assoziation zu Ihrem Unternehmen und/oder zu Ihrem Angebot. Er bildet den funktionalen und den emotionalen Nutzen für die Zielgruppe ab. Sie beschäftigen sich damit, wie sie von Ihrer Zielgruppe wahrgenommen werden wollen. Sie definieren Ihre Markenarchitektur, die Ihr Unternehmen und seine Angebote positioniert. Sie entwickeln die Markenelemente, also den Namen, das Logo, den Slogan, das Design, die Farben, die Typografie, die Töne und die Musik, den Geruch und die Haptik, die Bilder, die Texte und die Tonalität. Sie beziehen die Zielgruppe in die Entwicklung mit ein, um sicherzustellen, dass sie sich schnell und leicht an Sie und Ihre Marke erinnern kann. Sie kommunizieren die Marke intern und extern und pflegen die Marke durch vielfältige Maßnahmen. Sie schützen die Marke und entwickeln sie weiter, wenn sich die Umgebungsbedingungen verändert haben.

Literatur

Dunn, M., und S.M. Davis. 2004. Creating the brand-driven business: It's the CEO who must lead the way. *Handbook of Business Strategy* 5 (1): 241–245.
Kotler, P., und W. Pförtsch. 2006. *B2B brand management*, 12–13. Heidelberg: Springer.
Pförtsch, W., und M. Schmid. 2005. *B2B Marken-Management*, 85. München: Vahlen.

Marketing dort durchführen, wo der Kunde sich aufhält

7

Zusammenfassung

Marketing wird häufig mit Werkzeugen durchgeführt, die uns bekannt sind und die wir emotional für passend halten. Das führt höchstens zufällig zum Ziel. Wenn Sie verstehen, wo Ihre Zielgruppe sich auf der Suche nach Informationen aufhält und was sie sucht, können Sie genau dort passende Informationen anbieten. Sie sollten also den Kaufprozess Ihrer Zielgruppe im Detail und Schritt für Schritt verstehen, untersuchen was die Zielgruppe wann und wo sucht und an diesen Stellen zielgerichtet Informationen in Kundensprache anbieten. Sie beschäftigen sich also mit dem Problem, das Ihre Zielgruppe hat und damit welche Information sie wo sucht. Sie liefern die gesuchte Information an der richtigen Stelle und helfen Ihrer Zielgruppe, das Problem besser zu verstehen. Sie zeigen Lösungsalternativen auf. Sie unterstützen Ihre Zielgruppe, eine Alternative auszuwählen und Sie positionieren sich als die beste Alternative. Sie verstehen, wo die Zielgruppe kauft und bieten Ihr Angebot dort zum Kauf an. Mit dem Verständnis des Kaufprozesses können Sie Ihre Zielgruppe von einem Schritt zum nächsten treiben und begleiten. Mit Content Marketing stellen Sie sicher, dass Sie an den einzelnen Stellen die richtigen Informationen bereithalten. Sie nutzen an jeder Stelle die passenden Marketingwerkzeuge und -taktiken. Diese integrieren Sie in einem Gesamtplan. Spezielle Zielgruppen sprechen Sie individuell mit Account-based Marketing an. Für neue Angebote entwickeln Sie einen Plan zur Markteinführung, der sicherstellt, dass Sie Ihre Zielgruppe an den richtigen Stellen mit den passenden Inhalten erreichen. Sie definieren klare Ziele für Ihre Marketingaktivitäten und messen die Zielerreichung regelmäßig. Bei Abweichungen greifen Sie rechtzeitig ein, um die Zielerreichung sicherzustellen.

© Springer Fachmedien Wiesbaden GmbH 2018
W. Vogt, *Schlankes Marketing für den Mittelstand*,
https://doi.org/10.1007/978-3-658-16732-5_7

Sie sollten sich immer bemühen, es Ihrer Zielgruppe so leicht wie möglich zu machen bei Ihnen zu kaufen und nicht bei Ihren Konkurrenten. Sie sollten verstehen, wo Ihre Zielgruppe sich auf der Suche nach Informationen und zum Kauf aufhält und welche Informationen sie während des Kaufprozesses sucht. Dann können Sie die gesuchten Informationen zum richtigen Zeitpunkt an der richtigen Stelle anbieten und damit die Wahrscheinlichkeit erhöhen, dass die Zielgruppe bei Ihnen kauft. Die Frage nach dem Aufenthaltsort sollten Sie sich sehr offen stellen. Es kann sich dabei um eine Messe handeln, die die Zielgruppe besucht, es kann aber auch um Netzwerke gehen, in denen die Zielgruppe aktiv ist, wie der örtliche Gewerbe- und Handelsverein oder darum, dass die Zielgruppe mit Suchmaschinen nach Informationen sucht. Es geht auch um Zeitschriften, die die Zielgruppe gerne liest oder um Webseiten, die sie regelmäßig besucht. Wir werden uns also den Kaufprozess ansehen und dann Schritt für Schritt untersuchen, welche Informationen der Kunde wo sucht und was Sie tun müssen, um die richtige Information zum jeweiligen Schritt im Kaufprozess an der richtigen Stelle zu liefern. Für Ihr Angebot sollten Sie dann den Kaufprozess Ihrer Zielgruppe basierend auf dieser Vorgehensweise analysieren und Ihre Informationen entsprechend zur Verfügung stellen. Dabei kann es sein, dass einzelne Schritte des Prozesses im Einzelfall wegfallen. Das wird insbesondere dann der Fall sein, wenn Sie sich im B2C-Umfeld aufhalten und/oder wenn es um Spontankäufe oder um Käufe von preiswerten oder sehr einfach zu verstehenden Produkten geht. Fragen Sie also Ihre Zielgruppe, wie und wo sie sich an welchen Stellen des Kaufprozesses informiert und wie sie einkauft. Versuchen Sie zu verstehen, welche Schritte in diesem Prozess Ihrer Zielgruppe besonders wichtig sind und an welchen Stellen sie heute mit der Abwicklung unzufrieden ist. Besonders an diesen Stellen müssen Sie besser als Ihre Konkurrenten sein und einzigartige Markenerlebnisse schaffen.

7.1   Der Kaufprozess als Grundlage

Betrachten wir den Kaufprozess als eine Reise des Kunden, die ihn am Ende zum Kauf führt, also als Customer Journey.

▶ **Customer Journey** (ugs. zu dt.: *Die Reise des Kunden*) ist ein Begriff aus dem Marketing und bezeichnet die einzelnen Zyklen, die ein Kunde durchläuft bevor er sich für den Kauf eines Produktes entscheidet. Aus Sicht des Marketing bezeichnet die Customer Journey alle Berührungspunkte (Touchpoints) eines Konsumenten mit einer Marke, einem Produkt oder einer Dienstleistung. Hierzu zählen nicht nur die direkten Interaktionspunkte zwischen Kunden und Unternehmen (Anzeige, Werbespot, Webseite usw.), sondern auch die indirekten Kontaktpunkte, an denen die Meinung Dritter über eine Marke, ein Produkt oder eine Serviceleistung eingeholt wird (Bewertungsportale, Userforum, Blog usw.). Kunden informieren sich zunehmend über diese indirekten Kontaktpunkte, welche von den Unternehmen nicht unmittelbar beeinflusst werden können. Ein tief gehendes Verständnis der gesamten Customer Journey (inkl. direkter und indirekter

Kontaktpunkte) ist Grundvoraussetzung für eine kundenorientierte Marketing- und Vertriebsausrichtung (Wikipedia 2017, https://de.wikipedia.org/wiki/Customer_Journey)

- Der Kunde erkennt das Bedürfnis, beispielsweise etwas nachkaufen zu müssen. Oder er erkennt das Problem, z. B. dass eine Maschine nicht mehr regelmäßig funktioniert. Oder die Kundin wurde durch Werbung stimuliert, und will sich nun z. B. eine Bluse nach der aktuellen Mode kaufen.
- Bei komplexeren Problemen wird der Kunde zunächst versuchen, das Problem und die Problemursachen besser zu verstehen.
- Er wird dann nach verschiedenen Lösungsalternativen suchen, evtl. grob die Kosten der Alternativen und die möglichen Vorteile überschlagen.
- Er wird eine Lösungsalternative aussuchen.
- Für diese Alternative entscheidet er, ob er Sie selber umsetzt oder von außen einkauft.
- Wenn er sie extern einkaufen will, wird er sich auf die Suche nach Informationen über mögliche Angebote und Anbieter machen.
- Im B2C-Bereich, bei wenig erklärungsbedürftigen Angeboten und leicht vergleichbaren Preisen wird er evtl. schnell entscheiden, bei wem er welches Angebot zu welchem Preis kauft und dann auch kaufen.
- Im B2B-Bereich und bei großen Anschaffungen wird er weitere Daten und Fakten über das Angebot und den Anbieter suchen. Er wird sich ggf. über alle 7P rund um das Angebot bzw. den Anbieter informieren wollen.
- Findet er genügend Informationen, um die Angebote mit seinen Bedürfnissen zu vergleichen, wird er evtl. schon kaufen.
- Fehlen Informationen, wie z. B. Preise, wird er die Anbieter um diese Details bitten.
- Handelt es sich aber um komplexe Probleme, die nicht mit standardisierten Angeboten gelöst werden können, wird er Angebote verschiedener Anbieter bzw. Hersteller anfordern.
- Alle eingegangenen Angebote wird er ggf. mit strukturierten Bewertungsverfahren beurteilen und bei Unklarheiten nachfragen.
- Gibt es klare Vorteile für einen Anbieter, z. B. von Handwerksleistungen, wird er kaufen.
- Bei großen, teuren oder komplexen Projekten wird er eine Vorauswahl möglicher Anbieter treffen und diese zu Verhandlungen einladen, um weitere Details zu klären und Preise bzw. Kosten zu verhandeln.
- Evtl. hat er in den Angeboten verschiedener Anbieter schon unterschiedliche Lösungsansätze gesehen und kann andere Anbieter bitten, diese bei der Lösung zu berücksichtigen und verbesserte Angebote vorzulegen.
- Nach einer oder mehreren Verhandlungsrunden wird er sich zum Kauf entschließen.
- Das Produkt oder die Dienstleistung wird geliefert und ggf. installiert.
- Bei Maschinen und Anlagen bietet der Hersteller evtl. noch Wartungsservices.
- Es findet eine Nach-Kauf-Beurteilung statt.
- Ist der Kunde zufrieden oder begeistert steigt die Chance, dass er beim nächsten Kauf den Lieferanten berücksichtigt.

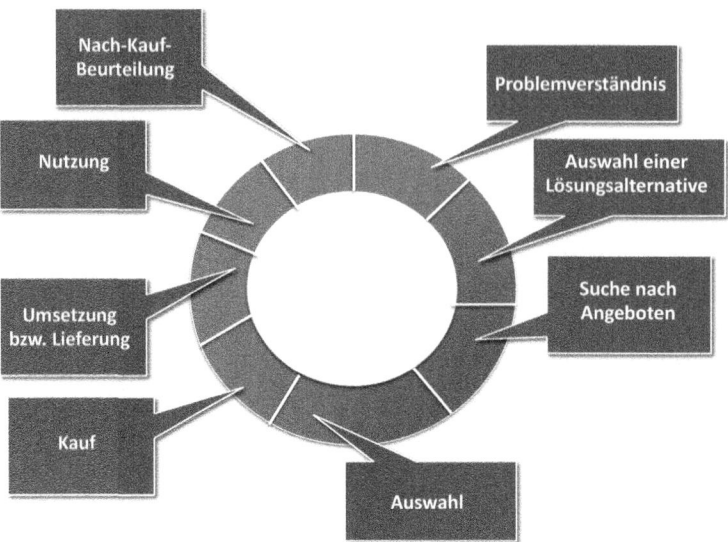

Abb. 7.1 Der kontinuierliche Kaufprozess

Da also nach dem Kauf, wenn Sie sich gut aufstellen, für Ihre Zielgruppe vor dem Kauf ist, stellen wir uns den Kaufprozess (die Customer Journey) als einen Kreislauf vor (Abb. 7.1).

Sie sollten also den gesamten Kauprozess Ihrer Zielgruppe verstehen. Sie sollten sich informieren, welche Vorgehensweise Ihre Zielgruppe in den einzelnen Schritten wählt und nach welchen Informationen sie jeweils sucht. Sie sollten auch verstehen, welchen Gewohnheiten Ihre Zielgruppe schon immer folgt, damit Sie sich genau so verhalten können, wie das die Zielgruppe intuitiv erwartet. Die einzelnen Prozessschritte in diesem kontinuierlichen Kaufprozess werden wir jetzt aus Kundensicht betrachten, um zu verstehen, was Ihre Zielgruppe wo sucht und wie Sie sich darauf vorbereiten können, um kundenorientiert aufgestellt zu sein und sich positiv von Ihren Konkurrenten zu unterscheiden.

7.2   Problemverständnis und Auswahl einer Lösungsalternative

Was sucht der Kunde und wo sucht er?
Nehmen wir also an, dass Ihr zukünftiger Kunde ein Bedürfnis oder ein Problem erkannt hat und beginnt, sich damit zu beschäftigen. Wenn es ein einfach zu verstehendes Problem oder ein Bedürfnis ist, das sich sehr schnell befriedigen lässt, wird er schnell eine Lösungsmöglichkeit finden und einkaufen. Ebenso, wenn es sich um einen wiederkehrenden Einkauf handelt. Geht es aber um ein ganz neues Problem, ein komplexeres Problem oder ein

Problem mit großen finanziellen Auswirkungen, wird er zunächst versuchen, das Problem und die Problemursachen besser zu verstehen und zu sehen, ob er es selbst lösen kann. Er wird das Problem mit einigen Freunden besprechen oder im B2B-Umfeld unternehmensintern mit Kollegen diskutieren. Vielleicht fragt er auch Kollegen in der gleichen Position in anderen Unternehmen nach Ihrer Einschätzung über das Problem, die Tragweite, die Problemursachen und mögliche Lösungsalternativen. Wenn es Treffen, Veranstaltungen, Kongresse von Personen mit ähnlichen Interessen gibt, wird er dort teilnehmen. Sicher wird er auch online nach Problembeschreibungen, Ursachen und Lösungsalternativen suchen. Wenn er in Sozialen Medien aktiv ist, sucht er sicher, ob das Problem in seiner Gruppe schon einmal beschrieben wurde oder er postet eine Problembeschreibung und fragt nach, wer das Problem kennt und wie es gelöst wurde. Evtl. sucht er auch in Fachzeitschriften nach Problembeschreibungen und Lösungsalternativen. Nachdem er dann das Problem und seine Ursache gut verstanden hat und die wichtigsten Lösungsmöglichkeiten kennt, wird er diese vergleichen, um sich für eine Lösungsmöglichkeit zu entscheiden. Sollte er persönlich (B2C) oder sein Unternehmen (B2B) die Möglichkeit haben, die Lösungsalternative selbst zu entwickeln oder herzustellen, wird er vergleichen, ob das kostengünstiger oder schneller ist, als die externe Beschaffung. Wenn nein, wird er den Kaufprozess fortsetzen. Bei einfach zu beschreibenden Lösungen, wird er direkt zur Auswahl der Lösungsalternative schreiten. Bei wiederkehrenden Einkäufen direkt zum Kauf. Bei komplexen Lösungen und Problemen mit großer Tragweite wird er die Eigenschaften der Lösung festlegen und beschreiben, also z. B. ein Lasten- oder Pflichtenheft erstellen. Evtl. ist ihm das alles aber zu schwer verständlich, zu aufwendig und zu kompliziert und er tut gar nichts.

Was sollten Sie tun?
Untersuchen Sie, wo sich Ihre Zielgruppe bei der Problemanalyse, Ursachensuche und Alternativenauswahl aufhält. Dort sollten Sie auch aktiv sein. Sucht sie im Internet, müssen Sie dort aktiv sein. Besucht sie einen Laden, um Beratung zu erhalten, müssen Sie sich um Ihre physische Umgebung und Ausstattung kümmern. Braucht sie einen Berater, der ihr hilft, sollten Sie kompetente Beratungsangebote offerieren. Helfen Sie Ihrer Zielgruppe bei der Problemanalyse und beim Verständnis möglicher Ursachen. Konzentrieren Sie sich an dieser Stelle des Kaufprozesses nur auf diese Aufgabe. Ihre Zielgruppe sucht hier keine Informationen über Ihr Angebot und schon gar nicht über Ihr Alleinstellungsmerkmal. Sie will noch nicht kaufen. Wenn Sie hier zu aufdringlich sind führt das zu reflexhaften Abwehrreaktionen. Ihre Aufgabe ist es, sich als das Unternehmen darzustellen, das Kundenprobleme am besten versteht. Wenn Ihnen das gut gelingt, wird die Zielgruppe später annehmen, dass der, der das Problem und seine Ursachen gut versteht, auch die besten Lösungen hat. Sie erhöhen also Ihre Chance zu gewinnen. Wenn Sie also bei den Freunden oder den internen bzw. externen Kollegen Ihres möglichen Käufers gute Problemlösungskompetenz gezeigt haben, werden diese darüber berichten und man wird Sie wegen der Problemanalyse ansprechen. Haben Sie das schon bewiesen? Sind Sie organisatorisch und von Ihren Kompetenzen so aufgestellt, dass Sie es gut beweisen könnten? Beschreiben Sie auf Ihrer Webseite die typischen Probleme Ihrer Kunden

und die möglichen Ursachen oder Lösungsalternativen, ohne gleich Ihre Angebote verkaufen zu wollen? Sind Ihre Problemanalysen und Lösungsvorschläge so einfach dargestellt, dass Ihre Zielgruppe sieht, dass sie das alleine oder mit der Hilfe von Anbietern
gut bewältigen kann und, dass sie sich deshalb weiter im Kaufprozess hin zur Lösungs-
auswahl bewegt? Haben Sie z. B. Case Studies erarbeitet, in denen Sie typische Kundenprobleme analysieren und aufzeigen, wie man diese erfolgreich und kostengünstig lösen
kann? Haben Sie überlegt, welche Hindernisse die Zielgruppe auf dem Weg zur Umsetzung hat und haben Sie für alle Hindernisse Lösungen geschaffen und beschrieben? Sind
Sie in Interessengruppen auf Sozialen Medien, also z. B. in XING- oder LinkedIn-Grup-
pen mit Artikeln über Probleme, Ursachen und Lösungen aktiv? Oder sind Sie nur Beob-
achter in Gruppen, die Informationen bieten, die Sie selbst interessieren? Wählen Sie die
richtigen Gruppen aus (Abb. 7.2). Sorgen Sie dafür, dass Sie dort regelmäßig mit Artikeln präsent sind, die Kundenprobleme aufgreifen, Probleme und Ursachen beschreiben
und Lösungsalternativen und deren Vor- und Nachteile erklären. Bleiben Sie sachlich.
Versuchen Sie auf keinen Fall zu verkaufen. Kennzeichnen Sie die Autoren der Artikel
mit Namen und Funktion und nennen Sie Ihren Unternehmensnamen. Nennen Sie Funk-
tionsnamen für Ihre Autoren, von denen man annimmt, dass Sie sich mit Problemanalyse
und -lösung beschäftigen und die man schon durch ihren Titel als Experten erkennt. Zeigen Sie Ihre Kompetenz. Lassen Sie Ihre Leser an den Inhalten erkennen, dass Sie offensichtlich die Probleme besser verstehen, als alle anderen, und dass Sie die Autorität auf
diesem Gebiet sind, aber übertreiben Sie nicht. Wenn Sie gute Artikel von anderen Autoren finden, und diese nicht Mitarbeiter Ihrer Konkurrenten sind, zögern Sie nicht, diese
zu teilen. Man wird durch das wiederholte Posten von Artikeln den Eindruck bekommen,
dass Ihnen die Probleme wichtig sind, dass Sie das Problem gut verstanden haben und
immer auf der Suche nach besseren Lösungen sind. Wenn Sie gute Beziehungen zu Kunden haben, die Sie bei der Problemlösung unterstützt haben, bitten Sie diese darum, Artikel zu schreiben, die das Problem, die Lösung und Ihren Beitrag beschreiben. Helfen Sie
Ihren Kunden, diese Artikel zu schreiben.

Haben Sie eine ganz neue Lösungsalternative entwickelt, die sonst niemand anbietet? Haben Sie sich gefragt, warum sich diese nur schlecht verkauft? Ein wichtiger
Grund könnte sein, dass Sie nicht dafür gesorgt haben, dass Ihre Zielgruppe weiß, dass
man das Problem jetzt mit Ihrem neuen Ansatz lösen kann. Darauf sollten Sie sich also

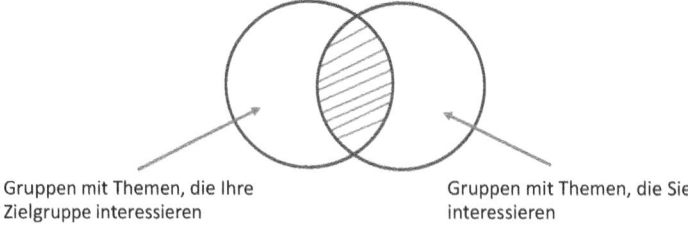

Gruppen mit Themen, die Ihre   Gruppen mit Themen, die Sie
Zielgruppe interessieren   interessieren

Abb. 7.2 Die richtigen Gruppen in Sozialen Medien aussuchen

zuerst konzentrieren. Denn wenn Ihre Zielgruppe die Lösungsalternative nicht kennt, wird sie sie nicht in die Auswahl der Alternativen einbeziehen. Und wenn Sie nicht bei den ausgewählten Alternativen dabei ist, wird man sich nicht näher damit beschäftigen und vergleichen. Sie müssen also zunächst Awareness schaffen, bevor Ihre Zielgruppe Interest zeigen kann und Desire entsteht, bei Ihnen zu kaufen. Das AIDA-Prinzip (Awareness bzw. Attraction – Interest – Desire – Action) beschreibt die wichtigsten Schritte in einem Kaufprozess (s. Elmo Lewis 1903, S. 124). Wir werden diesem Prozess im Laufe dieses Kapitels bis zum Kauf folgen. Ihrer Zielgruppe muss also bewusst sein (aware), dass es Ihr Angebot gibt. Sie kann sich dann dafür interessieren (Interest), bevor der starke Wunsch (Desire) entsteht, zu kaufen. Awareness schaffen könnte heißen, dass Sie in Artikeln in der Presse über Problemstellungen und verschiedene Lösungsmöglichkeiten berichten und dabei eine neue Möglichkeit vorstellen, die das Problem schneller, einfacher oder kostengünstiger löst als andere. Sie könnten bei Kongressen darüber berichten. Sie könnten Ihre Kunden bitten, darüber zu berichten. Sie schreiben Artikel für Fachzeitschriften oder für Social-Media-Gruppen. Aber vermeiden Sie immer, zu auffällig verkaufen zu wollen und arbeiten Sie an Ihrer Reputation als Problemversteher und -löser. Zuletzt denken Sie auch daran, wie Sie ihm helfen können die für ihn passende Problemlösungsalternative auszuwählen. Können Sie ihm Kriterien für die Auswahl nennen oder eine Checkliste liefern? Können Sie ihm einen Leistungsmesser, ein Diagnosetool oder ein Datenanalysewerkzeug z. B. als kostenlosen Download anbieten und dabei seine Kontaktdaten abfragen? Könnten Sie ein Whitepaper zum Themenkomplex erarbeiten und anbieten? Was können Sie tun, um ihn bei der Make-or-buy-Entscheidung zu unterstützen, ihm also zu helfen zu verstehen, ob er das Problem selber lösen soll und kann oder ob er Hilfe von außen, also eine Dienstleistung oder ein Produkt kaufen soll? Können Sie ihm Werkzeuge bieten, die helfen, die Kosten bzw. den Aufwand abzuschätzen? Können Sie helfen, die Vor- und Nachteile der beiden Alternativen möglichst objektiv zu verstehen? Können Sie ihn bei der Abschätzung der langfristigen Chancen und Risiken seiner Entscheidung unterstützen? Was können Sie tun, um ihm bei der Erstellung eines Lasten- oder Pflichtenheftes zu helfen? Können Sie hier schon Anforderungen definieren, die Sie leichter als die Konkurrenz erfüllen können? Welche anderen Anlässe hat er, bei denen er nach ersten Informationen sucht? Hat sich seine persönliche Situation verändert, z. B. weil die Familie das erste Baby erwartet und Sie können mit einer Checkliste helfen, die alles beschreibt, was eine junge Familie braucht, damit sie nichts Wichtiges vergisst? Ist seine gegenwärtige Maschine abgeschrieben und er sucht nach alternativen Möglichkeiten für den gesamten Prozess rund um diese Maschine? Haben dieses Problem noch mehr Unternehmen aus Ihrer Zielgruppe und könnten Sie den alternativen Prozess mit einer anderen Mischung von Maschinen und seine Vorteile beschreiben? Führt der Kunde eine weitere Arbeitsschicht ein und muss nun die Prozesse anpassen oder muss er regelmäßig seine Kapazitäten erweitern und will nicht jedes Mal eine weitere Maschine kaufen? Was können Sie tun, um ihm zu helfen, ohne ihm schon etwas verkaufen zu wollen? Wie können Sie sich an dieser frühen Stelle im Kaufprozess so positionieren, dass er sich später gerne an Sie erinnert und Sie in die engere Wahl von Anbietern nimmt?

7.3   Suche nach Angeboten und Auswahl

Ihre Zielgruppe hat jetzt also entschieden, welche der verschiedenen Lösungsalternativen sie auswählt. Sie hat auch entschieden, ob sie das Problem selbst mit der gewählten Lösung beseitigt oder, ob sie extern einkaufen will. Wir betrachten hier jetzt den weiteren Verlauf des Kaufprozesses, wenn die Zielgruppe extern einkaufen will.

Was sucht der Kunde und wo sucht er?
Wenn Ihr zukünftiger Kunde sich entschieden hat extern einzukaufen, wird er sich auf die Suche nach Informationen über mögliche Anbieter und Angebote machen. Diese Suche und Auswahl wird er bei B2C-Angeboten und wenig erklärungsbedürftigen, z. B. standardisierten Angeboten über Suchmaschinen im Internet starten. Er wird dann ggf. Preisvergleichsportale besuchen, um schnell die Angebote verschiedener Hersteller zu sehen und vergleichen zu können. Auf verschiedenen Portalen wird er auch die Beurteilung von Anbietern oder Produkten durch bisherige Käufer z. B. in Form von bis zu fünf Sternen finden. Für etwas teurere Produkte, die er vielleicht auch länger nutzen will, z. B. Laptops, wird er Testberichte lesen und nach diesen mit Suchmaschinen suchen. Er wird auch Vergleiche über die Ausstattung verschiedener zur Auswahl stehender Produkte und deren Ausstattungsmerkmale anstellen wollen. Auch hier findet er vielleicht vorgefertigte Vergleichsmöglichkeiten für die Produkte verschiedener Hersteller, die er auswählen kann. Oder er findet ähnliche Möglichkeiten, die Hersteller für ihre eigenen Produkte anbieten. Diese Auswahl kann relativ schnell, z. B. innerhalb einer Stunde erfolgen und führt vielleicht auch ohne weitere Aktionen direkt zu einem Kauf. Sucht er persönliche Beratung wird er vielleicht einen Laden aufsuchen und sich beraten lassen. Evtl. müssen bei ihm auch vorhandene Teile oder Anlagen mit der Neuanschaffung zusammen passen und deshalb sucht er ein Produkt, das das einfach ermöglicht. Oder er sucht Beratung, wie er die vorhandene Situation gut mit dem neuen Angebot verbinden kann oder das Neue in das Vorhandene integrieren kann. Bei hochwertigeren Gütern wird er vielleicht noch mit Freunden oder Kollegen reden, bevor er einkauft. Evtl. geht er auch in einen Laden, lässt sich dort weiter beraten und kauft, wenn der Preis ähnlich hoch ist wie im Internet, dann im Laden. Oder z. B. wenn das gewählte Produkt nicht vorrätig ist und er nicht zur Abholung in den Laden zurückkommen will, bestellt er im Internet und lässt sich das Produkt nach Hause liefern.

Bei B2B-Käufen oder großen Anschaffungen wird er höhere Risiken sehen und deshalb weitere Daten und Fakten suchen. Er wird sich dabei nicht nur auf Information beschränken, die das Angebot betreffen, sondern auch verstehen wollen, wer der mögliche Lieferant des Angebotes ist und ob er diesem vertrauen kann. Er wird sich nicht nur über das Produkt und die Preise informieren wollen, sondern auch die anderen Kriterien wie die Qualität der Informationen, den Kaufprozess und die Vertriebskanäle, die Personen und ihre Kompetenzen, die Prozesse und die physikalische Umgebung der Anbieter wahrnehmen, wenn nicht sogar prüfen. Er wird sich nicht auf eine Quelle verlassen, sondern mehrere Quellen nutzen. Häufig wird er interne oder externe Kollegen über deren Erfahrungen und Empfehlungen befragen. Findet er genügend Informationen, um die Angebote mit seinen

Bedürfnissen zu vergleichen, wird er evtl. schon kaufen. Fehlen Informationen, wie z. B. Preise oder Lieferzeiten, wird er die Anbieter um diese Details bitten. Handelt es sich aber um komplexe Probleme, die nicht mit standardisierten Angeboten gelöst werden können, wird er Angebote verschiedener Anbieter bzw. Hersteller anfordern. Er wird also ein Pflichtenheft erstellen und ausgewählte Anbieter bitten zu erklären, wie sie die Probleme lösen und mit welchen Kosten er zu rechnen hat. Er wird nur Angebote sichten, die termingerecht eingegangen sind. Bei komplexeren Anforderungen wird er mit strukturierten Bewertungsverfahren arbeiten und z. B. Anforderungen nach Ihrer Wichtigkeit und die Befriedigung der Anforderungen mit Punkten zu bewerten. So kann er durch die Multiplikation der Wichtigkeitsfaktoren einer Anforderung mit der Befriedungsrate in Punkten die jeweilig besten Anbieter je Anforderung identifizieren und über alle Anforderungen hinweg an der Gesamtpunktzahl erkennen, welche die besten Anbieter für die Gesamtlösung sind. Er wird aber auch feststellen, dass nicht alle Anbieter alle Anforderungen verstanden haben und ggf. nacharbeiten müssen. Oder, dass einzelne Anbieter nicht alle Anforderungen lösen. Auch das wird in die Beurteilung einfließen. Gibt es jetzt schon klare Vorteile für einen Anbieter, z. B. von Handwerksleistungen wird er kaufen. Bei großen, teuren oder komplexen Projekten wird er eine Vorauswahl möglicher Anbieter treffen und diese zu Verhandlungen einladen, um weitere Details zu klären und Preise bzw. Kosten zu verhandeln. Evtl. hat er in den Angeboten verschiedener Anbieter schon unterschiedliche Lösungsansätze gesehen und kann andere Anbieter bitten, diese bei der Lösung zu berücksichtigen und verbesserte Angebote vorzulegen. Vielleicht hat er einzelne Aspekte eines Angebotes nicht vollständig verstanden und würde es begrüßen, wenn Sie ihm das Angebot nicht schicken, sondern ihn besuchen und das Angebot erläutern.

Was sollten Sie tun?
Verschaffen Sie sich Informationen darüber, wo sich Ihre Kunden aufhalten, wo Sie sich informieren und wie sie kaufen. Betreiben Sie Marketing dort, wo sich die Zielgruppe aufhält und bieten Sie die Information, die die Zielgruppe sucht. Konzentrieren Sie sich in diesem Schritt darauf, Ihr Alleinstellungsmerkmal herauszuarbeiten und Ihrer Zielgruppe klare Gründe zu geben bei Ihnen und nicht bei Ihren Konkurrenten zu kaufen.

Beispiel Mathematiknachhilfe

Frau Meier möchte Nachhilfe in Mathematik für Schüler weiterbildender Schulen anbieten. Ihre Zielgruppe sind die Mütter dieser Schüler, da die Schüler unter 18 Jahren die Nachhilfe nicht selbst einkaufen werden. Die Mütter halten sich selten in der Schule auf. Dort würde auch ein Angebot an den schwarzen Brettern nicht erlaubt sein. Sie gehen aber regelmäßig in Supermärkte einkaufen. Dort können Flyer an den schwarzen Brettern ausgehängt werden. In den Flyern werden die Probleme der Schüler klar kommuniziert, und das Angebot zur Problemlösung wird beschrieben. Weitere Details finden Interessierte dann auf der Webseite. Als Antwort auf die Frage, wo die Zielgruppe sich aufhält konnte eine kostengünstige Lösung gefunden werden, die sich als sehr erfolgreich gezeigt hat.

Wenn Ihre Kunden sich im Internet informieren, müssen Sie dort mit relevanten Informationen sichtbar sein. Durch Suchmaschinenoptimierung (Search Engine Optimisation = SEO) haben Sie sichergestellt, dass Ihre Zielgruppe Sie bei der Eingabe ihrer wichtigen Suchbegriffe findet. Sie haben eine Keyword-Analyse durchgeführt und die am häufigsten verwendeten Suchbegriffe gefunden. Sie haben die Begriffe gewählt, die zu Ihnen und Ihrem Angebot passen und sichergestellt, dass sich diese auf Ihrer Webseite finden. Sie haben das nicht nur für einzelne Worte, sondern auch für die Kombination von zwei und mehr Worten gewährleistet. Sie haben sich überlegt, mit welcher Zielsetzung ein Besucher auf Ihre Webseite kommt und wissen, wie Sie ihn bei dieser Zielsetzung unterstützen können. Sie kennen die Webseiten Ihrer Konkurrenten und haben sichergestellt, dass Ihre eigene Webseite leichter gefunden wird und für Ihre Zielgruppe relevantere Informationen bietet. Sie stellen sicher, dass sich Ihre Webseite schnell aufbaut und auch auf mobilen Geräten gut lesbar ist. Ihre Webseiten sind so aufgebaut, dass Ihre Zielgruppe die gesuchte Information in wenigen Sekunden erfassen kann. Die Texte sind in der Sprache der Zielgruppe geschrieben und deshalb einfach zu verstehen. Wenn die Leser mehr Detail wollen, finden sie das leicht. Wenn sie noch mehr Detail wollen, können sie z. B. ein Whitepaper herunterladen, müssen Ihnen dafür aber ihre Kontaktdaten geben, über die Sie später mit dem Interessenten in Kontakt treten können. Sie beschäftigen sich hier auch mit den Hindernissen, die Ihre Zielgruppe auf dem Weg zur Umsetzung der neuen Lösung hat und zeigen Wege auf, die Hindernisse zu beseitigen. Ist z. B. Ihr Angebot zu sperrig für den Transport durch Ihre Interessenten, bieten Sie den Transport an. Muss erst eine Elektroinstallation vorgenommen werden, bevor die neue Maschine installiert werden kann, bieten Sie Elektroinstallationen mit an etc. Sie positionieren sich hier nicht nur als jemand, der die aktuellen Probleme der Zielgruppe versteht, eine gute Lösung hat und diese schon erfolgreich bei anderen Käufern einsetzt, sondern auch als jemand, der die zukünftigen Anforderungen der Zielgruppe kennt und Lösungen anbietet. Auch hier, wie schon beim vorherigen Schritt (Problemverständnis) positionieren Sie sich als Thought Leader. Fokussieren Sie sich auf einzelne Branchen und machen Sie auf Ihrer Webseite klar, dass Sie über ausgezeichnete Branchenexpertise verfügen. So bauen Sie weiter Vertrauen bei Ihrer Zielgruppe auf und zeigen, dass Sie der richtige Partner sind. Sucht der Interessent jetzt nach Möglichkeiten mit Ihrem Unternehmen in Kontakt zu treten, finden sich diese Informationen auf jeder Seite ihrer Webseite. Sie verstehen, welche Fragen Ihre Zielgruppe hat und haben die Seiten so strukturiert, dass sich dazu alle Antworten finden. Ihre Zielgruppe findet also nicht nur Informationen über Ihr Angebot, sondern auch Daten und Fakten über Ihr Unternehmen. Da Sie wichtige Neuigkeiten regelmäßig auf Ihrer Webseite veröffentlichen gibt es für Ihre Interessenten immer wieder einen Grund zurückzukehren und nach Neuigkeiten zu suchen. Sie finden relevante Informationen über alle Möglichkeiten bei Ihnen zu kaufen, also z. B. einen einfachen Zugang zu Ihrem Webshop und dort eine übersichtliche Darstellung der Angebote und der Preise inklusive der Versandkosten. Sie finden Informationen über Händler in Ihrer Nähe nicht alphabetisch sortiert, sondern nach Postleitzahlen. Wenn Sie einen Laden oder verschiedene Läden haben, bieten Sie Informationen zu Adressen, Zufahrt etc. problemlos.

Wenn Kunden Sie als Hersteller besuchen wollen, geht das genau so leicht. Ihre Webseite bietet Informationen über Ihr Management-Team, Ihre Mitarbeiter und deren Kompetenzen. Mit freundlichen Bildern dieser Personen, wenden Sie sich auch emotional an Ihre Webseiten-Besucher. Wenn Sie Ihre Zielgruppe jetzt persönlich besuchen will, haben Sie sich Ihr Alleinstellungsmerkmal für die physische Umgebung erarbeitet und dieses ist für die Zielgruppe spürbar. Denn genau jetzt im Kaufprozess kommt es darauf an, dass Ihre Zielgruppe Ihr Alleinstellungsmerkmal an allen Punkten, an denen Sie mit Ihrem Unternehmen in Berührung kommen (Touchpoints), erlebt und, dass Ihre Marke spürbar wird. Das gilt für jedes der sieben Elemente (7Ps), die für Ihre Zielgruppe wichtig sind. Es gilt also z. B. auch für Ihre Kommunikation mit Ihrer Zielgruppe oder für die Kompetenzen Ihrer Mitarbeiter. Überlegen Sie also, welche Informationen Ihre Zielgruppe jetzt bei der Auswahl eines Angebotes und eines Lieferanten sucht und stellen Sie sicher, dass sie alle diese Informationen findet, wenn sie sie sucht. Im B2B-Umfeld denken Sie auch an die Kollegen, die er intern befragt. Wer gehört zum Buying Center, also wer ist direkt oder indirekt am Kaufprozess beteiligt und welche Wünsche, Ängste, Sorgen und Prioritäten hat diese Person? Haben Sie verdeutlichen können, dass Sie die Wünsche verstehen und dass Sie Antworten darauf haben? Wenn er sich bei externen Kollegen informiert, trifft er dann auf begeisterte Kunden, die Sie gerne weiterempfehlen?

Wir haben bisher angenommen, dass Ihre Zielgruppe nach Informationen über Anbieter und Angebote sucht und daran gearbeitet, dass sie diese Information, leicht, vollständig und in Kundensprache finden kann. Neben diesem sogenannten Pull-Marketing können Sie aber auch dafür sorgen, dass Ihre Zielgruppe zu Ihnen und Ihrem Angebot getrieben wird. Das nennt sich Push-Marketing. Traditionell würden Sie das vielleicht über Anzeigen in Fachzeitschriften versuchen. Moderner geht das z. B. mit Suchmaschinen-Anzeigen wie z. B. Google Adwords oder mit Social Media Advertising z. B. in Facebook, XING oder LinkedIn. Anzeigen in Sozialen Medien haben einen wichtigen Vorteil gegenüber Anzeigen in Printmedien, wie z. B. Fachzeitschriften. Während Sie in traditionellen Medien sehr viel Geld zahlen, damit Ihre Anzeige theoretisch alle Leser der Zeitschrift sehen, zahlen Sie in Sozialen Medien nur für die Leser bzw. User, die Ihre Anzeige angezeigt bekommen oder sogar angeklickt haben. Wenn Sie das Printmedium gut ausgewählt haben, haben Sie die Chance, dass viele Mitglieder Ihrer Zielgruppe das auch lesen. Um möglichst wenig Streuverlust zu erzielen, müssten die Leser aus Ihrer Zielgruppe aber auch bis Seite 27 lesen, da dort Ihre Anzeige platziert ist. Also werden nur die Leser die Anzeige wahrnehmen, die Seite 27 auch lesen und sich dort nicht nur für redaktionelle Texte interessieren. Wenn Sie sich jetzt für mehr Details interessieren, müssten Sie die Adresse Ihrer Webseite abschreiben und dann an einem PC, einem Tablet oder einem Smartphone eingeben. Ihre Zielgruppe erlebt also einen sogenannten Medienbruch und muss diese Schritte auch wirklich tun. Wahrscheinlich wird es einen hohen Prozentsatz Leser geben, denen das zu aufwendig ist oder die es einfach vergessen. Das alles lässt sich mit Sozialen Medien deutlich erfolgreicher gestalten, sofern Ihre Zielgruppe sich in Sozialen Medien aufhält. Das sollten Sie analysieren. Dazu finden Sie mehr Informationen in Abschn. 7.6. Wenn Sie Ihre Zielgruppe gut identifizieren können,

können Sie sie jetzt sehr zielgerichtet ansprechen. Bei der Platzierung der Anzeige können Sie z. B. Alter (von – bis) und Geschlecht auswählen. Sie können Länder und Sprachen wählen. Sie können eine Anzeige regional, z. B. 50 km um eine große Stadt, aussteuern. Sie können Interessen der Zielgruppen auswählen. Und Sie definieren, wie lange Ihre Anzeige sichtbar ist. Die Sozialen Medien liefern Ihnen einen Überblick über die Größe der Zielgruppe, die Sie in dem Medium erreichen können und bieten Ihnen einen Preis an, den Sie für jeden Klick auf die Anzeige zahlen. Sie können dann mit verschiedenen Eingaben herausfinden, wann Sie glauben, dass sich die Investition lohnt. Sie können die Wochentage auswählen, an denen Sie die Anzeige posten wollen und den Gesamtzeitraum Ihrer Kampagne definieren. Sie können ein maximales Tagesbudget oder ein Gesamtbudget definieren, das Sie zahlen wollen. In Ihrer Anzeige hinterlegen Sie den Link zu einer Webseite, die Ihr Angebot enthält. Wer darauf klickt kommt ohne Medienbruch direkt zu mehr Information und, wenn Sie sich gut vorbereitet haben, zu Ihrem Alleinstellungsmerkmal. Im Vergleich zu Printmedien sind Sie also zielgenauer und kostengünstiger, der Return-on-Marketing-Invest (ROMI) ist also in der Regel höher. Sie zahlen nur, wenn die Zielgruppe die Anzeige liest und reagiert (klickt). Wichtig ist, dass Sie sich gut informieren, welches Soziale Medium von Ihrer Zielgruppe genutzt wird. So eignet sich Facebook eher für B2C-Zielgruppen zwischen etwa 20 Jahren und 40 Jahren, XING und LinkedIn eher für B2B-Zielgruppen zwischen 20 und 50 Jahren. Wenn Sie Ihre Zielgruppe nicht schon zur Nutzung von Sozialen Medien befragt haben, sollten Sie das jetzt tun. Analysieren Sie auch, in welchen Sozialen Medien Ihre Konkurrenten aktiv sind, mit welchen Inhalten Sie dort zu finden sind und wie gut der Dialog mit ihren Kunden funktioniert. Nutzen Sie die Sozialen Medien nicht nur, um Anzeigen zu platzieren, sondern um in einen Dialog mit Ihrer Zielgruppe zu treten. Die Möglichkeit, direkt mit Ihren Kunden im Dialog zu kommunizieren, ist ein wesentlicher Vorteil Sozialer Medien. Nutzen Sie diese also nicht nur, um Information zu liefern (wie Ihre Website), sondern fordern Sie Ihre Kunden aktiv zum Dialog auf. Fragen Sie Ihre Kunden nach ihrer Meinung, fordern Sie Feedback aktiv ein. Etablieren Sie einen Prozess, der es Ihnen erlaubt, Kundenfragen schnell von Ihren Produktspezialisten beantworten zu lassen. Wenn die Spezialisten diese Fragen traditionell einem Kunden persönlich am Telefon oder per E-Mail beantwortet haben, hat nur dieser Kunde die Antwort gesehen. Jetzt können alle anderen Nutzer die Antwort auch sehen, sofern Sie vom Sozialen Medium als relevant für den Nutzer eingeschätzt wird. Das sorgt vielleicht dafür, dass andere Kunden ein Problem vermeiden oder es früher erkennen und schneller lösen können. Es vermindert aber sicher die Anzahl der Anfragen mit gleichen Inhalten. Außerdem zeigt es, dass sich Ihr Unternehmen schnell um die Lösung der Probleme seiner Kunden kümmert. Sie sollten auch herausfinden, in welchen Gruppen sich Ihre Zielgruppe aufhält und dort aktiv sein. Vielleicht überlegen Sie auch, eine eigene Gruppe zu etablieren und zu moderieren. Überlegen Sie, ob Sie sich in öffentlichen Gruppen bewegen wollen, oder eine geschlossene Gruppe schaffen und gezielt Mitglieder für diese Gruppe akquirieren.

Überlegen Sie, ob Sie Ihre Zielgruppe gezielt ansprechen wollen. Auch hier könnten Sie traditionell mit einem Brief arbeiten oder eine E-Mail schreiben. Vielleicht können

Sie sich von Ihren Konkurrenten, die E-Mail-Kampagnen durchführen, unterscheiden, indem Sie einen Brief schreiben. Das kann helfen, bei Ihrer Zielgruppe aufzufallen und sich von der Informationsflut abzusetzen. Egal, ob Sie einen Brief schreiben oder eine E-Mail, achten Sie auf das Folgende: Überlegen Sie immer, wer in Ihrem Unternehmen den Brief oder die E-Mail abschickt, d. h. wer als Absender gekennzeichnet wird. Diese Person sollte vom Adressaten auf Augenhöhe wahrgenommen werden. Es hat also keinen Sinn, dass der offizielle Absender der Marketingmanager einer Kampagne ist. Schreiben Sie die Adressaten persönlich an, also nutzen Sie z. B. Titel und Namen in der Adresse und in der Begrüßungsformel, also z. B. „Sehr geehrter Herr Dr. Maier". Formulieren Sie eine wirklich gute Betreffzeile, die dem angeschriebenen einen guten Grund gibt, weiter zu lesen. Denken Sie an das wichtigste Problem des Adressaten oder seinen größten Wunsch und signalisieren Sie, dass Sie eine Lösung haben. Überlegen Sie, ob der Adressat zur Geschäftsführung gehört und vielleicht eher strategische Ziele verfolgt, oder in einer Rolle ist, die eher taktische Ziele verfolgt. Überlegen Sie, wer Entscheidungen beeinflusst und wie Sie diese Gruppe erreichen können. Beginnen Sie, die Betreffzeile des Briefs dann auch mit seinem wichtigsten Ziel oder seinem bedeutendsten Problem und machen Sie sofort klar, dass Sie hier besser helfen können als Ihre Konkurrenten. Machen Sie sich klar, dass er nicht weiterlesen wird, wenn kein Interesse generiert wird. Sie haben Ihr Budget damit umsonst ausgegeben. Die Betreffzeile ist das wichtigste in Ihrem Brief oder Ihrer E-Mail. Danach sollten Sie schnell zum Punkt kommen, klar machen, dass Sie sein Problem verstehen, Ihre Lösung kurz beschreiben und mit nicht mehr als drei Argumenten untermauern. Ggf. verwenden Sie ein Bild oder eine Grafik, die Ihre Aussagen untermauern oder leichter verständlich machen. Beschreiben Sie Ihr Alleinstellungsmerkmal und machen Sie klar, dass Sie genau die richtige Antwort für sein Problem haben. Belegen Sie z. B. mit einer Kundenreferenz, dass Sie einschlägige Erfahrung haben und er nicht der erste ist, der diese Lösung einsetzt. Fordern Sie den Angeschriebenen zu einer Handlung auf, also z. B. Ihre Antwortkarte zurückzuschicken, oder sich zu Ihrer Veranstaltung anzumelden. Verzetteln Sie sich nicht. Überlegen Sie, welche Information oder Hilfe der Angeschriebene als nächstes sucht. Geben Sie ihm einen Grund, sich detaillierter mit Ihrer Lösung zu beschäftigen. Machen Sie klar, warum nur Sie die richtige Lösung haben. Fordern Sie zur Aktion auf. Auch hier können Sie z. B. einen Link zu einer Webseite einbauen, die weitere Informationen liefert. In einer E-Mail hat Ihr Kunde die Möglichkeit, sofort darauf zu klicken und zur Information zu kommen, in einem Brief muss er den Link ggf. abschreiben. Denken Sie über eine Webseite nach, die Sie nur für diesen Zweck geschaffen haben, die also mehr Information liefert und die Zielgruppe näher an den Kauf führt. Das ist nicht Ihre Unternehmenswebseite. Diese Seite muss auch nicht unbedingt von Ihren Unternehmens- oder Produktwebseiten erreicht werden. Sie kann dem einzigen Zweck dienen, die Leser Ihres Briefes oder Ihrer E-Mail weiter und detaillierter zu informieren. Achten Sie darauf, dass Sie Ihre Zielgruppe so anschreiben, dass Ihr Brief oder Ihre Sendung nicht an einem Montag ankommt. Der Leser hatte vielleicht am Wochenende Ideen, die er mit seinen Mitarbeitern klären will, oder er hat regelmäßige Besprechungen zum Wochenbeginn.

Vermeiden Sie auch den Freitag, der vielleicht zum frühen Feierabend genutzt wird und an dem schnell noch vieles erledigt wird, was in der Woche liegen blieb. Schreiben Sie also so, dass der Brief zwischen Dienstag und Donnerstag ankommt und rufen Sie nach einigen Tagen an. Beziehen Sie sich auf den Brief bzw. die E-Mail und klären Sie, ob es noch Fragen gibt, ob Sie helfen können, ob Bedarf vorliegt, d. h. versuchen Sie, das Eisen zu schmieden, das Sie im Feuer haben.

Welche Messen oder Konferenzen besucht Ihre Zielgruppe und warum? Viele Besucher nutzen Messen, um sich bei mehreren Herstellern zu informieren und um deren Angebote zu vergleichen. Sind Sie auf den Messen, die für Ihre Zielgruppe wichtig sind vertreten? Weiß Ihre Zielgruppe, dass Sie auf der Messe sind? Haben Sie darüber informiert, mit welchen Angeboten man Sie wo auf der Messe finden kann? Sind Vertreter Ihres Unternehmens auf der Messe, die von der Zielgruppe als kompetent wahrgenommen werden? Kann Ihre Zielgruppe Vertreter Ihres Unternehmens auf Augenhöhe treffen? Kommunizieren Sie Ihr Alleinstellungsmerkmal so, dass Ihre Zielgruppe es leicht versteht und sich merken kann? Nutzen Sie nur Zahlen, Daten und Fakten, oder sprechen Sie Ihre Zielgruppe auch emotional an? Dokumentieren Sie jeden Messebesuch und liefern Sie versprochene Informationen zügig nach? Haben Sie sich schon vor der Messe Gedanken darüber gemacht, wie Sie Besucher, die Interesse gezeigt haben, weiter betreuen? Wenn Ihre Zielgruppe eine Konferenz besucht, haben Sie sichergestellt, dass Ihre Zielgruppe vorher weiß, dass Ihr Unternehmen dort vertreten ist? Ist Ihr Vortrag darauf ausgerichtet, dass Ihr Alleinstellungsmerkmal erkannt wird? Haben Sie evtl. eine Demonstration Ihres Produktes geplant, dass es im Einsatz zeigt und bei dem die einzigartigen Vorteile der Nutzung deutlich werden? Nutzen Sie die Pausen gezielt zum Netzwerken mit wichtigen Kunden? Organisieren Sie eigene Veranstaltungen für Ihre Zielgruppe? Haben Sie sich noch mal mit der Persona oder den Personas Ihrer Zielgruppe auseinander gesetzt? Haben Sie sich noch mal die Empathy Map für diese Personas angesehen? Verstehen Sie, dass auch die Planung einer Veranstaltungsreihe, wie viele andere Marketingtaktiken, mit Methoden des Design Thinking zu einem deutlich besseren Ergebnis führt? Entwickeln Sie also für die Persona und Ihre Wünsche, Ängste, Sorgen (Emotionen) einen Veranstaltungsvorschlag und testen Sie diesen mit freundlichen Vertretern der Zielgruppe. Dabei werden Sie zum Beispiel lernen, dass die Zielgruppe nicht nur zu Ihrer Veranstaltung kommt, um das neueste über Ihre wunderbaren Produkte zu erfahren, sondern dass Sie noch ganz andere Ziele verfolgt. Sie wird verstehen wollen, wie Ihre Angebote ihr helfen, ihre Probleme zu lösen oder ihre Wünsche zu erfüllen. Sie wird ihr Netzwerk pflegen wollen und sie wird verstehen wollen, wie andere Zielgruppenmitglieder die gleichen Probleme lösen oder die gleichen Ziele erreichen. Sind Ihre Veranstaltungen für Ihre Zielgruppe leicht zu erreichen? Sind Sie so kurz, dass die Zielgruppe Ihre Zeit effektiv nutzen kann? Sind Sie so lang, dass Ihre Zielgruppe genügend Zeit hat, ihr Netzwerk mit Kollegen und/oder Freunden zu pflegen? Hat die Zielgruppe vielleicht noch einen weiteren Grund teilzunehmen (Exklusivität des Events oder das gute Essen)? Beschäftigen sich Ihre Vortragsinhalte mit den Problemen, Ängsten, Sorgen und Hoffnungen Ihrer Zielgruppe oder nur mit Ihrem Produkt? Gibt es

Vorträge von zufriedenen Kunden? Geben Sie Ihrer Zielgruppe also genügend Gründe, zu Ihrer Veranstaltung zu kommen und erreichen Sie mit Lokation, Dauer und Inhalten auch Begeisterung bei Ihrer Zielgruppe? Befragen Sie Ihre Teilnehmer am Ende der Veranstaltung, was ihnen gefallen hat und wo Sie noch besser werden können? Fragen Sie auch nach Ideen für die Inhalte, Lokationen etc. der nächsten Veranstaltungen? Was tun Sie nach der Veranstaltung? Senden Sie den Teilnehmern die Information über die Inhalte und weitere Details, damit Sie in Erinnerung bleiben? Beantworten Sie Fragen, die offen geblieben sind, obwohl Ihre Teilnehmer sicher denken, dass diese vergessen werden? Bitten Sie den verantwortlichen Kundenbetreuer den Kunden zu fragen, wie es ihm gefallen hat und ob er noch Fragen hat? Informieren Sie auch die Kunden, die an der Veranstaltung nicht teilgenommen haben über die Inhalte und senden Ihnen Informationen, die sie verpasst haben?

Sucht Ihre Zielgruppe nach Informationen, um erklärungsbedürftige Lösungen besser zu verstehen? Was haben Sie getan, um die Suche zu erleichtern und was, um das Verständnis zu verbessern? Findet die Zielgruppe Ihr Angebot, wenn Sie in Suchmaschinen die Problembeschreibung eingibt? Trifft das bei allen Begriffen oder Begriffskombinationen zu, die die Zielgruppe in Kundensprache eingibt? Beantwortet die entsprechende Webseite die wichtigsten Fragen der Zielgruppe? Haben Sie überlegt, spezifische Webseiten für unterschiedliche Mitglieder im Buying Center anzulegen? Beantwortet die Webseite diese Fragen besser als entsprechende Webseiten Ihrer Konkurrenten? Würde es helfen, das Angebot mithilfe eines Videos zu erklären? Wissen Sie, dass YouTube eine sehr häufig genutzte Suchmaschine ist und haben Sie sich auch dort so aufgestellt, dass Ihre Zielgruppe mit ihrem Problem dort Filme von Ihnen findet? Sind diese leichter zu verstehen und besser gemacht, als die Filme Ihrer Konkurrenten? Haben Sie auch daran gedacht, Beispielnutzungen Ihrer Lösungen durch Ihre zufriedenen Kunden als Referenzen in Textform oder als Video zu verwenden? Gerade bei höherwertigen Gütern oder teuren Dienstleistungen ist es besonders wichtig, dass Ihre Zielgruppe Ihnen vertraut und, dass sie das Gefühl hat, dass Sie sein Problem verstanden haben, alle seine Risiken kennen und eine sichere Lösung für ihn haben. Haben Sie versucht, alle möglichen Fragen Ihrer Zielgruppe zu bedenken und für häufig gestellte Fragen, die Antworten leicht verständlich aufzubereiten und zur Verfügung zu stellen? Bieten Sie an, dass einer Ihrer Berater den Kunden besucht und ihm bei der Auswahl einer passenden Lösung berät?

Wenn Sie auf eine Anfrage, ein Angebot zu liefern (RFP = Request for Proposal) reagieren, sollten Sie auch hier sicherstellen, dass Sie das besser machen als Ihre Konkurrenten. Es beginnt damit, dass Sie eine Empfangsbestätigung abgeben und dem anfragenden Unternehmen mitteilen, dass Sie sich termingerecht mit einem Angebot melden werden. Sie werden das Angebot dann auch rechtzeitig abgeben. Dabei geht es natürlich um die Inhalte, aber auch um die Form. Es geht aber auch darum, zu beeinflussen, dass Sie gefragt werden und zu beeinflussen, dass Ihre Zielgruppe den RFP so stellt, dass Sie eine gute Chance haben, später auch zu gewinnen. Diese Chance erhöht sich also deutlich, wenn Sie schon vorher gute Beziehungen zu wichtigen Mitgliedern Ihrer Zielgruppe pflegen. Sie können dann Bedarf erkennen und den Kunden bei der

Auswahl möglicher Lösungen beraten. Das erhöht Ihre Chance, Lösungen anbieten zu können, bei denen Sie sich von Ihren Konkurrenten deutlich unterscheiden können. Vielleicht können Sie auch noch beeinflussen, welche Pflichten im Pflichtenheft besonders betont werden, weil Sie für eine gute Lösung wichtig sind und bei denen Sie als guter Problemlöser besondere Stärken zeigen können. Wenn Sie jetzt das Angebot erstellen, ist es wichtig, dass Ihre Corporate Identity und Ihre Marke gut sichtbar werden. Es ist aber auch wichtig, dass Sie das Angebot so aufbauen, dass der Kunde es mit seinem Pflichtenheft einfach vergleichen kann, er die Problemlösungen gut versteht und den Nutzen deutlich erkennt. Strukturieren Sie also Ihr Angebot nicht so, wie Sie schon alle anderen Angebote strukturiert haben, sondern so, wie der Kunde das Pflichtenheft, das er Ihnen geschickt hat, strukturiert hat. Denn so hat er sein Problem und die möglichen Problemlösungen verstanden und so erleichtern Sie es ihm, Sie zu verstehen. Ihr Ziel sollte also sein, dass der Kunde deutlich sieht, dass Sie ihn ernst nehmen, seine Situation, seine Wünsche, Ängste, Sorgen und Hoffnungen verstehen. Er muss sehen, dass Sie sein Problem und seine Risiken verstehen und, dass er bei Ihnen sicher und gut aufgehoben ist. Nennen Sie auch nicht nur Ihre Preise für die Lösung, sondern setzen Sie sich mit den Gesamtkosten für den Kunden auseinander und erklären Sie, was Sie tun, um die Gesamtkosten über die Nutzungsdauer zu reduzieren. Sorgen Sie für eine klare und übersichtliche Struktur des Angebotes. Nutzen Sie Abbildungen, immer dort, wo sie helfen, komplexe Zusammenhänge besser zu verstehen. Wenn Sie alle Details fertig haben, widmen Sie der Zusammenfassung viel Zeit. Wichtige Mitglieder im Buying Center werden häufig nur die Zusammenfassung lesen. Deshalb muss diese überzeugen.

Haben Sie jetzt, nachdem Sie verschiedene Wege, mit Ihrer Zielgruppe in Kontakt zu treten, analysiert haben, festgestellt, dass Sie Probleme haben, diese Wege zu nutzen? Oder, dass Sie nur limitierten Zugang zu Ihrer Zielgruppe haben? Oder stellen Sie fest, dass es Personen oder Organisationen gibt, die einen wesentlichen Einfluss auf Ihre Zielgruppe insgesamt oder auf wichtige Entscheider innerhalb Ihrer Zielgruppe haben? Dann sollten Sie überlegen, ob Sie wichtige Einflussnehmer (Key Influencer) von Ihrem Unternehmen und Ihrem Angebot überzeugen können. Sie sollten evtl. auch überlegen, ob es Mittler gibt, die deutlich besseren Zugang zu Ihrer Zielgruppe haben als Sie und wie Sie mit diesen kooperieren können oder diese besser nutzen können.

Beispiel Mittler zur Zielgruppe

Hans Heine bietet Beratungen als Landschaftsgärtner für Privatkunden an. Sein Unternehmen läuft nicht sehr gut, weil seine Zielgruppe der Gartenbesitzer sehr groß und sehr unterschiedlich in ihren Bedürfnissen ist. Er sucht eine Zielgruppe, die relativ große Grundstücke hat und Wert auf einen besonders gestalteten Garten legt. Er findet diese in den besseren Lagen der Städte, die in seinem Einzugsgebiet liegen, stellt aber fest, dass die Gärten dort schon angelegt sind, die Besitzer seit Jahren auf dieselben Gärtner zur Pflege zurückgreifen und keinen Bedarf für Veränderungen sehen. Nach einiger Überlegung kommt er auf die Idee, Architekten, die neue Häuser oder Villen in Toplagen bauen oder gründlich renovieren, anzusprechen. Ihnen hilft ein gemeinsames Angebot, sich von Ihren Konkurrenten zu unterscheiden. Sie können jetzt nicht nur das Haus, sondern das individuelle Haus in einer passenden landschaftsgärtnerischen Umgebung als Komplettangebot anbieten. Sie haben auch den Zugang zur Zielgruppe, den er erst mühsam aufbauen müsste. Durch die Arbeit über den Mittler werden das Angebot des Mittlers und sein eigenes Angebot besser, und er spart Marketing- und Vertriebsaufwände.

Wenn Ihre Zielgruppe deutlich zu groß und aus zu vielen unterschiedlichen Mitgliedern besteht und/oder Sie keinen Zugang zur Zielgruppe haben bzw. diesen Zugang nicht leicht aufbauen können, sollten Sie nach zwischengeschalteten Kontaktpersonen (Mittlern) zur Zielgruppe suchen. Sie sollten analysieren, wer guten Zugang zur Zielgruppe hat und ob Sie eine Beziehung zu diesen Personen oder Organisationen aufbauen können, die beiden Seiten nützt. Im einfachsten Fall verkaufen Sie Ihre Produkte über Händler, die natürlich an der Handelsspanne verdienen. Vielleicht kann Ihr Angebot aber auch das Angebot eines anderen Unternehmens ergänzen, das guten Zugang zur Zielgruppe hat.

Gibt es in der Umgebung Ihrer Zielgruppe wichtige Beeinflusser, die deren Kaufwunsch oder Angebotsauswahl beeinflussen? Das könnten bei B2C-Käufern bekannte Persönlichkeiten sein, an denen Sie sich orientieren, oder Blogger, deren Blog sie regelmäßig lesen. Bei B2B-Kunden sind es vielleicht die Marktführer in Ihrer Branche oder die Unternehmen, die besonders innovativ sind. Analysieren Sie für Ihren Markt, wer diese sind und wie sie Ihrem Unternehmen bzw. Ihrem Angebot gegenüber positioniert sind. Sind sie positiv, neutral oder negativ eingestellt? Was können Sie tun, um zu erreichen, dass sie Ihnen positiv gegenüberstehen? Was können Sie tun, um sie als Kunden zu gewinnen? Was können Sie tun, um bei ihnen Begeisterung über Ihr Unternehmen oder Ihr Angebot zu erreichen? Wann werden Sie als Advokat Ihres Angebotes auftreten? Wie können Sie diese Beeinflusser auch auf Dauer besser behandeln als den Durchschnitt Ihrer Kunden? Können Sie sie besser in Ihre Angebotsentwicklung einbinden, sodass Ihre Angebote als etwas angesehen werden, das sie mitentwickelt haben? Können Sie sie öfter nach Ihrer Meinung fragen, um Markttrends früher zu erkennen und um als Partner angesehen zu werden? Können Sie Sie häufiger und/oder früher mit Informationen über neue, coole oder innovative Angebote informieren? Wodurch werden sie zum Fan? Gibt es Influencer, z. B. Blogger, die Ihre Inhalte gegen Geld auf Ihrem Blog platzieren würden? Erreicht dieser Blog Ihre Zielgruppe direkt und hat die Zielgruppe großes Vertrauen in seine Inhalte? Wer sonst beeinflusst Ihre Zielgruppe? Sind es z. B. wichtige Einflussnehmer im Unternehmen Ihrer Zielgruppe für ein bestimmtes Kaufvorhaben? Was sind deren Prioritäten und wie können Sie eine positive Einstellung Ihrem Unternehmen und Angebot gegenüber erreichen? Werden externe Berater zur Erstellung oder Beurteilung der Angebote hinzugezogen? Was sind deren Ziele und wie können Sie die Einstellung zu Ihrem Angebot beeinflussen? Wer sind die häufigsten Besucher Ihrer Webseite, wer die wichtigsten Nutzer Ihrer Social-Media-Plattformen? Wer teilt Ihre Beiträge am häufigsten? Wer teilt die Beiträge Ihrer Konkurrenten auf Sozialen Plattformen am häufigsten? Können Sie diesen wichtigsten Meinungsmachern bessere Informationen schneller liefern als dem Rest? Können Sie diese wichtigen Beeinflusser stärker an Ihr Unternehmen binden? Können Sie Ihre Meinung stärker bei der Entwicklung von Lösungen und bei der Kommunikation mit Ihrer Zielgruppe verwenden?

7.4 Kauf, Lieferung und Nach-Kauf-Beurteilung

Ihre Zielgruppe hat jetzt für eine Lösungsalternative die Angebote verschiedener Anbieter gesehen und einige davon in die engere Wahl genommen. Jetzt geht es darum, dass sie bei Ihnen kauft.

Was sucht der Kunde und wo sucht er?
Bei einfach zu verstehenden bzw. preiswerteren Angeboten, wird der Interessent leicht zugängliche Informationen über den Inhalt des Angebotes, die Preise und den Kundennutzen suchen. Er wird relativ wenige Alternativen mit wenigen Kriterien vergleichen. Er wird erwarten, dass er das Angebot in einem Webshop ohne Aufwand kaufen kann oder in einem Laden schnell findet und ohne langes Anstehen bezahlen kann. Will er ein Angebot zu einem möglichst niedrigen Preis kaufen, wird er sich auf Vergleichsportalen informieren und dort die Preise und die Kosten für die Lieferung vergleichen. Er wird sich auch über die Beurteilung der Lieferanten informieren. Wenn er Angebote schon kennt und es neue Angebote oder Verbesserungen gibt, wird er versuchen zu verstehen, warum diese besser sind als der Status quo und welche Gründe für ein anderes Angebot sprechen. Wenn er noch Beratung braucht, erwartet er, dass er online, telefonisch oder persönlich schnell, lückenlos und kompetent beraten wird. Idealerweise hat der Anbieter alle seine Fragen schon beantwortet, sodass er gar nicht erst nach Informationen suchen muss. Bei höherwertigen, erklärungsbedürftigen Angeboten oder hohem Risiko wird er detailliertere Vergleiche zwischen einer größeren Anzahl von Anbietern/Angeboten durchführen und, nach der Auswertung, den Kreis der Anbieter verkleinern. Er wird evtl. fehlende Details nachfragen oder offene Fragen klären. Schließlich wird er mit einer reduzierten Anzahl von Anbietern in Verhandlungen eintreten, um zu höherem Kundennutzen oder zu niedrigeren Kosten zu kommen. Braucht er das Angebot sehr dringend, wird er ggf. zu Kompromissen bereit sein. Sind die wichtigsten Themen verhandelt, wird es um Details wie die Allgemeinen Geschäftsbedingen (AGBs), Liefer- und Zahlungsbedingungen gehen. Schließlich entscheidet er sich für einen Anbieter und bestellt. Bei Produkten wird dann eine vereinbarte Lieferzeit folgen. Manche Dienstleistungen werden erst erstellt werden müssen und brauchen dabei vielleicht regelmäßigen Informationsaustausch mit dem Besteller oder seinen Vertretern. Er erwartet pünktliche Lieferung von unversehrten und funktionsfähigen Produkten bzw. Dienstleistungen, die seinen Anforderungen entsprechen. Idealerweise kann er Produkte nach dem Auspacken sofort verwenden. Bei Nichtgefallen erwartet der Konsument, dass er das Produkt leicht zurücksenden kann. Bei erklärungsbedürftigen Produkten erwartet er, dass ihm die Funktionalität leicht zugänglich und die Bedienung so einfach wie möglich gemacht wird.

Sind Einführungen oder Schulungen durch den Anbieter notwendig, erwartet er, dass er vor dem Kauf darauf hingewiesen wird und, dass diese frühzeitig geplant und zügig durchgeführt werden. Setzt er z. B. eine Maschine oder Anlage zur Produktion ein, muss diese den versprochenen Durchsatz zu den erwarteten Kosten leisten. Bei Dienstleistungen erwartet er, dass die in den geplanten Zeiten (z. B. Stunden) erbracht werden und, falls er Material bestellt hat, die Materialien zu den geplanten Kosten geliefert werden. Er wird also das gelieferte Produkt oder die gebotene Dienstleistung mit seinen Erwartungen vergleichen. Diese sind von seinen Erfahrungen, Bedürfnissen, der informellen Kommunikation, der formalen Kommunikation, situativen Faktoren und den Opfern, die er ggf. bringen muss, beeinflusst (Haller 2012, S. 28). Ist er begeistert, wird er bei einem eventuellen Nachkauf zum bisherigen Lieferanten tendieren und ohne großen Vergleich mit anderen Anbietern kaufen.

Was sollten Sie tun?
Mithilfe Ihrer Marketingkampagnen haben Sie das Image Ihres Unternehmens und des Angebotes verbessert und dafür gesorgt, dass der Interessent bereit ist, sich mit dem Kauf auseinanderzusetzen. Machen Sie es Ihren Interessenten jetzt so einfach wie möglich, bei Ihnen zu kaufen und Ihr Angebot zu nutzen. Sorgen Sie dafür, dass Ihre Zielgruppe an jeder Kontaktstelle merkt, dass sie problemlos mit Ihnen ins Geschäft kommen und Ihnen vertrauen kann. Versetzen Sie sich in die Lage Ihrer Zielgruppe, die ein einfacheres bzw. preiswerteres Produkt kaufen will. Verstehen Sie, welche Vorteile Ihre Zielgruppe sich verspricht? Wissen Sie, welche Hoffnungen, Wünsche, Ängste, Sorgen oder Befürchtungen sie hat? Wissen Sie, in welcher Gegend Ihre Zielgruppe Angebote wie die Ihren natürlicherweise erwartet und in der sich auch genügend Interessenten aufhalten? Haben Sie dort die Gelegenheit, einen Laden zu mieten? Informiert sich Ihre Zielgruppe in Vergleichsportalen bevor Sie zu Ihnen in den Laden kommt? Kennen Sie die Anbieter und Angebote mit den niedrigsten Preisen? Können Sie auch zu diesen Preisen anbieten oder haben Sie gute Gründe, warum der Interessent bei Ihnen mehr zahlen soll? Wollen Sie Ihr Angebot nur in einem Webshop anbieten? Können Sie dort mit den Preisen für Produkt und Lieferung mit Ihren Konkurrenten mithalten? Gibt es einen direkten Link zwischen dem Vergleichsportal und Ihrem Webshop? Gestalten Sie Ihren Webshop so, dass der Interessent sofort auf das gesuchte Produkt und ggf. seine Alternativen geführt wird? Kann er mit möglichst wenigen Eingaben und Klicks bei Ihnen bestellen? Stellen Sie sicher, dass die Antwortzeiten Ihres Servers immer kurz sind. Bedenken Sie, dass Ihre Konkurrenz nur wenige Mausklicks entfernt ist und Ihr Interessent eine Wahl hat. Verstecken Sie keine Informationen, die für den Käufer wichtig sind. Kommunizieren Sie klar den Preis, die Steuer, die Lieferkosten und die Gesamtkosten. Offerieren Sie für begrenzte Zeit Sonderangebote, sodass Ihre Zielgruppe sich schnell entscheiden muss. Bieten Sie zu allen Daten, die der Zielgruppe evtl. unklar sein könnten, einfach zu findende Informationen an. Für eventuelle Nachfragen bieten Sie Chat-Funktionen oder eine Telefonnummer an. Beantworten Sie einfache Fragen umgehend, kompliziertere innerhalb von zwei Stunden. Fragen Sie jede Information des Käufers nur

einmal ab. Wenn er Ihnen seine Adresse genannt hat, speichern Sie diese, sodass er sie beim nächsten Kauf nicht wieder eingeben muss. Bestätigen Sie den Eingang der Bestellung und kommunizieren Sie den geplanten Liefertermin. Informieren Sie ihn, wenn die Ware Ihr Unternehmen verlassen hat. Ihr Ziel muss es sein, dass Ihr Interessent auf dem gesamten Bestellweg den Eindruck hat, dass das ja alles ganz einfach war und er bei Ihnen gut aufgehoben ist. Wenn der Interessent direkt bei Ihnen kaufen will, erleichtern Sie ihm den Weg zu Ihrer Lokation. Innerhalb Ihrer Lokation erleichtern Sie ihm die Suche nach dem Produkt. Bieten Sie ihm am Produkt klare Informationen zu allen wichtigen Fragen. Wenn es mehrere vergleichbare Produkte gibt, platzieren Sie diese nebeneinander und liefern Informationen, mit denen die Angebote leicht verglichen werden können. Gibt es Einstiegsprodukte, mittlere Produkte und Spitzenangebote für einen Problembereich, helfen Sie Ihrem Interessenten die Unterschiede ohne Nachfrage zu verstehen. Wenn es trotzdem noch Fragen gibt, sollten Ihre Mitarbeiter die Bedürfnisse, Ängste, Sorgen und Hoffnungen der Kunden mit wenigen Sätzen erfragen, um eine maßgeschneiderte Lösung anbieten zu können. Wenn er dann schließlich kaufen oder bestellen will, geht es darum, ihm diesen Schritt so einfach wie möglich zu gestalten. Vermeiden Sie Schlangen. Bieten Sie alle Zahlungsoptionen, die er erwartet. Kommunizieren Sie einen eventuellen Liefertermin klar. Bieten Sie ihm an, das bestellte Produkt zu liefern. Gestalten Sie die gesamte Abwicklung so, dass der Interessent bei ähnlichen Problemen oder Erwartungen gerne wieder zu Ihnen kommt. Bei erklärungsbedürftigen Produkten, großen Beträgen oder hohem Risiko wird der Interessent die Angebote verschiedener Anbieter zunächst intern vergleichen. Können Sie die Kriterien für diesen Vergleich so beeinflussen, dass Sie eine größere Chance haben, im Vergleich gut abzuschneiden? Kann einer Ihrer Verkäufer den Interessenten besuchen, versuchen seine Erwartungen, Ziele und Umgebungsfaktoren zu verstehen und ein passendes Angebot abgeben? Wenn der Interessent eine Aufforderung zur Abgabe eines Angebotes oder eine Ausschreibung erstellt hat, konnten Sie diese so beeinflussen, dass Ihr Alleinstellungsmerkmal zum Kauf führt? Verstehen Sie, welche Vorteile sich der Interessent von den Angeboten verspricht? Wissen Sie, welche Probleme er lösen will? Kennen sie seine Ängste und Befürchtungen? Haben Sie Ihr Angebot so gestaltet, dass es gut zur Ausschreibung passt und so strukturiert ist, dass alle möglichen Fragen des Interessenten beantwortet werden? Haben Sie überlegt, an welchen Stellen des Angebotes Ihre Konkurrenten eine bessere Position haben? Erinnern Sie sich, gegen welche Konkurrenten Sie bei anderen Angeboten verloren haben und warum? Können Sie Ihre Position alleine verbessern oder brauchen Sie Partner? Haben Sie an allen wichtigen Stellen im Angebot kompetente Gesprächspartner für eventuelle Rückfragen genannt? Verstehen Sie, dass, wenn Sie schon nicht alle erwarteten Antworten im Angebot gegeben haben, Sie sich durch schnelle und kompetente Antworten auf Nachfragen, von der Konkurrenz unterscheiden können? Wenn Sie nach der Bewertung der Angebote in die engere Wahl gekommen sind, gilt es, die Verhandlungen mit dem Interessenten so vorzubereiten, dass Sie gewinnen können. Verstehen Sie über welche Themen der Interessent noch verhandeln will und kennen Sie Ihre Position und Ihre Spielräume? Welche Bedenken hat Ihre

Zielgruppe in letzter Minute? Welche Gründe oder Hindernisse tun sich für sie auf, die dazu führen, dass sie doch noch bei der Konkurrenz kauft oder, dass sie den Kauf verschiebt? Muss vielleicht eine existierende Anlage erst abgebaut werden, und Ihr Interessent kennt niemanden, der das übernehmen kann? Können Sie ihm helfen den richtigen Dienstleister zu finden? Wie können Sie ihm mehr Sicherheit für den Kauf bieten? Häufig will Ihr Interessent nicht der erste sein, der ein Produkt ausprobiert und er befürchtet sich beim Kauf eine blutige Nase zu holen. Haben Sie schon Referenzkunden, die Ihr Produkt erfolgreich nutzen und haben Sie Informationen dazu so aufbereitet, dass die Befürchtungen Ihrer Interessenten angesprochen und ihnen mehr Sicherheit vermittelt wird? Wie können Sie Ihre Position gegenüber der Konkurrenz verbessern? Brauchen Sie dafür evtl. Partner? Haben Sie noch mal alle sieben Elemente (7P), die für die Entscheidung wichtig sind, betrachtet? Wie sieht Ihr Produkt/Angebot aus? Wie schnell können Sie liefern? Wie steht es um die Gesamtkosten des Interessenten über den Nutzungszeitraum? Wird klar, dass Ihre Prozesse so gestaltet sind, dass Sie Zusagen einhalten und in hoher Qualität liefern können? Wer ist der Einkäufer des Interessenten und was sind seine Prioritäten? Wer gehört zum Verhandlungsteam des Interessenten und wer beeinflusst die Verhandlungen sonst noch? Werden Fachleute oder Nutzer hinzugezogen und welche Interessen verfolgen diese? Wer entscheidet final, also wer unterschreibt üblicherweise die Bestellungen? Können Sie beurteilen, wie positiv, neutral oder negativ jeder einzelne Verhandlungsteilnehmer Ihrem Unternehmen und Ihrem Angebot gegenüber eingestellt ist? Wissen Sie, welche Fakten wichtig sind und welche Emotionen zu berücksichtigen sind? Was würde z. B. das Image wichtiger Entscheider verbessern? Haben Sie für jeden Verhandlungspartner einen Vertreter Ihres Unternehmens mit vergleichbaren Kompetenzen und Befugnissen identifiziert und abgeordnet? Können Sie das Verhandlungsdatum und den Verhandlungsort zu Ihren Gunsten beeinflussen? Wie gut haben Sie schon bisher Ihr Alleinstellungsmerkmal an alle entscheidungsbeteiligten Personen (direkt oder indirekt) kommuniziert? Haben Sie alle Faktoren unter Kontrolle, die dazu führen, dass der Interessent bei Ihnen kauft?

Wenn der Interessent jetzt bei Ihnen gekauft hat, wird er kurz danach vielleicht darüber nachdenken, ob er denn jetzt die richtige Entscheidung getroffen hat, den richtigen Lieferanten ausgewählt hat und ob er nicht doch einen zu hohen Preis bezahlt. Ihre Aufgabe ist es jetzt, ihn in seiner Kaufentscheidung zu bestätigen. Schreiben Sie ihm, rufen Sie ihn an oder besuchen Sie ihn und bestätigen, dass er eine gute Wahl getroffen hat. Stellen Sie sicher, dass Sie das bestellte Produkt oder die Dienstleistung in der erwarteten Qualität und zum gewünschten Termin liefern können. Wenn die Lieferung ansteht, informieren Sie ihn, dass das Produkt jetzt geliefert wird und planen Sie die nächsten Schritte. Haben Sie das Produkt so verpackt, dass es Spaß macht, es auszupacken und dass es unversehrt ankommt? Kann der Kunde das Produkt auspacken, sofort verwenden oder nutzen? Kann er die gesamte Funktionalität ohne Anleitung nutzen und macht er dabei eine positive Erfahrung? Funktioniert die Bedienung intuitiv oder braucht der Nutzer eine Anleitung? Muss er dazu eine komplizierte Bedienungsanleitung lesen? Haben Sie Ihre Nutzer beim Auspacken, zusammenbauen, installieren und benutzen beobachtet? Haben Sie diesen

Schritt so stark vereinfacht, dass nur die unbedingt notwendigen übrig geblieben sind und haben Sie diese so gestaltet, dass sie intuitiv zu erledigen sind? Haben Sie diesen Prozess mit den Käufern bzw. Nutzern getestet und basierend auf den Erfahrungen so gestaltet, dass er einfach und in wenigen Schritten durchzuführen ist? Haben Sie über Installations- oder Bedienungshilfen durch Videos z. B. auf YouTube nachgedacht? Ist das Produkt so komplex, dass die Nutzer eine Anleitung oder Schulung brauchen? Gibt es diese nur als Schulung vor Ort, zu bestimmten Zeiten oder auch als Podcast, Webcast oder Webinar, die zeitlich unabhängig zu nutzen sind? Ist die Schulung so gestaltet, dass alle Details einfach zu verstehen und nachzuvollziehen sind? Ist sie kurz genug, dass sie nicht zu viel Arbeitszeit kostet und lang genug, dass sie zu dem gewünschten Verhalten führt? Was haben Sie getan, dass auch die Nutzung, der Gebrauch oder der Verbrauch Ihres Produktes zu einem positiven Erlebnis wird? Wie betreuen Sie den Kunden nach dem Kauf weiter? Fragen Sie nach seiner Zufriedenheit? Verstehen Sie, dass Kundenkritik Ihnen die Chance gibt, etwas für weitere Kunden zu lernen und zu verbessern? Reagieren Sie zeitnah auf Anfragen? Beantworten Sie Kundenfragen umgehend und erfassen Sie, welche Fragen gestellt wurden, sodass Sie zentral Informationen über häufig gestellte Fragen und die passenden Antworten (FAQ) zur Verfügung stellen können? Helfen Sie ihm schnell und unbürokratisch bei Problemen? Informieren Sie ihn, wenn es zu Verzögerungen kommt? Gibt es Selbstdiagnosesysteme oder bieten Sie ihm Hilfe zur Selbsthilfe? Haben Sie einfach zu nutzende Kanäle, wie Chatsysteme bei Fragen oder Schwierigkeiten? Nutzen Sie Soziale Medien zur Unterstützung bei Problemen und dort die Möglichkeit, dass Kunden anderen Kunden helfen? Verstehen Sie, dass Ihre Kunden, wenn Sie auf ein Problem stoßen, keine Zeit haben, lange auf Unterstützung zu warten und begonnene Tätigkeiten zügig zum Abschluss bringen wollen? Ist Ihr Callcenter schnell zu erreichen und sind die Mitarbeiter in der Lage, kompetent bei Problemen zu unterstützen? Gibt es Newsgroups, in denen Sie über Produktverbesserungen oder Produkterweiterungen berichten? Fragen Sie auch nach der Zufriedenheit mit Ihren Problemlösungen? Kann er schnell und einfach Ersatzteile nachbestellen, z. B. über individuelle, auf Kundenwünsche zugeschnittene Webseiten? Gibt es Möglichkeiten, Abrufaufträge zu starten bzw. Lizenzverträge oder Wartungsverträge zu managen? Kann er seine Aufträge online weiterverfolgen, Rechnungen online anschauen und abrufen? Haben Sie alles getan, um eine hohe Kundenzufriedenheit zu erreichen?

7.5   Die Bedeutung von Suchmaschinen

Beobachten Sie sich selbst und Sie werden feststellen, dass Sie immer dann, wenn Ihnen etwas unklar ist oder wenn Sie etwas besser verstehen wollen, versuchen, diese Information im Internet zu finden. Das beginnt dann meist mit der Verwendung einer Suchmaschine. Die Nutzung von Suchmaschinen gehört mittlerweile zum täglichen Leben. Also müssen Sie davon ausgehen, dass Ihre Zielgruppe an jeder Stelle im Kaufprozess Suchmaschinen nutzt, um Informationen zu finden, die ihr weiterhelfen. Das beginnt bei dem Auftreten des Problems oder Wunsches damit, nach Beschreibungen des Problems und seiner möglichen Ursachen zu suchen. Es setzt sich fort mit der Suche nach Lösungs-alternativen und Möglichkeiten, diese Alternativen zu beurteilen, um eine zielführende Alternative auszuwählen. Für die ausgewählte Alternative sucht Ihre Zielgruppe mithilfe von Suchmaschinen nach Anbietern und deren Angeboten. Für die verschiedenen Ange-bote nach Vergleichen, Tests oder anderen Möglichkeiten, die bei der Kaufentscheidung helfen können. Für das Verständnis der angebotenen Preise nutzt sie Preissuchmaschinen. Um Ihr Unternehmen oder Ihre Filiale zu finden, sucht sie Anfahrtsbeschreibungen. Tre-ten bei der Installation und/oder bei der Nutzung Probleme auf, wird man ggf. danach suchen, ob das Problem schon beschrieben wurde und welche Lösungsmöglichkeiten es gibt. Insbesondere hier, aber auch an anderen Stellen des Prozesses nutzt Ihre Ziel-gruppe evtl. eine weitere wichtige Suchmaschine, an die Sie vielleicht noch nicht gedacht haben: Sie sucht nach YouTube-Videos. Denken Sie also auch daran, dass Sie Videos einsetzen, um Ihren Kunden z. B. die Installation und die Anwendung Ihrer Produkte zu zeigen. Passen Sie die Länge der Videos an den Marketingkanal an und bedenken Sie, dass sich die Sehgewohnheiten ändern und Nutzer immer kürzere Aufmerksamkeits-spannen haben. Ihr Video auf Facebook sollte also kürzer als 30 s sein. Das Video für Ihre Webseite kürzer als 1,5 min. Nur Ihr YouTube-Video, das z. B. bei der Installation hilft, darf länger sein. Betrachten Sie den gesamten Weg Ihrer Kunden vom Auftreten des Problems oder Wunsches bis zur Nach-Kauf-Beurteilung im Detail (Abb. 7.3). Stel-len Sie sicher, dass für jeden Schritt relevante Informationen an den jeweiligen Stellen des Kaufprozesses von Ihrer Zielgruppe leicht gefunden werden. Das heißt, Ihre Web-seite und die entsprechenden Unterseiten müssen so aufgebaut sein, dass Ihre Zielgruppe die Informationen, die sie sucht, leicht finden und gut verstehen kann. Alle Webseiten müssen suchmaschinenoptimiert sein. Beachten Sie auch, dass Ihre Zielgruppe immer

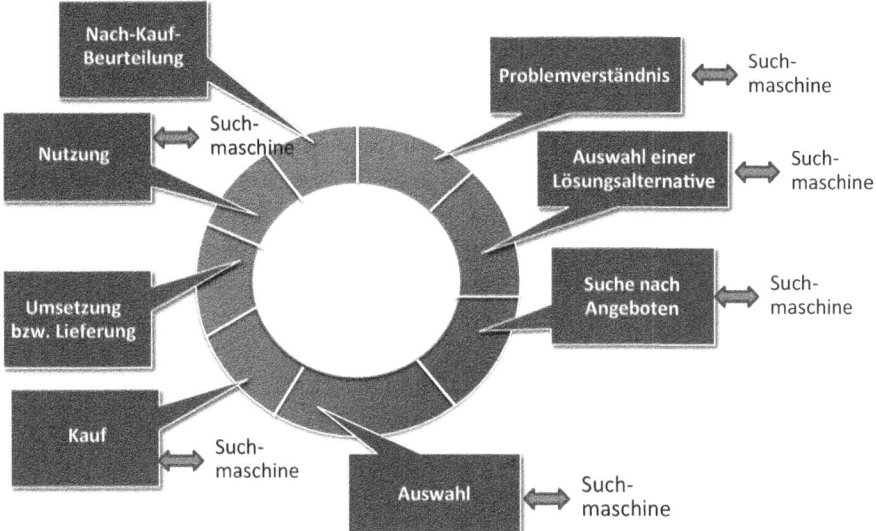

Abb. 7.3 Die Nutzung von Suchmaschinen im Kaufprozess

mehr Möglichkeiten hat, Ihre Erfahrung an jedem Schritt des Kaufprozesses im Internet zu beurteilen und dort z. B. mit einem bis zu fünf Sternen beurteilt. Machen Sie es Ihren Nutzern leicht, Beurteilungen abzugeben. Beobachten Sie also auch diese Beurteilungen und reagieren, wo nötig, mit Ihrer Sicht der Dinge oder mit einer Entschuldigung, wenn einmal etwas schiefgelaufen ist oder Informationen nicht vollständig oder aktuell waren.

Beschäftigen Sie sich unbedingt mit Suchmaschinenoptimierung. Das betrifft Ihre eigene Webseite, aber auch das Verständnis der Webseiten Ihrer Wettbewerber. Ihr Ziel ist es ja, dass Ihre Seite leichter und schneller gefunden wird, als die Ihrer Wettbewerber und Ihre Seite bei einer Suche nach einem bestimmten Keyword vor der Seite Ihrer Wettbewerber erscheint. Ihr Ziel ist es also, bei allen für Ihre Zielgruppe relevanten Suchbegriffen auf der ersten Ergebnisseite ganz oben aufzutauchen. Dazu müssen Sie verstehen, welche Keywords oder Wortkombinationen wann im Kaufprozess gesucht werden. Diese Keywords müssen sich dann auf Ihrer Webseite finden. Dazu müssen Sie viel Aufwand in die Keyword-Analyse stecken und die Resultate auf Ihrer Webseite verarbeiten. Die Suchmaschinenbetreiber helfen Ihnen mit Werkzeugen bei der Suche nach häufig gesuchten Keywords. Die Analyse sollten Sie nicht nur einmal betreiben, sondern in regelmäßigen Abständen wiederholen, weil sich die Bedürfnisse Ihrer Zielgruppe verändern und weil Ihre Wettbewerber natürlich ihre eigenen Maßnahmen ergreifen, um vor Ihnen bei der Suche aufzutauchen. Neben den Keywords gibt es eine Menge anderer Kriterien, die die Suchmaschinen anwenden, um ihren Nutzern relevante Antworten zu liefern. Diese Kriterien werden ständig weiterentwickelt und angepasst, sodass Sie mit der Suchmaschinenoptimierung nie aufhören dürfen. Neben relevanten Inhalten zu jedem Schritt im Kaufprozess Ihrer Zielgruppe müssen Sie sich also konstant und konsequent um Suchmaschinenoptimierung kümmern, wenn Sie sicherstellen wollen, dass Ihre Zielgruppe Ihre Inhalte auch findet. Sie sollten auch überlegen, auf welchen anderen Webseiten Ihre Zielgruppe unterwegs ist, um sich zu informieren und sicherstellen, dass diese Seiten zu den passenden Seiten innerhalb Ihres Internetauftritts verlinken. Wenn es Seiten gibt, die nicht Ihren Wettbewerbern gehören aber gute weiterführende Informationen zu Ihren eigenen Informationen bieten, sollten Sie auf diese Seiten verlinken. Das hilft nicht nur Ihrer Zielgruppe weiter, sondern führt auch zu besseren Suchmaschinenresultaten. Neben der Suchmaschinenoptimierung (Search Engine Optimization = SEO) sollten Sie überlegen, ob Sie mit Search Engine Advertising (SEA) noch mehr Aufmerksamkeit erreichen können. Hier handelt es sich um bezahlte Werbung, die dafür sorgt, dass Sie bei bestimmten Suchworten oder Suchwortkombinationen noch vor allen organischen Suchen ganz oben auf der Ergebnisseite auftauchen.

7.6   Die Bedeutung Sozialer Medien

Für junge Zielgruppen ist Marketing mit Sozialen Medien mittlerweile Pflicht und auch immer mehr ältere Zielgruppen halten sich in Sozialen Medien auf. Sie müssen sich zwingend mit dem Thema beschäftigen, wenn Sie erfolgreiches Marketing betreiben wollen. Diese Medien helfen Ihnen auf allen Stufen des Kaufprozesses. Sie können

Awareness für Ihre Angebote generieren, neue Angebote vermarkten und die Beziehungen zu Ihren existierenden Kunden pflegen. Die meisten der bekannten Marketingtaktiken erlauben nur Einwegkommunikation. D. h. Sie stellen eine Webseite zur Verfügung und Ihre Zielgruppe liest dort Informationen oder schaut sich ein Video an. Bei großem Interesse wird sie vielleicht ein Kontaktformular ausfüllen und damit persönlich mit Ihnen in Kontakt treten. Bei Sozialen Medien können Sie in einen Dialog mit Ihrer Zielgruppe treten und dazu sollten Sie diese Medien auch nutzen. Ihre Kommunikation, auch mit einem einzelnen Interessenten, erfolgt dann in der Regel öffentlich. Alle anderen Nutzer, für die das Thema relevant ist, sehen die Kommunikation, können dabei neue Information aufnehmen und ggf. auch kommentieren. Zufriedene Kunden können über das Medium Ihre Begeisterung kundtun und wieder werden andere Nutzer das sehen, ohne, dass Ihnen dafür Kosten entstehen. Das nennt sich dann „Earned Content" und ist damit deutlich vertrauenswürdiger, als alle Informationen, die Sie als Unternehmen selbst kommunizieren. Das gilt allerdings nicht nur für positive Nachrichten, sondern auch für Kritik von unzufriedenen Kunden. Diese werden evtl. ein Medium nutzen, um Ihre Aufmerksamkeit zu wecken. Das heißt für Sie, dass sie beobachten müssen was passiert, damit Sie schnell reagieren können und diesen Kunden öffentlich gut bedienen. Sie sollten auch verstehen, dass in den Sozialen Medien über Sie kommuniziert werden kann, unabhängig davon, ob Sie dort selbst aktiv sind oder nicht. Sie sollten sich also überlegen, ob und wo Sie aktiv werden, um Chancen zu nutzen und Risiken zu minimieren.

Was bieten Soziale Medien?
Unternehmen können mit Ihren Kunden in einen Dialog treten, z. B. indem sie Gruppen bilden – offene oder geschlossene, wo jeder Beitritt kontrolliert werden kann. Richtig genutzt, treten Unternehmen mit den Nutzern der Sozialen Medien in einen Dialog. Sie können also z. B. für die Käufer eines bestimmten Produktes eine Gruppe in einem Sozialen Medium gründen und dort relevante Informationen zu diesem Produkt austauschen, Fragen beantworten usw. Zufriedene Nutzer können aktiv Inhalte für Soziale Medien generieren und allen anderen Nutzern zur Verfügung stellen. Andere Nutzer können diese Informationen bewerten, kommentieren und weiterentwickeln. Kommt ein Beitrag gut beim Leser an, kann er diesen mit einem „Gefällt mir" kennzeichnen, also liken. Seine Freunde, mit denen er vernetzt ist, werden dann den Beitrag sehen, wenn er für sie relevant ist. Gefällt ihm der Beitrag und er will sicherstellen, dass ihn alle Freunde sehen, kann er ihn auch mit allen teilen. Auch diese können ihn wieder teilen, sodass durch das wiederholte Liken und Teilen virale Effekte entstehen. Wenn Sie also relevante Informationen in Sozialen Medien kommunizieren, können durch Liken und Teilen relativ viele Interessenten kostengünstig erreicht werden. Natürlich bietet das Medium seinen Nutzern auch die Möglichkeit, deutliche Kritik an einem Anbieter zu äußern. Wenn diese Aussagen jedoch unberechtigt oder unsachlich sind, werden sie unter Umständen von anderen Nutzern kommentiert oder richtiggestellt. Ist die Kritik begründet, haben Sie die Möglichkeit, sich zu entschuldigen, das Problem zu lösen und vielen weiteren Nutzern die Lösung zu kommunizieren. Sie haben also die Chance, sich als kundenorientiert zu

positionieren und ohne viel Aufwand eine große Zuhörerschaft zu erreichen. Ein großer Vorteil Sozialer Medien ist es, sehr zielgerichtete Anzeigen relativ kostengünstig platzieren zu können. Sie können z. B. auswählen, in welchem Land oder in welchem Umkreis einer Stadt sie die Werbung in einem Sozialen Medium schalten wollen. Sie wählen das Geschlecht, den Beziehungsstatus, das Alter und den Bildungsgrad der Zielgruppe und die Interessen, die sie verfolgt usw. Mit den zur Verfügung gestellten Werkzeugen sehen Sie, bevor Sie die Werbung schalten, wie viele Nutzer Sie erreichen können und können Ihre Auswahl so lange verändern, bis Sie mit dem Resultat zufrieden sind. Weitere Werkzeuge erlauben Ihnen die Anzeige zu gestalten und auszuwählen, welches Budget Sie ausgeben wollen und wann bzw. wie lange die Anzeige geschaltet werden soll. Die Anzeige können Sie dann z. B. mit einer eigens für die Werbung entwickelten Webseite verknüpfen, die direkt in einen Webshop führen kann. Sie zahlen nur, wenn ein Nutzer auf Ihre Anzeige klickt (Pay-per-Click) und wissen vorher, wie viel Sie für jeden Klick zahlen müssen. Im Unterschiede zu z. B. einer Zeitungsanzeige, zahlen Sie also nicht dafür, dass die Anzeige überhaupt erscheint, für viele Leser nicht relevant ist und nur von einem Bruchteil der Zielgruppe gelesen wird. Sie erhalten vielmehr eine Anzeige, die ganz gezielt nur der von Ihnen definierten Zielgruppe gezeigt wird und zahlen nur dann, wenn diese auch aktiv wird.

Was sollten Sie tun?
Finden Sie heraus, in welchem Sozialen Medium Ihre Zielgruppe aktiv ist oder ob mehrere Medien für die Zielgruppe relevant sind. Untersuchen Sie, in welchen Gruppen Ihre Zielgruppen aktiv sind und werden Sie in den wichtigsten Gruppen Mitglied. Gibt es noch keine Gruppe, die relevante Informationen für Ihre Zielgruppe liefert, gründen Sie selbst eine Gruppe. Finden Sie heraus, mit welchen Inhalten sich Ihre Zielgruppen in den Sozialen Medien beschäftigen und ob dort Trends sichtbar sind. Nutzen Sie die Möglichkeit, besonders aktive Nutzer der Sozialen Medien zu erkennen und überlegen Sie, wie Sie diese früher und besser mit neuen Informationen auch außerhalb der Sozialen Medien versorgen können. Diese Nutzer sind häufig wichtige Meinungsführer und Multiplikatoren. Analysieren Sie, in welchen Medien Ihre Wettbewerber mit welchen Themen aktiv sind. Nutzen Sie diese leicht zugänglichen Informationen über Ihre Kunden und Ihre Wettbewerber. Hier können Sie ganz einfach Marktanalyse betreiben. Benennen Sie einen Verantwortlichen für das Thema in Ihrem Unternehmen. Etablieren Sie Ihre Präsenz in ausgewählten Medien. Überlegen Sie, ob Sie eine öffentliche Seite für alle möglichen Interessenten oder Kunden aufbauen, oder ob Sie Gruppen für bestimmte Interessensgebiete bilden. Entscheiden Sie, ob Sie zugangsbeschränkte Gruppen anbieten wollen. Denken Sie an den gesamten Kaufprozess. Was müssen Sie tun, um Awareness für Ihr Unternehmen und seine Angebote zu schaffen? Welche Informationen können Sie bieten, damit Ihre Zielgruppe Sie als Problemlöser erkennt? Wie können Sie der Zielgruppe bei der Auswahl eines Angebotes helfen? Was können Sie tun, um den Verkauf zu fördern und was, um die Installation oder Nutzung eines Produktes zu erleichtern? Wie würden z. B. Videos helfen, das Produkt effektiv einzusetzen? Wie helfen Sie Ihren

Kunden bei Problemen und was tun Sie, um die Wartung zu erleichtern? Überlegen Sie, ob Sie für Ihre Angebote und für Ihren Service unterschiedliche Seiten brauchen. Sorgen Sie dafür, dass Sie regelmäßig neue Informationen haben, die Sie in den Medien veröffentlichen können. Das können, vor allem im B2C-Umfeld, auch Informationen über Ihr Team, Ihren letzten Betriebsausflug oder die neue Dekoration in Ihrem Laden sein. Schreiben Sie nicht nur kurze informative Texte, sondern setzen Sie unbedingt Fotos, Grafiken und Videos ein, um Aufmerksamkeit zu erzielen. Überlegen Sie, wie Sie mit Ihrer Zielgruppe ins Gespräch kommen können, nutzen Sie also die Möglichkeit zum öffentlichen Dialog. Bitten Sie Ihre Zielgruppe, Ihnen Vorschläge oder Produktideen zu liefern und neue Ideen, Entwicklungen, Verbesserungen für Ihre Angebote aber auch für Ihr Marketing usw. zu beurteilen. Beobachten Sie, welche Themen von der Zielgruppe kommuniziert werden und wo sich Veränderungen ergeben. Nutzen Sie die Möglichkeit, Kommunikationsprobleme frühzeitig zu erkennen und zu behandeln. Suchen Sie nach Inhalten, die emotional interessant für Ihre Zielgruppe sind, bereiten Sie sie so auf, dass sie Aufmerksamkeit erregen, ungewöhnlich oder witzig sind und fordern Sie Ihre Zielgruppe auf, diese zu teilen. Wenn Sie schon eine Anzahl häufige Nutzer haben, fragen Sie diese nach Beschreibungen, wie sie Ihre Produkte einsetzen oder was Ihnen an Ihren Angeboten besonders gut gefällt. Denken Sie daran, dass nicht nur der Marketingverantwortliche in Ihrem Unternehmen für die Betreuung der Seiten verantwortlich ist. Wenn Sie z. B. verschiedene Produktbereiche haben und Ihren Kunden für alle Bereiche anbieten, Fragen zu beantworten oder Probleme zu beheben, brauchen Sie einen Produktverantwortlichen, der die Medien beobachtet und dort schnell und kompetent aktiv wird, wenn die Nutzer ihn brauchen. So haben Sie auch die Möglichkeit, frühzeitig auf Kritik zu reagieren. Wenn Sie bei der Problembehandlung und der Reaktion auf Kritik kompetent und schnell handeln, helfen Sie nicht nur dem betroffenen Kunden, sondern werden gleichzeitig bei vielen anderen positiv sichtbar. Sie vermeiden weitere Problemfälle und verbessern Ihr Image. Bedenken Sie, dass die Marketingabteilung im traditionellen Marketing die volle Kontrolle über die Kommunikation mit der Zielgruppe hat, diese aber bei Sozialen Medien nicht möglich ist. Hier können alle Mitarbeiter die Sozialen Medien nutzen und positiv oder negativ über Ihr Unternehmen kommunizieren. Sie sollten also klare Regeln etablieren, was Ihre Mitarbeiter in Sozialen Medien kommunizieren dürfen und, dass Sie z. B. ihre persönliche Meinung klar von offiziellen Aussagen des Unternehmens trennen müssen. Erstellen und kommunizieren Sie also klare Social Media Guidelines. Während es beim traditionellen Marketing meist ausreicht, mit dem Vertrieb und dem Service über die Marke, neue Angebote, die Konkurrenten oder über aktuelle Probleme zu kommunizieren, sollten Sie jetzt auch überlegen, welche Informationen alle Mitarbeiter wissen sollten, weil sie ggf. in Sozialen Medien auf diese stoßen können. Nutzen Sie auch die Möglichkeit, alle Mitarbeiter zum Verbreiten von wichtigen Nachrichten aufzufordern. Definieren Sie Ziele für Ihre Social-Media-Aktivitäten. Wie groß soll Ihre Reichweite werden, also wie viele Nutzer wollen Sie? Wie messen Sie den Erfolg? Mit der Anzahl positiver Bewertungen, der Anzahl an Weiterempfehlungen oder der Anzahl Klicks auf Ihre Anzeigen? Überlegen Sie, wie Sie Ihre Präsenz verbessern, Ihre Nachfrage erhöhen und Ihren Verkaufserfolg vergrößern können. Etablieren Sie einen Redaktionsplan für jeden Monat und für das gesamte Jahr und vernetzen Sie Ihre Aktivitäten in den Sozialen Medien mit allen anderen Marketingaktivitäten. Veröffentlichen Sie mindestens vier hochwertige Posts je Monat und Medium, damit Sie sichtbar und in Erinnerung bleiben. Überlegen Sie, in welchen Bewertungsplattformen Ihre Kunden unterwegs sind und fordern Sie sie aktiv auf, Ihr Unternehmen dort zu beurteilen. Stellen Sie unbedingt sicher, dass Sie von Ihren Auftritten in Sozialen Medien regelmäßig auf Ihre passenden Webseiten verlinken. Denken Sie aber auch daran, dass die Nutzer Ihrer Webseiten sehen, auf welchen Seiten Sie als Unternehmen aktiv sind und daraus Schlüsse ziehen können.

7.7   Die Kundenreise gestalten

Wir haben bisher den Kaufprozess in Einzelteilen beschrieben und dort ausgewählte Marketingkommunikationsmittel betrachtet. Nun ist es wichtig, den Prozess als Ganzes zu sehen und Verbindungen zwischen einzelnen Aktivitäten herzustellen. Sie werden nicht erfolgreich sein, wenn Sie nur einzelne Aktivitäten durchführen, die nicht in einer Beziehung zueinander stehen. Ihr Erfolg wird durch verschiedene aufeinander aufbauende Aktivitäten kommen. Ihre Aufgabe ist es, Ihre Kunden so leicht wie möglich durch die nötigen Schritte des Kaufprozesses zu führen und sie zum Kauf zu bewegen. Liefern Sie nirgends mehr Informationen, als Ihre Zielgruppe zu diesem Zeitpunkt unbedingt braucht. Sagen Sie nicht alles was gesagt werden könnte, sondern sagen Sie das, was Ihre Zielgruppe gerade interessiert. Bieten Sie nicht mehr Varianten oder Auswahlmöglichkeiten an, als Ihr Interessent gerade verarbeiten kann. Versuchen Sie nicht die Gewohnheiten Ihrer Zielgruppe zu verändern, sondern nutzen Sie ihre Gewohnheiten, um erfolgreich zu sein. Machen Sie es ihr einfach, sich bei Ihnen zu informieren und weiterzubilden. Erleichtern Sie ihr die Suche und die Entscheidung. Beginnen Sie mit einer gut geplanten Unternehmenskommunikation. Hier ist Ihre ausgewählte Zielgruppe nur eine von vielen Adressaten, die Sie erreichen wollen. Ihre Zielsetzung ist es, das Image Ihres Unternehmens aufzubauen und zu pflegen. Sie wenden sich an alle Personen und Organisationen, die für Ihr Unternehmen auf Dauer wichtig sein könnten. Das sind Ihre Anteilseigner, Banken, Kunden, Lieferanten, die Gemeinde in der Sie Ihren Unternehmenssitz haben, Ihre Mitarbeiter, die Gewerkschaften und viele mehr. Hier kommunizieren Sie z. B. über die Presse, Funk und Fernsehen, aber auch über Ihre Geschäftsberichte und Ihre Webseite oder über Anzeigen. Im Mittelpunkt der Kommunikation stehen Ihr Unternehmen und Ihre Unternehmensmarke. Ihr Ziel ist es, durch regelmäßige Kommunikation zu verdeutlichen, dass Sie ein erfolgreiches Unternehmen sind, das von Kunden, Lieferanten und Mitarbeitern geschätzt wird. Evtl. macht es auch Sinn, sich in der Lobby-Arbeit und Branchen- oder Berufsverbänden zu organisieren, um gemeinsam mit anderen Ihre Interessen zu vertreten. Durch diese langfristig orientierten

Aktivitäten schaffen Sie die Basis, auf der Sie Ihre kurz- oder mittelfristig orientierten Aktivitäten mit dem Ziel Ihre Angebote zu verkaufen, aufbauen können. Für diese Aktivitäten brauchen Sie einen Plan, der Ihre Zielgruppe auf ihrer Reise vom ersten Erkennen, dass Sie interessante Angebote für sie haben, bis zum Kauf begleitet.

Eine Kampagne für wenig erklärungsbedürftige oder preiswerte Produkte kann aus Anzeigen in sozialen Medien bestehen. Durch einen Klick auf die Anzeige wird der interessierte Käufer auf die Produktseite im Onlineshop geführt und er kann schnell und einfach online einkaufen. Bei komplexeren und/oder hochpreisigen Angeboten werden Sie den Kunden auf seiner Reise von Stufe zu Stufe bis zum Kauf begleiten und beraten. Sie müssen diesen Prozess ganzheitlich verstehen und dafür sorgen, dass Sie einen Interessenten auf dem Weg zum Kauf nicht mehr verlieren, ihn also z. B., wenn er auf Ihrer Webseite gelandet ist, immer auf die jeweils nächste Seite führen, bis er schließlich kauft. Das heißt, die Webseite muss gut strukturiert sein, die Informationen kurz und griffig formuliert, der nächste Schritt logisch sein und die gesuchte Information liefern. Ihr Interesse muss es sein, den Interessenten zum jeweils nächsten Schritt zu treiben. Das funktioniert nicht nur über eine gute Integration verschiedener Medien und einen gut durchdachten Kaufprozess, sondern vor allem dadurch, dass Sie überlegen, wann und wo Sie Ihre Interessenten zu einer Handlung auffordern können und das dann auch regelmäßig tun. Sie haben sich also z. B. in Sozialen Medien als das Unternehmen präsentiert, das ein bestimmtes Problem sehr gut versteht und dort verschiedene Lösungsmöglichkeiten aufgezeigt. Ihrer Zielgruppe wurde dabei verdeutlicht, dass eine dieser Lösungsmöglichkeiten die effektivste und auf Ihre Webseite verlinkt ist. Sie haben Ihre Nutzer aktiv aufgefordert, sich auf der Webseite mit mehr Details zu beschäftigen. Ihre Webseite ist nun so aufgebaut, dass dem Leser klar wird, dass Sie das Problem gut erkannt haben und die Lösungsmöglichkeit transparent und einfach beschrieben wird. Er wird also innerhalb weniger Sekunden die Information finden, die er sucht. Zum leichteren Verständnis helfen Fotos, Grafiken oder Videos. Will der Leser mit dem Unternehmen in Kontakt treten, findet er auf jeder Seite Möglichkeiten, eine E-Mail zu senden, und eine Telefonnummer. Wenn ein Interessent in Suchmaschinen nach der Lösung sucht, wird er Ihr Angebot auf der ersten Seite finden, da Sie sich um Suchmaschinenoptimierung gekümmert haben. Sollte er an detaillierteren Informationen interessiert sein, wird er auf der Webseite mit Überblicksinformation aufgefordert, sich doch mal das Detail anzusehen und wird mit einem Klick mehr Informationen finden können. Wenn der Leser weiter interessiert ist und noch mehr wissen will, bieten Sie ihm einen Download eines 20-seitigen Dokumentes an, das diese Informationen kundengerecht liefert. Vor dem Download bitten Sie um seine Kontaktdaten und die Zustimmung, mit ihm kommunizieren zu dürfen. Einige Tage danach ruft ihn einer Ihrer Verkäufer an und fragt, ob er noch Fragen hat und versucht ihn, zu einer Messe einzuladen, bei der Sie Ihre Angebote präsentieren. Damit stellen Sie sicher, dass Sie nicht wieder auf einer Messe sind und sich fragen, warum nur ganz wenige Besucher zu Ihrem Stand finden. Haben Besucher auf Ihrem Messestand das Bedürfnis gezeigt, noch mehr Informationen zu bekommen, senden Sie diese umgehend zu und bieten den Besuch eines Verkäufers oder Beraters an. Zeigt der

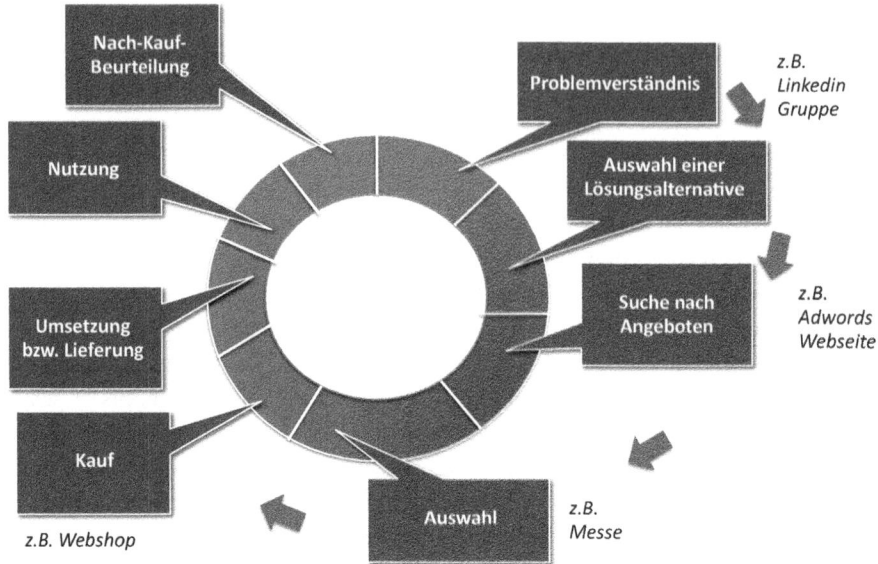

Abb. 7.4 Den Kaufprozess gestalten

Interessent auf der Messe Interesse, direkt zu kaufen, können Sie die Bestellung sofort aufnehmen und abwickeln. Wenn das funktioniert, liefern Sie, beglückwünschen Ihren Kunden zum Kauf und helfen ihm bei der ersten Nutzung Ihres Angebotes. Sie befragen ihn nach seiner Zufriedenheit und kümmern sich, wo nötig darum, Probleme zu lösen. Mit einem zufriedenen Kunden sind Sie gut aufgestellt, wenn er zusätzlichen Bedarf hat, wird er gerne wieder bei Ihnen kaufen und der Prozess kann ggf. wieder von vorne beginnen (Abb. 7.4).

Der gerade beschriebene Prozess hat mit der Suche eines Interessenten nach einer bestimmten Lösung begonnen, er ging also vom Interessenten aus. Sie können natürlich auch eine Kampagne aktiv planen, die Ihre Zielgruppe direkt anspricht. Sie werden dabei mit einer relativ großen Anzahl von Angesprochenen beginnen müssen, weil Sie auf jeder Stufe nur einen Teil der Angesprochenen zur nächsten Stufe weiter entwickeln können. Das soll mit dem folgenden Beispiel klar werden:

Beispiel einer Marketingkampagne

1. Sie schreiben 10.000 Personen aus Ihrer Zielgruppe persönlich an und bieten an Ihnen wichtige Informationen zu einem häufig auftretenden Problem und Lösungsvorschläge zu schicken
2. Von diesen reagieren 5 % auf Ihr Anschreiben und senden eine Postkarte mit der Bestellung dieser Informationen zurück. Das sind 500.
3. Sie schicken eine fünfseitige Broschüre, die Ihr Alleinstellungsmerkmal herausarbeitet, an die 500 Besteller.

4. In Ihrem Auftrag ruft etwa eine Woche später eine Telemarketingagentur bei den Interessenten an und fragt, ob sie die Broschüre gelesen haben und noch Fragen haben. Sie bieten ein detailliertes Dokument (Whitepaper) an mit etwa 20 Seiten.

5. Nur etwa die Hälfte der Angerufenen zeigt weiteres Interesse, d. h. 250 Interessenten erhalten das Whitepaper.

6. Diese werden wieder angerufen und die Fragen nach dem Bedarf, dem Budget, dem Kaufzeitpunkt und der Entscheidungsgewalt gestellt. Etwa 100 haben im Moment Bedarf und stimmen zu, dass sie einer Ihrer Verkäufer besucht.

7. Bei den 100 besuchten Interessenten kann Ihr Vertrieb, den Sie gut auf die Besuche vorbereitet haben, bei 50 einen Verkaufsabschluss erzielen.

Sie sehen also, dass Sie den gesamten Prozess durchdenken müssen und, dass Sie auf jeder Stufe des Prozesses eine relativ große Anzahl Interessenten verlieren. Es lohnt sich also sehr gut zu planen, verschiedene alternative Aktivitäten zu überlegen und bei jedem Schritt über Verbesserungsmöglichkeiten nachzudenken. So sollten Sie beim ersten Schritt dafür sorgen, dass Sie wirklich aktuelle Adressdaten der Anzuschreibenden nutzen. Sie sollten viel Zeit auf eine gute Betreffzeile verwenden und den Inhalt der E-Mail so gestalten, dass der Leser auf Anhieb erkennt, worum es geht und klar erkennt, dass Sie ihn und sein Problem verstanden haben und eine gute Lösung anbieten. Sie fordern in dem Brief den Leser deutlich auf, sich mehr Informationen über die beiliegende Postkarte zu bestellen. Dem Brief legen Sie eine Postkarte bei, die frankiert ist und die Absenderadresse schon enthält. Sie erwarten also nicht, dass Ihre Zielgruppe eine Ihnen bekannte Information selbst auf die Postkarte schreibt. Das passiert leider in der Praxis häufig und führt natürlich zu einer niedrigeren Reaktionsrate. Oder Sie überlegen gleich mit E-Mail zu arbeiten und einen Link zu einem Download einzubauen. Diese Möglichkeit ist deutlich kostengünstiger. Wenn Sie genügend Adressen Ihrer Zielgruppe haben und deren Zustimmung sie anzusprechen, können Sie sich ggf. leisten, eine größere Menge Adressaten anzusprechen. Eine Rate von 5 % Reagierern mag Ihnen niedrig vorkommen, ist aber bei Adressaten, die den Absender nicht kennen, durchaus normal. Wenn es Ihnen gelingt, die Reaktionsrate im ersten Schritt um 1 % zu erhöhen, werden Sie am Ende 20 % mehr Kunden gewinnen (60 statt 50). Überlegen Sie aber in jedem der Schritte auch, ob Sie die Nichtreagierer mit einer anderen Taktik nochmals ansprechen. Beschäftigen Sie sich auch mit Ihrer fünfseitigen Broschüre (Schritt 3). Können Sie diese auf vier Seiten kürzen, da Sie dann nur zwei doppelseitig bedruckte Seiten hätten, die Ihre Zielgruppe leicht aufblättern kann? Haben Sie diese so aufgebaut, dass gleich am Anfang klar wird, dass sich das Lesen lohnt? Beginnen Sie mit dem Problem der Zielgruppe? Wird klar, dass Sie eine hervorragende Lösung für das Problem haben? Wird Ihr Alleinstellungsmerkmal sichtbar? Haben Sie das Lesen mit Fotos oder Grafiken erleichtert? Ist der Inhalt gut strukturiert und führt er zum Wunsch, sich detaillierter mit dem Angebot auseinanderzusetzen? Bieten Sie verschiedene Möglichkeiten an, mit Ihnen in Kontakt zu treten? Bieten Sie hier schon an, sich das detailliertere Dokument (Whitepaper) zu bestellen und dokumentieren Sie das so, dass automatisch der nächste Schritt (Verkäufertermin vereinbaren) ausgelöst wird? Wenn Sie sich jetzt den vierten Schritt ansehen, haben Sie dafür gesorgt, dass die Telefonnummern der anzurufenden Interessenten auf dem letzten Stand sind? Haben Sie gemeinsam mit der Telemarketingagentur ein Skript für die Anrufer erarbeitet, das klar strukturiert ist und den Angerufenen Schritt für Schritt zu einer positiven Antwort auf Ihr Angebot führt? Haben Sie die möglichen Antworten der Angerufenen geplant und sich mit guten Argumenten gegen Desinteresse oder Widerspruch gewappnet? Ist die Agentur, die den Interessenten eine detailliertere Information anbieten soll, vorbereitet, bei großem Interesse auch direkt einen Termin mit dem Verkäufer zu vereinbaren? Dokumentieren Sie die Interessenten, die im Moment kein Interesse zeigen, aber andeuten in einigen Monaten Bedarf zu haben, sodass Sie später nachfassen können? Hat das angebotene detailliertere Dokument (Whitepaper) einen Titel, der Interesse weckt? Ist es klar strukturiert und in Kundensprache formuliert? Unterstützen Grafiken oder Bilder das Gesagte? Fordert es zum Handeln auf? Bieten Sie genügend einfache Kontaktmöglichkeiten an? Ist die Telemarketingagentur gut vorbereitet (siehe oben) um alle Interessenten zu erreichen und vom Besuch eines Verkäufers zu überzeugen? Stellt die Agentur den Kunden unauffällig die BANT-Fragen. Fragt sie, ob er Bedarf (Need = N) hat? Fragt sie, ob er jetzt (Time = T) Bedarf hat? Fragt sie, ob er Budget (B) hat, um sich die Ausgabe zu leisten? Fragt sie, ob er die Autorität (Authority = A) hat, diese Ausgabe zu tätigen oder ob er andere Freigabeinstitutionen, wie z. B. seinen Chef fragen muss und wer zur Freigabe berechtigt ist? Werden die BANT-Fragen so elegant gestellt, dass der Kunde sie ohne Probleme beantwortet? Speichern Sie Informationen über Interessenten, die heute nicht kaufen wollen oder können, es aber in Zukunft vorhaben? Sie haben viel Geld investiert, um Interessenten bis hierhin zu entwickeln und sollten diese wertvollen Daten dann in einer späteren Kampagne nutzen. Werden die Termine für die Verkäufer sofort klar mit Datum und Uhrzeit vereinbart und haben Sie sichergestellt, dass die verantwortlichen Verkäufer sie dann auch wahrnehmen? Haben Sie die Verkäufer mit gutem Material für die Kundengespräche ausgestattet und z. B. eine kundengeeignete Präsentation vorbereitet? Sind die Verkäufer gut über das Angebot und seine Vorteile gegenüber anderen Lösungsalternativen und den Angeboten der Konkurrenz vorbereitet? Kennen Ihre Verkäufer die wichtigsten zu erwartenden Fragen der Interessenten und die besten Antworten darauf? Haben Sie Ihre Verkäufer so trainiert, dass Sie die Gelegenheit des Kundenbesuches nutzen, um ein höherwertiges Produkt zu verkaufen (Upselling) oder andere Produkte mit zu verkaufen (Cross-Selling), also den Umsatz je Kunde zu erhöhen? Hat der Verkäufer Möglichkeiten Kunden, die stark zum Kauf des Konkurrenzangebotes neigen, zu überzeugen? Kann er sie in ein Kundenzentrum einladen, um das Produkt anzufassen und im Beispiel-Einsatz zu sehen? Kann er Sie zu einem Referenzkunden einladen, der das Produkt in Produktion nutzt und hochzufrieden ist? Kann er einen Besuch im Entwicklungslabor vereinbaren, um aufzuzeigen, dass es weitere Planungen gibt, um die Investition des Interessenten auch für die Zukunft zu sichern? Was sonst können Sie tun, um Ihre Erfolgsaussichten in jedem Schritt der Kampagne zu verbessern? Wie treiben Sie die Interessenten von

Stufe zu Stufe bis zum Kauf? Was können Sie tun, um Ihr Marketingbudget so einzu-setzen, dass Sie einen möglichst hohen Umsatz damit erzielen? Wenn Sie diese Fragen in Ihrer Organisation behandelt haben, sollten Sie sich, falls es in Ihrem Unternehmen, andere Marketingorganisationen gibt, mit diesen abstimmen, um zu vermeiden, dass Ihre Zielgruppen sich widersprechende Informationen bekommen und um sicherzustel-len, dass Ihre Angebote klar gegeneinander positioniert sind. Stimmen Sie sich auch mit Ihren Kollegen aus dem Produktmanagement ab, damit Ihre Pläne zu den Plänen dieser Organisation passen. Reden Sie unbedingt mit Ihren Vertriebskollegen über das Verhalten Ihrer Zielgruppe und nutzen Sie deren Erfahrung.

7.8   Für die richtigen Inhalte im Kaufprozess sorgen – Content-Management

Sie haben jetzt den Kaufprozess Ihrer Zielgruppe verstanden und verschiedene Marke-tingtaktiken ausgewählt, um den Kunden Schritt für Schritt bis zum Kauf zu begleiten und ihn von einem Schritt zum nächsten zu treiben. An jedem dieser Schritte erwartet der Interessent passende Inhalte zu seinen Anforderungen und seiner Persona. Diese Inhalte können Texte sein, es kann sich um Preisinformationen oder AGBs handeln. Er sucht vielleicht nach Checklisten, um den Kaufprozess vervollständigen zu können. Es können aber auch Grafiken, Fotos oder Filme sein, die ihm ein Thema zu verstehen helfen. Podcasts oder Webcasts könnten komplexere Zusammenhänge erklären. Bewer-tungen anderer Kunden und Kundenreferenzen helfen dem Interessenten, Sicherheit für seine Entscheidung zu gewinnen. Er sucht auch Kontaktinformationen wie Adressen und Telefonnummern. Und es geht ihm um den Inhalt von Beratungsangeboten oder Kun-denpräsentationen, die Lesbarkeit und Vollständigkeit von Angeboten. Alle diese Inhalte sind der Content, für den Sie sorgen sollten. In vielen Unternehmen wird dieser Con-tent von unterschiedlichen Personen, in unterschiedlichen Abteilungen jeweils für eine Marketingtaktik oder für eine Kampagne entwickelt. In anderen Unternehmen entwi-ckeln spezialisierte Agenturen Inhalte für Webseiten und andere für Flyer oder Broschü-ren eines Unternehmens. Das führt dazu, dass ähnliche Inhalte jeweils neu entwickelt werden. Das heißt, sie werden mehrfach entwickelt und haben jeweils unterschiedliche Ausrichtungen, unterschiedliche Schwerpunkte und Handlungsaufforderungen. Wenn Sie sich ganzheitlich mit dem Thema Content-Management beschäftigen, werden Sie die Kaufprozesse Ihrer Zielgruppe zentral analysieren und einmal definieren, welche Inhalte an welcher Stelle des Kaufprozesses wie angeboten werden. Sie werden Ihre Zielgruppe in diesem Kaufprozess führen können. Sie entwickeln Ihre Inhalte nur noch einmal und verwenden sie immer wieder. Sie sind besser organisiert. Sie entwickeln hochwertige-ren Content. Ihre Kunden werden nicht verwirrt und erkennen immer wieder das glei-che Unternehmen mit einem klaren Auftritt. Zentralisieren Sie das Content-Management. Dabei ist es egal, ob Sie das in einer Abteilung zusammenführen oder die Mitarbeiter unterschiedlicher Abteilungen oder Funktionen gemeinsam an der Content-Management-Strategie planen lassen und in einem virtuellen Team klare Aufgaben für einzelne Aufgaben verteilen. Überlegen Sie bei B2B, welche Beeinflusser und Entscheider es in Ihren Zielunternehmen gibt und welche Interessen die jeweiligen Personengruppen haben. Stellen Sie sicher, dass Sie für die wichtigsten Personengruppen passende Inhalte mit Mehrwert anbieten. Stellen Sie sicher, dass diese Informationen immer auf dem aktuellen Stand sind. Planen Sie die Inhalte für alle Schritte und stimmen Sie die Inhalte aufeinander ab. Achten Sie aber auch darauf, dass Ihre Inhalte zum jeweiligen Medium passen, dass also Inhalte der Webseite schnell verstanden werden können, Inhalte eines Whitepapers aber die nötige Tiefe vermitteln und Inhalte in Sozialen Medien zum Dialog auffordern. Stellen Sie sicher, dass Ihre Marke bei allen Gelegenheiten gut sichtbar ist. Verwenden Sie die gleichen Begriffe für die gleichen Probleme, Situationen und Angebote immer wieder, damit Ihre Zielgruppe nicht durch verschiedene Begriffe für gleiche Anlässe verwirrt wird. Nutzen Sie die gleichen Farben, Schriften etc. für gleiche Inhalte an allen Stellen des Kaufprozesses. Versorgen Sie Ihre Verkäufer mit gut strukturierten Präsentationen, die diese bei Ihren Kundenbesuchen einsetzen können. Erstellen Sie Produktübersichten und Datenblätter, die der Verkäufer beim Kunden lassen kann oder die sich der Interessent im Web herunterladen kann. Sorgen Sie dafür, dass Ihre Inhalte zu Ihrem jeweiligen Vertriebskanal passen, aber auch dafür, dass der Kunde, wenn er von einem Kanal in den anderen Kanal wechselt, nicht durch unterschiedliche Inhalte verwirrt wird. Die Inhalte müssen zum jeweiligen Schritt im Kaufprozess bzw. in der Customer Journey passen und die Erwartungen, Bedürfnisse und Probleme Ihrer Zielgruppe an dieser Stelle befriedigen. Sie müssen optisch den Geschmack der Zielgruppe treffen, in Kundensprache formuliert sein, für die Zielgruppe relevant sein und ihr einen Mehrwert bieten. Die Inhalte sollten kompakt angeboten werden, sodass der Leser bzw. Nutzer schnell die gesuchten Antworten findet. Wenn die Inhalte relevant sind und einen gewissen Unterhaltungswert haben, wird er sie auch gerne weiter leiten und Ihnen damit Marketingkosten sparen. In der Kürze liegt also die Würze. Es kommt nicht auf die Menge der Informationen und auch nicht darauf an, jede theoretisch mögliche Lösung zu beschreiben. Vielmehr ist es wichtig, relevante Informationen in hoher Qualität zu liefern. Versuchen Sie auch nicht dauernd in Kontakt mit Ihrer Zielgruppe zu treten, sondern bieten Sie regelmäßig, aber nicht zu häufig, neue Informationen proaktiv an. Basisinformationen sollten Sie an Stellen anbieten, an denen sie die Zielgruppe leicht finden. Vermeiden Sie lange Texte und lockern Sie Texte durch Bilder oder Infografiken auf. Finden Sie heraus, an welchen Stellen Ihrer Zielgruppe ein Tutorial helfen könnte. Analysieren Sie, wo Ihre Zielgruppe nach Informationen sucht, stellen Sie diese zur Verfügung und überlegen Sie sich, wie Sie die Zielgruppe zu einem nächsten Schritt bewegen können. Was könnte also der Call-to-Action sein und warum sollte Ihre Zielgruppe diesem folgen? Findet sie dann mehr Informationen? Bekommt sie etwas kostenlos? Können Sie ihr also einen kostenlosen Download anbieten? Kann sie sich zu einer Veranstaltung anmelden, bei der sie Spezialisten für ein wichtiges Problemgebiet trifft? Überlegen Sie, wie Sie sich an den jeweiligen Stellen im Kaufprozess positionieren wollen. Am Anfang positionieren Sie sich als Problemversteher und Experte für die Problemlösung. Am Ende als der beste Anbieter für eine ausgewählte Lösung. Sie sollten sie auch mit einer Hierarchie der Inhalte beschäftigen. Stellen Sie z. B. zuerst das Unternehmen vor, dann Ihre Geschäftseinheiten, dann die Produktfamilien in den Geschäftsbereichen und dann die einzelnen Angebote? Wie stehen die Angebote in einer Beziehung zueinander? Muss der Kunde zuerst Angebot A kaufen, bevor Angebot B funktionieren kann? Bei welchem bekannten Wissen holen Sie die Zielgruppe ab, bevor Sie Unbekanntes einführen?

Die Zielgruppe führen
Wie führen Sie die Zielgruppe mit Informationen durch den Denkprozess?

1. Was treibt die Zielgruppe gerade um? Das sind zu 60 % Emotionen und zu 40 % Fakten.
2. Welche Lösung sucht sie, wenn sie das Problem und die Ursache verstanden hat? Das sind zu 40 % Emotionen und zu 60 % Fakten.
3. Welche Lösung bieten Sie?
4. Welchen Nutzen hat sie davon? Das sind zu 60 % Emotionen und zu 40 % Fakten.
5. Warum ist das besser, als das was die Konkurrenz anbietet? Auch hier mehr Emotionen.
6. Und was soll der oder die Angesprochene jetzt tun?

Welche Details sucht der Kunde zum jeweiligen Zeitpunkt? Am Anfang des Kaufprozesses wird er das Problem verstehen wollen und eine Lösungsalternative suchen. Für die Auswahl der Alternativen genügt ihm eine Übersichtsdarstellung. Er braucht also je Alternative relativ wenig Information. Es kommt auf die Gegenüberstellung der wichtigsten Auswahlkriterien an. Hat er eine oder mehrere Alternativen ausgewählt, wird er dafür schon mehr Details verstehen wollen. Geht es um die Auswahl der möglichen Lieferanten, beginnt er wieder mit dem Versuch, einen übersichtlichen Vergleich zu finden, bevor er einen oder mehrere Anbieter auswählt. Er beginnt sich dann für die Angebote der Anbieter zu interessieren und wird auf dem Weg zur Entscheidung immer mehr Details verstehen wollen (Abb. 7.5). Ihre Aufgabe ist es also, das Informationsbedürfnis in den verschiedenen Stufen des Kaufprozesses zu verstehen und je Stufe die richtige Detailtiefe anzubieten. Und wie unterscheiden sich die Informationsbedürfnisse eines Geschäftsführers z. B. von denen seines IT-Leiters? Wann wird er nur eine übersichtliche Darstellung wollen und wann eine sehr detaillierte Ausführung? Welche Inhalte können Sie selbst entwickeln und wo können Ihnen Agenturen helfen? Welche Informationen brauchen diese von Ihnen, um die Inhalte zu entwickeln und, wo sinnvoll, auch über andere Kanäle, als Ihre eigenen zu verteilen. In beiden Fällen haben Sie gute Kontrolle über Inhalte, Struktur und Häufigkeit. Ihre Zielgruppe wird aber immer erkennen, dass ein Anbieter der Erzeuger der Information ist und sie deshalb mit mehr Vorsicht verarbeiten, als wenn Sie von einer unabhängigen Quelle kommt. Wenn es Ihnen also gelingt,

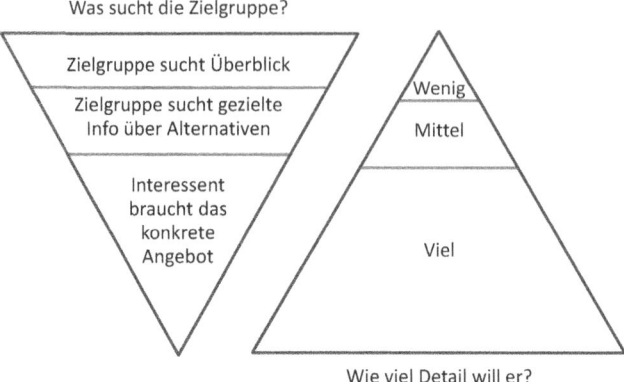

Abb. 7.5 Informationsbedürfnis und Detailtiefe

Informationen über Sie und Ihr Angebot von unabhängigen Quellen zu bekommen, führt das zu einer deutlich höheren Glaubwürdigkeit. Dies ist am Anfang des Kaufprozesses natürlich wichtiger, als in einer sehr späten Stufe, bei der Sie schon bekannt sind und die Zielgruppe nach Details sucht, von denen sie erwartet, dass nur Sie sie haben können. Unabhängige Quellen könnten dabei Ihre bisherigen Kunden sein, die z. B. auf Bewertungsportalen eine Beurteilung über Sie und Ihr Angebot abgegeben haben, oder wenn Sie sie dazu auffordern abgeben könnten. Im B2B-Umfeld könnten es auch Kundenreferenzen von zufriedenen Kunden sein. Auch die Berichte der Stiftung Warentest oder Tests in Fachzeitschriften oder durch andere Institute werden als unabhängig wahrgenommen und genießen hohe Glaubwürdigkeit. Dabei werden vereinzelte schlechtere Beurteilungen bei insgesamt vielen positiven Beurteilungen die Glaubwürdigkeit steigern. Wenn Sie sich also um Inhalte (Content) bemühen, können Sie sich um eigenen (owned), gekauften (paid) und verdienten (earned) Content bemühen. Wir reden also von owned, paid und earned Content. Dabei ist es schwieriger, earned Content zu bekommen, er hat aber eine deutlich höhere Glaubwürdigkeit. Fordern Sie also zufriedene Kunden auf, Sie auf Bewertungsportalen zu beurteilen. Schaffen Sie z. B. in Sozialen Medien Plattformen für den Austausch mit Ihren Interessenten und Kunden, unterstützen Sie sie schnell und kompetent und die Kunden werden Sie auch ohne Aufforderung loben. Bitten Sie zufriedene Nutzer als Referenzkunden zur Verfügung zu stehen und kommunizieren Sie das über Referenzflyer, in Whitepapers, auf Ihrer Webseite oder in YouTube-Videos. Wenn Sie Inhalte von unabhängigen Autoren finden, die Sie für relevant für Ihre Zielgruppe halten, teilen Sie diese in Sozialen Medien, verlinken Sie sie von Ihrer Webseite oder verwenden Sie sie in Kundenvorträgen. Berücksichtigen Sie dabei die Copyright-Regeln. Immer, wenn Sie neue Inhalte erstellen, sollten Sie darauf achten, dass diese relevant für Ihre Zielgruppe sein und in Kundensprache kommuniziert werden müssen. Stellen Sie auch Ihren existierenden Content zusammen, untersuchen, wo er passt und ob er für die jeweilige Situation relevant ist und der Zielgruppe Nutzen bietet oder Mehrwert schafft. Achten Sie aber auch darauf, dass Ihr Content mit immer ähnlichen Worten, Begriffen und Phrasen formuliert ist, sodass auch in Ihrem Content Ihre Corporate Identity sichtbar wird. Liefern Sie informierenden und inspirierenden Inhalt und gestalten diesen so, dass die Leser ihn gut verstehen können und geneigt sind, ihn weiter zu leiten bzw. in Sozialen Medien zu teilen. Wenn Sie außergewöhnliche Inhalte mit hohem Unterhaltungswert haben, werden diese häufiger weitergeleitet. Erzählen Sie eine packende Geschichte z. B. von einem Problem, das sehr schmerzhaft war und wie es einfach gelöst werden konnte und es wird weitergeleitet werden, weil Sie nicht nur Fakten berichten, sondern auch Emotionen adressieren. Achten Sie aber insbesondere hier auf die Glaubwürdigkeit Ihrer Aussagen. Verteilen Sie nicht viele Inhalte, nur um häufig sichtbar zu sein, sondern achten Sie auf hohe Qualität, einen logischen Aufbau und auf regelmäßige Kommunikation von Inhalten, die zum Kontext passen. Bieten Sie nicht nur detaillierte Information, sondern auch knappe inhaltliche Zusammenfassungen für den eiligen Leser. Bauen Sie also z. B. Ihre Webseite so auf, dass der Leser in wenigen Sekunden die relevanten Informationen aufnehmen kann. Verwenden Sie Bilder oder Videos, die den Geschmack Ihrer Zielgruppe treffen und zu Ihrer Corporate Identity passen. Nutzen Sie Zahlen, Daten und Fakten. Wenn Sie auf Studien zurückgreifen können oder Zugang zu wissenschaftlichen Analysen haben, nutzen Sie diese, auch das erhöht die Glaubwürdigkeit. Vermeiden Sie auch in späten Phasen des Kaufprozesses, Ihre Angebote zu offensichtlich verkaufen zu wollen. Immer, wenn Ihre Zielgruppe merkt, dass ihr jemand etwas verkaufen will, wird sie emotional in eine Abwehrhaltung gehen und vorsichtig werden. Wenn aber Ihre Inhalte so gestaltet sind, dass die Zielgruppe sieht, dass Sie ihr Problem verstehen und, dass sie mit Ihren Lösungen einen hohen Nutzen für Sie erzeugen, wird sie Sie positiv wahrnehmen und offener für weitere Schritte sein. Jetzt werden Sie regelmäßig Inhalte brauchen, die Sie in den verschiedenen Phasen des Kaufprozesses über unterschiedliche Kanäle kommunizieren können. Diese Inhalte werden Ihnen in der Regel nicht zur Verfügung stehen, sondern Sie werden Sie von Experten im Unternehmen erbitten müssen, die Ihre Aufgabe z. B. in der Betreuung einzelner Kunden oder in der Entwicklung von Produkten sehen und nicht in der Zurverfügungstellung von Inhalten für Marketingzwecke. Ihre erste Herausforderung ist es also, mit den Managern dieser Experten ein Einverständnis zu erzielen, dass diese Informationen wichtig für den Erfolg Ihres Unternehmens sind und, dass die Experten einen Teil ihrer Zeit mit der Erstellung der Inhalte verbringen müssen. Die nächste Herausforderung ist dann, dass die Inhalte, die Ihnen die Experten liefern, für einen anderen Zweck geschrieben wurden, zu detailliert, zu umfangreich oder zu technisch geschrieben sind. Vielleicht brauchen Sie auch Inhalte mehrerer Experten, die in einem gemeinsamen Artikel zusammengefasst werden und die nur im Gespräch mit allen Experten gemeinsam ausgewählt, konsolidiert und kondensiert werden können. Schließlich werden die Texte öfter aus Sicht des Herstellers geschrieben sein und nicht aus Sicht eines Interessenten oder Käufers. Sie werden also die Sicht der Käufer einnehmen müssen, mit Ihren Kollegen diskutieren und sicherstellen müssen, das diese nicht nur Funktionen, sondern deren Nutzen beschreiben. Gerade zu Beginn Ihrer Aktivitäten sollten Sie die Inhalte häufig mit Ihnen freundlich gesonnenen Mitgliedern der Zielgruppe testen, um sicher zu sein, dass sie aus Kundensicht geschrieben sind. Mit der Zeit werden Sie die Sprache und Prioritäten besser verstehen und treffsicherer kommunizieren. Denken Sie auch daran, dass Inhalte altern können und deshalb der Pflege und Auffrischung bedürfen. Wenn Sie Inhalte für Ihre Webseite oder Ihre Sozialen Medien erstellen, achten Sie darauf, dass diese suchmaschinengeeignet formuliert sind. Ihre Zielgruppe greift während des gesamten Kaufprozesses immer wieder auf Suchmaschinen zurück. Strukturieren Sie Ihren Content übersichtlich, sodass das Lesen Spaß macht und der Leser Teile, die ihn interessieren, schnell findet. Denken Sie auch an Grafiken, Fotos und Filme, um Ihre Aussagen zu stützen und um es Ihrer Zielgruppe leichter zu machen, Sie ganz schnell zu verstehen. Bieten Sie Praxistipps, die Ihren Interessenten helfen, Ihre Probleme zu lösen. Helfen Sie Ihrer Zielgruppe mit Checklisten, ihre Aufgaben komplett zu lösen. Überlegen Sie, wie Sie bei Ihrer Zielgruppe Bedarf wecken können. Was können Sie tun, um Ihr Image bei der Zielgruppe zu verbessern? Wie können Sie Ihre Zielgruppe emotional ansprechen? Welche Vorteile können Sie für Ihre Zielgruppe schaffen und welche Probleme können Sie lösen? Wie sieht der Kaufprozess für Ihre ausgewählte Zielgruppe aus? Wo unterscheidet er sich von dem hier vorgestellten Kaufprozess? Wie begleiten Sie Ihre Zielgruppe durch den Kaufprozess und wie treiben Sie sie von Schritt zu Schritt? Zu welchen Handlungen müssen Sie die Zielgruppe auffordern, damit sie von einem Schritt im Kaufprozess zum nächsten geht und wie müssen Sie diese Aufforderung gestalten, damit dieser Schritt mit Ihrem Unternehmen und nicht mit der Konkurrenz erfolgt? Wie sorgen Sie dafür, dass Sie keinen Interessenten, der in Kontakt mit Ihnen kommt, wieder verlieren? Was tun Sie, damit alle Inhalte aus unterschiedlichen internen Funktionen, für den Nutzer wie aus einer Funktion wirken? Wie stellen Sie sicher, dass die Inhalte so aufbereitet sind, dass der Leser sie in ganz kurzer Zeit erfassen und verstehen kann? Was tun Sie, um sicherzustellen, dass die Inhalte informierenden und unterhaltenden Charakter haben und vom Kunden nicht als Werbung oder den Versuch etwas verkaufen zu wollen, wirken, weil er sie sonst schnell aussortiert? Was tun Sie, um zu vermeiden, dass die Inhalte aus Sicht Ihres Unternehmens geschrieben sind und um sicherzustellen, dass sie aus Kundenperspektive und in Kundensprache formuliert werden? Welche Inhalte wählen Sie ab, weil sie den Kunden ablenken oder davon abhalten, den nächsten Schritt im Kaufprozess mit Ihnen zu gehen? Wie gestalten Sie die Inhalte so, dass der Leser sie an andere weiterleitet, weil er sie für relevant und interessant hält und sie der Verbesserung seines persönlichen Images dienen? Welche Informationen können Sie ausgewählten Teilnehmern der Zielgruppe personalisiert zur Verfügung stellen? Erstellen Sie einen Redaktionsplan z. B. für das nächste Jahr. Identifizieren Sie die einzelnen Komponenten und planen Sie ein Datum, wann diese Content-Komponente zur Verfügung stehen soll. Identifizieren Sie die Experten, die Sie zur Erstellung benötigen und verpflichten Sie diese, Ihnen den Content rechtzeitig vor dem geplanten Termin zu liefern. Rechnen Sie damit, dass Sie den Inhalt fachlich korrekt bekommen, er aber noch nicht zielgruppengerecht aufbereitet ist und er zunächst die Emotionen der Zielgruppe nicht ausreichend adressiert. Erwarten Sie auch nicht, dass der Content schon für den jeweiligen Marketingkanal passend aufbereitet ist. Planen Sie also Zeit und Ressourcen ein den Content so aufzubereiten, dass er zum Marketingkanal passt und die Zielgruppe ihn genießen kann.

Problemverständnis der Zielgruppe

Beginnen Sie mit dem ersten Schritt, entwickeln Sie Informationen, die sich mit den Problemen, Ängsten, Sorgen, Wünschen und Zielen Ihrer Zielgruppe beschäftigen und positionieren sich als das Unternehmen, das die Zielgruppe besser versteht als alle Konkurrenten. Ihre Zielgruppe sucht zu diesem Zeitpunkt nach Problembeschreibungen und Problemursachen. Sie sollten also z. B. auf Ihrer Webseite die häufigsten bzw. wichtigsten Probleme benennen und beschreiben und dafür sorgen, dass sie von Suchmaschinen leicht gefunden werden. Wenn Sie z. B. in Social-Media-Gruppen aktiv sind, schreiben Sie Artikel und kennzeichnen den Autor mit Firmennamen, E-Mail-Adresse und Webseiten-Link. Zögern Sie nicht gute Artikel von anderen Autoren, die nicht unbedingt bei Ihren Konkurrenten arbeiten, zu teilen. Führen Sie selbst Studien durch und veröffentlichen diese oder greifen Sie auf Studien unabhängiger Institute zurück und teilen diese. Mit der Zeit werden Sie als das Unternehmen wahrgenommen, das die Probleme der Zielgruppe sehr gut versteht. Was tun Sie, um die Zielgruppe auf mögliche Lösungsalternativen hinzuweisen?

Suche nach Lösungsalternativen

Versetzen Sie sich in die Lage eines Mitglieds Ihrer Zielgruppe. Er hat jetzt das Problem und die Problemursache verstanden und versucht jetzt zu realisieren, welche Lösungsalternativen es gibt. Wie können Sie ihm, ohne zu verkaufen, helfen, die verschiedenen Lösungsalternativen zu verstehen und zu beurteilen, welche für seine Situation die angemessene ist? Welche Bewertungskriterien könnten Sie ihm an die Hand geben? Gibt es Best Practices, die Sie vorstellen können? Gibt es Innovationen, die Sie ihm erklären können? Welche Praxisbeispiele könnten Sie ihm liefern? Welche Studien haben die Alternativen untersucht und beurteilt? Gibt es überhaupt einen ganzheitlichen Überblick oder könnten Sie sich als das Unternehmen positionieren, das als einziges diesen Überblick liefert? Präsentieren Sie die Informationen an den Stellen, an denen Ihre Zielgruppe nach diesen Informationen sucht? Haben Sie dort eigene Informationen mit den Informationen aus anderen Quellen kombiniert? Wie können Sie ihn unterstützen zu entscheiden, ob er das Problem selbst löst, ob er ein fertiges Produkt kauft oder ob er eine individuelle Lösung entwickeln lässt oder ob er sich zum Outsourcing entschließen soll? Was tun Sie, um sicherzustellen, dass Ihre Informationen bei einer Suchmaschinensuche gefunden werden? Was tun Sie, um deutlich zu machen, dass es sich lohnt, sich detaillierter mit Ihrem Unternehmen und Ihrem Angebot auseinanderzusetzen?

Auswahl von Anbietern

Nun hat sich Ihre Zielgruppe entschieden, eine Lösung zu kaufen oder entwickeln zu lassen. Wie stellen Sie sicher, dass Sie zu den Anbietern gehören, bei denen sie sich weitere Informationen einholt, die in die engere Auswahl kommen, mit den sie verhandelt oder, dass sie sogar direkt bei Ihnen bestellt? Welche Inhalte wird Ihre Zielgruppe in diesem Schritt erwarten? Welche Inhalte müssen Sie also grundsätzlich liefern? Welche Inhalte benötigen Sie, um sich von Ihren Konkurrenten zu unterscheiden und Ihrer Zielgruppe Gründe zu geben, bei Ihnen zu kaufen? Wie können Sie die Inhalte so aufbereiten, dass Sie es Ihrer Zielgruppe leichter machen, Sie und Ihr Angebot zu verstehen, als es die Konkurrenz ihr macht? Welche Kriterien können Sie Ihrer Zielgruppe geben, mit denen sie Angebote verschiedener Anbieter unterscheiden und mit denen sie beurteilen kann, welche Angebote ihr Problem am besten lösen? Gibt es Unternehmensberatungen, die Ihre Zielgruppe bei der Auswahl von Anbietern beraten und kennen diese Sie und Ihr Angebot? Können Sie Werkzeuge anbieten, mit denen ein Vergleich leichter durchgeführt werden kann? Können Sie Werkzeuge, wie z. B. Konfiguratoren, anbieten, die es einfach erlauben aus Ihrem Angebot die passende Lösung für das Kundenproblem zu finden? Welche Praxisbeispiele können Sie liefern, die Ihre Angebote im erfolgreichen Einsatz bei Kunden zeigen? Welche Kunden stehen als Referenzbeispiele zur Verfügung? Decken diese Beispiele die wichtigsten Einsatzgebiete in den wichtigsten Branchen Ihrer Zielgruppe ab? Können Sie Anwenderberichte erzeugen, die das Problem eines Anwenders und die passende Lösung aufzeigen und belegen, dass diese Lösung erfolgreich in der Praxis eingesetzt wird? Wenn Sie zum Abgeben eines Angebotes gebeten wurden, wie stellen Sie sicher, dass dieses Angebot besser strukturiert ist, als die Angebote Ihrer Konkurrenten? Was tun Sie, damit Ihre Corporate Identity sichtbar wird? Wie stellen Sie sicher, dass Ihr Alleinstellungsmerkmal deutlich sichtbar wird? Was tun Sie, um alle möglichen Fragen Ihrer Zielgruppe zu beantworten, wenn Sie zum ersten Mal mit Ihrem Unternehmen und seinem Angebot in Berührung kommt? Welche Suchworte nutzen Ihre Interessenten, um Angebote zu finden? Denken Sie auch hier in Kundensprache. Der Kunde sucht vielleicht einen Schraubenzieher. Sie bieten aber einen Schraubendreher an, weil der Fachmann ihn so nennt. Wenn Sie das so auf Ihrer Webseite hinterlegen, wird der Interessent Ihr Angebot vielleicht nicht finden. Was tun Sie, um die Zielgruppe dabei nicht mit zu vielen Informationen abzuschrecken? Wie schaffen Sie Appetit sich immer detaillierter mit Ihrem Angebot auseinanderzusetzen, sodass am Ende alle Fragen beantwortet sind und einem Kauf nichts mehr im Wege steht? Wie bauen Sie also Ihr Informationsangebot in Stufen auf, sodass die Zielgruppe am Anfang einen Überblick z. B. auf einem Flyer findet und sich dann z. B. in einem Whitepaper detaillierter informieren kann? An welcher Stelle bieten Sie Detailinformationen oder eine kostenlose Testversion zum Download an, um die Interessenten im Kaufprozess weiter zu entwickeln und um an die Adressen der Interessenten zu kommen und deren Einverständnis sie anzuschreiben zu erhalten? Welche Informationen sollten Sie z. B. in Veranstaltungen anbieten und welche Informationen bieten Sie Ihren Veranstaltungsteilnehmern nach der Veranstaltung proaktiv an? Und schlussendlich, was können Sie tun, damit Ihr Interessent z. B. in einem Video Ihr Angebot im Praxiseinsatz sieht? Würde Ihre Zielgruppe sich sicherer fühlen, wenn Sie Ihr eine Testinstallation anbieten könnten? Wie treiben Sie Ihre Zielgruppe von Stufe zu Stufe und wie verhindern Sie, dass Sie sich unterwegs für die Angebote Ihrer Konkurrenten interessiert? Wie stellen Sie sicher, dass möglichst viele Interessenten am Ende bei Ihnen kaufen wollen?

Kauf

Wenn Sie ein einfach zu beurteilendes oder preisgünstiges Angebot haben, ist Ihre Zielgruppe vielleicht jetzt schon bereit zu kaufen und Sie müssen den eigentlichen Kauf nur noch so einfach wie möglich machen. Sie sollten also überlegen, ob Ihre Zielgruppe problemlos in Ihrem Webshop oder im Shop eines anderen Anbieters einkaufen kann und wie Sie so vollständige Informationen liefern, dass der Interessent nicht auf den letzten Metern vor dem Ziel noch abspringt. Wollen Sie aber ein erklärungsbedürftiges Produkt oder ein sehr teures Angebot verkaufen, kann es sein, dass Sie zunächst in die engere Wahl von Anbietern kommen und jetzt im persönlichen Gespräch bzw. in Verhandlungen überzeugen müssen. Beschäftigen Sie sich auch hier mit dem Content, den die Zielgruppe erwartet, um ihre endgültige Entscheidung fällen zu können. Welche Fragen wird sie sich noch stellen? Welches der sieben Marketing-Mix-Elemente (7Ps) wird jetzt noch die entscheidende Rolle spielen? Welche Auswahlkriterien werden die Käufer zugrunde legen? Welche Fragen sind noch offen? Gibt es noch Details, die nicht geklärt sind? Kann ein Experte Informationen zu diesen Details liefern? Haben Sie einen Experten-Blog, der regelmäßig aktuelle Informationen über Ihr Angebot und seine Nutzung bietet? Wurden die Mitglieder Ihres Verhandlungsteams mit allen Informationen versorgt, die der Interessent evtl. erfahren möchte und sind alle Informationen auf dem neuesten Stand? Haben Sie auf dem gesamten Weg bis zum Kauf verstanden, dass Ihre Zielgruppe nach und nach immer mehr Details verstehen will und haben Sie diese Details so aufbereitet, dass dieses Bedürfnis befriedigt wurde? Haben Sie den Interessenten auf diesem Weg so geführt, dass er immer wieder Appetit auf mehr Details hatte und mit dem dann zur Verfügung gestellten Detail zufrieden war? Haben Sie auch an Interessenten gedacht, die in früheren Stufen Informationen bei Ihren Konkurrenten gefunden haben, aber jetzt nach weiteren Details mit Suchmaschinen suchen? Finden sie damit Informationen über Ihr Angebot? Haben Sie sichergestellt, dass Interessenten in verschiedenen Kaufkanälen die gleichen Informationen finden, ganz egal, ob Sie sich im Internet informieren, bei einem Partner oder in Ihrem Laden kaufen? Gibt es Kundenreferenzen, die Einsatzgebiete abdecken, die für die Entscheidung des neuen Kunden relevant sind? Könnten Produktdemonstrationen helfen, Bedenken zu zerstreuen? Welche Informationen können Sie anbieten, um das subjektiv wahrgenommene Kaufrisiko Ihrer Interessenten zu reduzieren? Kann ein Besuch im Entwicklungslabor helfen Fragen nach der Zukunft des Angebotes zu beantworten und dem Interessenten mehr Sicherheit zu vermitteln? Haben Sie Ihren Interessenten klar zum Kauf aufgefordert, nachdem Sie ihm alle gewünschten Informationen geliefert hatten? Wenn Ihr Interessent jetzt bei Ihnen bestellt hat, wie verhalten Sie sich weiter? Verstehen Sie, dass die Unterschrift unter dem Kaufvertrag noch nicht das Ende Ihrer Kundenbeziehung ist?

Umsetzung bzw. Lieferung, Nutzung und Nach-Kauf-Beurteilung

Ihr Kunde hat im Webshop gekauft oder den Kaufvertrag unterschrieben. Was wird ihn beschäftigen? Wird er überlegen, ob er mit dem richtigen Anbieter zu den besten Konditionen abgeschlossen hat und evtl. zweifeln, ob er alles richtig gemacht hat? Können Sie ihn in seiner Kaufentscheidung bestätigen und ihm zur Entscheidung gratulieren?

Was können Sie tun, um auch im Nach-Kauf-Prozess besser zu sein als Ihre Konkurrenten? Was wird er jetzt von Ihnen erwarten? Er erwartet sicher eine Bestellbestätigung mit Angaben über den voraussichtlichen Liefertermin. Haben Sie sichergestellt, dass er diese Informationen umgehend und ohne Nachfrage in Ihrer Corporate Identity bekommt? Bei Produktlieferungen wird er Informationen erwarten, wenn das Produkt aus Ihrem Unternehmen an ihn gesendet wird. Bei Dienstleistungen wird er klare Vereinbarungen über die einzelnen Prozessschritte erwarten. Er wird verstehen wollen, welche seiner Mitarbeiter, wie oft bzw. wie lange oder wann für Abstimmungen zur Verfügung stehen müssen. Er erwartet klare Informationen zum Übergabetermin. Wenn das Angebot geliefert wird, braucht er vielleicht Informationen über die Installation, die Nutzung und den Gebrauch. Je weniger seine Mitarbeiter dabei neu lernen müssen und je einfacher Sie die Installation und den Gebrauch gestalten können, umso zufriedener wird er sein. Haben Sie sich Gedanken darüber gemacht, was der Kunde bei der Lieferung, der Installation und der Nutzung erwartet und was Sie tun können, um diese Schritte so einfach wie möglich zu gestalten? Wie stellen Sie sicher, dass die Kundenmitarbeiter, die die Lieferung abnehmen, hoch zufrieden sind? Wie gewährleisten Sie, dass die Nutzer mit dem neuen Angebot problemlos arbeiten können? Können Sie Hürden bei der Installation und Nutzung mit Videos reduzieren? Wie stellen Sie sicher, dass bei der Suchmaschinensuche alle Fragen beantwortet werden? Wie stellen Sie sicher, dass alle Hilfemöglichkeiten leicht gefunden werden? Was würde zu Begeisterung bei Käufern und Nutzern führen? Wenn Sie jetzt den ganzen Prozess vom Auftreten eines Bedarfs oder dem Auftreten eines Problems bis zum Kauf und der Nutzung betrachten, haben Sie in jedem Schritt die benötigten oder erwarteten Informationen zur Verfügung gestellt? Waren diese Informationen an den Stellen, an denen die Zielgruppe nach ihnen sucht, verfügbar? Waren sie so formuliert, dass die verschiedenen Zielgruppen im Käuferunternehmen, die jeweils für sie relevanten Informationen gefunden haben? Also, dass z. B. der Einkäufer andere Informationen gefunden hat, wie der Controller oder der Leiter der Fertigung. Waren sie in Kundensprache formuliert und leicht zu verstehen? Haben Sie mit Ihrer Zielgruppe getestet, ob es die Informationen waren, die sie gesucht haben? Sind Sie sicher, dass der Informationsgehalt besser ist, als der Ihrer Konkurrenten? Sind diese Informationen aktuell und werden Sie regelmäßig überprüft? Stellen Sie Meinungsführern und Multiplikatoren Informationen exklusiv oder früher als allen anderen Interessenten zur Verfügung?

7.9   Einen integrierten Plan entwickeln

Sie haben jetzt eine Übersicht der möglichen Maßnahmen für Ihre Unternehmenskommunikation und die Produktkommunikation. Sie haben Ihre Zielgruppe oder Zielgruppen klar definiert. Sie verstehen generell, wie die Reise Ihrer Zielgruppe vom Erkennen eines Bedarfes oder Problems bis zum Kauf funktioniert und haben sie für Ihre Zielgruppe analysiert. Sie haben sich auch damit beschäftigt, wann Ihre Zielgruppe Ausgaben plant und zu welchen Zeiten Sie üblicherweise einkauft, bzw. wann Sie nicht kauft.

So planen Unternehmen oft im Herbst, nach den Sommerferien und definieren dann, wer wie viel Geld wofür ausgeben darf. Es macht also wenig Sinn, diesen Unternehmen zwischen Juni und Oktober Angebote zu machen. Oder Konsumenten kaufen ihre Sommerkleidung vor dem Urlaub, sodass Sie während der ersten Urlaubswochen wenig Umsatz haben werden, also die Zeit vor dem Urlaub verwenden sollten, damit die Zielgruppe bei Ihnen und nicht bei der Konkurrenz kauft. Sie kennen Ihre Stärken, Schwächen, Chancen und Risiken. Sie verstehen, welche Inhalte Ihre Zielgruppe wann und wo sucht. Ihnen ist auch klar geworden, dass es nicht viel hilft, einzelne Aktivitäten zu planen und durchzuführen, sondern dass nur eine geplante und integrierte Folge von Aktivitäten hilft, Ihre Zielgruppe zum Kauf zu führen. Nun gilt es einen integrierten Plan zu entwickeln, der die verschiedenen Aktivitäten in eine zeitliche bzw. logische Reihenfolge bringt und dazu führt, dass Ihre Zielgruppe bei Ihnen und nicht bei Ihren Konkurrenten kauft.

7.9.1   Der integrierte Gesamtplan

Basierend auf allen genannten Grundlagen entwickeln Sie jetzt Ihren integrierten Gesamtplan. Als Grundlagen dienen Ihnen die klare Definition der Zielgruppe und das Verständnis ihrer Probleme, Wünsche, Ängste und Sorgen. Darauf aufbauend haben Sie Angebote definiert, die alle 7P abdecken und sich von denen Ihrer Konkurrenten deutlich abheben. Sie verstehen den Kaufprozess des Kunden, vom Auftauchen eines Problems und der Problemanalyse bis hin zur Kaufentscheidung. Jetzt können Sie einen Plan entwickeln, der alle diese Grundlagen berücksichtigt und mit dem Kunden auf die Reise gehen. Mit diesem Gesamtplan unterscheiden Sie sich von Ihren Konkurrenten, indem Sie in jeder einzelnen Marketingtaktik besser auf Ihre Zielgruppe eingehen, bei jeder Taktik etwas Besseres bieten. Und Sie unterscheiden sich von Ihren Konkurrenten, weil Sie den gesamten Kaufprozess besser verstehen und Ihre Zielgruppe von einer Stufe im Kaufprozess gezielt zur nächsten Stufe weiter entwickeln, ihn also besser an die Hand nehmen und führen. Mit dem Verständnis des gesamten Prozesses können Sie nach Wegen suchen, diesen Prozess für Ihre Zielgruppe zu beschleunigen. Sie sorgen dafür, dass Sie von Ihrer Zielgruppe dort gesehen werden, wo diese sich aufhält. Sie bieten ihr relevante Inhalte auf allen Kanälen und an allen Orten, an denen sich Ihre Zielgruppe aufhält. Sie sind im Internet zu finden, man findet Sie auf den Messen und Kongressen, die die Zielgruppe besucht und Sie sind in den relevanten Sozialen Medien sichtbar. Sie führen Ihre Zielgruppe durch den gesamten Kaufprozess, bieten Ihr zu jedem Schritt die gesuchten Informationen und liefern, wo gewünscht immer detailliertere Informationen, bis der Interessent sich genügend sicher ist, um zu kaufen. Sie gestalten den Prozess so, dass er sich auch bei Ihren Angeboten basierend auf den Bedürfnissen der Zielgruppe unterscheidet. Bei einfachen und preiswerten Angeboten, wird Ihre Zielgruppe dann in Ihrem Webshop oder Laden kaufen können, bei erklärungsbedürftigen bzw. kostspieligen Produkten oder Dienstleistungen werden Sie über Marketingkampagnen dafür sorgen, dass sich die Zielgruppe in Ihrem Laden beraten lässt oder, dass Ihre Vertriebsmitarbeiter nur Interessenten besuchen, bei denen eine relativ große Chance auf Verkauf besteht. Beginnen Sie also damit, dass Sie planen, welche Angebote Sie über welche Vertriebskanäle verkaufen wollen und mit welchen Umsätzen je Angebot und Kanal Sie im Planungszeitraum, z. B. im Geschäftsjahr rechnen. Überlegen Sie, ob die von Ihnen bisher genutzten Vertriebskanäle reichen und prüfen Sie, ob Ihre Zielgruppe natürlicherweise über diese Kanäle kauft, oder ob sie inzwischen andere Kanäle, als die von Ihnen betriebenen, nutzt. Planen Sie dann je Kanal, wie viel Sie über diesen Kanal verkaufen wollen, und ob die Voraussetzungen und Kapazitäten zu diesen Zielen passen. Was und wie viel wollen Sie also z. B. über Ihren Webshop verkaufen, was und wie viel im Laden, was über Ihren eigenen Vertrieb, wie viel über Ihre Handelspartner usw. Planen Sie die Kosten für die entsprechenden Marketingaktivitäten und stellen Sie sicher, dass diese innerhalb des geplanten Marketingbudgets zur Verfügung stehen. Definieren Sie konkret messbare und realistische Ziele. Sorgen Sie dafür, dass Sie die passenden Marketingkanäle für die jeweiligen Vertriebskanäle etabliert haben, dass diese die Nachfrage für die Kanäle generieren und, dass die Vertriebskanäle entsprechende Nachfragen durch diese Kanäle auch erwarten. Stimmen Sie diese Pläne mit den Vertriebskanälen ab, damit Sie gemeinsame Ziele vereinbart haben und verfolgen. Stellen Sie sicher, dass auch Ihre Kollegen im Produktmanagement diese Pläne unterstützen und berücksichtigen Sie deren Pläne für neue oder verbesserte Angebote. Klären Sie mit der Produktion, Dienstleistungsentwicklung und Logistik, dass die geplanten Mengen auch geliefert bzw. erbracht werden können. Planen Sie dann Ihre Unternehmenskommunikation und Ihre Imagemaßnahmen für das Geschäftsjahr. Für jedes Angebot überlegen Sie, ob Sie Maßnahmen zur Stimulation der Nachfrage oder zur Generierung von konkretem Kundeninteresse brauchen. Wenn ja, planen Sie integrierte Kampagnen aus verschiedenen aufeinander aufbauenden Marketingtaktiken für das Angebot. Das könnten einzelne Produkte oder Dienstleistungen sein. Das könnten auch Pakete von verschiedenen Produkten oder von Produkten mit dazugehörigen Dienstleistungen sein. Oder Sie vermarkten zunächst nur das Produkt und bieten Dienstleistungen, wie z. B. Wartung nach etwas zeitlichem Abstand ein. Auch diese Kampagnenpläne sollten Sie unbedingt mit Ihren Kollegen im Vertrieb abstimmen. Nur so verhindern Sie, dass Sie mit einer Kampagne Nachfrage für ein Angebot generieren, an das der Vertrieb nicht glaubt. Das würde nur dazu führen, dass Sie bei Ihrer Zielgruppe Interesse verursachen, das Ihre Konkurrenz dann, ohne Marketingmaßnahmen, befriedigen kann. Achten Sie darauf, dass die Kampagneninhalte zu Ihrer Zielgruppe, zu Ihrem Angebot und zu Ihrem Vertriebskanal passen. Wenn Sie also z. B. eine weibliche Zielgruppe ansprechen wollen, stellen Sie sicher, dass Ihre Farben und Bilder zur Zielgruppe passen und, dass Ihre Inhalte sich mit der Problemen, Ängsten, Sorgen und Erwartungen der weiblichen Zielgruppe beschäftigen. Vermeiden Sie, dass Sie eine ausgewählte Zielgruppe zum gleichen Zeitpunkt mit Kampagnen für unterschiedliche Angebote ansprechen. Stellen Sie sicher, dass Sie die wichtigsten Entscheider und Beeinflusser mit zielgruppenspezifischen Aussagen ansprechen und berücksichtigen Sie, dass es Interessenten gibt, die kurze prägnante Inhalte wollen und, vor allem später im Kaufprozess Interessenten gibt, die sehr viel Details verstehen müssen. Stellen Sie sicher, dass die verschiedenen Verkaufskanäle auf die Nachfrage nach den

Angeboten vorbereitet sind. Dass Ihr Webshop funktioniert und die Lager entsprechend gefüllt sind. Dass Ihre Vertriebs- oder Handelspartner Ihre neuesten Angebote kennen, wenn diese in einer Kampagne vermarktet werden. Das bedeutet, dass Ihre eigene Vertriebsorganisation ausreichend zu Ihrem Angebot, den Angeboten der Konkurrenz und Ihrem Alleinstellungsmerkmal geschult ist und die wichtigsten Fragen Ihrer Interessenten beantworten kann. Es heißt auch, dass Ihre Verkaufsorganisationen rechtzeitig über neue Kampagnen und deren Inhalte informiert sind. Wenn Sie sie nicht rechtzeitig schulen und dabei alle Verkäufer erreichen, kann es sein, dass Sie mit der Kampagne einen Interessenten begeistern und er beim Verkäufer nach Details fragt, die dieser nicht beantworten kann. Wenn der Verkäufer aber vorbereitet ist, kann er bei Vertretern der Zielgruppe nachfragen, ob sie z. B. den Brief des Unternehmens mit dem neuen Angebot erhalten haben. Er hat also einen Anlass mit dem möglichen Kunden zu reden und damit einen leichteren Einstieg. Vereinbaren Sie also mit den Verkaufskanälen, wann die Nachfrage nach Ihrem Angebot im Rahmen einer Marketingkampagne entsteht und wer in der jeweiligen Organisation für die Bearbeitung der durch die Kampagne generierten Nachfrage verantwortlich ist. Überlegen Sie, ob Sie organisatorische Veränderungen brauchen, um den Kaufprozess Ihrer Kunden einfacher zu gestalten. Bedenken Sie, dass Ihrer Zielgruppe Ihre interne Organisation völlig egal ist. Der Zielgruppe geht es darum, schnell und einfach zur Beantwortung von Fragen oder zum Kaufabschluss zu kommen und Ihre Aufgabe ist es dafür zu sorgen, dass sie das bei Ihnen besser kann als bei der Konkurrenz. Überlegen Sie, welche verschiedenen Wege es für Ihre Zielgruppe gibt, mit Ihrem Unternehmen Kontakt aufzunehmen. Versuchen Sie dann zu verstehen, was die jeweils nächsten Aktionen sind, die Ihre Zielgruppe für natürlich hält und gestalten Sie den Weg zum Kauf so, dass er den Kunden Spaß macht. Überlegen Sie, wie Sie Ihre Zielgruppe während des Weges immer wieder begeistern können. Was können Sie tun, um Schritte für Ihre Zielgruppe einfacher zu gestalten? Wo können Sie Ihrer Zielgruppe helfen schneller im Kaufprozess vorwärts zu kommen? Wie können Sie vermeiden, dass Ihre Zielgruppe Ihre Webseite verlässt, weil sie zu langsam reagiert oder weil Informationen zu kompliziert dargestellt werden? Was tut Ihre Konkurrenz, um die Zielgruppe während des Kaufprozesses zu begeistern? Wissen Sie nicht nur, welchen Content Ihre Persona sucht, sondern auch in welcher Form sie ihn erwartet? Betrachten Sie also z. B., an welchen Stellen die Zielgruppe Informationen online erwartet und wo sie gedruckte Information bevorzugen würde. Wo würde Sie gerne ein persönliches Gespräch suchen, wo nutzt sie mobile Endgeräte wie Tablets und Smartphones und was müssen Sie tun, damit sie dort ein positives Nutzererlebnis hat? Wenn Sie unsicher sind, fragen Sie Ihre Kunden, wie Sie den Kaufprozess erleben und wo Sie besser werden können.

Eine gemeinsame Kundendatenbasis
Vermeiden Sie, dass Ihnen der Kunde dieselbe Information mehrfach geben muss. Das gilt nicht nur für die Eingabe in Online-Formularen, sondern auch darum, einmal gesammelte Daten an alle Kontakte, die der Kunde später mit Ihrem Unternehmen haben kann, weiterzugeben. Denken Sie dabei nicht nur an die Gestaltung von Prozessen, sondern auch daran, dass alle Mitarbeiter die Kundenkontakt haben, verstehen, dass sie einer von

vielen möglichen Kontaktpunkten sind und, dass andere Kollegen Informationen, die sie über einen Kunden haben, auch benötigen können. Analysieren Sie, an welchen Stellen in Ihrem Unternehmen Daten über Kunden erfasst werden und in welchen Spreadsheets oder Datenbanken diese gespeichert werden. Streben Sie eine zentrale Datenbasis an, in der alle Daten gespeichert werden. Sorgen Sie dafür, dass alle Mitarbeiter mit Kundenkontakt Zugang zu diesen Daten haben und leicht mit aufgabenspezifischen Abfragen zugreifen können und bei Bedarf Auswertungen erstellen können. Denken Sie nicht nur an Marketing und Vertrieb, sondern auch an Lieferdaten, Rechnungserstellung und -verfolgung, Kundenzufriedenheitsdaten, Kundenbeschwerden etc. Vielleicht haben verschiedene Funktionen oder Personen in Ihrem Unternehmen schon heute Datenquellen, Spreadsheets oder Listen mit Informationen über Ihre Kunden aufgebaut und auf ihre spezifischen Bedürfnisse abgestellt. Überlegen Sie, wie Sie diese Funktionen und Personen in die Arbeit zur Planung und Implementierung einer zentralen Datenbasis einbeziehen können, damit Sie mit Ihnen gemeinsam an diesem Ziel arbeiten und es nicht torpedieren. Nur so können Sie vermeiden, dass weiterhin Schattendatenbanken betrieben werden und sicherstellen, dass alle Daten auf dem neuesten Stand sind. Auch hier können Sie Design-Thinking-Methoden einsetzen und Personen aus den unterschiedlichen internen Funktionen in Arbeitsgruppen gemeinsam an einer effektiven Customer Journey und der Gestaltung einer Datenbasis, die alle Anforderungen dieser Journey unterstützt, arbeiten lassen. Dazu gehören nicht nur Marketing und Vertrieb, sondern auch z. B. Produktmanagement, die Service-Organisation, die Buchhaltung und die IT-Organisation. Das Resultat führt dazu, dass Daten nur einmal erfasst werden, alle Informationen auf dem neuesten Stand sind und die Customer Journey Ihres Kunden schlanker und effektiver wird.

Zielgruppenspezifische Pläne

Wenn Sie jetzt mehrere Zielgruppen für Ihr Unternehmen oder Ihr Angebot identifiziert haben, brauchen Sie natürlich für jede der Zielgruppen einen eigenen Marketingplan für Ihr Geschäftsjahr. Sie sollten auch überlegen, ob Sie innerhalb einer Zielgruppe zwischen der Neukundenakquise und der Bestandskundenpflege unterscheiden wollen und ggf. dafür zwei verschiedene Pläne benötigen. Für jeden Plan sollten Sie sicherstellen, dass die Marktanalyse auf dem letzten Stand ist. Sie sollten für Ihre Zielgruppe überprüfen, ob auch die Erkenntnisse aktuell sind und sicherstellen, dass Sie klar verstehen, wer welche Bedürfnisse, Ängste, Sorgen etc. hat. Für jedes der 7P prüfen Sie, ob Sie auf dem neuesten Stand sind und ob es Veränderungen bedarf, um erfolgreich zu bleiben oder zu werden. Sie sollten klären, ob sich an der Wettbewerbssituation etwas verändert hat, ob es also z. B. neue Wettbewerber gibt oder ob existierende Wettbewerber neue Angebote an den Markt gebracht haben oder demnächst bringen werden, ob also Ihre Alleinstellungsmerkmale immer noch vorhanden sind. Sie sollten klären, ob es in Ihrem Unternehmen Veränderungen gab, die Ihre Position verbessern oder verschlechtern. Wenn alle Informationen auf dem neuesten Stand sind, beschäftigen Sie sich damit, wie viel Umsätze Sie über welche Vertriebskanäle erzielen wollen. Sie definieren die dazu nötigen Ressourcen je Vertriebskanal und klären, ob es dafür die nötigen Budgets gibt. Für

Ihre Marketingaktivitäten planen Sie im Rahmen Ihrer Budgets, welche Marketingtaktiken Sie ganzjährig regelmäßig planen, z. B. monatliche Newsletter, welche Veranstaltungen Sie selbst durchführen und an welchen Veranstaltungen oder Messen Sie teilnehmen
wollen. Sie planen z. B. monatliche Updates Ihrer Webseite und darüber hinaus neue
Webseiten, wenn Sie neue Angebote am Markt platzieren wollen. Sie überlegen, in welchen Social-Media-Kanälen Sie wann welche Inhalte platzieren wollen. Sie definieren,
welche Taktiken zur Generierung von Nachfrage in welcher Reihenfolge durchgeführt
werden und wer für diese verantwortlich ist. Sie planen, welche Flyer und welche Whitepaper zu erstellen sind, wann diese vorliegen müssen und wer für die inhaltliche bzw.
wer für die optische Gestaltung verantwortlich zeichnet. Sie klären mit dem Management dieser Personen, dass diese Aufgaben im Rahmen von deren Zielen durchgeführt
werden können und den Personen genügend Zeit zur Erledigung der Aufgaben zur Verfügung steht. Für jede Kampagne definieren Sie die Umsatzziele, den Kampagnenzeit-
raum und die unterstützenden Ziele, um diese Ziele zu erreichen, also z. B. die Anzahl
Fans, die Sie in einem bestimmten Sozialen Medium erreichen wollen, die Anzahl Likes
in diesen Medien, die Anzahl Webbesuche und die Verweildauer auf Ihren Webseiten, die
Anzahl Neukunden, die Sie auf einer Messe generieren wollen usw. Für jedes Ziel definieren Sie die verantwortlichen Personen. Sie stellen sicher, dass alle Kundendaten, z. B.
Adressen auf dem letzten Stand sind. Sie definieren, mit welcher Message Sie an die
Kunden herantreten wollen und generieren die dazu nötigen Inhalte in den ausgewählten
Medien. Sie vermeiden Kampagnen zu Zeiten durchzuführen, in denen Ihre Zielgruppe
nicht oder schlecht zu erreichen ist, also z. B. während Feiertagen, Schulferien, Werksferien oder dem Jahresabschluss. Den Gesamtplan für das Unternehmen und für jedes
Angebot stimmen Sie mit dem Vertrieb, dem Service und dem Produktmanagement ab.
Die Zielerreichung überprüfen Sie monatlich, am Ende jeden Quartals und am Ende
jeder Kampagne. Sie analysieren die Abweichungen und ihre Ursachen und leiten korrektive Maßnahmen ein, um z. B. ein Kampagnenziel doch noch zu erreichen oder um in
der Planung und Durchführung zukünftiger Aktivitäten besser zu werden.

Überlegen Sie, ob es reicht, die Customer Journey Ihrer Kunden zu verstehen, den
richtigen Content an der richtigen Stelle zur Verfügung zu stellen und die Zielgruppe mit
ausgewählten Marketingmaßnahmen von Stufe zu Stufe zu treiben. Oder können und
wollen Sie sich Software-Lösungen leisten, um Ihre Zielgruppe automatisiert persönlich
anzusprechen und auf jede Reaktion Ihres Kunden eine passende Antwort zu generieren,
die ihn auf dem Weg zum Kauf nach vorne bringt?

7.9.2   Ihr Plan für ein Mitglied oder wenige Mitglieder der Zielgruppe – Account-based Marketing

Überlegen Sie, ob Sie innerhalb Ihrer Zielgruppe eine sehr kleine Gruppe von möglichen Käufern haben, die sich noch ähnlicher in Ihren Bedürfnissen sind als die gesamte
Gruppe, z. B. weil sie alle in der gleichen Branche sind. Oder gibt es einen sehr attraktiven möglichen Käufer mit großem Umsatzpotenzial? Würde es sich lohnen, für jede

diese sehr kleinen Zielgruppen einen eigenen Marketingplan zu entwickeln? Lassen Sie uns das für eine etwas komplexere Aufgabe und für eine B2B-Umgebung erarbeiten. Bei einfacheren Fällen, z. B. im B2C-Umfeld, können Sie Zwischenschritte einfach weglassen. Wählen Sie also das Unternehmen aus, bei dem Sie mit Ihrem Angebot erfolgreich werden wollen. In welcher Situation befindet sich das Unternehmen bzw. der ausgewählte Geschäftsbereich? Will es z. B. stark wachsen oder muss es kräftig sparen? Will es neue Geschäftsfelder erschließen oder hat es gerade ein anderes Unternehmen erworben, das es integrieren will? Wer sind die wichtigsten Entscheider, wer sind die Einflussnehmer innerhalb und außerhalb des Unternehmens. Für jeden davon oder für jede Gruppe ähnlicher Funktionen überlegen Sie, was deren Prioritäten, Wünsche, Ängste, Sorgen und Hoffnungen sind. Überlegen Sie auch, was deren jeweilige Position gegenüber Ihrem Unternehmen ist. Stehen sie Ihnen positiv gegenüber, neutral oder haben sie Vorbehalte und wenn ja, welche? Welchen Nutzen können sie Ihnen bieten? Wer ist Ihr wichtigster Konkurrent bei gerade diesem Unternehmen? Ist er vielleicht schon aktiv und erfolgreich? Hat er vielleicht Verträge mit einer definierten Laufzeit abgeschlossen und Sie können sich vorbereiten, rechtzeitig vor Ablauf ein Alternativangebot vorzulegen? Welche anderen Konkurrenten gibt es? Was bietet die Konkurrenz an Angeboten und an Nutzen? Was können Sie bieten und wie können Sie sich unterscheiden? Denken Sie an Ihre Produkte, Ihre Dienstleistungen und an die mögliche Kombination von beiden. Denken Sie an Ihre Preise und an die Kosten, die Sie dem Kunden einsparen können. Wie informieren sich seine Entscheider und seine Beeinflusser? Ist Ihre Kommunikation so aufgebaut, dass Sie zum Informationsverhalten passt? Über welche Kanäle kauft das Unternehmen Angebote, wie das, was Sie verkaufen möchten, ein? Welche Anforderungen stellt es an Lieferung, Installation, Übernahme, Nutzung und Wartung der Produkte bzw. Dienstleistungen? Welche Erwartungen hat es an die physikalische Umgebung und Ausstattung Ihres Unternehmens? Welche wichtigen Prozesse hat das Unternehmen und wie passen die Prozesse, die direkt in Verbindung mit Ihren Kunden stehen, zu diesen Abläufen? Welche Anforderungen stellt es an die Kompetenzen der Mitarbeiter beim Verkäufer? Für alle sieben Elemente analysieren Sie also die Erwartungen Ihres Zielkunden, was Ihre Konkurrenz bietet und wie Sie sich unterscheiden können. Sie versuchen, die Erwartungen und Anforderungen zu priorisieren und fokussieren sich auf die wichtigsten in dieser Situation. Damit erarbeiten Sie Ihr Alleinstellungsmerkmal für genau diesen Zielkunden in diesem Moment. Sie versuchen jetzt noch zu verstehen, was sich in der Zukunft an seinen Zielsetzungen und damit seinen Anforderungen verändern könnte und berücksichtigen das in Ihrem Angebot und den wichtigsten der sieben Elemente. Beginnen Sie nun den Kaufprozess Ihres Zielkunden von der Problemerkennung bis zum Verkauf zu analysieren und zu verstehen. Wird er alle Stufen durchlaufen müssen, oder beginnt er später im Prozess, weil z. B. das Problem gut verstanden ist und er nur nach einem neuen Angebot für eine bereits definierte Lösung sucht? Welche Entscheider oder Beeinflusser informieren sich an welcher Stelle des Kaufprozesses? Wo halten sich diese Personen dann auf? Suchen sie im Internet oder besuchen sie eine bestimmte Messe. Welche Informationen suchen sie wann? Sollten Sie evtl. für genau diese Situation speziellen Content erstellen und an den richtigen Stellen zur Verfügung stellen? Welche

Kollegen mit ähnlichen Aufgaben in anderen Unternehmen befragen die Entscheider/
Beeinflusser vor wichtigen Entscheidungen also z. B. bei der Auswahl eines Lieferan-
ten? Sind einer oder einige von diesen schon hoffentlich zufriedene Kunden bei Ihnen?
Können sie Ihnen den Kontakt zu den Entscheidern oder Beeinflussern herstellen?
Gibt es Vereine oder Verbände, in denen Ihre kleine Zielgruppe aktiv ist und haben Sie
Zugang zu diesen? Wie können Sie Ihre Marketingaktivitäten auf einzelne Personen im
Zielunternehmen fokussieren und, das ist besonders wichtig, personalisieren? Könnten
Sie z. B. ein Mailing für eine ausgewählte Branche entwickeln, einzelne Unternehmen
in der Branche analysieren und das Mailing jeweils an die Probleme im ausgewählten
Unternehmen anpassen und damit noch stärker personalisieren? Wie gestalten Sie einen
integrierten Plan, der die einzelnen Mitglieder der kleinen Zielgruppe und die Summe
der Mitglieder von Stufe zu Stufe des Kaufprozesses treibt? Wer trägt die Verantwortung für diesen integrierten Plan und wer zeichnet für einzelne Schritte verantwortlich?
Wer sendet z. B. einen personalisierten Brief an einen Geschäftsführer des Zielunterneh-
mens und welches Ziel verfolgen Sie mit diesem Einzelschritt? Auch hier gilt es natürlich den gesamten Aufwand, den Sie für dieses Account-based Marketing planen, in ein
Verhältnis zum erwarteten Ergebnis zu setzen, und zu entscheiden, ob Sie sich das leisten können und wollen. Ihre Vorgehensweise für eine kleine Gruppe von Kunden wäre
ganz ähnlich. Vielleicht können Sie auch einen gemeinsamen Plan entwickeln und ihn
in Bezug auf die Schritte im Kaufprozess, die Sie ansprechen oder weglassen, der jeweiligen Kundensituation anpassen. Die Abstimmung mit dem Vertrieb, der für die kleine
Zielgruppe verantwortlich ist, ist natürlich essenziell. Auch mit anderen internen Funktionen, wie z. B. dem Produktmanagement sollten Sie sich unbedingt frühzeitig abstimmen, um Überraschungen zu vermeiden und Chancen zu nutzen.

7.9.3   Ihr Plan für die Markteinführung neuer Angebote

Wenn Sie als Unternehmen zum ersten Mal an den Markt gehen oder wenn Sie ein ganz
neues Produkt in den Markt einführen wollen, brauchen Sie dafür einen gut durchdachten Plan, der Ihnen hilft bekannt zu werden, Nachfrage zu generieren und Umsätze zu
erwirtschaften. Das ist leichter, wenn Ihr Unternehmen am Markt bekannt ist und vielleicht schon ähnliche Produkte in der Vergangenheit angeboten hat. Es ist natürlich schwerer, wenn Sie als Start-up als Unternehmen und mit Ihrem neuen, vielleicht unbekannten
Produkt bekannt und erfolgreich werden wollen. Entscheiden Sie zunächst, ob Ihr Unternehmen nur ein Angebot vermarkten wird und ob deshalb Ihre Produktmarke und Ihre
Unternehmensmarke identisch sind. Wenn Sie z. B. über die Zeit mehrere Produktmarken
innerhalb einer Unternehmensmarke anbieten wollen, im Moment aber nur ein Angebot
haben, beginnen Sie zunächst Ihr Angebot am Markt einzuführen und kommunizieren
erst später, von welchem Unternehmen dieses Angebot kommt. Wenn diese Kombination am Markt bekannt ist, können Sie sich beim nächsten neuen Angebot auf die Unternehmensmarke und das Schwesterprodukt beziehen. Beginnen Sie also mit Ihrem neuen
Angebot. Mit dem Wissen über dieses Angebot, den Nutzen, den Sie Ihren Kunden für

die sieben Elemente (7P) schaffen können und dem Verständnis Ihres Alleinstellungsmerkmals, entwickeln Sie Ihren Plan für die Markteinführung. Sie beginnen damit auszuwählen, welches Angebot Sie in den Markt einführen wollen. Ist es ein Produkt, ein Produkt kombiniert mit einer Dienstleistung oder ist es eine Dienstleistung? Zu welchem Preis wollen Sie es anbieten? Ab welchem Datum beginnt die Markteinführung? Passt Ihr Angebot in B2C-Märkten in eine bestimmte Saison? Wissen Sie in B2B-Märkten, wann Ihre Zielgruppe die Pläne für das nächste Jahr erstellen, und können Sie dafür sorgen, dass sie rechtzeitig über Ihr neues Angebot informiert sind? Wissen Sie, ob Ihre Konkurrenten ein ähnliches Angebot am Markt positionieren wollen und wann das geplant ist? Können Sie schneller an den Markt gehen, um als erster Lieferant des neuen Angebotes bekannt zu werden? Können Sie damit erreichen, dass man Ihr Angebot für das Original hält?

Das Angebot testen

Haben Sie Ihr Angebot und den Markt schon ausreichend getestet, um zu vermeiden, dass es floppt? Verstehen Sie, dass es bei dem Test nicht nur darum geht, dass z. B. ein Produkt funktioniert, sondern dass Ihre Zielgruppe das Angebot braucht und sich vom Produkt Nutzen oder Vorteile verspricht? Haben Sie überlegt, ob Sie, bevor Sie überhaupt ein Produkt produzieren, schon testen, ob es sich verkaufen lässt? Sie könnten so tun, als gäbe es das Produkt schon und es in Ihrem Webshop verkaufen. Hier zeigt sich vielleicht, ob es Nachfrage gibt oder nicht. Wenn Sie Ihrer Zielgruppe erzählen, dass Sie etwas ganz Neues verkaufen, sollten Sie auch testen, ob die Zielgruppe es auch für etwas wirklich Neues hält. Wissen Sie, dass Sie auch testen sollten, ob die Zielgruppe Ihr Alleinstellungsmerkmal glaubt und es für relevant hält? Haben Sie Ihr Produkt im Vergleich mit anderen Produkten aus Ihrem Haus und mit den Angeboten der Konkurrenz getestet? Haben Sie geprüft, ob der Name des Angebotes von der Zielgruppe verstanden und als passend angesehen wird? Wie kommt Ihr Logo an? Gefallen Ihrer Zielgruppe Ihre Farben und Designs? Testen Sie auch die Lieferung, die Verpackung und Ihre Marketingaussagen? Haben Sie verschiedene Preise getestet und herausgefunden, bei welchen Preisen Ihre Zielgruppe am ehesten geneigt ist, das Produkt zu erwerben, welche Preise als zu niedrig und welche als zu hoch wahrgenommen werden? Sind die Einsparungen, die Sie versprechen, nachprüfbar? Haben Sie getestet, wie das Produkt verwendet wird und ob die Kunden es ohne Probleme nutzen können? Wenn Sie im B2C-Geschäft unterwegs sind, haben Sie Ihr Angebot in ausgewählten Läden angeboten, um zu sehen, ob die Kunden es kaufen und verstehen Sie, was ihnen gefällt und wo Sie noch nacharbeiten sollten? Haben Sie Ihr Endkundenangebot vielleicht in ausgewählten Testmärkten getestet, um zu vermeiden, dass Sie den Gesamtmarkt mit viel Aufwand ansprechen und einen Flop generieren? Wenn Sie einen B2B-Markt ansprechen, haben Sie dann Ihr Angebot bei einigen Ihnen freundlich gesonnenen Kunden getestet und deren Feedback verarbeitet? Oder haben Sie Ihr Angebot mit den Besuchern Ihres Messestandes getestet und dort positive Resonanz gesehen? Haben Sie bei allen Tests sichergestellt, dass die Teilnehmer Ihre Zielgruppe gut repräsentieren? Ist Ihre Stichprobe genügend groß? Sind Ihre Testresultate aussagefähig für den Gesamtmarkt? Wie stellen Sie sicher, dass Ihre Konkurrenten nicht zu früh von Ihrem neuen

Angebot erfahren? Können Sie z. B. mit allen Beteiligten Vertraulichkeitsvereinbarungen
abschließen? Wie tragen Sie jetzt die Resultate aus allen Tests zusammen und was müssen Sie tun, um daraus Schlüsse zu ziehen? Sind Sie am Ende überzeugt, dass es einen
Markt für Ihr Angebot gibt, dass die Beschreibung und das Alleinstellungsmerkmal für
Ihre Zielgruppe relevant sind, dass Ihre Marke passt und Ihre Marketingaussagen von
den Kunden verstanden werden? Dann können Sie beginnen, das Angebot zu vermarkten
und Ihren Markteintritt zu planen und durchzuführen.

Das Angebot am Markt einführen

Wer soll Ihre Zielgruppe für den Markteintritt sein? Hier sollten Sie eine Teilmenge aus
Ihrer Gesamtzielgruppe auswählen. Welche Gruppe ist besonders risikoscheu und sollte
zunächst gemieden werden? Welche Personen oder Unternehmen haben ein deutlich
größeres Problem als andere? Wo erwarten Sie eine besonders hohe Nachfrage? Gibt
es eine bestimmte Branche oder eine bestimmte Region für die Ihr Angebot gut passt?
Gibt es Märkte, bei denen die Eintrittsbarrieren besonders niedrig sind? Gibt es mögliche Kunden oder Kundengruppen, die größere finanzielle Ressourcen haben als der
Durchschnitt? Gibt es mögliche Käufer innerhalb Ihrer Zielgruppe, für die Ihr Angebot
besonders geeignet ist? Gibt es mögliche Käufer, die von anderen Käufern als Vorbilder angesehen werden oder die Meinungsführer sind und die für Sie als Multiplikatoren
dienen könnten? Gibt es Kunden, die Ihnen geholfen haben, das Produkt zu entwickeln
oder mögliche Käufer, die schon lange auf ein Angebot warten? Können Sie diese kleinen Gruppen persönlich ansprechen, Ihnen das Angebot vorstellen und sie begeistern?
Können Sie den Verkauf an diese relativ kleine Gruppe von Kunden nutzen, Vertrauen in
Ihr Angebot und Ihr Unternehmen aufzubauen? Welchen Vertriebskanal nutzen Sie, um
an Ihre ersten Zielkunden zu gelangen? Hat Ihr eigener Vertrieb hier besseren Zugang
oder ist einer der indirekten Kanäle besser geeignet? Wollen Sie Ihr Angebot zunächst
nur in ausgewählten Läden exklusiv anbieten? Was können Sie tun, um zu erreichen,
dass diese Kunden Ihr Angebot schnell nutzen oder schnell verbrauchen und Ihnen dann
Feedback geben, das Sie für den breiteren Markteintritt verwenden können? Wie erreichen Sie, dass diese Kunden Ihnen als Kundenreferenz zur Verfügung stehen und über
eine erfolgreiche Nutzung oder einen gelungenen Gebrauch positiv berichten? Wie können Sie diese ersten Kunden motivieren, ihren Freunden und Kollegen positiv über Ihr
neues Angebot zu berichten? Welche Gruppe innerhalb Ihrer Zielgruppe soll die nächste
sein, die Sie begeistern und wann wollen Sie den Gesamtmarkt ansprechen?

Haben Sie Ihre Absatzmengen insgesamt und je Verkaufskanal geplant? Haben Sie
Ihre Produktionskapazitäten aufgebaut und genügend Lagerbestand angelegt, um liefer-
fähig zu sein? Sind die Lagerbestände des Vorgängerproduktes abgebaut? Haben Sie Ihre
Vertriebskanäle aufgebaut? Haben Sie klare Vereinbarungen mit Ihrem Händlernetzwerk?
Haben Sie exklusive Vereinbarungen mit Ihren Vertriebskanälen, die den Markteintritt
Ihrer Konkurrenten erschweren? Haben Sie Ihre Vertriebsunterlagen erstellt, Ihre Kanäle
informiert und geschult? Ist Ihr Webshop aufgebaut bzw. ist Ihr neues Angebot in Ihrem
existierenden Webshop aufgenommen? Sind Ihre Mitarbeiter im Service informiert und
geschult? Was planen Sie, um Ihre Zielgruppe zu informieren und zu begeistern? Wie

können Sie der Zielgruppe Appetit auf das neue Angebot machen, das das Kundenproblem auf eine neue, noch nie dagewesene Art löst? Können Sie schon ein halbes Jahr vor der Verfügbarkeit über etwas Neues und Spannendes, das kommen wird, berichten, ohne viel Detail zu veröffentlichen? Können Sie immer wieder Informationen häppchenweise streuen, um die Spannung zu erhöhen? Können Sie Möglichkeiten zur Vorbestellung anbieten? Wie bereiten Sie die große Neuankündigung vor und wie erreichen Sie Aufmerksamkeit für das neue Angebot? Was müssen Sie tun, um Ihrer Zielgruppe klar zu machen, dass sie ein Problem hat und, dass sie das Problem jetzt mithilfe Ihres Angebotes lösen kann? Können Sie mithilfe von Werbung oder PR dafür sorgen, dass Ihre Zielgruppe die neue Lösung kennenlernt und sich über mehr Details informieren will? Bieten Sie Content zum Problemverständnis und zur neuen Lösung dort an, wo ihn die Zielgruppe sucht, ganz egal, ob das auf Ihrer Webseite oder in Gruppen innerhalb der Sozialen Medien ist? Haben Sie Ihre neue Webseite rechtzeitig aufgebaut oder Ihre existierende Seite entsprechend erweitert? Nutzen Sie relevante Gruppen in Sozialen Medien, um auf Ihr neues Angebot hinzuweisen? Haben Sie rechtzeitig Überblicksflyer entwickelt und produziert, damit Ihre Zielgruppe diese mitnehmen oder herunterladen kann? Was müssen Sie als nächstes tun, wenn Sie erreicht haben, dass Ihr Angebot bei der Zielgruppe bekannt ist und als positiv wahrgenommen wird? Auf welchen Messen müssen Sie Ihr neues Angebot zeigen bzw. vorführen? Zu welchen Veranstaltungen wollen Sie Ihre Zielgruppe einladen? Wollen Sie zu einem Tag der offenen Tür einladen und das Produkt in Aktion zeigen? Können Sie Ihre Zielgruppe anschreiben und mit dem neuen Angebot bekannt machen? Wollen Sie dabei einen Einführungsrabatt anbieten oder wollen Sie kostenlose Testangebote machen? Oder wollen Sie Ihr Angebot zunächst sehr teuer anbieten und damit die Kunden abschöpfen, die bereit sind, mehr zu bezahlen, weil Sie etwas Neues als Erste kaufen dürfen? Welche Barrieren können Sie aufbauen, um den Markteintritt Ihrer Konkurrenten zu erschweren oder zu verhindern? Was tun Sie, damit Ihre Zielgruppe immer wieder von Ihrem neuen Angebot und von Ihren zufriedenen Kunden hört? Welchen Content müssen Sie wo anbieten, damit die Interessenten während des Kaufprozesses immer die Informationen finden, die sie gerade benötigen? Wie treiben Sie Ihre Zielgruppe innerhalb des Prozesses von Schritt zu Schritt bis zum Kauf? Oder wollen Sie Ihren Aufwand gering halten und von Ihren Konkurrenten lernen, lassen diese als Erste in den Markt eintreten und folgen dann mit Abstand? So können Sie die Produkte des Pioniers verbessern, die Vertriebskanäle nutzen, mit denen er am erfolgreichsten war und sparen Kosten für die Aufbereitung des Marktes.

7.10 Die Zielerreichung kontrollieren und steuern

Wie bei jedem guten Planungsprozess werden Sie auch für Ihre Marketingorganisation Ziele und Zwischenziele definieren und deren Erreichung kontrollieren wollen. Aus den Abweichungen, egal, ob positiv oder negativ, werden Sie lernen, was Sie in Zukunft besser machen können. Wenn nötig, werden Sie Korrekturmaßnahmen einleiten, um das

Ziel doch noch zu erreichen. Dabei geht es sowohl um das Planen und Erreichen Ihrer globaleren Ziele, als auch um die Ziele für einzelne Maßnahmen und für Ihre Marketingkampagnen. Sie werden also z. B. Gesamtumsatzziele für das Geschäftsjahr definieren und diese Ziele für jeden einzelnen Geschäftsbereich herunterbrechen. Die Ziele des Geschäftsbereiches werden Sie unterteilen in Ziele für jede Produktfamilie. Die der Produktfamilien in Ziele für jedes Produkt. Sind Sie in mehr als einer Region tätig, werden Sie die Ziele auf die Regionen oder Länder verteilen. Bevor Sie die Ziele definieren, werden Sie überlegen, an welchen Stellen im Unternehmen Sie Ihre Umsätze um welche Prozentsätze steigern wollen und was dazu nötig ist. Sie werden überlegen, wo Sie Ihren Marktanteil erhöhen wollen. Sie werden diskutieren, bei welchen großen Kunden oder bei welcher Kundengruppe Sie welche Angebote positionieren wollen, um den Kundenumsatz zu steigern. Sie machen sich Gedanken, welche Umsätze von existierenden Kunden und welche von neuen Kunden oder Kundengruppen kommen sollen. Sie überlegen, welche Nischen Sie mit neuen Angeboten füllen wollen. Sie planen, wann Sie bestimmte neue Angebote am Markt einführen wollen und zu welchen Preisen Sie das tun, um sich gut gegenüber der Konkurrenz zu positionieren. Sie definieren in welchen Regionen Sie diese neuen Angebote zuerst anbieten und welche Stückzahlen Sie erreichen wollen. Sie haben geplant, welche Ihrer Produkte Sie durch zusätzliche Dienstleistungen attraktiver gestalten wollen und für welche Dienstleistungen die Kunden zahlen sollen, bzw. bei welchen Sie diesen Service kostenlos anbieten wollen. Auch über die Voraussetzungen für die Umsatzerhöhungen haben Sie sich Gedanken gemacht und entschieden, dass Sie den Bekanntheitsgrad Ihres Unternehmens verbessern müssen. Sie haben definiert, dass Sie das Image Ihres Unternehmens oder bestimmter Angebote bei ausgewählten Zielgruppen verbessern müssen. Sie haben sich überlegt, wie Sie bestimmte Kunden noch besser an Ihr Unternehmen binden wollen. Und natürlich überlegen Sie, welche Kosten Sie sich leisten können und welche Investitionen Sie tätigen wollen, um Ihre Position am Markt zu verbessern. Für jedes der wichtigen Ziele werden Sie eine Person verantwortlich machen und dieses Ziel mit ihr klar vereinbaren. Die jeweiligen Jahresziele teilen Sie dann in Ziele für jedes Quartal bzw. für jeden Monat auf. Nun sind Sie in der Lage nach Ablauf jeden Monats zu sehen, welche Ziele Sie in dem jeweiligen Gebiet erreicht haben, wo Sie besser und wo Sie schlechter waren als geplant. Nach mehreren Monaten gelingt Ihnen das auch für die bis zum jeweiligen Datum aufgelaufenen Werte. Gemeinsam mit den Verantwortlichen für die einzelnen Ziele können Sie analysieren, was die Ursachen für die Abweichungen waren und was sie unternehmen wollen, um die Zielerreichung im Gesamtjahr zu gewährleisten.

Ihr Marketingteam hat für das Gesamtjahr klare Vorgaben, welche Ziele sie zu welchen Kosten erreichen sollen. Das Team hat definiert, mit welchen Kampagnen es diese Vorgaben erreichen will und wie viel jede Kampagne zur Zielerreichung beiträgt. Werden innerhalb einer Kampagne mehrere Marketingmaßnahmen geplant, so gibt es auch für diese Maßnahmen Ziele, deren Erreichung man kontrollieren kann. D. h. so wird bei der Planung einer Veranstaltung festgelegt, wie viele Personen angesprochen bzw. angeschrieben werden sollen, wie viele sich anmelden und wie viele am Ende an der Veranstaltung teilnehmen sollen. Auch der Grad der Zufriedenheit wird ggf. vorher als Ziel definiert. Innerhalb der Kampagnenplanung werden nicht nur die zu erzielenden Umsätze definiert, sondern auch wie viele Kunden angesprochen werden sollen, wie viele von diesen auf einzelne Schritte in der Kampagne reagieren und wie viele qualifizierte Kontakte an den Vertrieb zu welchen Bedingungen übergeben werden. Für jedes wichtige Ziel wird ein Verantwortlicher definiert, mit dem die Ziele und die Maßnahmen zur Zielerreichung abgestimmt werden. Alle Kampagnenziele werden auf die zwölf Monate verteilt. So kann jeden Monat analysiert werden, ob die Ziele erreicht wurden und an welchen Stellen sie verfehlt wurden. Neben den Monatszahlen wird man die über mehrere Monate akkumulierten Zahlen und die endgültigen Zahlen für abgeschlossene Kampagnen analysieren. Das gleiche gilt auch für die vereinbarten Kosten für einzelne Marketingmaßnahmen oder für definierte Kampagnen. Für jede wesentliche Abweichung wird die Ursache ermittelt und es werden, wo nötig, Korrekturmaßnahmen eingeleitet. Sie betrachten auch, welche Inhalte besonders häufig gelesen, heruntergeladen oder genutzt werden und welche wenig oder gar nicht betrachtet werden und optimieren Ihren Content entsprechend. Sie beschäftigen sich mit der Verweildauer Ihrer Webseitenbesucher und damit, wie viele wie schnell wieder abgesprungen sind, um die Gestaltung Ihrer Webseite konstant zu verbessern. Am Ende des Jahres verschaffen Sie sich einen Überblick über alle Kampagnen, die Sie durchgeführt haben und ermitteln die Kampagnen, die am besten funktioniert haben und diejenigen, die am schlechtesten funktioniert haben. Sie analysieren Ihre Messen, Ihre Webseiten, Ihre Veranstaltungen usw. und finden heraus, welche sehr gut und welche schlecht funktioniert haben. Mit diesen Resultaten suchen Sie nach Gründen für den Erfolg bzw. den Misserfolg, sodass Sie im neuen Jahr die Fehler der Vergangenheit vermeiden und aus den Erfolgen lernen, wie Sie andere Kampagnen erfolgreicher gestalten können. Es gibt also einen nie endenden Prozess, in dem Ziele definiert, deren Erreichung kontrolliert und Korrekturmaßnahmen eingeleitet werden. Werden im nächsten Jahr die Ziele für das übernächste Jahr definiert, so wird man aus dem Gelernten Schlüsse ziehen und die einzelnen Ziele nach unten oder nach oben anpassen. Beobachten Sie auch die Kampagnen Ihrer Konkurrenten und versuchen Sie zu verstehen, was diese erfolgreicher machen als Sie und was Sie verändern können, um selbst erfolgreicher zu werden. Untersuchen Sie, ob Ihre Konkurrenten neue Marketingkanäle nutzen, neue Partnerschaften eingegangen sind oder neue Angebote platziert haben. Vergessen Sie nicht Ihre Zielgruppe zu befragen, was ihr im letzten Jahr am besten an Ihrem Marketing gefallen hat und was sie nicht so gut fand. Wenn Sie dann mit Ihrer Zielgruppe reden, versuchen Sie zu verstehen, ob sich Ihre Wünsche, Ängste, Sorgen und Hoffnungen verändert haben und welche neuen Trends sie für wichtig erachten.

Zusammenfassung

Mit dem klaren Verständnis Ihres Alleinstellungsmerkmales können Sie Marketing dort durchführen, wo sich Ihre Zielgruppe aufhält und ihr bei jedem Schritt in der Customer Journey die Information bieten, die sie gerade sucht. Sie verstehen, dass Ihre Zielgruppe am Anfang der Customer Journey ein Problem hat, das sie noch nicht vollständig verstanden hat. Und Sie helfen ihr, das Problem und seine möglichen

Ursachen zu verstehen. Wenn klar ist, was das Problem ist und der Kunde entschieden hat, das Problem nicht selbst zu lösen, sondern sich Hilfe zu holen und ein Produkt, eine Dienstleistung oder eine Kombination von beiden sucht, helfen Sie ihm die generellen Alternativen zu beurteilen und eine Lösungsalternative auszuwählen. Sie verstehen klar, dass bei den ersten beiden Schritten (Problemverständnis, Suche nach einer Lösungsalternative) der Kunde noch keinen Anbieter sucht und Sie helfen ihm bei diesen Schritten als ein Experte, der diese Aufgaben besser versteht als alle anderen. Sie vermeiden es, zu diesem Zeitpunkt über sich und Ihr Angebot zu reden, weil Sie verstehen, dass der Kunde so früh im Prozess auf den Versuch ihm etwas zu verkaufen negativ reagiert.

Wenn Ihre Zielgruppe sich für eine Lösungsalternative entschieden hat und sich jetzt auf die Suche nach Anbietern begibt, wird sie Sie vielleicht noch positiv als Experten in Erinnerung haben. Ihre Aufgabe ist jetzt zu verstehen, wo sie nach Informationen über Anbieter und Angebote sucht und ihr dort einfachen Zugang zu Informationen zu bieten, die Ihr Alleinstellungsmerkmal klar herausarbeiten. Sie verstehen also, ob sie sich im Internet informiert, welche Messen oder Veranstaltungen sie besucht, ob sie in Vergleichsportalen oder in Testberichten nach Informationen sucht und sind mit zielgerichteten Informationen genau dort anzutreffen. Wenn Ihre Zielgruppe zum Kauf entschlossen ist, wissen Sie, was sie gewöhnlich tut. Bittet sie verschiedene Anbieter um Angebote, dann haben Sie erreicht, dass man auch Sie um ein Angebot bittet und Sie haben, wenn Sie gut sind, auch schon die Forderungen im Angebot so beeinflusst, dass sie eine größere Chance zu gewinnen haben, als Ihre Konkurrenten. Kauft der Kunde bei wenig erklärungsbedürftigen Produkten gerne online, so bieten Sie einen Onlineshop, der es ihm ganz einfach macht zu bestellen. Sie verstehen, dass er nach der Kaufentscheidung unsicher ist, ob er das Richtige getan hat und bestärken ihn in seiner Kaufentscheidung. Sie informieren ihn über das voraussichtliche Lieferdatum und lassen ihn wissen, wann sie geliefert haben. Sie wissen, ob er eine Einweisung in die Nutzung Ihres Angebotes erwartet und machen ihm die Nutzung so leicht wie möglich.

Sie haben den gesamten Kaufprozess (Customer Journey) verstanden und wissen, dass es an Ihnen liegt, den Kunden Schritt für Schritt in diesem Prozess zu begleiten und ihn von einer Stufe zur nächsten zu treiben. Ihre Marketingaktivitäten integrieren Sie in Marketingkampagnen effektiv, sodass Ihre Zielgruppe immer wieder mit aufeinander aufbauenden Taktiken erreicht wird. Ihre Kampagnen haben das Ziel, Ihren Kunden zur Kaufentscheidung zu bringen. Und mit Ihrem Verständnis des Prozesses wissen Sie genau, wann er welche Information sucht und Sie haben diese Informationen (Content) proaktiv entwickelt und in einem integrierten Plan sichergestellt, dass sie an genau den richtigen Stellen verfügbar sind. Ihr Ziel ist es dabei, den Kunden möglichst früh im Prozess für Ihre Informationen zu interessieren und ihn durch zielgerichtete Informationen zum jeweils nächsten Schritt zu begleiten. An diesem Schritt liefern Sie ihm genau die Information, die er braucht und interessieren ihn für mehr Detail, das er in der gewünschten Tiefe bei Ihnen findet. So begleiten Sie ihn mit immer mehr Details, bis er genügend Informationen hat, um zu kaufen. Sie vermeiden, dass er unterwegs abspringt und sich bei Ihren Konkurrenten informiert bzw. dort kauft. Nach dem Kauf helfen Sie ihm, Ihr Produkt zu installieren und zu nutzen und stehen mit Inhalten zur Verfügung, wenn er Hilfe sucht. Sie haben alle Informationen so aufbereitet, dass sie gut teilbar sind, sodass er sie leicht weiterleiten oder in Sozialen Medien verbreiten kann.

Ihre verschiedenen Marketingaktivitäten haben Sie in einen Gesamtplan integriert und aufeinander abgestimmt. Sie haben sich überlegt, ob es besonders kleine Segmente innerhalb Ihrer Zielgruppe gibt, die Sie mit Account-based Marketing individueller ansprechen und zum Kauf begleiten können. Für Ihr Start-up oder für Ihr neues Angebot haben Sie eine Markteintrittsstrategie entwickelt. Sie haben dazu ein Angebot ausgewählt und getestet. Sie haben definiert, wann Sie welche Zielgruppe wie ansprechen wollen. Darauf haben Sie sich in Bezug auf Ihre Vertriebskanäle, Produktionskapazitäten und Lagerbestände vorbereitet. Sie haben Ihre Zielgruppe dann auf Ihr neues Angebot vorbereitet, dafür gesorgt, dass das Problem oder das Ziel von der Zielgruppe verstanden wurde und Nachfrage für das Angebot entstand. Sie haben Ihre Zielgruppe dann durch den Kaufprozess begleitet und geführt und dafür gesorgt, dass sie den passenden Content dort gefunden hat, wo sie ihn gesucht hat. Sie verstehen, dass Sie für alle Ihre Aktivitäten Pläne mit klaren Zielen und Verantwortlichkeiten brauchen. Das gilt für einzelne Maßnahmen, wie z. B. für eine Veranstaltung. Es gilt für jede Kampagne und es gilt natürlich für Ihre Gesamtziele, wie den Umsatz eines Geschäftsbereiches für ein Geschäftsjahr. Die Erreichung dieser Ziele kontrollieren Sie regelmäßig und leiten, wo nötig, Korrekturmaßnahmen ein, um die Zielerreichung doch noch sicherzustellen. Am Ende jeden Jahres oder am Ende jeder Kampagne versuchen Sie mit Ihrem Team zu verstehen, was gut funktioniert hat und wo Sie noch besser werden müssen. Das Gelernte verarbeiten Sie bei der Planung der nächsten Kampagne bzw. des nächsten Geschäftsjahres.

Literatur

Haller, S. 2012. *Dienstleistungsmanagement*, 28. Wiesbaden: Gabler.
Lewis, E.S.E. 1903. Catch-line and argument. *The Book-Keeper* 15:124.
Wikipedia. 2017. 18. Mai 2017. https://de.wikipedia.org/wiki/Customer_Journey. Zugegriffen: 26. Okt. 2017.

Kundenbindungsmanagement

8

Zusammenfassung

Nachdem Sie Ihre Kunden mit den bisher definierten Maßnahmen gewonnen haben, geht es jetzt darum, die Kunden an Ihr Unternehmen zu binden. Dazu ist es zunächst nötig zu verstehen, wie Sie Kundenzufriedenheit messen und eine hohe Kundenzufriedenheit erreichen können, da diese Voraussetzung zur Kundenbindung ist. Es gilt Kunden, die ein Problem mit Ihrem Unternehmen oder seinen Angeboten haben, anzuregen diese als Beschwerden zu formulieren und zu kommunizieren, damit Sie Maßnahmen zur Lösung des Einzelproblems und zur Verhinderung weiterer Probleme ergreifen können. Durch eine Anzahl von Maßnahmen gelingt es Ihnen, Kundenbindung generell zu managen. Sie wollen verstehen, wie Sie Ihre wichtigsten Kunden nicht nur an Ihr Unternehmen binden, sondern sie in Ihr Unternehmen integrieren. Sie beschäftigen sich damit, welche Daten Sie zentral erfassen wollen, um jedem Mitarbeiter zu jedem Zeitpunkt aktuelle Informationen zu Ihren Kunden bieten zu können. Damit können Sie Ihre Kunden zielgerichteter ansprechen und sind bei Nachfragen jederzeit auskunftsbereit.

Wenn Sie jetzt den Kunden gewonnen haben, er also bei Ihnen gekauft hat, müssen Sie sich Gedanken darüber machen, wie Sie eine hohe Kundenzufriedenheit erreichen und den Kunden an sich binden. Damit schaffen Sie die Voraussetzung, dass der Kunde bei Bedarf für andere Angebote, die Sie liefern können, auf Sie zurückkommt und haben eine höhere Chance, dass er bei Ihnen kauft, als bei einem ihm unbekannten Anbieter. Sie erreichen auch, dass zufriedene Kunden Sie weiter empfehlen. Das spart nicht nur Kosten, sondern ist auch glaubwürdiger, als wenn Sie selbst Marketing betreiben. Sie erfassen Ihre Kundenzufriedenheit und suchen nach Möglichkeiten der Verbesserung. Sie behandeln Beschwerden schnell und lösen die Probleme der einzelnen Kunden. Sie vermeiden, dass diese Probleme auch bei anderen Kunden auftauchen. Sie ergreifen vielfältige Maßnahmen,

© Springer Fachmedien Wiesbaden GmbH 2018
W. Vogt, *Schlankes Marketing für den Mittelstand*,
https://doi.org/10.1007/978-3-658-16732-5_8

um Ihre Kunden an sich zu binden und Sie versuchen, Ihre wichtigsten Kunden auch in wesentliche Aktivitäten Ihres Unternehmens zu integrieren.

▶ **Kundenbindung** Kundenbindung bzw. Loyalität bezieht sich auf den Aufbau und die Aufrechterhaltung einer Geschäftsbeziehung. Damit zielt sie auf eine nicht zufällige Folge von Markttransaktionen zwischen Anbieter und Kunde ab. Die Bedingung ist damit, dass auf der Lieferanten- und/oder Abnehmerseite gute Gründe für eine planmäßige Verbindung zwischen den Einzeltransaktionen vorliegen. Kundenbindung kann beschrieben werden als Bemühen, die Abnehmer mit ökonomischen, sozialen, technischen oder juristischen Mitteln an einen Lieferanten zu ketten (Hermann und Huber 2013, S. 301).

Kundenbindung fordert von Ihnen eine langfristige Perspektive. Hier können Sie nicht bei jeder Aktivität an ein schnelles Return on Investment denken. Kundenbindung sorgt für gleichmäßige Nachfrage, d. h. regelmäßige Einnahmen. Sie sorgt für geringere Akquisitionskosten, da Ihre Kunden Ihre Angebote und Prozesse kennen und bei Bedarf ohne viel Aufwand bei Ihnen kaufen. Im Unterschied zu einem Neukunden, der im Kaufprozess verschiedene Angebote einholt und vergleicht, wird ein zufriedener Bestandskunde bei Nachbestellungen häufig einfach bei Ihnen bestellen. Sie haben also die Chance, höhere Preise zu erzielen. Mit gutem Beziehungsmanagement haben Sie die Möglichkeit, Cross- und Upselling zu betreiben. In Summe erzielen Sie mehr Umsätze zu geringeren Kosten, steigern also Ihren Gewinn. Wenn es Ihnen gelingt, Ihre Kunden zu begeistern, werden Sie auch Ihr Image verbessern, was wiederum zu mehr Umsatz führen kann.

8.1   Zufriedenheit und Begeisterung erreichen

Ein wichtiger Schlüssel zur Kundenbindung ist Begeisterung
Kundenzufriedenheit definiert sich aus dem Vergleich einer wahrgenommenen Leistung mit der Erwartungshaltung. Sie als Lieferant können dabei die Leistung beeinflussen, Sie können aber auch versuchen, die Erwartungshaltung zu beeinflussen. Ihr Ziel sollte dabei sein, Begeisterung bei Ihren Kunden auszulösen. Wenn Sie sich selbst beobachten, werden Sie feststellen, dass Sie, wenn ein Lieferant Ihnen genau das liefert, was Sie erwartet haben, dieses zur Kenntnis nehmen und nicht weiter darüber reden. Sie werden über ein Kauferlebnis nur reden, wenn Sie unzufrieden oderbegeistert sind und Ihre Erwartungen übertroffen wurden. Begeisterung bei Ihren Kunden wird dazu führen, dass sie leichter wieder bei Ihnen einkaufen, offener für Cross- und Upselling und weniger preissensitiv sind als Neukunden, seltener von Ihnen abwandern und Sie häufiger ihren Freunden und/oder Kollegen empfehlen. Damit steigt nicht nur Ihr Umsatz, sondern, da die Akquisitionskosten geringer als bei Neukunden sind, auch Ihr Gewinn. Durch die Mund-zu-Mund-Propaganda wird sich auch Ihr Image verbessern. Um zu verstehen, wie Sie als Anbieter

mehr liefern können als erwartet wird, sollten wir zunächst verstehen, was die individuelle, d. h. subjektive Erwartungshaltung beeinflusst.

Erwartungen werden gebildet durch Erfahrungen, Bedürfnisse, informelle Kommunikation, formale Kommunikation, situative Faktoren und Opfer (Haller 2012, S. 28).

Das heißt, Sie können also sowohl die Erwartungshaltung Ihrer Kunden beeinflussen, als auch die Qualität der Leistungen, die Sie für Ihre Kunden erbringen. Kümmern wir uns also um die Erwartungshaltung. Wir haben uns in früheren Kapiteln ausführlich mit den Wünschen, Ängsten, Sorgen und Hoffnungen Ihrer Zielgruppe beschäftigt, die zu den Bedürfnissen der Zielgruppe führen. Hinzu kommen jetzt die Erfahrungen Ihrer Kunden in Bezug auf die Leistung, die er beschaffen will. Er wird diese Leistung in der Vergangenheit schon bezogen haben und dabei positive oder negative Erfahrungen z. B. in Bezug auf Qualität, Geschwindigkeit und Service gemacht haben, die seine Erwartungshaltung beeinflussen. Diese Erfahrungen kann er mit Ihnen oder Ihren Konkurrenten gemacht haben. Er kann sie auch mit ähnlichen Leistungen gemacht haben und nicht nur exakt mit denen, um die es gerade geht. Hinzu kommt die informelle Kommunikation. Freunde, Bekannte und Kollegen innerhalb oder außerhalb des Unternehmens erzählen von ihren Erfahrungen. Sie lesen Artikel, die über Best Practices berichten oder Informationen in Sozialen Medien, die schlechte Erfahrungen beschreiben oder sie sehen im Internet Beurteilungen mit eins bis fünf Sternen. Schließlich beeinflussen Sie und Ihre Konkurrenten durch formale Kommunikation an Kunden und Interessenten, was diese von Ihnen erwarten. Dazu kommen situative Faktoren im Umfeld Ihrer Kaufentscheidung, die Ihre Erwartungen beeinflussen. Wenn Sie also z. B. dringend etwas benötigen, werden Sie eher zu Kompromissen bereit sein, als wenn Sie genügend Zeit haben, eine Kaufentscheidung vorzubereiten. Und zuletzt geht es um die Opfer, die der Kunde bringen muss, um eine Lösung für sein Problem zu bekommen. Das können neben hohen Preisen, die er zahlen muss auch ein erhöhter Aufwand zur Beschaffung und Implementierung einer Lösung sein. Sie sehen also, dass Sie nur einen Teil der Erwartungen beeinflussen können. Wenn Sie aber Begeisterung erreichen wollen, müssen Sie nicht nur an einem Angebot arbeiten, das die Erwartungen übererfüllt, sondern Sie müssen auch die Erwartungshaltung Ihrer Kunden, überall dort wo Sie das können, beeinflussen. Was Sie für das Erkennen und Befriedigen der Kundenbedürfnisse tun können, haben wir beschrieben. Die informelle Kommunikation können Sie beeinflussen, wenn Sie Kundenzufriedenheit zu Ihrem wichtigsten Ziel erheben. Dann werden Ihre sehr zufriedenen Kunden in Ihrem Freundes- bzw. Kollegenkreis ganz von selbst erzählen, dass sie begeistert sind. Bedenken Sie bei Ihrer formalen Kommunikation, dass Sie um Begeisterung zu erzielen, die Erwartungen nicht zu hoch schrauben dürfen. Geben Sie keine Garantien, die Sie nur schwer erfüllen können. Versprechen Sie also nicht zu viel. Wenn Sie also z. B. knapp den Standard eines Fünf-Sterne-Hotels erreichen, positionieren Sie sich als Vier-Sterne-Hotel und erreichen Kundenbegeisterung, weil Sie konstant mehr liefern, als Sie versprochen haben. Vielleicht werden Sie dabei am Anfang auch etwas niedrigere Preise als Ihre Konkurrenten erreichen können, die ein Fünf-Sterne-Haus vermarkten, über die Zeit werden Sie aber Ihre Auslastung durch zufriedene Kunden und durch Weiterempfehlung steigern und die Preise für Ihr Angebot anheben können. Versuchen Sie die Opfer zu verstehen, die Ihr Kunde bringen muss und überlegen Sie, wie sie ihm helfen können, diese Opfer zu reduzieren. Und liefern Sie ein besseres Erlebnis, als das Ihre Konkurrenten tun. Also das bessere Produkt zu einem vergleichbaren Preis oder mehr Aufmerksamkeit für das Problem Ihres Kunden oder die leichtere Einführung eines neuen Produktes in seine Umgebung. Managen Sie die Erwartungshaltung und die Leistung mit dem Ziel, Begeisterung zu erreichen, den Kunden zu Ihrem Fan zu machen und ihn damit langfristig an sich zu binden. Fordern Sie Ihre Kunden auf, Sie in Beurteilungsportalen zu bewerten. Fragen Sie zufriedene Kunden, ob sie auf einer Social-Media-Plattform über Sie berichten können oder, ob Sie Ihnen als Kundenreferenz zur Verfügung stehen wollen. Bitten Sie erfolgreiche Kunden, Vorträge auf Ihren Veranstaltungen zu halten.

Nutzen Sie die Unzufriedenheit als Chance besser zu werden
Wenn Sie sich mit der Erwartungshaltung und der Zufriedenheit Ihrer Kunden beschäftigen, sollten Sie nicht nur die Nach-Kauf-Phase betrachten, sondern die gesamte Customer Journey. Wenn Ihr Kunde z. B. in der Vorkaufphase unzufrieden mit Ihrer Beratung war und trotzdem bei Ihnen gekauft hat, wird er diese negative Erfahrung nicht vergessen und sie wird in die Beurteilung der Gesamtzufriedenheit eingehen. Wenn er bei Problemen mit dem Service durch Ihr Unternehmen unzufrieden ist, wird er das ggf. seinen Freunden oder Kollegen erzählen. Wenn ihr Kunde sich bei der Behandlung einer Beschwerde nicht genügend beachtet fühlt oder die Beschwerde nicht zu einer befriedigenden Lösung führt, geht das natürlich in seine Gesamtbeurteilung ein. Wenn Sie aber eine Beschwerde als Chance sehen, besser zu werden und der Kunde den Eindruck hat, dass er und sein Problem Ihnen besonders wichtig sind, wird das zu Begeisterung führen. Betrachten Sie also jeden Schritt in der Customer Journey aus der Sicht Kundenzufriedenheit zu erreichen und verbessern Sie, wo nötig. Bedenken Sie, dass die Behebung eines Mangels Ihnen hilft, diesen Kunden zu behalten und, dass das deutlich günstiger ist, als einen neuen Kunden zu gewinnen.

▶ **Beschwerde** Unter einer Beschwerde ist die Artikulation von Unzufriedenheit zu verstehen, die gegenüber Unternehmen oder Drittinstitutionen mit dem Zweck geäußert wird, auf ein subjektiv als schädigend empfundenes Verhalten eines Anbieters aufmerksam zu machen, Wiedergutmachung für erlittene Beeinträchtigungen zu erreichen und/oder eine Änderung des kritisierten Verhaltens zu bewirken (Stauss und Seidel 2014, S. 28).

Behandeln Sie informelle Beschwerden ähnlich wie formale Reklamationen. Beachten Sie, dass sich nur ein Bruchteil der Kunden, die unzufrieden sind, auch beschweren. Aber auch, dass unzufriedene Kunden ohne weitere Kommentare von Ihrem Unternehmen abwandern und häufig mit ihren Freunden und Kollegen über ihre Unzufriedenheit reden werden (negative Mund-zu-Mund-Propaganda). Sehen Sie also jede einzelne Beschwerde als einen Hinweis auf ein Problem, das wahrscheinlich mehrere Kunden haben. Nutzen Sie jede Beschwerde Begeisterung über die Lösung bei Ihren Kunden zu erreichen und diese an sich zu binden. Machen Sie es Ihren Kunden leicht, Beschwerden an Sie zu richten, damit Sie eine möglichst geringe Dunkelziffer von unzufriedenen Kunden haben. Dazu müssen Ihre Mitarbeiter verstehen, dass Beschwerden keine Angriffe an sie als Person sind, sondern ein kostenloser Verbesserungsvorschlag, der Ihrem Unternehmen hilft, besser zu werden und gegen die Konkurrenz zu gewinnen. Erleichtern Sie dem Kunden, sich bei Ihrem Unternehmen telefonisch, per E-Mail, auf Ihrer Webseite oder in Sozialen Medien zu beschweren. Bestätigen Sie Ihren Kunden den Eingang der Beschwerde und nennen Sie ihm den Verantwortlichen für die Bearbeitung der Beschwerde? Etablieren Sie einen Prozess, der sicherstellt, dass das jeweils aktuelle Problem vollständig verstanden wird, also, dass Sie z. B. abfragen, was das Problem ist, wann es aufgetreten ist, ob es schon öfter aufgetreten ist und was die Randbedingungen waren. Definieren Sie, wie Sie die Beschwerden erfassen, dokumentieren und verfolgen, wer für welche Art von Problemen verantwortlich ist und wer zu informieren ist. Verfolgen Sie statistisch, wie viele Beschwerden zu welchen Problemgebieten eingehen und wie schnell sie behandelt werden. Behandeln Sie das Einzelproblem und etablieren Sie einen Prozess, der die Ursache des Problems beseitigt, sodass weitere Kunden dieses Problem nicht mehr haben werden. Stellen Sie sicher, dass Probleme schnell gelöst werden, dass ein Mitarbeiter für die Lösung jedes Problems verantwortlich ist und dem Kunden als Ansprechpartner dient. Sorgen Sie dafür, dass sich dieser Mitarbeiter bei dem Kunden für die Unannehmlichkeiten entschuldigt und ihn nach der Lösung des Problems umgehend über die Lösung informiert. Dauert die Problemlösung länger, geben Sie Zwischenbescheide. Definieren Sie Regeln, die Ihren Mitarbeitern Möglichkeiten der Kulanz geben. Denken Sie neben der Beseitigung der Ursache für die Zukunft daran, alle weiteren möglicherweise betroffenen Kunden über das mögliche Problem, sowie die Ursache und ihre Beseitigung zu informieren. Wenn Sie Software entwickeln, verteilen Sie ein Update oder Fix an alle bisherigen Kunden. Auch bei der Behandlung von Beschwerden gibt es eine Erwartungshaltung des Kunden, die sich aus Bedürfnissen, Erfahrungen, informeller und formeller Kommunikation, situativen Faktoren und Opfern ergibt. Betrachten Sie also nicht nur das Problem, sondern auch diese Faktoren. Eine zufriedenstellende Behandlung von Beschwerden kann die Gesamtzufriedenheit erhöhen. Wenn Sie bei der Behandlung von Beschwerden Begeisterung erzielen, wird der Kunde das sicher seinen Freunden und/oder Kollegen erzählen. Beobachten Sie die Entwicklung der Beschwerden über die Zeit, um zu sehen, ob Maßnahmen wirken und um neu auftretende Problemgebiete frühzeitig zu erkennen.

Für das Management von Beschwerden bedeutet dies, dass ein Unternehmen ein beschwerdefreundliches Klima schaffen muss, damit sich möglichst viele (unzufriedene) Kunden beim Unternehmen beschweren und nicht anderen (potenziellen) Kunden von ihren negativen Erfahrungen erzählen. Die Beschwerden sollen systematisch erfasst werden und die Beschwerdebehandlung sollte so erfolgen, dass Kundenzufriedenheit entsteht (Foscht et al. 2015, S. 234).

Die Kundenzufriedenheit erfassen als Grundlage für Verbesserungen

Erfassen Sie die Zufriedenheit Ihrer Kunden je Zielgruppe proaktiv und stimulieren Sie Kritik und Beschwerden, damit Sie Probleme frühzeitig erkennen und beseitigen können. Zur regelmäßigen Zufriedenheitsanalyse sollten Sie an wichtigen Stellen in Ihrer Customer Journey Ihre Kunden proaktiv befragen. Wenn Sie Daten anonym erfassen, werden Sie eine größere Chance auf ehrliche Antworten haben, aber schwerer erkennen können, zu welcher Kundengruppe der Befragte gehört. Definieren Sie also zunächst, ob Sie die gesamte Zielgruppe, eine Stichprobe oder nur Teile z. B. in bestimmten Geografien verstehen und daher befragen wollen. Strukturieren Sie Ihren Fragebogen oder Ihre Online-Umfrage gut und fassen Sie sich kurz. Stellen Sie geschlossene Fragen mit klaren Antwortmöglichkeiten zur Auswahl und offene Fragen mit Raum für persönliche Einsichten und Empfehlungen. Erfassen Sie zunächst einige demografische Daten. Bei Konsumenten könnten das z. B. Alter und Wohnort sein, bei Unternehmen die Branche und die Größe. Das hilft Ihnen später Auswertungen je Kundengruppe durchzuführen und festzustellen, ob und wo bestimmte Gruppen zufriedener oder unzufriedener sind. Erfassen Sie dann die Gesamtzufriedenheit Ihrer Kunden mit dem Unternehmen oder, wenn Sie z. B. die Zufriedenheit mit einem Produkt oder mit einer Veranstaltung messen, die Gesamtzufriedenheit mit dem ausgewählten Gebiet. Erst dann messen Sie die Zufriedenheit mit Teilaspekten. Garantieren Sie den befragten Personen, dass die Ergebnisse anonym behandelt werden und es nicht um eine einzelne Antwort, sondern um ein statistisch relevantes Resultat geht. Bieten Sie eine kleine Belohnung für die Teilnahme an oder verlosen Sie unter den Teilnehmern einen attraktiven Gewinn, um die Rückläuferzahl zu erhöhen. Wenn Sie jetzt die Resultate sehen, werden Sie z. B. auf zwei Gebieten feststellen, dass Ihre Kunden unzufrieden sind und vielleicht dazu neigen, gleich Maßnahmen zu ergreifen, um zu Verbesserungen zu kommen. Vielleicht haben aber diese beiden Gebiete wenig Einfluss auf die Gesamtzufriedenheit Ihrer Kunden. Erfassen Sie also unbedingt unabhängig von der Zufriedenheit Ihrer Kunden mit bestimmten Gebieten, die Bedeutung bzw. Wichtigkeit dieser Gebiete oder Kriterien für die Kunden (Abb. 8.1). Vermeiden Sie, dass Sie zu viel Aufwand in die Verbesserung von Kriterien stecken, die für Ihre Kunden weniger wichtig sind. Beachten Sie, dass die Prioritäten der Kunden sich durchaus für Sie und Ihre Konkurrenten unterscheiden können, da z. B. basierend auf Erfahrungen, formaler und informeller Kommunikation die Erwartungshaltungen gegenüber den jeweiligen Unternehmen unterschiedlich sind. Wenn Sie also neben der Zufriedenheit mit Ihrem Unternehmen und Ihrem Angebot auch die Zufriedenheit mit Konkurrenzangeboten verstehen wollen, müssen Sie bei der Befragung der Kunden der Konkurrenz auch die Prioritäten für die verschiedenen Gebiete separat erfassen. Fragen Sie auch, ob der Kunde das gleiche Angebot wieder bei Ihnen kaufen würde und fragen Sie, ob er sie weiter empfehlen würde. Betrachten Sie auch die Umsatzentwicklung und die Wiederkaufrate bei Ihren wichtigsten Kunden über die Zeit. Geringere Umsätze als in der Vorperiode können ein Warnzeichen sein.

Befragen Sie Ihre Kunden nach ihrer Zufriedenheit mit den sieben Kriterien Produkt, Kosten/Preis/Kontrahierung, Distribution und Logistik, Personal, physische Umgebung

Abb. 8.1 Zufriedenheit und
Wichtigkeit am Beispiel der 7P

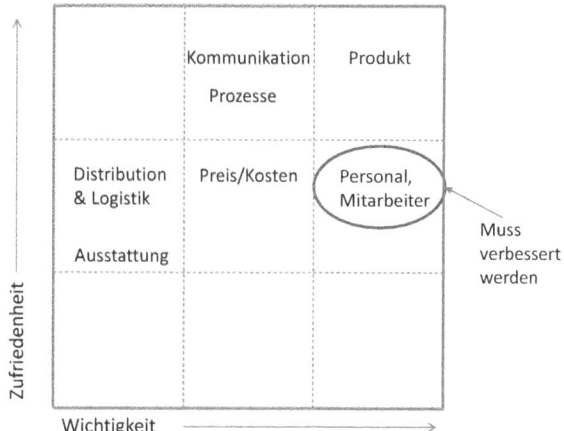

und Ausstattung und Prozesse. Bei den Prozessen analysieren Sie z. B. die Zufriedenheit
des Kunden mit jedem Schritt von der Auswahl eines Produktes, über die Bestellung und
Lieferung bis zur Behandlung von Rücksendungen oder Beschwerden. Wenn Sie Ihren
Fragenkatalog fertiggestellt haben, testen Sie ihn mit einigen freundlichen Kunden. So
stellen Sie sicher, dass der Fragenkatalog aus Sicht des Kunden logisch aufgebaut ist und
die Fragen so verstanden werden, wie Sie das beabsichtigt haben. Sie vermeiden damit,
dass Sie mit großem Aufwand Kunden befragen, um später festzustellen, dass die Fragen missverstanden wurden. Kombinieren Sie geschlossene Fragen, bei denen der Kunde
klare vorgegebene Antworten geben muss und offene Fragen, bei denen Sie dem Kunden die Chance geben, seine Antwort auszuformulieren und vermeiden, dass Ihr Blick
auf ein Gebiet zu eng ist. Analysieren Sie an welchen wichtigen Punkten im Kaufprozess Ihre Zielgruppe mit Ihrem Unternehmen in Kontakt tritt. Das kann physisch sein,
es kann aber auch mit verschiedenen Online-Medien sein. Überlegen Sie genau, welche
Personen Sie befragen wollen, um sicher zu stellen, dass Sie mit einer Stichprobe Ihre
Zielgruppe repräsentativ erreichen bzw. dass Sie bei einer Nutzerbefragung sowohl gele-
gentliche Nutzer als auch Intensivnutzer erreichen, wenn Sie das anstreben. Wenn Sie
relativ kleine Gruppen befragen wollen, können Sie auch eine Vollerhebung anstreben,
müssen dazu aber ggf. Zielgruppenvertreter mehrfach zu erreichen versuchen, was zu
erhöhtem Zeit- und Kostenaufwand führen wird. Bei B2B-Umfragen sollten Sie sicherstellen, dass Sie Repräsentanten der wichtigsten Entscheidergruppen im Buying Center
erreichen. Befragen Sie Kunden an relevanten Kontaktpunkten, was ihnen besonders
gefallen hat und was sie als negativ empfunden haben und verbessern Sie das Kundener-
lebnis, wo nötig. Beauftragen Sie Marktforschungsunternehmen bei Ihrem Unternehmen
einzukaufen und den Kaufprozess sowie die Qualität der Bedienung zu beurteilen. Analysieren Sie Ihre Kundenbeschwerden und Reklamationen, um Häufungen und Muster
zu erkennen und die Ursachen zu verstehen und, wo sinnvoll, zu beseitigen. Wiederholen
Sie diese Messungen mindestens einmal pro Jahr, damit Sie aktuell verstehen, wie groß

die Zufriedenheit Ihrer Kunden ist, wo sie unzufrieden sind und an welchen Stellen Sie korrektive Maßnahmen einleiten müssen.

Kundenerwartungen treffen – Das Gap-Modell der Dienstleistungsqualität

Basierend auf dem Vergleich zwischen Erwartungen und Wahrnehmungen, der sich in der Kundenzufriedenheit niederschlägt, haben Parasuraman et al. (1985) ihr Modell der Dienstleistungsqualität entwickelt. Sie beschreiben dabei fünf Lücken oder Diskrepanzen (Gaps) die zwischen den wahrgenommenen Leistungen und den Erwartungen entstehen (Parasuraman et al. 1985, Abb. 8.2).

- Gap 1: Diskrepanz zwischen Kundenerwartungen und deren Wahrnehmung durch das Management
- Gap 2: Diskrepanz zwischen der Wahrnehmung der Kundenerwartung durch das Management und ihrer Umsetzung in Spezifikationen der Dienstleistungsqualität
- Gap 3: Diskrepanz zwischen den Spezifikationen der Dienstleistungsqualität und der tatsächlich erstellten Leistung
- Gap 4: Diskrepanz zwischen erstellter Dienstleistung und der an den Kunden gerichteten Kommunikation über die Dienstleistung
- Gap 5: Die wahrgenommene Dienstleistungsqualität ist im Modell als Diskrepanz zwischen den Erwartungen und Wahrnehmungen der Kunden definiert. Sie ist umso größer, je größer die Lücken 1–4 sind.

Die Ursachen der Lücken sind bei jedem Gap natürlich andere.

- Gap 1 geht auf fehlende oder unzureichende Nutzung von Marktforschungsergebnissen, auf eine unzulängliche Aufwärtskommunikation vom Kundenkontaktpersonal zum Management und eine zu große Anzahl von Hierarchiestufen zurück.
- Gap 2 basiert auf unklaren Zielformulierungen, einer mangelnden Standardisierung von Aufgaben, einer falschen Wahrnehmung des Managements, ob und welche der Aufgaben durchführbar sind und einer unzureichenden Verpflichtung des Managements gegenüber einer hohen Servicequalität.
- Gap 3 wird von vielen Faktoren beeinflusst. Dazu gehören neben der Ausbildung der Mitarbeiter ein unklares Rollenverständnis dieser Mitarbeiter, Rollenkonflikte und Mängel in der Teamarbeit aber auch eine unzureichende Ausstattung der Arbeitsplätze der Mitarbeiter und mangelnde Kontrolle.
- Gap 4 entsteht, wenn die Kommunikation der erbrachten Dienstleistung nicht faktenorientiert und in Kundensprache erfolgt, sondern unklare und/oder übertriebene Versprechungen gemacht werden.
- Gap 5 entsteht, wenn die wahrgenommene Dienstleistung nicht mit der erwarteten Leistung übereinstimmt. Dieses Gap entsteht einmal aus der Summe der Gaps 1–4, wird aber auch durch viele emotionale Faktoren beeinflusst, wie z. B. die Zufriedenheit mit der Geschwindigkeit, in der Antworten gegeben oder Lösungen vorgestellt werden.

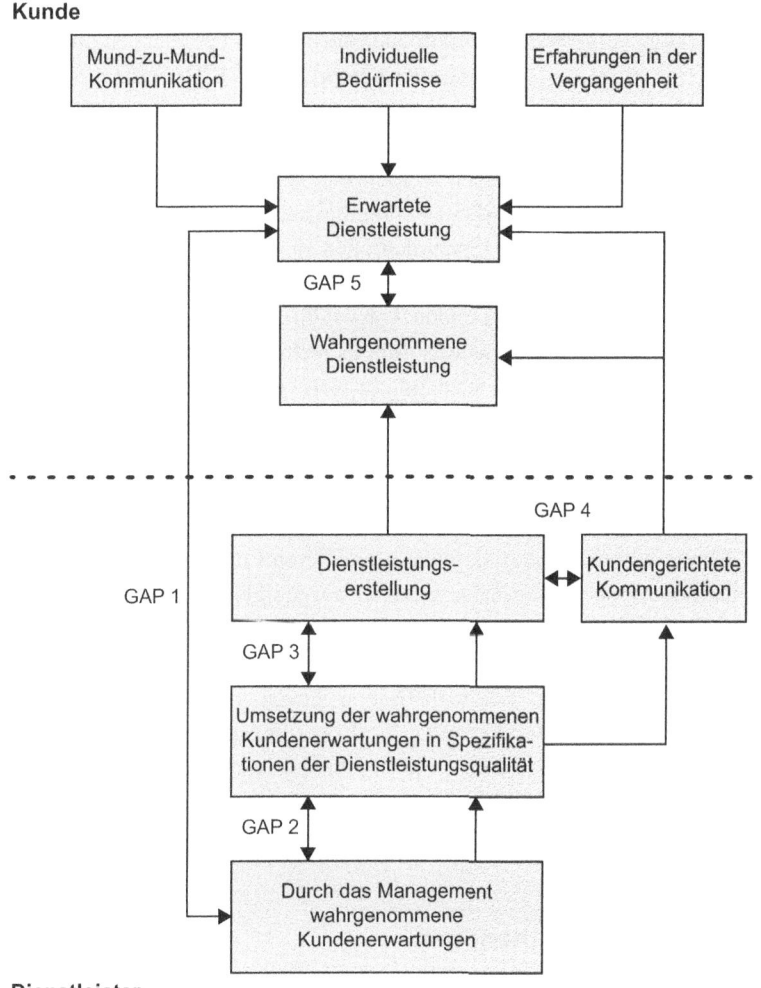

Abb. 8.2 Das Gap-Modell der Servicequalität (Parasuraman et al. 1985), Reprinted by permission of Pearson Education Inc., New York

Um schon bei der Dienstleistungsentwicklung eine hohe Kundenzufriedenheit sicherzustellen, müssen Sie verschiedene Maßnahmen ergreifen. Es beginnt also mit einem guten Verständnis der Probleme, Ängste, Sorgen und Hoffnungen der Kunden bevor das erste Treffen mit dem Kunden stattfindet. Mit einer besseren Vorbereitung z. B. durch Marktforschung wird das Gespräch mit dem Kunden ergiebiger sein und Sie bekommen mehr Klarheit über die Anforderungen. Durch dieses Verständnis lohnt es sich, diese Anforderungen zu dokumentieren und an die Mitarbeiter des Kunden mit dem jeweiligen Problem weiterzugeben, damit diese sie verifizieren. Das Ergebnis geht an die Spezialisten zur Umsetzung in Dienstleistungsspezifikationen. Diese brauchen ganz klar formulierte

Ziele in Bezug auf Inhalte und Qualität, die ggf. nochmals mit dem Kunden abzustimmen sind. Sie sollten aufgefordert werden, die Machbarkeit der Ziele zu überprüfen und, überall dort wo sie Probleme erwarten, diese zu artikulieren. Um eine effektive Umsetzung zu gewährleisten, sollten Aufgabenbausteine und Prozesse standardisiert werden. Die verantwortlichen Manager müssen an der Erfüllung der Kundenerwartungen, d. h. an der Kundenzufriedenheit gemessen werden und sollten ihre Erwartungshaltung entsprechend an die betroffenen Mitarbeiter kommunizieren. Nachdem die Spezifikationen erstellt sind, sollte der Entwurf der Spezifikationen an den Kunden zur Prüfung und zum Feedback gehen. Wenn möglich sollte das nicht nur über den Austausch mit Briefen oder E-Mail geschehen, sondern dem Kunden vorgestellt und dabei immer wieder gefragt werden, ob das richtig verstanden wurde. Gibt es technische Restriktionen, sollten diese dem Kunden zu diesem Zeitpunkt verdeutlicht werden, um spätere Überraschungen zu vermeiden. Vor der Umsetzung gilt es großen Wert auf die Auswahl und Ausbildung geeigneter Mitarbeiter zu legen, deren Rollen klar zu beschreiben und sicherzustellen, dass ihre Arbeitsplätze den Anforderungen des Projektes entsprechend, auch in Bezug auf Technologie, ausgestattet sind. Es sind Projektstufen mit klaren Zielsetzungen in Bezug auf Termin und Qualität zu definieren und deren Einhaltung ist zu prüfen. Je klarer die Dienstleistungsspezifikationen, je besser ausgebildet die Spezialisten zur Umsetzung sind und je besser die Teamarbeit ist, umso größer ist die Chance, die Bedürfnisse des Kunden auch zu adressieren. Gefahr droht, wenn unrealistische Zeit- und/oder Kostenvorgaben gemacht werden. Bei realistischen Zielen, passenden Kompetenzen und guter Teamarbeit haben Sie gute Chancen, die Erwartungshaltung Ihrer Kunden zu treffen. Wenn es Ihnen dann noch gelingt, die Ergebnisse so an Ihre Kunden zu kommunizieren, dass diese sie gut verstehen, werden Sie die Summe der Abweichungen aus den Gaps 1 bis 4 gering halten.

8.2   Kundenbindung managen

Sie haben jetzt die Kundenzufriedenheit erfasst und festgestellt, welche Zufriedenheitskriterien Ihren Kunden wichtig sind und wo Sie sich noch verbessern müssen. Für diese Gebiete haben Sie Maßnahmen eingeleitet, um Verbesserungen zu erreichen. Sie haben verstanden, dass Sie die Kundenerwartungen zum Teil beeinflussen können und entsprechende Maßnahmen ergriffen. Die Summe dieser Maßnahmen hat Kundenbegeisterung, Loyalität und Kundenbindung zum Ziel. Wenn Sie diese Maßnahmen kontinuierlich anwenden, werden Sie die Kundenbegeisterung auf einem hohen Niveau stabilisieren können und Kunden zu Stammkunden entwickeln. Nun gilt es zu verstehen, über welche weiteren Maßnahmen Sie die Kundenbindung intensivieren können. Das beginnt direkt nach dem Kauf, indem Sie sicherstellen, dass der Kunde Ihr einfaches Produkt sofort nutzen kann. Bei erklärungsbedürftigen Produkten damit, dass Sie den Nutzern die Verwendung des Produktes erläutern oder sie schulen. Auch hier sollten Sie die Gelegenheit der Lieferung, der Installation oder des Gebrauchs nutzen, Ihre Kunden aktiv ansprechen und um Feedback bitten. Einige Fluggesellschaften fragen z. B. am Tag nach einem Flug, ob der Kunde zufrieden mit dem Flug und einigen wichtigen Aspekten des Fluges war. Es lohnt sich für wichtige Nutzer persönliche Ansprechpartner in Ihrem Unternehmen zu benennen. Denken Sie auch an eine Schulung der Kundenmitarbeiter in Bezug auf Ihre Dienstleistungs- und Unterstützungsangebote und in der administrativen Abwicklung, z. B. von Nachbestellungen. Legen Sie großen Wert auf die Verbesserung der persönlichen Beziehungen zwischen Mitarbeitern Ihres Unternehmens und wichtigen Entscheidern oder Beeinflussern Ihrer Kunden. Das kann sowohl formell, z. B. durch regelmäßige Kundenveranstaltungen mit Bestandskunden, als auch informell z. B. durch einen Kundenstammtisch oder exklusive Erlebnisse, wie ein Top-Fußballspiel, ein Formel-1-Rennen oder ein Fahrertraining, erfolgen. Denken Sie also über eine Veranstaltungsreihe mit den wichtigsten Ihrer Bestandskunden nach. Laden Sie diese z. B. ein- bis zweimal pro Jahr ein, berichten über erfolgreiche Projekte, bitten Kunden über ihre Erfahrungen zu erzählen und lassen Sie Ihre Experten über geplante Produktentwicklungen oder Erweiterungen berichten. Versuchen Sie dabei auf keinen Fall zu verkaufen. Es geht hier um Beziehungsaufbau und -pflege. Mit der Zeit wird der Kunde Ihnen mehr vertrauen, er wird gut informiert sein und bei Kaufentscheidungen auf seine Informationen zurückgreifen und sich an jemanden wenden, dem er vertraut. Senden Sie den Teilnehmern nach der Veranstaltung die gezeigten Informationen und eventuell noch etwas mehr Details. So bleiben Sie in Erinnerung und bewegen die Teilnehmer vielleicht näher an eine Kaufentscheidung. Fordern Sie die zuständigen Verkäufer auf, den Kunden auch zu fragen, wie er die Veranstaltung fand und, ob er noch Fragen hat. Informieren Sie auch die Kunden, die Sie zur Veranstaltung eingeladen haben, die aber nicht teilgenommen haben, über die Inhalte und senden Sie Ihnen die Informationen, die sie verpasst haben. Wenn Sie regelmäßig über interessante Neuigkeiten berichten können, können Sie Ihren Kunden auch einen Newsletter anbieten. Auch hier gilt es Informationen zu liefern, Interesse für neue Technologien, neue Produkte oder neue Angebote zu wecken, aber nicht zu verkaufen. Versenden Sie Ihren Newsletter in Abständen, die von Ihrer Zielgruppe als angenehm wahrgenommen werden und vermeiden Sie Ihre Zielgruppe zu häufig mit einem Newsletter zu belästigen. Überlegen Sie, welche emotionalen Inhalte Sie anbieten können und vermeiden Sie nur Zahlen, Daten und Fakten zu liefern. Nehmen Sie Feiertage wie Ostern oder Weihnachten zum Anlass für Kommunikation. Beziehen Sie sich auf eine Europa- oder Weltmeisterschaft oder, wenn das zu Ihrem Angebot passt, auf den Muttertag oder den Vatertag. Gratulieren Sie zum neuen Jahr oder reden Sie über den Beginn der Urlaubszeit. Es gibt viele Möglichkeiten, einen Newsletter zu beginnen ohne langweilig zu sein. Bieten Sie den Nutzern Ihrer Kunden Foren an, in denen sie sich untereinander austauschen können, aber benennen Sie Mitarbeiter, die diese Foren begleiten und die Nutzer ggf. beraten. Informieren Sie Ihre Kunden in einem regelmäßigen Newsletter oder Blogeintrag über gelöste Probleme, Produktverbesserungen und neue Angebote. Lenken Sie Ihre Kunden zu Ihren Cross- oder Upselling-Angeboten. Nutzen Sie soziale Medien zum Austausch mit und zwischen

Ihren Kunden. Besuchen Sie wichtige Kunden und befragen Sie sie nach Ihren Erfahrungen, Wünschen und Sorgen. Sorgen Sie dafür, dass Ihre Mitarbeiter die Bedeutung guter
persönlicher Beziehungen zu Kunden verstehen. Bitten Sie die Mitarbeiter, ihre Kunden
regelmäßig anzurufen oder zu treffen, um zu verstehen, wo sie stehen, was sie brauchen
und wo Ihr Unternehmen helfen kann. Bitten Sie Ihre Kollegen, sich über die Geburts-
tage Ihrer Kunden zu informieren und diesen zum Geburtstag zu gratulieren. Schaffen
Sie Möglichkeiten, dass Ihre Mitarbeiter Grüße zu Weihnachten und/oder zum Jahres-
wechsel personalisiert an Ihre Kundenkontakte senden können. Besuchen Sie Ihre Kunden am Jahresanfang oder laden Sie sie ein. Fragen Sie, wie das letzte Jahr war, was gut
und was schlecht lief? Fragen Sie sie nach ihren Plänen für das neue Jahr. Das gibt Ihnen
die Möglichkeit Ansätze zu finden, wie Sie sie noch besser unterstützen können. Möchten Sie wichtige Kunden früher als die Allgemeinheit der Kunden über neue Angebote
informieren? Halten Sie für wichtige Kunden Parkplätze, die näher an Ihrem Eingang
sind, bereit? Können Sie Kundenklubs etablieren oder Kundenkarten ausgeben, um Ihre
Kunden an sich zu binden? Können Sie besonders wertvolle Kunden mit der Silbernen
oder Goldenen Kundenkarte auszeichnen? Belohnen Sie Kunden für den zehnten Besuch
mit einem kostenlosen Angebot? Was tun Sie, um Ihre Kunden vertraglich an sich zu
binden? Können Sie Verträge vereinbaren, bei denen ein Kunde sich zur Abnahme einer
Gesamtmenge z. B. über drei Jahre verpflichtet und bei Bedarf entsprechende Teilmengen abruft? Schließen Sie Outsourcing-Verträge nicht nur über drei, sondern über vier
oder fünf Jahre ab und vereinbaren eine jährliche Anpassung an Marktpreise? Bieten
Sie Ihren Kunden Wartungsverträge an, die ihnen bei Problemen innerhalb kurzer Zeit
Unterstützung bieten? Gibt es Gründe, eine Kundenbeziehung als exklusiv zu bezeichnen und das entsprechend vertraglich abzusichern? Überlegen Sie, welche finanziellen
Vorteile Sie Ihren besten Kunden gewähren können. Gibt es Rabatte ab einer bestimmten Abnahmemenge? Gibt es Großkundenrabatte? Gibt es eine Jahresrückvergütung
für Kunden, die eine vereinbarte Jahresmenge abgenommen haben? Wie gestalten Sie
Upgrades attraktiv? Belohnen Sie Weiterempfehlungen? Gibt es Möglichkeiten, Ihre
Kunden technisch an Ihr Unternehmen zu binden? Denken Sie an Klingen für den Rasie-
rer oder an Druckerpatronen. Können Sie einen besseren Durchsatz versprechen, wenn
verschiedene Ihrer Komponenten oder Maschinen in Kombination eingesetzt werden,
weil Sie diese Konfigurationen getestet und besser integriert haben, als das mit Komponenten verschiedener Anbieter geht. Was können Sie dafür tun, dass es bequemer ist, bei
Ihrem Unternehmen zu bleiben, statt zu wechseln?

Wichtige Kunden in Ihr Unternehmen integrieren
Analysieren Sie, wer Ihre wichtigsten Kunden sind, welche Umsätze bei diesen Kunden
erzielt werden und welchen Deckungsbeitrag diese leisten. Teilen Sie Ihre Kunden in
A-, B- und C-Kunden ein. Ihre A-Kunden sind die 20 % Ihrer Kunden, die 80 % Ihres
Umsatzes bzw. Ihres Deckungsbeitrags erwirtschaften. Es sind Kunden, die besonders
häufig oder besonders regelmäßig bei Ihnen kaufen. Diese brauchen besonderen Fokus,

um sie an Ihr Unternehmen zu binden und weiter zu entwickeln. Hier sollten Sie Ihre Ressourcen einsetzen und proaktiv handeln. Für Ihre C-Kunden genügt es, wenn Sie auf deren Nachfrage reagieren. Betrachten Sie nicht nur die Vergangenheit, sondern planen Sie für die wichtigsten Kunden auch die möglichen Umsätze und Deckungsbeiträge in den nächsten Jahren. Betrachten Sie dabei besonders auch die Kunden, die zu den 20 % der Kunden gehören, die 80 % des Umsatzes erwirtschaften, aber nicht zu den 20 % mit den höchsten Deckungsbeiträgen gehören. Hier gilt es zu verstehen, ob Sie die Situation durch höhere Umsätze oder durch Kostenreduzierungen verbessern können. Eventuell stellen Sie dabei fest, dass Sie einzelne Kunden haben, mit denen Sie hohe Umsätze erzielen, aber gleichzeitig Verluste erwirtschaften. Sollte es Ihnen hier nicht gelingen, die Kosten entsprechend zu reduzieren, müssen Sie das Gespräch mit den Kunden suchen, um über eine Erhöhung der Umsätze oder eine Reduzierung Ihrer Kosten zu verhandeln. Gelingt dies nicht, müssen Sie über eine Trennung von diesen Kunden nachdenken.

Wenn Sie die Liste der Kunden fertiggestellt haben, prüfen Sie, ob es noch einige wenige Kunden gibt, die aus anderen Gründen wichtig für Ihr Unternehmen sind. Das könnten Kunden sein, die immer Ihre neuesten Produkte als erste einsetzen. Es können Kunden sein, die einen sehr guten Namen in einer für Sie wichtigen Branche haben und an denen sich viele Unternehmen der Branche orientieren oder andere Kunden, die als Multiplikatoren für Sie wirken. Etablieren Sie Key Account Manager für diese wichtigen Kunden. Diese Key Account Manager verantworten eine gute persönliche Beziehung zu den wichtigsten Beeinflussern und Entscheidern Ihrer Kunden, sie verbessern die Kommunikation und Beratung von der Problemanalyse über die Problemlösung zum Kauf und der Inbetriebnahme oder den Verbrauch. Sie planen und erzielen höhere Deckungsbeiträge und sie verantworten eine hohe Kundenzufriedenheit. Ihre Aufgabe ist es, diese wichtigen Kunden besser in Ihr Unternehmen zu integrieren. Die Aufgabe der Zentrale ist es, die Prozesse des Unternehmens zu untersuchen, um Möglichkeiten zu finden, diese Prozesse für die ausgewählte Gruppe der wichtigsten Kunden noch einfacher und schneller zu gestalten. Das können z. B. spezielle kundenspezifische Webseiten zum Abruf von Aufträgen sein. Das können definierte Kontakte im Unternehmen für die Beratung oder spezielle Rufnummern für die Problembehandlung sein. Oder es werden Kontakte direkt mit Entwicklungsmanagern hergestellt. Die Zentrale unterstützt die Key Account Manager auch mit Auswertungen und Angeboten. Überlegen Sie, wie Sie den Deckungsbeitrag je Kunde erhöhen können. Analysieren Sie, welche Ihre bestverkauften Angebote sind. Kennen Ihre wichtigsten Kunden Ihre wichtigsten Angebote? Welche Angebote können Sie diesen Kunden noch verkaufen, um die Beziehungen zu Ihrem Unternehmen zu vertiefen? Welche anderen Angebote können Sie verkaufen, um einen höheren Anteil an den Gesamtausgaben dieser Kunden zu erzielen? Was sonst können Sie tun, um eine stärkere Bindung dieser Kunden an Ihr Unternehmen zu erreichen? Wie können Sie die Bindung Ihrer wichtigsten Kunden so gestalten, dass diese integraler Bestandteil Ihrer Angebotsentwicklung werden? Können Sie gemeinsame Forschungsprojekte vereinbaren? Wie können Sie mit Ihren Kunden gemeinsam Produkte entwickeln? Denken Sie im Sinne von Design Thinking an einen nie endenden Prozess der Abstimmung mit Ihren Kunden. Befragen Sie die Kunden einzeln oder in Gruppen bei Ihren ersten Produktideen und arbeiten Sie das Feedback ein. Fragen Sie, ob die Weiterentwicklung basierend auf dem Feedback ihren Wünschen entspricht. Verarbeiten Sie das neue Feedback usw. bis das fertige Produkt steht. Bitten Sie die Kunden dieses Produkt vor Markteinführung zu testen und verarbeiten Sie ihr Feedback so lange, bis das Produkt problemlos läuft. Befragen Sie die Kunden, nachdem sie das Produkt eine gewisse Zeit genutzt haben, ob sie Empfehlungen für Verbesserungen geben können. Bauen Sie diese in einen Prototyp ein und fragen nach Feedback für diesen. Bearbeiten Sie neue Kundenprobleme gemeinsam mit einer Gruppe wichtiger Kunden, um die Ursachen zu verstehen und mögliche Problemlösungen zu erarbeiten. Entwickeln Sie einen neuen Zyklus von Kundeninput über Lösungsvorschlag hin zu Kundenfeedback. Ähnlich können Sie bei den anderen sechs Komponenten verfahren, um mit Ihren Kunden gemeinsam z. B. neue Preismodelle oder bessere Prozesse mit Kundenkontakt zu entwickeln. Kunden, die diese Lösungen gemeinsam mit Ihnen entwickelt haben, werden diese nicht nur kaufen, sondern Sie stehen Ihnen als Referenzkunde zur Verfügung und erzählen Ihren Freunden und Kollegen von der wunderbaren neuen Lösung. Je länger diese Beziehung anhält, umso eher werden sie bei neuen Kaufentscheidungen auf Ihr Unternehmen, mit dem sie bisher äußerst positive Erfahrungen gemacht haben, zurückkommen und ohne große Vergleiche mit anderen Anbietern bei Ihnen kaufen. Durch diese Vertrauensbasis erreichen Sie eine gleichmäßige Nachfrage, verbessern Ihren Umsatz und stärken Ihr Image. Gleichzeitig sparen Sie Kosten bei der Neukundenakquise und haben geringere Kosten bei der Betreuung existierender Kunden als bei der Gewöhnung neuer Kunden an Ihr Unternehmen. Wenn Sie nur wenige sehr große Kunden haben, die den größten Teil Ihres Umsatzes generieren, sollten Sie überlegen, ob Sie nicht für jeden dieser einzelnen Kunden einen kundenspezifischen Marketingplan erstellen und umsetzen. Gegebenenfalls ist der Return on Marketing Invest für diesen Plan höher als für einen Plan mit dem Sie eine sehr große Zielgruppe mit geringem möglichen Umsatz je Unternehmen ansprechen.

▶ Machen Sie sich nicht von einzelnen Kunden abhängig. Wenn Ihnen der Umsatz dieser Kunden verloren geht, kann die Existenz Ihres Unternehmens gefährdet sein.

8.3   Daten erfassen und nutzen – ein CRM-System etablieren

Oftmals befinden sich Kundendaten an vielen verschiedenen Stellen im Unternehmen. Die Daten im Rechnungswesen sind für Verkäufer nicht zugänglich. Verkäufer halten eigene Spreadsheets über ihre Kunden vor. Kundendaten aus den Läden werden in einem anderen System erfasst, als Kundendaten aus dem Webshop. Daten für Marketingkampagnen und

ihre Resultate werden in einem Marketingsystem erfasst und die Daten über Kundenzufriedenheit werden an einer weiteren Stelle dokumentiert. Niemand im Unternehmen hat
einen Überblick über alle zu einem Kunden gehörenden Daten. Hier lohnt es sich, in ein
zentrales System zu investieren, das alle Daten über Ihre Kunden abbildet. Das beginnt
mit den Stammdaten Ihrer Kunden. Bei B2C sind das Name, Adresse, besondere Interessen und Vorlieben und das Geburtsdatum. Bei B2B der Name des Unternehmens, die
Unternehmensadresse, die Namen der Entscheider und ihrer Funktionen und ggf. abwei-
chende Adressen. So haben Sie die Chance, Ihre Kunden gezielt mit Angeboten anzusprechen, ihnen zum Geburtstag zu gratulieren und sich in Erinnerung zu rufen. Es beinhaltet
die Angebote, die Sie verkauft haben oder verkaufen wollen. Es enthält Informationen
über die Angebote, die Sie abgegeben haben und wichtigen Schriftverkehr. Sie speichern
Informationen über installierte Fremdprodukte und über große Verträge, die Sie an die
Konkurrenz verloren haben und ggf. das Ablaufdatum eines Vertrages, sodass Sie rechtzeitig daran arbeiten können, den nächsten Vertrag zu gewinnen. Sie dokumentieren, mit
welchen Marketingkampagnen Sie den Kunden angesprochen haben und wie er auf einzelne Taktiken reagiert hat. Der Vertrieb dokumentiert, welche Angebote er verkaufen
will, wo er im Verkaufsprozess steht und wie groß seine Chancen sind, den Auftrag zu
erhalten. Nach Erhalt des Auftrags wird der geplante Fertigstellungstermin der Dienstleistung je Projektphase oder der Liefertermin des Produktes gespeichert. Zu jedem geplanten Termin wird jeweils der Ist-Termin hinzugefügt. Bei Rechnungsstellung werden der
Betrag und der Zahlungstermin erfasst und die Zahlung wird dokumentiert. Wurde ein
Produkt im Webshop bestellt und im Laden zurückgegeben, wird das im zentralen CRM-
System dokumentiert. Verträge und ihr Status werden erfasst. Bei Abrufaufträgen kann
erkannt werden, was schon abgerufen und was geliefert wurde. Alle betroffenen Mitarbeiter haben jederzeit Zugang zu für sie relevante Informationen. So kann der Servicemitarbeiter, wenn ein Kunde anruft, leicht sehen, welches Produkt der Kunde nutzt, wann er
zum letzten Mal ein Problem hatte und wer ihm dabei mit welcher Lösung geholfen hat.

Das System erlaubt auch vielfältige Auswertungen, z. B. welche Umsätze mit welchen Produkten bei Kunden erzielt wurden und wie sich diese Umsätze über die Zeit
entwickelt haben. Es bietet die Möglichkeit, Kundengruppen nach ihrem Status im
Kaufprozess für Marketingkampagnen auszuwählen und gezielt anzusprechen. Mit dieser großen Datenbasis erlaubt das System dann auch Auswertungen für die Planung und
Strategieentwicklung. Mit einem zentralen System verbinden sich also viele Vorteile
für Ihr Unternehmen. Sie haben jederzeit einen aktuellen Stand über Ihre Kunden, Ihre
Angebote, Ihre erzielten und Ihre geplanten Umsätze. Ihre Vertriebs- und Servicemitarbeiter sind jederzeit auskunftsfähig und können sich effektiv um die Anfragen oder Probleme Ihrer Kunden kümmern, ohne lange nach Informationen suchen zu müssen. Durch
die Entlastung von administrativen Aufgaben gewinnen die Vertriebsmitarbeiter Zeit,
sich um die Probleme Ihrer Kunden zu kümmern und diesen adäquate Lösungen zu verkaufen. Sie steigern also den Umsatz ohne die Kosten für den Vertrieb zu erhöhen. Da

sie früher beim Kunden sind, werden Sie Umsätze auch schneller erzielen als bisher. Die Zufriedenheit Ihrer Kunden und Mitarbeiter steigt.

Zusammenfassung

Kundenbeziehungsmanagement beginnt mit Kundenbegeisterung. Begeisterte Kunden kaufen häufig ohne weitere Preisverhandlungen wieder bei Ihrem Unternehmen ein. Sie sind offener für Cross- und Upselling-Angebote und empfehlen Ihr Unternehmen und seine Angebote gerne weiter. Mit dem Management der Kundenzufriedenheit reduzieren Sie Beschwerden und Reklamationen. Es führt zu einer Verbesserung des Images Ihrer Angebote und Ihres Unternehmens. Sie erzielen einen konstanteren Auftragseingang. Wenn Sie Beschwerden und Reklamationen Ihrer Kunden als die Chance sehen, konstant von Ihren Kunden zu lernen, und nicht nur das einzelne Problem zu lösen, sondern dieses Problem für die Zukunft zu vermeiden, werden Sie Ihre Kundenzufriedenheit konstant erhöhen. Die schnelle und komplette Lösung von Kundenbeschwerden kann auch zu Begeisterung führen und wird auch in diesem Fall zu positiver Mund-zu-Mund-Propaganda führen. Analysieren Sie Ihre Kundenzufriedenheit regelmäßig und verfolgen Sie dabei auch die Trends in der Entwicklung der Zufriedenheit. Durch die Konzentration Ihrer Analysen auf der Customer Journey und auf die sieben Kriterien Produkt, Kosten/Preis/Kontrahierung, Distribution und Logistik, Kommunikation mit der Zielgruppe, Personal, physische Umgebung und Ausstattung und Ihre Prozesse decken Sie alle wichtigen Aspekte der Kundenzufriedenheit ab und sparen Kosten. Vermeiden Sie Fehler in der Kommunikation der Kundenerwartungen an Ihr Management und in der Kommunikation vom Management an die Ersteller der Spezifikationen. Vermeiden Sie Probleme bei der Umsetzung der Spezifikationen und bei der Kommunikation der Resultate an Ihre Kunden. Helfen Sie Ihren neuen Kunden durch Neukundenprogramme die Angebote Ihres Unternehmens effektiv zu nutzen und verhindern Sie, dass sie Probleme mit den Prozessen Ihres Unternehmens erfahren. Entwickeln Sie einen Plan, wie Sie die Kundenbindung in Ihrem Unternehmen managen können. Basierend auf der Erfassung der Kundenzufriedenheit wissen Sie, bei welchen Angeboten Sie Verbesserungen erreichen müssen und können diese gezielt planen. Sie wissen, welche Kundengruppen Probleme haben und können für eine Lösung sorgen. Sie verstehen, welche Kunden für die Zukunft Ihres Unternehmens interessant sind und können diese besser persönlich betreuen oder eine Veranstaltungsreihe entwickeln, die diese Kunden mit regelmäßigen exklusiven Informationen versorgt. Mit dem Fokus auf Kundenintegration für die 20 % der Kunden, die 80 % Ihres Umsatzes und Deckungsbeitrags erwirtschaften oder erwirtschaften können, binden Sie diese Kunden stark an Ihr Unternehmen und erhöhen Umsätze und Deckungsbeiträge.

Literatur

Foscht, T., B. Swoboda, und H. Schramm-Klein. 2015. *Käuferverhalten- Grundlagen- Perspektiven-Anwendungen*, 234. Wiesbaden: Springer Gabler.

Haller, S. 2012 *Dienstleistungsmanagement, Grundlagen-Konzepte-Instrumente*, 28, 41, 42. Wiesbaden: Springer Gabler.

Hermann, A., und F. Huber. 2013. *Produktmanagement, Grundlagen-Methoden-Beispiele*, 301. Wiesbaden: Springer Gabler.

Parasuraman, A., V. Zeithaml, und L.L. Berry. 1985. A conceptual model of service quality and its implications for future research. *Journal of Marketing* 49:77–78.

Stauss, B., und H. Seidelx. 2014. *Beschwerdemanagement*, 28. München: Hanser.

Zusammenfassung

Im letzten Kapitel werden die Probleme, die unstrukturiertes Marketing verursacht, nochmals im Überblick beschrieben. Die einzelnen Schritte von der Definition der Zielgruppe, über das Verstehen der Zielgruppe und ihrer Bedürfnisse, bis hin zum Erarbeiten des Nutzens für die Zielgruppe, werden zusammengefasst. Das Verständnis der Konkurrenten bei der ausgewählten Zielgruppe mit den beschriebenen Problemen hilft, das Alleinstellungsmerkmal zu definieren. Auf Basis des Alleinstellungsmerkmals kann eine Marke für das Unternehmen und/oder seine Angebote geschaffen werden. Nun wird der Kaufprozess der ausgewählten Zielgruppe im Detail verstanden. Sie sorgen dafür, dass Ihre Zielgruppe an jeder Stelle des Kaufprozesses die Informationen findet, die sie sucht. Sie treiben Ihre Zielgruppe im Kaufprozess von Schritt zu Schritt und sorgen dafür, dass sie bei Ihrem Unternehmen bleibt und sich weniger bei Ihren Konkurrenten informiert. Mit einem integrierten Plan sorgen Sie dafür, dass Ihre Aktivitäten aufeinander abgestimmt sind und es klare Verantwortlichkeiten gibt. Mit Kundenbindungsmaßnahmen binden Sie Ihre bestehenden Kunden an Ihr Unternehmen.

Viele Marketingaktionen führen nicht zum gewünschten Ziel, ohne dass den ausführenden Organisationen der eigentliche Grund für ihren Misserfolg klar wird. Zu den möglichen Ursachen gehören die folgenden:

- Der Kunde hat das Problem, das er hat, noch nicht vollständig verstanden.
- Ihr Produkt oder Ihre Dienstleistung löst das Kundenproblem nicht.
- Der Ansprechpartner bei Ihrem Kunden reagiert nicht.
- Der Kunde versteht nicht, was Sie anbieten.

© Springer Fachmedien Wiesbaden GmbH 2018
W. Vogt, *Schlankes Marketing für den Mittelstand,*
https://doi.org/10.1007/978-3-658-16732-5_9

- Der Kunde versteht den Nutzen, den ihm Ihr Angebot liefert, nicht.
- Der Kunde versteht nicht, warum er bei Ihnen kaufen soll.
- Ihr Angebot ist zu teuer.
- Ihr Angebot ist zu billig.
- Sie haben den Kunden nicht zum Kauf aufgefordert.

Um diesen zu begegnen, brauchen Sie eine strukturierte Vorgehensweise, in deren Mittelpunkt Ihre Zielgruppe steht. Sie beginnen mit der klaren Definition Ihrer Unternehmensziele und der Marketingziele, die diese unterstützen. Sie beschäftigen sich mit dem Kaufprozess Ihrer Kunden und verstehen besser, wie Ihre Endverbraucher im B2C- und das Buying Center im B2B-Umfeld einkaufen und wer an diesem Kaufprozess beteiligt ist. Für diese Beteiligten, also Ihre Zielgruppe oder Ihre Zielgruppen, erarbeiten Sie jetzt Schritt für Schritt, was diese brauchen und suchen und wie Sie Ihnen genau das bieten können. Sie bemühen sich, ihre Bedürfnisse, Wünsche, Ängste, Sorgen und Hoffnungen zu verstehen und herauszufinden, wie Sie Nutzen für die Zielgruppe generieren können. Sie definieren gegen wen Sie bei dieser Zielgruppe mit diesen Wünschen in Konkurrenz stehen und analysieren die Stärken und Schwächen Ihrer Konkurrenten. Mit diesem Wissen überarbeiten Sie Ihre Nutzendarstellung und stellen sicher, dass Sie Ihrer Zielgruppe klare Gründe geben, bei Ihnen und nicht bei der Konkurrenz zu kaufen. Auf dem Weg von der Definition der Zielgruppe bis zum Alleinstellungsmerkmal werden Sie immer wieder feststellen, dass Sie in einem vorangegangenen Schritt Annahmen getroffen haben, die unvollständig oder teilweise falsch waren, da Sie in jedem Schritt neue Erkenntnisse gewinnen. Sie werden also ggf. Ihre vorherigen Annahmen korrigieren und mit diesen Annahmen die nächsten Schritte wiederholen. Das heißt, Sie werden ggf. die Zielgruppe verkleinern oder vergrößern, einzelne Angebot umgestalten oder abwählen bzw. andere Angebote entwickeln, um Ihren Zielgruppen Mehrwert zu liefern und sich von Ihren Konkurrenten abzuheben. Am Ende dieses Prozesses werden Sie aber eine klare Vorstellung haben, wie Sie Ihrer Zielgruppe einzigartigen Nutzen schaffen und sich von Ihren Konkurrenten deutlich unterscheiden können. Erst wenn Sie diese wichtigen Gründe, um bei Ihnen zu kaufen, verstanden haben, denken Sie über den Weg nach, den Ihre Zielgruppe bis zum Kauf zurücklegen muss. Für diese zielgruppenspezifische Customer Journey analysieren Sie, welche Informationen Ihre Zielgruppe wann und wo im Kaufprozess sucht. Sie bieten dann Informationen, die die Erwartungshaltung Ihrer Zielgruppe befriedigen, genau an der Stelle an, an der sie sie erwartet. An jeder Stelle des Kaufprozesses findet die Zielgruppe diese Informationen mit geringem Aufwand und sieht, dass Sie ihre Probleme und Hoffnungen gut verstehen und passgenaue Lösungen für ihre Bedürfnisse bieten. Weil Sie genau wissen, wer bei Ihnen kaufen soll und was er wann und wo sucht, setzen Sie Ihre Ressourcen sehr zielgerichtet ein und haben deutlich höhere Chancen im Wettbewerb zu gewinnen. Sie verstehen, dass nach dem Kauf vor dem Kauf ist und binden Ihre existierenden Kunden mit gut durchdachten Maßnahmen an Ihr Unternehmen.

Schlankes Marketing funktioniert in den folgenden Schritten

1. Die Zielgruppe definieren

Die Definition der Zielgruppe ist die wichtigste Aufgabe in Ihrem Prozess zum schlanken Marketing, da sie die Grundlage für alle weiteren Aktivitäten ist. Sie definieren Ihre Zielgruppe oder Ihre ausgewählten Zielgruppen nicht nur, um zielgerichtete Marketingkampagnen durchführen zu können, sondern um klar zu verstehen, wer bei Ihrem Unternehmen einkaufen soll. Sie müssen sich darüber im Klaren sein, wer diese Personen oder Personengruppen sind, um Ihre Bedürfnisse gut verstehen zu können. Mit diesem Verständnis werden Sie Ihre Angebote zielgruppen-spezifisch entwickeln können und damit Ihre Chance erhöhen, sie erfolgreich zu verkaufen. Sie wollen also nicht einzelne Personen ansprechen, sondern verstehen, welche Gruppen von möglichen Kunden gleiche Rollen, Interessen und Kaufabsichten haben. Das hilft Ihnen diese Gruppen zu definieren, besser zu verstehen und anzusprechen. Vermeiden Sie, sich durch die Definition von vielen Zielgruppen zu verzetteln, in dem Sie Ihre Zielgruppen priorisieren und sich auf die wenigen Gruppen fokussieren, die Ihnen eine große Chance auf Geschäftserfolg bieten.

2. Die Zielgruppe verstehen

Mit dem klaren Verständnis, auf welche ausgewählten Zielgruppen Sie sich fokussieren wollen, geht es in diesem Schritt darum zu verstehen, was die Ängste, Sorgen und Hoffnungen der jeweiligen Zielgruppe sind. Diese sind die Grundlage für ihre Kaufentscheidungen. Mit dem Verständnis dieser Bedürfnisse, können Sie Angebote entwickeln, die die Zielgruppe gerne kaufen wird und diese zielgruppengerecht vermarkten. Es geht also darum klar zu verstehen, welche Probleme, Ängste, Sorgen die Zielgruppe hat, welche Verbesserungen sie sucht und welchen Nutzen sie sich von den Verbesserungen verspricht. Und es geht darum zu verstehen, welche Motivationen sie hat, welche Risiken sie scheut und welche Emotionen sie treiben. Auch hier sollten Sie die Vielzahl der Erkenntnisse priorisieren und sich um die wichtigsten weiter kümmern. Wenn Sie das unternehmensintern erarbeitet haben, müssen Sie mit freundlichen Vertretern Ihrer Zielgruppe intensive Rücksprache halten, um zu testen, ob Sie die wichtigsten Bedürfnisse erkannt und hinreichend beschrieben haben. Versuchen Sie auch zu verstehen, warum Zielgruppenteilnehmer heute nicht bei Ihnen kaufen und was deren Wünsche, Ängste und Sorgen sind.

3. Nutzen für die Zielgruppe schaffen

Mit dem Verständnis der Wünsche, Ängste und Sorgen Ihrer Zielgruppe geht es jetzt darum zu klären, welchen Nutzen Sie Ihrer Zielgruppe bieten können und wie Sie diesen Nutzen schaffen. Sie denken dabei jeweils vom Kunden aus nach innen in Ihr Unternehmen und betrachten alle sieben Elemente des Marketing-Mix, also das Produkt, den Preis und die Kontrahierung, die Distribution und Logistik, die Kommunikation mit der Zielgruppe, Ihr Personal, Ihre physische Umgebung und Ausstattung und Ihre Prozesse. Für jedes Element definieren Sie intern, wie Sie Nutzen für Ihre Zielgruppe bieten können. Das Resultat testen Sie wieder mit Vertretern der Zielgruppe. Dabei vermeiden Sie, sich nur Bestätigung für Ihre Ideen von der Zielgruppe zu holen, sondern stellen sicher, dass Sie kritisches Feedback bekommen.

4. Sich von der Konkurrenz unterscheiden

Hier geht es zunächst darum, klar zu definieren, wer für die ausgewählten Wünsche, Ängste und Sorgen bei Ihrer ausgewählten Zielgruppe mit Ihnen in Konkurrenz tritt. Dabei ist es Ihrer Zielgruppe völlig egal, wie Ihre Konkurrenten ihr Problem lösen. Für alle Problemlöser unter Ihren Konkurrenten analysieren Sie Stärken und Schwächen. Sie analysieren für alle sieben Elemente des Marketing-Mix, ob und wie Sie sich von den Konkurrenten unterscheiden können. Dabei fokussieren Sie sich innerhalb der Kategorien auf Kundenerwartungen, die der Zielgruppe besonders wichtig sind. Sie werden also innerhalb der sieben Elemente jeweils verstehen, ob und wie Sie sich bei welchen für die Zielgruppe wichtigen Kriterien von Ihren Konkurrenten unterscheiden. Sie kondensieren alle Detailerkenntnisse und formulieren Ihr zentrales Alleinstellungsmerkmal, das der Zielgruppe einen klaren Grund gibt, bei Ihnen und nicht bei der Konkurrenz zu kaufen. Ihr Resultat testen Sie wieder mit Ihrer Zielgruppe, um sicherzustellen, dass die Zielgruppe es für relevant hält und als Grund sieht, bei Ihnen zu kaufen. Sie überlegen, was Sie tun müssen, um das Alleinstellungsmerkmal auch in der Zukunft zu erhalten.

5. Eine Marke etablieren

Mit der Definition Ihres Alleinstellungsmerkmals für Ihr Unternehmen oder für wichtige Angebote haben Sie die Basis für die Entwicklung Ihrer Marke für das Unternehmen oder das Angebot geschaffen. Eine starke Marke gibt Ihrem Unternehmen oder Ihrem Angebot ein klares Profil. Sie hilft Ihnen, sich noch deutlicher von Ihren Konkurrenten abzuheben und erleichtert Ihren Kunden, sich für Ihr Unternehmen oder Ihr Angebot zu entscheiden. Ihre Zielgruppe wird lieber bei einer Unternehmensmarke kaufen. Sie wird sich sicherer fühlen eine Produktmarke zu kaufen, als ein No-Name-Produkt, weil sie mit einem geringeren Risiko rechnet. Und sie wird bereit sein, für Angebote einer starken Marke auch mehr zu zahlen. Sie sollten also die zentrale Assoziation, die Ihre Zielgruppe mit Ihrem Unternehmen und/oder Ihrem Angebot haben soll, definieren. Sie kümmern sich um die Positionierung Ihres Angebots oder einer Gruppe von Angeboten innerhalb der Unternehmensmarke und Sie definieren das Design Ihrer Marke, also z. B. Farben, Optik, Haptik usw. und Sie kümmern sich um die Tonalität, mit der Sie Ihre Inhalte kommunizieren.

6. Marketing dort durchführen, wo sich der Kunde aufhält

Mit Ihrer Marke und Ihrem Alleinstellungsmerkmal können Sie Ihr Unternehmen und/oder Ihr Angebot Ihrer Zielgruppe gegenüber klar positionieren und dafür sorgen, dass die Zielgruppe sich leicht an Sie erinnern kann. Nun gilt es, die Reise Ihres Kunden vom Auftauchen eines Problems oder Wunsches bis zum Kauf zu verstehen und überall dort, wo die Zielgruppe nach Informationen sucht, genau diese Informationen zu liefern. Sie wissen also, dass der Kunde zunächst das Problem und seine Ursachen besser verstehen muss, um zu entscheiden, ob und wie er es lösen kann und ob er Hilfe von einem Lieferanten benötigt. Er wird dann ggf. nach verschiedenen Lösungsalternativen suchen und schließlich eine Alternative auswählen. Für diese Alternative entscheidet er, ob er sie selber umsetzt oder von außen einkauft. Kauft er extern ein, wird er sich auf die Suche nach Informationen über mögliche Angebote und mögliche Anbieter machen. Bei einfachen Problemen und wenig erklärungsbedürftigen Produkten wird er jetzt schon kaufen. Bei komplexeren Problemen und erklärungsbedürftigen Produkten holt er verschiedene Angebote ein und führt Verhandlungen mit einer Auswahl der Anbieter, bevor er sich entscheidet. Nach der Lieferung erwartet er eventuell noch Hilfe bei der Installation und der Nutzung des Produktes oder der Dienstleistung. Es findet eine Nach-Kauf-Beurteilung statt und wenn der Kunde zufrieden oder begeistert ist, steigt die Chance, dass er beim nächsten Kauf den gleichen Lieferanten berücksichtigt. Ihre Aufgabe ist es, zu verstehen, welche Informationen Ihre Zielgruppe während dieses Kaufprozesses wann sucht und diese Information passgenau zu liefern. Sie sollten die Zielgruppe dabei von Stufe zu Stufe begleiten und jeweils dafür sorgen, dass sie sich auch auf der nächsten Stufe bei Ihnen informiert und am Ende bei Ihnen kauft. Mit Content-Management sorgen Sie für die richtigen Inhalte an der richtigen Stelle (Abb. 9.1). Nachdem Sie alle Details vorbereitet haben, können Sie diese in integrierten Marketingkampagnen einsetzen und einen Jahresplan für Ihre Marketingmaßnahmen entwickeln. In diesem Plan definieren Sie Gesamt- und Teilziele. Sie kontrollieren regelmäßig, ob Sie die Ziele erreicht haben, leiten korrektive Maßnahmen ein und lernen, wie Sie zukünftige Maßnahmen besser planen und durchführen können.

7. Kundenbindung erreichen
Wenn Kunden jetzt bei Ihnen gekauft haben, geht es darum Kundenzufriedenheit zu erzielen, um zu erreichen, dass diese Kunden bei Bedarf wieder bei Ihrem Unternehmen

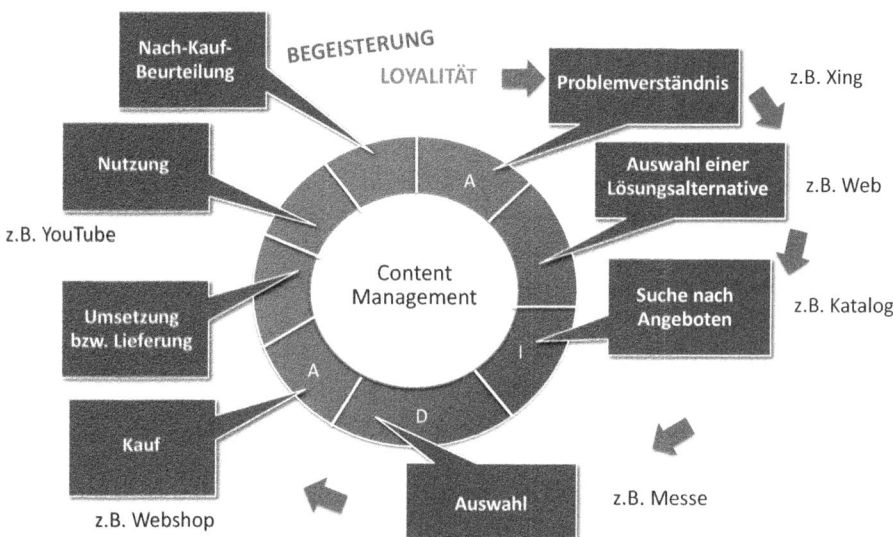

Abb. 9.1 Marketing dort durchführen, wo sich die Zielgruppe aufhält

einkaufen. Das wird nur funktionieren, wenn die Kunden von Ihrem Angebot und der Zusammenarbeit mit Ihrem Unternehmen begeistert sind. Nachdem sich Kundenzufriedenheit aus dem Unterschied zwischen seiner Erwartungshaltung und der wahrgenommenen Leistung definiert, können Sie beide Faktoren beeinflussen. Sie kümmern sich also sowohl um die Erwartungshaltung, als auch, wie in den bisherigen Kapiteln beschrieben, darum, den Kunden in allen Elementen des Marketing-Mix und in allen Stufen des Kaufprozesses seinen Erwartungen gemäß gut zu bedienen. Durch regelmäßige Messungen der Kundenzufriedenheit erkennen Sie Problemgebiete und können sich um die Lösung der Ursachen kümmern. Durch gutes Management von Kundenbeschwerden stellen Sie nicht nur die Lösung einzelner Probleme, sondern verhindern auch, dass weitere Kunden mit demselben Problem konfrontiert werden. Sie verstehen, wer Ihre wichtigsten Kunden sind oder werden können und ergreifen Maßnahmen, diese in Ihr Unternehmen und seine Prozesse zu integrieren und damit zu binden. Sie etablieren ein zentrales CRM-System, in dem Sie Daten aus allen Unternehmensbereichen und für alle Marketing- und Vertriebskanäle zusammenfassen. Dieses System bietet allen Mitarbeitern eine zentrale Informationsplattform und erlaubt ihnen, Ihre Kunden schnell und effektiv zu bedienen. Es dient als Grundlage für Auswertungen, die Ihnen erlauben, Zusammenhänge und Trends zu verstehen und besser zu planen.

Zusammenfassung

Mit der Summe dieser Maßnahmen verstehen Sie klar, auf welche Zielgruppen Sie sich fokussieren, was deren Bedürfnisse sind und wie Sie diese zielgerichtet adressieren können. Sie verstehen, wer Ihre Konkurrenten bei diesen Zielgruppen und deren Problemen sind und wie Sie sich von der Konkurrenz unterscheiden können. Sie haben eine starke Marke etabliert, die Ihrer Zielgruppe klar signalisiert, wofür Sie stehen. Sie kennen den Kaufprozess Ihrer Zielgruppen und wissen, wann sie welche Informationen wo suchen. Sie liefern relevante und glaubwürdige Informationen zum richtigen Zeitpunkt, in der richtigen Tiefe, an der richtigen Stelle. Jetzt versteht Ihre Zielgruppe ihre Probleme besser, wenn nicht sogar vollständig. Sie versteht, welche möglichen Lösungen es für diese Probleme gibt und findet das passende Angebot bei Ihnen. Sie lösen das Kundenproblem besser als die Konkurrenz. Sie haben dem Kunden den Nutzen Ihres Angebotes leicht verständlich gemacht. Er versteht, warum er bei Ihnen kaufen soll und Sie treffen seine Preisvorstellung. Sie haben den richtigen Ansprechpartner beim Kunden identifiziert und zum Kauf aufgefordert. Nach dem Kauf helfen Sie ihm, Ihr Angebot erfolgreich zu nutzen.

Sie binden Ihre Kunden durch Begeisterung an Ihr Unternehmen und gewinnen dadurch auch langfristig. Ihre Marketingaktivitäten sind damit zielgerichtet und Sie setzen Ihre Ressourcen effektiv ein. Sie betreiben schlankes Marketing.

▶   Viel Erfolg bei der Umsetzung.

The manufacturer's authorised representative in the EU is Springer
Nature Customer Service Centre GmbH, Europaplatz 3, 69115 Heidelberg,
Germany. If you have any concerns regarding our products, please
contact ProductSafety@springernature.com

Printed and bound by CPI Group (UK) Ltd, Croydon, CR0 4YY
28/04/2026
02098479-0014